Christa Chorherr

Wessen Heiliges Land?

Christen im Israel-Palästina-Konflikt

Christa Chorherr

Wessen Heiliges Land?

Christen im Israel-Palästina-Konflikt

Mit einem Vorwort von Christian Ultsch

Gedruckt mit Unterstützung des Bundesministeriums für Wissenschaft
und Forschung sowie der Kulturabteilung der Stadt Wien,
Wissenschafts- und Forschungsförderung.

Bibliografische Information Der Deutschen Bibliothek

Die Deutsche Bibliothek verzeichnet diese Publikation in der

Printed in Austria

Alle Rechte, insbesondere das Recht der Vervielfältigung und Verbreitung sowie der Übersetzung, vorbehalten. Kein Teil des Werkes darf in irgendeiner Form (durch Photokopie, Mikrofilm oder ein anderes Verfahren) ohne schriftliche Genehmigung des Verlages reproduziert oder unter Verwendung elektronischer Systeme gespeichert, verarbeitet, vervielfältigt oder verbreitet werden.

© 2008 by Wilhelm Braumüller
Universitäts-Verlagsbuchhandlung Ges.m.b.H.
A-1090 Wien
http://www.braumueller.at

ISBN 978-3-7003-1643-5

Lektorat: Ulli Steinwender
Cover: Beri Halla
Satz: Christian Ginner
Druck: Novographic, A-1120 Wien

Inhaltsverzeichnis

Vorwort von Christian Ultsch VII

Identität 1
Die Bewohner des Heiligen Landes 1
    Araber / Jude? 2
    Palästinenser 3
    Christen 4
    Israelis 14
    Nicht-jüdische Juden in Israel? 18
Die gemeinsame Geschichte 19
    Ein Kampfplatz: Der geschichtliche Hintergrund 19
        Die christliche Zeit 21
        Muslimische Zeit (ab 638) 23
        Kreuzzüge 25
        Die Zeiten der Türkenherrschaft 26
        Beginn der Moderne 28
    Nationalbewegungen 30
        Die arabische Nationalbewegung 30
        Die zionistische Bewegung 31
    Die frühe Einwanderung 33
        Nicht-jüdische Zuwanderer 33
        Jüdische Siedler 33
    Das beginnende zwanzigste Jahrhundert 35
        Der Erste Weltkrieg 35
        Die Völkerbundentscheidung 36
    Palästina unter britischer Herrschaft 37
    Der neue Staat Israel und die Nakba 45
    Auseinandersetzungen 57
        Suezkrise 1956 57
        Der Sechstagekrieg 1967 62
        Karame (1968) und Schwarzer September (1970) 72
        Jom-Kippur-Krieg (1973) und das Anwachsen des Radikalismus ... 74
        Beginn des Bürgerkrieges im Libanon (1975) 75
        Camp-David-Abkommen (I) 1978 77
    Die Erste Intifada 1987 78
        Was dazu geführt hatte 78
        Ausbruch der Ersten Intifada 85
    Verhandlungen und Abkommen 100
        Madrider Nahostfriedensgespräche 1991 100
        „Land für Frieden" (Oslo I) 1991 103
        Kairoer Gaza-Jericho-Abkommen 1994 104
        Taba-Abkommen (Oslo II) 1995 108
        Wye-Abkommen 1998 111
        Camp David II (2000) 112
        Der Friedensprozess – ein Misserfolg? 113

Die Entwicklungen seit Oslo 114
Intifada II (al-Aqsa-Intifada) 122
Weitere erfolglose Friedensbemühungen (2002–2003) 129
Generationenwechsel 2004 / 2005 136
    Der Tod Jassir Arafats und der Schlaganfall Ariel Sharons 136
    Der Tod Scheich Ahmad Yasins 140
Verhärtung der Standpunkte (ab 2004) 141
Wahlen 143
    Palästina (2004–2006) 143
    Israel 2006 153
Bewaffnete Auseinandersetzungen 154
    Gaza (ab Mitte 2006) 154
    Der 34-Tage-Krieg im Südlibanon (12. Juli– 4. August 2006) .. 155
Unruhen und Friedensbemühungen 2007 158

Christliche Voraussetzungen 177
Die Bibel: Stolperstein oder Hilfe? 179
    Erwählung 183
    Die Landverheißung oder wessen Heiliges Land 184
    Feindesliebe oder Widerstand? 190
Kontextuelle Theologie / Palästinensische Befreiungstheologie 192

Gibt es eine Lösung des israelisch-palästinensischen Konflikts? 193

Was steht einer Lösung entgegen? 194
    Rolle der Außenstehenden 198
Welche Lösungen stehen konzeptionell zur Verfügung? 204
    Zwei Staaten auf dem Territorium des ehemaligen Palästina ... 205
    Ein Land für Palästinenser und Juden 207
    Voraussetzungen für jede Lösung 213
Ist es zu spät für Palästina? 217
    Recht für Juden, Muslime und Christen 218
    Die Zukunft der Christen in Palästina 219
Apokalypse – bald? 221

Glossar 225
Begriffe 225
Personen 234
Orte 241

Abkürzungsverzeichnis 245
Literaturverzeichnis 246

Vorwort

Seit Jahrzehnten brüten Unterhändler über Erklärungen, feilen an Plänen und Vereinbarungen, Kommissionen wurden eingesetzt, Konferenzen einberufen, Resolutionen verabschiedet. Alles vergebens. Mehr als 125 Jahre nach der ersten großen jüdischen Einwanderungswelle eine nationale Heimstätte versprach, sechs Dekaden nach Verabschiedung des UN-Teilungsplans und der Gründung Israels, nach drei Kriegen, zwei Aufständen und unzähligen Verhandlungsrunden herrscht im Heiligen Land noch immer kein Friede. Den neuzeitlichen Sisyphos muss man sich als einen Nahost-Vermittler vorstellen. Zu den tragischen Ironien des Dauerkonflikts zählt, dass längst klar, ist wie er beizulegen wäre: eine Zweistaatenlösung müsste es sein mit Jerusalem als geteilter Hauptstadt; für die palästinensischen Flüchtlinge könnte es Entschädigungszahlungen geben, aber kein uneingeschränktes Rückkehrrecht nach Israel, denn sonst wäre Israel kein jüdischer Staat mehr.

Die Parameter eines Friedensschlusses sind keine Unbekannten, doch die Rechnung geht trotzdem nicht auf. Ende Jänner 2001, bei ihren siebentägigen Gesprächen in Taba am ägyptischen Sinai, waren Israelis und Palästinenser bis in die mit einem Kommen gekommen. Es hat im Nachlassen nach den gescheiterten Verhandlungen von Camp David (Juli 2000) nicht mehr viel gefehlt, doch die Zeit lief aus. „Mein Herz schmerzt, weil ich weiß, dass wir so nahe dran waren", rief der palästinensische Chef-Unterhändler Saeb Erekat damals aus. „Wir brauchen noch sechs Wochen, um den Entwurf für ein Abkommen abzuschließen." Die Uhr war abgelaufen. Israel wählte Anfang Februar einen neuen Premier – Ariel Sharon. Der alte General dachte nicht im Traum daran, unter dem Feuer der al-Aqsa-Intifada zu verhandeln. Und in Washington saß nicht mehr Friedensvermittler Bill Clinton auf der Kommandobrücke der einzig verbliebenen Supermacht, sondern George W. Bush. Und der ließ den Palästina-Konflikt sieben Jahre in den Abgrund treiben, brachte Krieg und heilloses Chaos in den Irak, ehe auch er sich am Ende seiner Amtszeit, so wie vor ihm schon Clinton, dazu aufraffte, auf Verhandlungen zwischen Israel und Palästinenser zu drängen. Mittlerweile gehört es zu den schlechten Angewohnheiten amerikanischer Präsidenten, Nahost-Friedensinitiativen mit gespenstischer Regelmäßigkeit zu spät anzustoßen.

Als läge ein Fluch über dem Land, scheint sämtliche Entscheidungsträger ein todsicheres Gefühl für den falschen Zeitpunkt erfasst zu haben. Abba Eban, Israels Außenminister von 1966 bis 1974, bemerkte einst spitz, die Palästinenser verpassten keine Gelegenheit, eine Gelegenheit zu verpassen. Mit mindestens ebenso großer Berechtigung lässt sich das Bonmot inzwischen auf Israel und die USA münzen. Warum von Europa keine Rede ist? Weil es – außer als Zahlmeister – keine Rolle spielt.

Die letzte wirklich gute Möglichkeit, ernsthafte Gespräche zwischen Israel und den Palästinensern zu lancieren, hätte sich nach dem Tod von Jassir Arafat im November 2004 eröffnet. Doch anstatt den israelischen Rückzug aus dem Gazastreifen mit dem neuen palästinensischen Präsidenten Mahmud Abbas auszuhandeln und dadurch seine Position und sein Ansehen zu festigen, machte sich die israelische Armee ohne Absprache mit der Autonomiebehörde aus dem Staub. In das Vakuum stieß die radikal-islamistische Hamas; sie eroberte bei der Parlamentswahl im Jänner 2006 die absolute Mehrheit und fügte der Fatah von Abbas eine beschämende Niederlage zu. Es war eine schallende Ohrfeige für die durchdringende Korruption, die sich unter der Herrschaft der Fatah in den Palästinensergebieten ausgebreitet hatte. Nur Ariel Sharon konnte über den Triumph der Hamas nicht mehr schockiert sein; er lag zu diesem Zeitpunkt bereits im Koma. Alle anderen blickten gebannt in den Schlund, der sich da vor ihnen auftat. Ausgerechnet die Hamas hatten die Palästinenser an die Macht gewählt. Jene Gruppierung, die schon Mitte der 90er Jahre mit Selbstmordanschlägen eine Aussöhnung mit Israel erfolgreich torpediert hatte. Doch es waren feine Haarrisse im Apparat der Islamisten auszumachen; auch relativ gemäßigte Stimmen erhoben sich. Zumindest Teile der Hamas bewegten sich. Sollte am Ende Friede mit der Hamas möglich sein? Israel und der Westen blieben hart. Die Extremisten schickten zwar keine Selbstmordattentäter los, doch sie weigerten sich standhaft, das Existenzrecht Israels ausdrücklich anzuerkennen und der Gewalt öffentlich abzuschwören. Der Hamas blieb der Zutritt auf das diplomatische Parkett verwehrt, die Palästinenser wurden isoliert. Auch die in elendslangen Verhandlungen gezimmerte Koalition mit der Fatah zerfiel. Immer unver-

gierte die Hamas, im Westjordanland Abbas und seine Fatah.

Erst jetzt wachte die Regierung Bush auf, erst jetzt griff der Westen Palästinenserpräsident Abbas entschlossen unter die Arme und ebnete den Weg für neue Verhandlungen mit Israel. Zu spät. Denn es war nun ein Bündnis Ertrinkender, das nun den Rettungseinsatz leitete. In Jerusalem regierte mit Ehud Olmert der unbeliebteste und vermutlich schwächste Premier in der Geschichte Israels, in Ramallah residierte ein Präsident, dem ein ganzer Flügel – der Gazastreifen – seines ohnehin von jüdischen Siedlungen und Absperrungen zerfurchten Landes abhanden gekommen war, und in Washington versuchte ein Oberbefehlshaber, dessen martialische Nahost-Politik grandios gescheitert war, in einer panischen außenpolitischen Kehrtwende, sein Erbe zu retten.

Den „Frieden der Mutigen" hatte der 1995 ermordete israelische Premier Jitzhak Rabin propagiert. Warum sollte jetzt ein „Frieden der Schwachen und der Untergeher" funktionieren?

Fatal bei verpassten Chancen ist, dass sie nie wiederkehren, dass sich die Rahmenbedingungen ändern, während die Politik stillsteht. In den Jahren der Gewalt und der Gegengewalt ist eine neue verbitterte Generation ist herangewachsen, die noch hasserfüllter ist als die vorangegangene. Doch auch, wenn noch so viel Blut vergossen wurde, die Geschichte lehrt, dass sich nationale und territoriale Konflikte in der Regel früher oder später rational lösen lassen: durch einen Kompromiss. Das sollte auch gelten, wenn ein Land von zwei Völkern beansprucht wird. Wenn Recht gegen Recht, das Recht der Verfolgten gegen das Recht der Landeigentümer. Die Geschichte lehrt aber auch, dass sich Glaubenskriege über Jahrzehnte hinziehen können. Und in der jüngeren Vergangenheit hat sich das Ringen zwischen Israel und den Palästinensern in dramatischer Weise religiös aufgeladen. Auf israelischer Seite begann es mit der Besetzung des Westjordanlandes und des Gazastreifens nach der Euphorie des Sechstagekrieges 1967. In anmaßendem Siegestaumel gab sich der Judenstaat großisraelischen Phantasien hin. Die Siedlerbewegung war stark religiös motiviert und zapfte außer einer sicherheitspolitischen Ratio auch biblische Quellen an, um ihre völkerrechtswidrigen Landnahmen zu legitimieren. Es sollte jüdisch werden, was auch im Alten Testament schon jüdisch war. Bei den Palästinensern überwogen zu dieser Zeit noch nationale Gefühlslagen, die eben erst richtig Wurzel geschlagen hatten. Jassir Arafats PLO war überkonfessionell, säkular und linksnational angelegt. Das lag im Zug der Zeit. Doch unter der Oberfläche pulsierten auch bei den Palästinensern die ganze Zeit über religiöse Adern weiter, sie waren ja schon in der Frühphase des anti-zionistischen und anti-britischen Kampfes hervorgetreten. Es war der Großmufti von Jerusalem, der erfolglose und zwielichtige Hadsch Mohammed Amin al-Husseini gewesen, der in den 1920er- und 1930er-Jahren den rabiaten Widerstand gegen die jüdische Einwanderung anführte und dabei nicht vor einem Bündnis mit den Nazis zurückschreckte.

An Schlagkraft und Glaubwürdigkeit gewann die islamistische Opposition aber erst während der Ersten palästinensischen Intifada, des Aufstands gegen die israelische Besatzung, der im Dezember 1987 ausbrach. Geschickt baute sich die 1988 gegründete Hamas, ein Ableger der Muslimbruderschaft, zu einer Alternative zu Jassir Arafats Fatah auf. Sie bot nicht nur bewaffneten Kampf und Sprengstoffgürtel für Selbstmordattentäter an, sondern auch Wohlfahrtseinrichtungen und saubere helfende Hände statt korrupter Krallen. Bis zum Sieg bei den Parlamentswahlen wurde die Hamas von diesem Erfolgsrezept getragen. Die palästinensischen Christen reden nicht gerne darüber, aber sie werden zusehends an den Rand gedrängt. Die Ausläufer der neuen Christenverfolgung, die im Nahen Osten um sich greift, haben auch schon den Gazastreifen und zu einem geringren Ausmaß auch das Westjordanland erreicht.

Anders als Arafats Fatah lehnte die Hamas bisher jede Aussöhnung mit Israel ab. Für die Hamas reicht Palästina vom Jordan bis zum Mittelmeer, samt der verhassten „zionistischen Entität" ein. Eine Anerkennung Israels schließen die Islamisten aus, weil dies für sie eine Glaubensfrage ist. Palästina sei ein islamisches Waqf (eine Art Stiftung), den künftigen muslimischen Tagen geweiht bis zum Jüngsten Gericht, heißt es in der Charta der Hamas. Derart religiös durchtränkte Konzepte machen Kompromisse nahezu unmöglich. Was Allah angeordnet hat, ist nicht verhandelbar. Doch es gäbe Hilfskonstruktionen: die Hudna, der Waffenstillstand etwa, den schon der Prophet Mohammed kannte und der sich über 100 Jahre erstrecken könnte.

Fanatismus und das Selbstverständnis, absolut im Recht zu sein, machen blind für das Leid der anderen, können das Unrecht immer nur auf der anderen Seite sehen. Wie kann es jemals Annäherung geben, wenn sowohl Israelis als auch Palästinenser sich selbst stets nur als Opfer und niemals als Täter sehen, wenn sie unfähig zur Empathie sind.

Doch Aussöhnung ist vielleicht ohnehin zu viel verlangt. Ein Kalter Friede wäre schon wunderbar. Es ist nach wie vor möglich, zu einem Ausgleich zwischen Israel und den Palästinensern zu kommen. Doch es ist schwieriger geworden. Denn die Hamas und der Gazastreifen werden sich nicht über Nacht in Luft auflösen. Ohne Gaza aber kann es keinen Frieden mit Israel geben. Und wieder könnte sich bewahrheiten, dass im Nahen Osten die pessimistische Sichtweise die realistische ist. Auch wenn es jede Vorstellungskraft sprengte, ist es immer noch schlimmer gekommen, als allgemein angenommen. Doch um die Hoffnung am Leben zu halten, braucht es die optimistischen Narren, die Sisyphusse der aussichtslosen Verhandlungen. Nur sie können den Frieden bringen, den beide Völker sich mehrheitlich wünschen.

Wien, im Februar 2008 *Christian Ultsch*

Map: Eastern Mediterranean

ZYPERN — Lefkosia/Lefkosa (Nikosia)
- Olympos ×1952
- Lemesos
- Famagusta
- Larnaka

Mittelländisches Meer

- Antakya
- **Halab** (Aleppo)
- Al Lādhiqīyah
- Bāniyās
- Ṭarṭūs
- Ham
- Tarābulus (Tripolis)
- ×3083
- **Hims**
- **Beirut**
- LIBANON
- Sidon
- Tyrus
- SYRIEN
- **Dimas** (Damask)
- Hefa (Haifa)
- 1800 × Jabal ad-Durūz
- Tel Aviv-Jaffa
- Nāblus Shekhem
- Az Zarqā'
- **Jeruschalajim** (Jerusalem)
- **Ammān**
- Būr Sa'id (Port Said)
- Gaza
- Hebron
- Be'er Sheva
- Totes Meer
- Al Manṣūrah
- Al 'Arīsh
- ISRAEL
- JORDANIEN
- Al Ismā'īlīyah
- **Al Qâhira** (Kairo)
- Ma'ān
- **ÄGYPTEN**
- 1274×
- Ṣaḥrā at-Tīh
- Elat
- Al Mudawwarah
- Sinaihalbinsel
- Al 'Aqabah
- Jabal Katherina × 2637
- Jabal Gharib × 1751
- Sharm el Sheikh
- ×2578
- **SAUDI-ARABIEN**
- Tabūk
- Aynūnah
- Ras Muhamm...
- Golf v. Sues
- G. v. Aqaba
- Arabische Wüste

I and the public know
What all schoolchildren learn
Those to whom evil is done
Do evil in return.

W. H. Anden

Identität

Wie fühlt sich jemand, der gleichzeitig ein Araber, ein Palästinenser, ein Christ und israelischer Staatsbürger ist? Die Geschichte ist für christliche Palästinenser ein wesentlicher Punkt ihrer Identität. Sie leben ihr Leben in (lokaler) Kontinuität mit biblischen Gestalten, primär mit Jesus, denn Gott ist hier, in ihrem Lande, Mensch geworden, hat hier gewohnt, gelehrt, hat hier gelitten, ist gekreuzigt worden und auferstanden. In Palästina haben seit dieser Zeit Christen gelebt. Wenn nun ihre Zahl abnimmt, bleiben die restlichen überwiegend an Orten, die für das Offenbarungsgeschehen relevant waren. Kinder, die in den Weingärten oder den Olivenhainen Palästinas spielen, meinen, dass sie Jesu Spuren folgen könnten. Doch im Laufe der Zeit verschwand das christliche Leben aus vielen Stätten Palästinas. Erst später entdeckten Christen des Heiligen Landes, dass vom 8. bis zum 14. Jahrhundert ein christlich-arabisches Schrifttum in allen Wissenschaften entstanden ist. Für die Identitätsfindung sowie für die Ergründung der arabischen Wurzeln der christlichen Gemeinde hat sich das als bedeutsam erwiesen.

Die Bewohner des Heiligen Landes

Wer sind die Bewohner des Heiligen Landes: Israelis, Juden, Araber, Palästinenser, Drusen, Jordanier, Beduinen? Manche dieser Begriffe überschneiden einander:

Ca. 76 % der Bewohner Israels sind Juden, nur sie sind Staatsangehörige von Israel; fast alle Juden haben ihre Wurzeln im Judentum, ca. die Hälfte bezeichnet sich als säkular und nicht religiös. Einige Juden haben schon immer in Israel gelebt, aber die Mehrheit der israelischen Juden sind erste, zweite oder dritte Generationseinwanderer. Vor 1948 bedeutete „Palästinenser" eine Person (Araber, Jude oder anderer Religion), der im britischen Mandatsgebiet lebte. Seit 1948 bedeutet Palästinenser eine Person, die arabisch spricht und aus der arabischen Kultur kommt oder einstmals im britischen Mandatsgebiet lebte.

Von den israelischen Staatsbürgern sind ca. 1,3 Millionen Palästinenser, oder wie die Israelis vorziehen sie zu bezeichnen: Araber. Die meisten Palästinenser sind Muslime, nur ca. 5 % davon sind Christen (abnehmend). Ein arabischer Bürger von Israel ist sowohl Israeli als auch Palästinenser, oft wird er seitens der israelischen Behörden als Mitglied einer „Fünften Kolonne" für Hisbollah, Hamas oder ausländische Mächte betrachtet. Ein Christ in Israel ist arabischer Bürger von Israel, damit Israeli und Palästinenser (Araber), ein Christ in den Besetzten Gebieten ist *nur* Palästinenser (Araber).

Drusen gehören zu einer arabisch sprechenden ethnischen Gruppe, die einem im 11. Jahrhundert abgespaltenen Zweig des Islam anhängt; ihre Wurzeln reichen weit in vorislamische und vorchristliche Zeit zurück. Sie leben verteilt über den Norden Israels, im Libanon und in Syrien. Spannungen mit Christen in Israel (nicht in den Nachbarländern) gehen auf die Staatsgründung Israels zurück; damals haben die Drusen mit den Israelis kooperiert und in Folge Solidarität mit Israel gezeigt. Israel hat ungefähr 268.000 drusische Bürger. Ein kleiner Prozentsatz in der Westbank sind Drusen, aber die Golanhöhen-Drusen machen fast die Hälfte dieses Bevölkerungsteiles aus. Ein Beduine ist ein Araber mit Stammesangehörigkeit, der derzeit (oder noch vor kurzem) in den trockenen Landesteilen als Nomade lebt oder gelebt hat; alle Beduinen sind Araber, aber die meisten Araber sind keine Beduinen (Negev-Beduinen dienen im israelischen Heer).

Fast die Hälfte der Bewohner Jordaniens sind Palästinenser. Die meisten aus Jordanien stammenden haben beduinische Ahnen, die meisten Palästinenser haben keine.

Araber / Jude?

In alten Zeiten kamen beide von derselben semitischen mittelöstlichen Abstammung und benützten eine Sprache. Es gibt einen gemeinsamen Ahnen – Abraham. Der arabische Zweig stammt von dem Erstgeborenen Abrahams, Ismael, und der jüdische vom zweitgeborenen Isaak. Die meisten Araber sprechen Arabisch als Muttersprache, aber nicht alle, die arabisch sprechen, sind Araber. Denn in den vergangenen Jahrhunderten sprachen auch Juden und Christen, die in arabischen Ländern aufwuchsen, Arabisch als erste Sprache. Zumeist sind Araber Muslime, denn die große Mehrheit aller Araber bekennt sich zum Islam. Palästinenser, die Araber sind, sind die Abkommen von verschiedenen nicht-jüdischen Völkern, die über Tausend Jahre im Heiligen Land gelebt hatten. In den späten Jahren des Byzantinischen Reiches war die Mehrzahl von ihnen Christen. Ihre Vorfahren wurden in die arabische Kultur integriert, als der Glaube Mohammeds das Heilige Land erreichte. Die meisten bekehrten sich zum Islam. Schon viele arabische Stämme waren vor 600 n. Chr. christianisiert gewesen, erst mit der Ausbreitung des Islam wurden die meisten schrittweise arabisiert bzw. islamisiert.

Die meisten israelischen Araber sind Stadtbewohner, zumeist in Ostjerusalem, Nazareth und anderen Städten in Zentral- und Westgaliläa. Sie haben demokratische Rechte, sind in der Knesset vertreten und haben Zugang zu allen Sozialleistungen. Ihre Kinder gehen in Schulen, in denen Arabisch gesprochen wird, Israels zweite Sprache. Die israelischen Palästinenser halten sich dennoch für Bürger zweiter Klasse, eine kaum geduldete Minderheit, nicht-jüdisch in einem jüdischen Staat, vom Militärdienst befreit, weil ihre Loyalität in Frage gestellt wird.

Juden konnten sich nicht mit Hilfe ihrer Sprache definieren; denn die Juden im derzeitigen Israel kommen aus über 100 Ländern. In einigen der Herkunftsländer wird Arabisch gesprochen. Alle müssen hebräisch lernen. Es ist nicht erforderlich, dass Israelis gläubig sind, denn viele bezeichnen sich als säkular. Aber israelische Juden glauben daran, dass ihre Wurzeln im Heiligen Land liegen, und dass das der Grund wäre, warum sie hier lebten (oder leben müssen, weil sie aus ihrem ursprünglichen Heimatland vertrieben wurden). Die Juden in Israel sollten mit der Tatsache leben (lernen), dass sie die früheren Bewohner verdrängt haben. Sie selbst waren in den vergangenen Jahrtausenden aus dem Heiligen Land oft verdrängt worden – niemals vollständig. Ultra-nationalistische bzw. ultra-orthodoxe Juden meinen, dass ihre (Wieder-)Inbesitznahme des Heiligen Landes ihre Bestimmung ist und Gottes Willen entspricht. Eine kleine Minderheit meint sogar, dass diese Inbesitznahme erst vollständig und erfolgreich sein wird, bis alle palästinischen Araber vertrieben oder unterjocht sind. Moderate Israelis von liberaler Auffassung (früher die Mehrheit) meinen, dass Juden und Palästinenser gleichberechtigt zusammenleben können. Bei Israelis und Palästinensern handelt es sich um zwei fleißige, ehrgeizige Völker verschiedener Herkunft, eine Verständigung müsste möglich sein. Besäßen Israelis und Palästinenser eine klare Identität ohne ihren Konflikt, ohne den „Feind", dessen Existenz für die Ausbildung von Identitätsbewusstsein und Zusammengehörigkeitsgefühl unerlässlich zu sein scheint?

Palästinenser

Palästinenser sind keine Ethnie, sie sind Nachfolger der verschiedenen Völker, die in Palästina sesshaft geworden oder durchgezogen sind: Amoriter, Philister, Juden, Griechen, Römer, Araber, Europäer. Sie sind das „eingeborene" Volk des Heiligen Landes. Der Name Palästinenser kommt wahrscheinlich von den Philistern, die in biblischen Zeiten entlang der Mittelmeerküste gelebt hatten. Für manche gehen die Wurzeln über 1000 Jahre zurück. Derzeit leben sie verteilt in Israel, in den so genannten Besetzten Gebieten (Westbank, Gaza, Golan) oder in der Diaspora. In Israel verfügen sie beispielsweise über eine eigene Radiostation oder Zeitungen in arabischer Sprache. Die große Mehrheit der Palästinenser besteht nicht aus Terroristen und hat deren Methoden auch nicht befürwortet. Palästinenser haben lange versucht, die Welt auf friedliche Art auf ihre Probleme hinzuweisen, sie wurden nicht wahrgenommen. Aus Frustration und Verzweiflung haben manche und später viele zur Gewalt gegriffen und Terrorakte begangen, denn – so scheint es – nur so kann die Aufmerksamkeit der Medien gewonnen werden. Es sind Menschen, die seit Jahrhunderten in diesem Land heimisch waren, die als Muslime, Christen und Juden (und christliche Bahai) Seite an Seite gelebt haben. Von den Israelis unterscheidet sie nicht ihr Aussehen, sondern ihre arabische Sprache und ihre weitgehende Zugehörigkeit zum Islam, sie sind mehrheitlich Sunniten, meist nicht besonders fanatisch in der Befolgung ihrer Glaubenssätze. Anfänglich wollten sie nichts mit der Scharia zu tun haben und Frauen tragen z.T. Kopftücher – nicht den Schleier. In letzter Zeit haben sich die fundamentalistischen Tendenzen dennoch verstärkt. Bis zur großen Einwanderung der Juden hatten die Muslime die Mehrheit der Bevölkerung gestellt, gefolgt von den Christen. Juden bildeten kleine Minderheiten und lebten ebenfalls jahrhundertelang in wenigen Gebieten.

In Israel fühlen sich Palästinenser als Bürger zweiter Klasse, in den Besetzten Gebieten leben sie unter einer militärischen Besatzung, der sie Widerstand entgegensetzen. Während jüdische Flüchtlinge 1947/48 nach Palästina strömten, werden 700.000 palästinensische Flüchtlinge entwurzelt, verlieren ihre Heimstätten. Dennoch: Zwei Millionen Palästinenser verlieren ihre Wohnstätten nicht. Palästinensische Araber, die aus freiem Willen in Israel geblieben sind, oder denen von den jüdischen Israelis erlaubt wurde zu bleiben, erhielten die israelische Staatsbürgerschaft. Seit 1948 werden alle im Staat Israel geborenen palästinensischen Araber israelische Staatsbürger. Heute sind 3,8 Millionen Teil jener Familien, die nie vertrieben worden oder geflohen sind, sie leben in Israel, der Westbank, in Gaza.

Palästinensisch-arabische Familien sind groß – vier oder mehr Kinder. Das Familienleben hat einen hohen Stellenwert. Jene, die in Städten leben, waren zumeist Händler und Handwerker, viele sind nun Freiberufler und sehr gut ausgebildet. Immer weniger sind Bauern, ihre Ackerbau-Methoden sind traditionell. Damit kann man nicht überleben. Die Gründe hierfür sind auch, dass sie kein Land erwerben können und zusätzlich Gefahr laufen, ihr bestehendes Land, ihre Olivenhaine und Weingärten an die israelischen Bulldozer zu verlieren, und dass ihnen der Zugang zu Bewässerungsressourcen versagt wird. Wenn sie in die Stadt ziehen, sind ihre Chancen, Beschäftigung zu finden, gering. Viele tragen immer noch die Kaffiyeh, (Tracht der Beduinen, die allerdings weniger als 1% der Palästinenser ausmachen).

Die meisten Nachkommen von Flüchtlingen leben in den umliegenden Ländern, besonders in Jordanien, Syrien und dem Libanon. 1,35 Mio. leben in Flüchtlingslagern in der Obhut der UNO in Gaza, Jordanien, dem Libanon auf der Westbank sowie in Syrien. Die Flüchtlinge, meist nicht mehr die Generation der Vertriebenen, sondern deren Kinder, Enkel und Urenkel, fühlen sich von der palästinensischen Führung verraten. Die Fiktion wird aufrechterhalten, dass sie in ihre Dörfer, ihre Häuser, ihre Geschäfte und zu ihrem Boden zurückkehren können. Manche der Flüchtlingslager sind überfüllt, andere z.B. in Syrien gleichen keineswegs den Slums oder Zeltlagern, die oft medial gezeigt werden. Der bürgerliche Status dieser Flüchtlinge ist je nach Land unterschiedlich. Haben sie in manchen Ländern gute Schulen, aktives und passives Wahlrecht und keine Berufssperren (z.B. Syrien), so ist die Lage in anderen Ländern (z.B. Libanon) als unwürdig zu bezeichnen. Der zentrale Wunsch ist und bleibt, nach Palästina zurückzukehren, in ihre frühere und zukünftige Heimat, eine Heimat des Herzens, die sie nicht weniger stark anzieht als Erez Ysrael die Juden.

Palästinenser im Heiligen Land sind Lehrer, Studenten, Zimmerleute, Mechaniker, Geschäftsinhaber, Buchhalter, Installateure, Bauern, Computerprogrammierer, Ärzte, Bibliothekare, Bauern und viele frustrierte arbeitslose Bewohner von Flüchtlingslagern.

Christen

Das Christentum stammt aus dem Nahen Osten. Jesus Christus wurde in Bethlehem geboren und verbrachte den Großteil seines Lebens in Galiläa. In Jerusalem wurde er gekreuzigt, starb dort und ist von dort auferstanden. Die Kirche wurde am Pfingsttag in Jerusalem gegründet. Heute gibt es noch ca. 12 Mio. Christen im gesamten Nahen Osten, deren Wurzeln bis in die Anfänge des Christentums zurückreichen. Die arabischen Christen im Heiligen Land sind Nachkommen der vielen Völker, die durch dieses Land gezogen und z.T. dort sesshaft geworden sind; ab dem 6. Jahrhundert wurden aber alle ethnisch arabisiert. Die ersten Christen waren Juden, und es gibt heute noch eine kleine Gruppe von so genannten „messianischen Juden", die alte jüdische Traditionen und christlichen Glauben verbinden. Vertreter vieler christlicher Gruppierungen leben in Israel, kümmern sich um alte und neue Kirchen, Seminare, Spitäler und Schulen, die von ihrer Glaubensgemeinschaft in früheren Jahren gegründet worden waren. Viele dieser Institutionen werden sowohl von Arabern als auch von Juden genutzt und sie bieten auch Orte für den Dialog.

Innerhalb der palästinensischen Gesellschaft nehmen die Christen eine Sonderstellung ein: auch infolge der westlich geprägten christlichen Sozial- und Bildungseinrichtung haben sie im Durchschnitt ein höheres Bildungsniveau und einen besseren Lebensstandard als Muslime. Christen sind daher eher geneigt, in den Westen auszuwandern. Obwohl die absolute Anzahl der Christen im Heiligen Land in friedlicheren Perioden gestiegen ist, hat ihr Anteil an der palästinensischen Bevölkerung kontinuierlich abgenommen. Das Verhältnis zwischen Christen und Muslimen ist unter den Palästinensern zumeist gut, da sie die arabische Kultur und Sprache, vor allem aber die Opposition gegen die israelische Besatzung eint. Auch jüdische Bräuche finden bei den Christen Eingang: Man feiert das Laubhüttenfest mit den Juden, dazu wird eine Laubhütte beim christlichern Haus gebaut.

Die arabischen Christen in Israel besitzen israelische Pässe (somit israelische Staatsbürgerschaft), sie leben in Israel (nicht in den Besetzten Gebieten, der Westbank, Ostjerusalem oder Gaza), sprechen Arabisch als Muttersprache und gehören zum arabischen Kulturkreis. Diese Definition umfasst nicht jene ausländischen Christen, die sich in Israel aufhalten bzw. jene arabischen Christen, die dauerhaft im Ausland leben, und arabische Christen, die unter israelischer Herrschaft in den Besetzten Gebieten leben, aber keine israelische Staatsbürgerschaft haben. Überdurchschnittlich viele Christen engagieren sich politisch. Die Aktivitäten radikalislamischer Organisationen werden mit Sorge betrachtet, da von dieser Seite das Ziel eines zwar unabhängigen, aber islamischen (islamistischen?) Staates zu bestehen scheint.

Sehr früh sahen Christen Jerusalem als Zentrum der Welt. Daher findet sich dort noch immer eine konzentrierte christliche Präsenz. Laut Angaben aus der ersten Hälfte des zwanzigsten Jahrhunderts betrug der christliche Besitz an Boden 45% aus dem gesamten Gebiet der Altstadt. Heute gibt es noch 100 Kirchen und Klöster, etwa zwei Dutzend christliche Schulen, ca. 50 christliche Wohltätigkeitsorganisationen und soziale Einrichtungen. Jerusalem ist das Verwaltungszentrum aller dieser Institutionen. Heute leben wahrscheinlich vielleicht noch 15.000 Christen in Jerusalem, davon sind ca. 9000 Palästinenser, die restlichen sind ausländische Christen. Der israelisch-arabische Krieg 1948 war ein schwerer Schlag für die christliche Präsenz in Jerusalem; 88 % der Christen wurden aus Ostjerusalem vertrieben, sie hatten bis dahin eine wichtige wirtschaftliche Schicht der Stadt gebildet.

Heutige christliche Palästinenser berufen sich bei ihrer Identitätssuche auf mehrere Faktoren: auf Jesus, die arabische Kultur, das Schicksal Palästinas und das Leiden des palästinensischen Volkes. Was ist „Freiheit in Christo", wenn man unter Besatzung lebt und elementare Rechte verweigert werden? Wie ist das mit der Liebe zum Feind? Mit Ausnahme des 5.–7. Jahrhundert waren Christen eine Minderheit, sie haben überlebt und ihren Glauben bewahrt. Als Minderheit blieben sie gegen die Außenwelt abgeschlossen und zeigten keine missionarischen Ambitionen. Ihre Probleme waren: Isolation, Ängste, Verfahren zur Selbstverteidigung, Angst vor echter und vermeintlicher Verfolgung, Überheblichkeit oder Minderwertigkeitskomplexe sowie Streben nach Privilegien.

Ungeachtet Jahrhunderte dauernder Schwierigkeiten dieses Minderheitendaseins und zeitweiliger Verfolgung haben die Christen ihren Glauben bewahrt und sind im Lande Jesu geblieben. Sie gehören den alten historischen Kirchen des Nahen Ostens an, die über ein langes und reiches Erbe verfügen, das bis zu den apostolischen Zeiten zurückreicht. Um Eigenart und ursprüngliches Wesen zu bewahren, ohne sich aufzugeben oder abzusondern, muss die christliche Gemeinschaft ständig auf der Hut sein. Sie bemüht sich, ihre Identität innerhalb dieser multikulturellen Gesellschaft zu bewahren. Die meisten palästinensischen Christen lebten in Städten, nachdem die Auswanderung aus den ländlichen Gebieten in den 1870er- und 1880er-Jahren des neunzehnten Jahrhunderts begonnen hat. Daher waren sie als soziale Gruppe überwiegend urban geprägt. Sie wohnten in über 15 Orten, mit einer Konzentration in den städtischen Zentren von Bethlehem, Jerusalem und Ramallah (im Zentrum der Westbank, in Ostjerusalem und nur wenige im Gazastreifen). Ihr Anteil in Ostjerusalem wird noch mit ca. 7,3 %, in der Westbank 3,7 %, in Gaza 0,3 % d. h. durchschnittlich ca. 2,3 % geschätzt. Diese christliche Minderheit wird durch Auswanderung bedroht, sogar ausgehöhlt. Viele der später geflohenen Palästinenser – damit auch Christen – sind in die umliegenden Länder gegangen, wo sie mit Skepsis empfangen wurden und erhebliche Einschränkungen ihrer (bürgerlichen) Freiheiten hinnehmen mussten und müssen. Vertriebene Christen blieben nicht immer in den umliegenden Ländern: Rund doppelt so viele palästinensische Christen leben z. B. in Dearborn, Michigan als in Ramallah, drei Viertel von Bethlehems Christen wohnen in der Diaspora. Christen im „Nahen Osten" gibt es nicht nur in Israel, Palästina und den Nachbarländern Syrien, Libanon, Jordanien und Ägypten, sondern z. B. auch (noch) im Irak.

Das westliche Christentum erschien den arabischen Christen oft fremd. Negativen Einfluss hatten die Kreuzzüge, ebenso das Auftreten der christlichen westlichen Länder als Imperialisten / Kolonialisten, deren Versuche, Ressourcen zu plündern und die Territorien in Abhängigkeit zu halten. Es waren Waffengeschäfte,

Interessenspolitik, die die Politik des deutschen Kaisers zu Anfang des zwanzigsten Jahrhunderts motivierten, das Osmanische Reich zu unterstützen. Es war Englands Haltung bei der Schaffung einer jüdischen Heimstätte in Palästina (und später die Subventionen der USA an Israel), die zu Problemen der arabischen Christen führen. Muslimisch-christliche Beziehungen litten unter der Einmischung der europäischen Kolonialmächte und deren direkter Zusammenarbeit mit bestehenden christlichen und jüdischen Minderheiten im Land. Allein im zwanzigsten Jahrhundert hatten fünf Mächte ihre Herrschaft über Palästina ausgeübt: Osmanisches Reich, Britisches Mandatsgebiet; Jordanien und Ägypten teilten sich dann bis 1948 das Land – und Israel. Machthaber und Herrscher waren meist „Ausländer".

Die Grenzen der „Kirchenprovinzen" decken sich nicht mit den Landesgrenzen: Palästina war immer mit Syrien und dem Libanon eng verbunden und gehörte jahrhundertelang zur osmanischen Provinz Syrien. Ist daher die syrisch-orthodoxe Kirche mit ihrem Zentrum in Damaskus im engeren Sinne palästinensisch? Gehört die armenisch-orthodoxe Kirche mit ihrer eigenständigen Kirchengemeinschaft und dem selbstständigen Patriarchat in Jerusalem zu den christlichen Palästinensern, obwohl die Armenier keine Araber sind? Vertreten in Palästina sind auch die nicht aus dem Nahen Osten stammenden Schwesterkirchen: Die äthiopisch-orthodoxe, russisch–orthodoxe, römisch-katholische Kirche verfügen über Kirchen, Konvente und Klostergemeinschaften. Die evangelische Präsenz in verschiedenen Denominationen von Baptisten bis zu schwedischen Hochlutheranern ist durch ihre Institutionen vertreten (Schulen, Bibelinstitute). Die Minderheit der arabischen Christen ist immer wieder durch die Vorhandensein der „ausländischen" Kirchen verfremdet und gefährdet worden. Denn im politischen Kontext war das christliche Abendland eher Rivale oder sogar Feind der arabisch-islamischen Welt, zu der die einheimischen Christen gehören. Es gab den Kolonialismus, Militärinterventionen des Westens, das hat zwar einen Modernisierungsschub und Technologietransfer (über das westliche Bildungssystem) gebracht, die einheimischen Christen waren also aktive Vermittler wie Opfer von „westlicher" Entfremdung. Ihre Kraft erhält die palästinensisch-christliche Identität jedoch aus ihren Wurzeln in Palästina. Die palästinensische Christenheit gliedert sich heute in die folgenden Konfessionsfamilien:

- Die **orientalisch-orthodoxe Kirche** ist durch die kontinuierlich im Land lebende armenische Kirchengemeinschaft vertreten. Das Zentrum ist das Jerusalemer Patriarchat (Priesterseminar und Schule). Diese Gruppierung beteiligt sich aktiv an der palästinensischen Bewegung. Dazu gehören syrisch-orthodoxe, koptisch-orthodoxe Kirchengemeinschaften mit Bischof oder Patriarch an der Spitze.
- Die **griechisch-(roum)-orthodoxe Kirche**: Obwohl die Mitglieder dieser Kirche Araber sind, ist ihre Hierarchie (der Patriarch, bis zum niederen Klerus) griechischer Abstammung oder Nationalität. Der arabische Klerus hat nur eine geringe theologische Ausbildung. Bis zum Anfang des 20. Jahrhunderts gehörte die überwiegende Zahl der Christen in Palästina zu der griechisch-orthodoxen

Kirche. Sie ist Nachfolgerin der alten Byzantinischen Reichskirche. Das Oberhaupt, der griechische Patriarch von Jerusalem, ist höchster Würdenträger des Landes. Der größere Teil des Klerus ist dem Mönchtum zugehörig. Mit dieser Glaubensfamilie verbunden: das Moskauer Patriarchat, sowie der exilrussischen Kirche zugeordnete Einrichtungen, und die rumänisch-orthodoxe Kolonie. Die griechisch-orthodoxe Kirche im Heiligen Land versteht sich als direkte Nachfolgerin der Urkirche- und damit als die eigentliche Kirche Jerusalems. Im Inneren leidet sie an dem Konflikt zwischen der griechischen Führungsschicht und den einheimischen Gemeindemitgliedern, die parallel zum wachsenden palästinensischen Nationalbewusstsein den Wunsch nach größerer Mitbestimmung entwickelt haben. Unstimmigkeiten entstanden bspw. bei dem Verkauf von Kirchengrundstücken an israelische Makler (das gilt als „Verrat").

- Die **katholische Kirche im Heiligen Land** besteht aus fünf ost-katholischen Kirchen und der West- (oder lateinisch) katholischen Kirche.
  - Die mit Rom unierte orthodoxe Kirche (armenisch-katholisch, syrisch-katholisch, koptisch-katholisch, Chaldäer). Zahlenmäßig ins Gewicht fallen nur Maroniten (ca. 5300 Gläubige) und griechisch-katholische Gläubige. Ihre Zahl ist stark rückläufig.
  - Besonders vertreten unter den Palästinensern in Israel sind die „Melkiten" oder Griechisch-Katholischen, sie haben einen Patriarchalvikar in Jerusalem. Der Patriarch hat seinen Hauptsitz in Damaskus. Die Abspaltung der Melkiten (von der griechisch-orthodoxen Kirche) und Union mit Rom erfolgte im 17. Jahrhundert. Der Byzantinische Ritus wurde beibehalten. Die melkitische Kirche hat schon immer die politischen Anliegen der Palästinenser stärker unterstützt als andere Kirchen. Sie sieht sich auch als Bewahrerin byzantinischer Tradition in der katholischen Kirche und als rechtmäßige Vertreterin katholischer Interessen im Heiligen Land. Man schätzt die Anzahl der Melkiten auf 94.000.
  - Die Römisch-katholische (lateinische) Kirche: Der Kompetenzbereich erstreckt sich über Israel, die Besetzten Gebiete und Jordanien (und Zypern). Es gibt viele Institutionen und religiöse Orden, die seit langem etabliert sind. Obwohl die Mehrzahl ihrer Laien Araber sind, ist nur ein kleiner Teil des Klerus und der Ordensleute einheimisch. Viel Aufwand wurde in die Ausbildung christlicher und muslimischer Araber gesteckt. Oberster katholischer Repräsentant ist der lateinische Patriarch mit Sitz in Jerusalem. Die Wiedererrichtung des Patriarchats erfolgte 1847 durch Pius IX., die Position wurde zumeist aus Rom besetzt. Erst Ende 1987 wurde erstmals ein arabischer Palästinenser zum lateinischen Patriarchen ernannt. Der Patriarch ist gleichzeitig der Ordinarius von hebräisch sprechenden Christen. 2003 wurde dem lateinischen Patriarchen von Jerusalem ein Weihbischof zugeordnet, der sich um hebräisch sprechende katholische Christen in Israel zu kümmern hat. Man schätzt die Anzahl der lateinischen Katholiken auf ca. 72.000. Darin ist nicht die große Anzahl von Gastarbeitern enthalten, besonders von den Philippinen oder die russischen Immigranten. In den neunziger Jahren

wurde in Zusammenarbeit mit dem apostolischen Delegaten eine Bischofskonferenz eingerichtet. Sie umfasst die lateinische Kirche und die Ostkirchen gemeinsam mit Rom und den Franziskanischen Kustos (Guardian) im Heiligen Land.
- Die Evangelische Kirche: Die episkopale (anglikanische) Kirche hat weniger Mitglieder als Einfluss im Land, und das aufgrund der Institutionen, die sie schon lange vor 1948 etabliert hat. Der Einfluss ist heutzutage rückläufig, die Kirche selbst ist einheimisch, eine Reihe ausländischer Geistlicher ist mit besonderen Aufgaben betraut. Die beiden evangelischen Kirchen, die bischöfliche Kirche der anglikanischen Gemeinschaft umfasst ca. 1800 und die evangelisch lutherische ca. 2300 Gläubige. Sie sind überproportional im Einsatz in Erziehung und Sozialarbeit vertreten. Die protestantischen Gemeinden im Heiligen Land haben sich für die Entwicklung einer „palästinensischen Befreiungstheologie" für eine gerechten Lösung der Palästinafrage eingesetzt. Die Protestanten haben ihren „Status" im Heiligen Land der Arbeit der Anglikanern in der Mandatszeit zu verdanken.
- Die Assyrische Kirche des Ostens (so genannte „Nestorianer").
- Dazu kommen die koptische, syrische und äthiopische Kirche (jeweils sowohl orthodox als auch katholisch) sowie eine geringe Anzahl freikirchlicher Gruppen wie etwa die Baptisten (prominenteste und einflussreichste Gruppe), Quäker, Nazarener, Angehörige der Kirche Christi. Es gibt auch die gespaltene russisch-orthodoxe Kirche (Moskauer Patriarchat und Kirchenführung im Exil in New York). Hebräischsprachige Christen sind jene, die sich dem Judentum eng verbunden fühlen, und Juden, die die Messianität Jesu anerkennen.

Die Christenheit von Palästina findet sich viergeteilt zwischen Rom, Konstantinopel, Antiochien und Alexandrien, zumindest dreigeteilt auf verschiedene Territorien: Israel, die Besetzten Gebiete, Jordanien und Flüchtlinge in anderen (benachbarten) Ländern wie Syrien, Libanon, sowie in direktem Kontakt mit den beiden anderen großen monotheistischen Weltreligionen: Islam und Judentum. (Für alle christlichen Kirchen gilt absolutes Missionsverbot). Es gibt vier Patriarchen von Jerusalem: lateinische, griechisch-orthodoxe und armenische jeweils mit Sitz in der Altstadt, der melkitische Patriarch von Antiochien, Alexandrien und Jerusalem residiert in Damaskus.

Jahrhundertelang wurden Hierarchie und Unterschiedlichkeiten betont, obwohl alle ursprünglich Ostchristen waren und auf dieselben gemeinsamen Wurzeln zurückgehen. Die Konkurrenzsituation der Kirchen hat sich nach dem Zweiten Vatikanischen Konzils deutlich verbessert. Es entstanden überregionale und interkonfessionelle Gruppierungen: die Bischofskonferenz der lateinischen Bischöfe der arabischen Länder (CELRA). Ebenso haben sich im Jahre 1974 alle orthodoxen, orientalischen und evangelischen Kirchen zum Mittelöstlichen Kirchenrat (MECC = Middle East Council of Churches) zusammengefunden. 1989 kamen die Kirchen der katholischen Tradition hinzu, sodass in diesem Kirchenrat alle Kirchen der

Region (Ausnahme: Assyrischen Kirche des Ostens) vertreten sind: Die meisten arabischen Christen betonen ihren gemeinsamen Glauben. Die Kirche muss sich um größere Einheit bemühen, gleichzeitig kann sie ihre verschiedenen Traditionen akzeptieren, die, zusammen, das vollständige große Ganze bilden.

Die Rolle der arabischen Christen in Israel ist durch folgende Faktoren bestimmt: Christlicher Glaube, arabische Ethnizität und israelische Staatsbürgerschaft. Seitens des lateinischen Patriarchen Michel Sabban wurden zwei Faktoren hinzugefügt, welche die Identität der Christen definieren: Judaismus und der israelisch-palästinensischer Konflikt. Bei Christen besteht ein Trend zur Säkularisierung. Besonders Kinder und junge Menschen sind damit äußerst verletzlich geworden. All das stellt eine große Herausforderung für Familien, Schulen und Pfarren dar. Die Christen fühlen sich zwischen Arabern und Juden gefangen Und von beiden verfolgt. Diese Identitätskrise wird durch die Diskriminierung der Araber (und Christen) durch die israelischen Behörde, durch das Ansteigen des radikalen Islams bei den lokalen Muslimen, und durch – wahrscheinlich der wichtigste Faktor – den Verlust der Hoffnung auf eine absehbare Lösung des israelisch-arabischen Konflikts verschärft.

Christen sind mit einem dreifachen Problem konfrontiert, wenn sie als Araber leben wollen: Erstens sehen sich Christen gegenüber der muslimisch-arabischen Mehrheit genötigt, ihr „Arabertum" nachdrücklich und mit allen Mitteln zu betonen, um akzeptiert zu werden und als dazugehörig zu gelten. Zweitens müssen sie gegenüber den Juden wachsam sein, um ihre Identität zu bewahren. Die Israelis haben es lieber mit christlichen Gemeinden ohne bestimmte nationale Zugehörigkeit zu tun, als mit solchen, die „arabisch" sind. Um die Christen zu dieser Haltung zu bringen, werden alle Arten von Repressalien angewendet. Zum Dritten befürchten die Christen im Heiligen Land gegenüber den vielen Besuchern aus dem Ausland, die in ihre Kirchen kommen (Christen wie sie, aber mit völlig anderem kulturellem, sozialen und politischen Hintergrund), ihr Bekenntnis zum Arabertum könnte Verdacht erwecken, sie seien fanatisch und chauvinistisch oder gar terroristisch. Christen fühlen sich solidarisch mit ihrem Volk, aber das traditionelle Christentum liefert ihnen kein Fundament, das politische und nationale Engagement mit einer christlichen Vision zu verbinden. Wenn Christen am politischen Leben teilnehmen wollen, müssen sie sich einer der politischen Parteien zuwenden, dabei steht ihnen der Glaube zuweilen im Weg. Wenn sie bei ihrer Religion bleiben, werden sie langsam isoliert und aus der Gemeinschaft ausgeschlossen. Seit den Intifadas hat sich die Zwangslage der Christen verschärft; es herrscht noch mehr Angst als sonst. Arabischen Christen im Staat Israel können sich von ihrer Zugehörigkeit zum palästinensischen Volk nicht lossagen, anderseits leben sie in einem real existierenden israelischen Staat und sehen sich gezwungen, diese Tatsache zu respektieren. Alternativen: Integration? Auf unbestimmte Zeit Widerstand zu leisten? Ein Doppelspiel spielen? Treue dem israelischen Staat gegenüber und Zugehörigkeit zum palästinensischen Volk? Eine Quadratur des Kreises.

Die immer stärker zunehmende Auswanderung (höher als der arabische Durchschnitt in Israel) ist auf die Angst vor einer unklaren Zukunft zurückzuführen, weil die christliche Gemeinschaft das Gefühl hat, von allen vergessen zu sein. Auch die

Geburtenrate christlicher Mütter liegt unter jener der jüdischen Bevölkerung. Das alarmierte die lokalen Kirchenführer, die nun versuchen, im eigenen Land und international diese Krise zu entschärfen und damit hoffen, die christliche Präsenz im Heiligen Land bzw. in Israel aufrechterhalten zu können. Die arabischen Christen in Israel stellen eine Minorität innerhalb einer Minderheit dar. Gerade dieses „Minoritätsgefühl" verstärkt die Zuwendung zur jeweiligen Religion. Das bedeutet, dass Christen unter verstörenden Bedingungen leben, da sie – wie die Araber – nicht dieselben Rechte und Möglichkeiten innerhalb des Staates Israel haben, da sich dieser Staat als „jüdisch" definiert und weil sie, wenn sie sich zwar als Araber sehen, doch keine Muslime sind. Positiv ist, dass die Christen eine Reihe von demokratischen Rechten als israelische Staatsbürger haben, die Möglichkeit, ihre Meinung frei zu äußern und an den sozialen Errungenschaften teilzuhaben. Sie können einen (aufgrund der Zahl auch geringen) Einfluss auf das politische Leben ausüben, da sie stimmberechtigte Wähler sind und Kandidaten in allen Wahlen aufstellen können. Die noch immer offene Frage betreffend die genaue Identität Israels hat einen entscheidenden Einfluss auf das Verhältnis zwischen Juden und Nicht-Juden. Die ursprüngliche Definition (Herzl bzw. auch noch Ben Gurion) war: Israel ist ein Staat für die Juden und Araber, die dort leben. Den Juden wird Priorität eingeräumt – besonders auf dem Gebiet der Bürgerrechte zum Nachteil aller anderen Ethnien bzw. religiösen Gruppen im Land. Als Araber leiden auch die Christen in Israel permanent durch verschiedene diskriminatorische Verhaltensweisen seitens der israelischen Behörden. Sie werden als mögliche Gefahrenquelle für das Land angesehen; der Großteil ihres Landes ist konfisziert, ein Teil ihrer Dörfer zerstört und ihr sozioökonomischer Status liegt erheblich unter dem der Juden, besonders, weil seitens des Staates wesentlich weniger in den arabischen Sektor investiert wurde. Z. B. gibt es in arabischen Orten keine Schutzräume gegen Raketenangriffe, wie sie in jüdischen Siedlungen selbstverständlich sind.

Selbst nach der Unterzeichnung der Verträge zwischen Israel und dem Heiligen Stuhl 1993 und 1997 haben die Christen in Israel weiterhin das Gefühl der Diskriminierung, weil sie Araber sind, obwohl sie hier geboren und teilweise seit Generationen ansässig sind, fühlen sie sich als Fremde in der Heimat. Seit den frühen 1990ern verlangten arabische Intellektuelle, einschließlich der Christen, dass sich Israel als Staat aller Staatsbürger verhalte und nicht nur als jüdischer Staat. Durch das Aufkommen von Hoffnung auf Frieden und Gleichberechtigung aufgrund des Oslo-Abkommens keimte Zuversicht. Aber nach der Ermordung von Premier Yitzhak Rabin meinten viele Araber, dass die Mehrheit ihrer jüdischen Mitbürger an Frieden nicht mehr interessiert wäre. Die Entwicklungen seither haben im Wesentlichen negative Auswirkungen auf die Identität von vielen arabischen Christen in Israel. Das beständige Auf und Ab des israelisch-palästinensischen Konflikts hat das Misstrauen zwischen Juden und Arabern in Israel geschürt. Es fehlt an einer positiven Politik Israels, die sozioökonomischen Bedingungen der arabischen Minorität zu verbessern. Dadurch fühlen sich viele Christen nicht nur von den israelischen Behörden, sondern auch von ihren jüdischen Mitbürgern vernachlässigt. Die arabischen Menschen haben das Gefühl, dass die Judaisierung verstärkt in Angriff genommen wird, und dass das eine Bedrohung ihrer Existenz darstellt. Aber Christen, die nicht an den Aufständen teilnehmen, erscheinen den anderen Palästinensern suspekt.

Arabische Christen waren nie Machthaber, sie waren nie Leute, die viel zu sagen hatten. Das hat sie davor bewahrt, Unterdrücker und Ausbeuter zu werden. Ihr kultureller Anteil ist erheblich: es waren die syrischen Christen, die im 7. und 8. Jahrhundert das griechisch-philosophische Erbe ins Arabische übersetzten, im Mittelalter waren es arabische Christen, die das arabische Erbe der Philosophie, Medizin und Wissenschaft nach Europa brachten. Im 19. Jahrhundert waren es die arabischen Christen, die die Renaissance der Sprache und Kultur förderten und die in der arabischen Welt die neuzeitlichen Ideen und Werte verbreiteten. Die Mehrheit der arabischen Christen war progressiv orientiert, unterstützte später den Pan-Arabismus, neigt weniger zum Konservativismus (möglicherweise da sie nicht in die verteidigende Stellung der „westlichen Kirchen" gegenüber der Aufklärung treten mussten).

Die arabischen Christen gehören zur arabisch-islamischen Welt, sind gleichzeitig Teil der christlichen Welt und gehören zur universalen Kirche. Fast alle Kirchen des christlichen Abendlandes sind in Palästina präsent. Z. B. besteht die franziskanische Mission ab 1219 (Custodia des Heiligen Landes). Diese Palästinensischen Christen gehören von Anfang an zum Orient, teilen seine Kultur und sein Schicksal. Als die Kreuzfahrer 1099 Jerusalem eroberten und dabei völlig zerstörten, haben sie mit den jüdischen und muslimischen auch seine christlichen Einwohner umgebracht, weil sie sie nicht von den anderen Bewohnern unterscheiden konnten.

„Politisch" gesehen, gibt es mehrere Hauptkategorien der palästinensischen Christen:

Säkulare arabische Nationalisten, sie schätzen Religion gering ein, sie streben verstärkte Integration in die arabische Gesellschaft an.

Konfessionelle Christen, sie machen ca. 60% der israelisch-arabischen christlichen Bevölkerung aus. Sie sind erbost, den Diskriminierungen der Israelis als Araber ausgesetzt zu sein, andererseits befürchten sie ein Anwachsen des radikalen Islams im Heiligen Land. Sie sehen sich selbst lieber als Israeli denn als Palästinenser. Diese Christen haben das Gefühl, dass ihnen zu wenig Respekt seitens der israelischen Regierung gezollt wird, sind enttäuscht, dass sie in der Minderheitenpriorität noch hinter den Drusen rangieren. Christen werden als die schwächste Minorität in Israel angesehen. Trotz der politischen Solidarität, die zwischen Christen und Muslimen herrscht, haben sich die Beziehungen untereinander in Israel seit den achtziger Jahren verschlechtert. Das Ansteigen einer muslimischen beruflichen Mittelklasse hat einerseits den Wettbewerb belebt, andererseits die Angst der Christen im Hinblick auf eine Marginalisierung verstärkt. Der nach dem 11. September 2001 ausgerufene „Krieg gegen den Terror" hat zu einer intensiveren Bindung der Muslime zu ihrer „Umma" geführt hat und dort den Eindruck verstärkt, dass der Islam im Kampf gegen das Christentum (und Judaismus) steht. Der Aufruf des lateinischen Patriarchen im November 2002, die arabische Dimension der christlichen Identität nicht zu vernachlässigen, ist nicht überall umgesetzt worden. Aber die Christen gehören zu verschiedenen Kirchen, die oft im Streit untereinander stehen. Das wird von der israelischen Presse aufgegriffen und führt zu einer Verschlechterung des Bildes der Christen in der Gesellschaft.

Pro-israelische Christen: Sie fühlen sich von ihren jeweiligen Kirchen „verlassen", bedroht vom radikalen Islam, und sie lehnen sich daher verstärkt an Israel an. Jedenfalls stimmen diese Christen für zionistische Parteien und versuchen ihre Kinder in die Armee zu schicken.

Viele Faktoren haben zu der Identitätskrise der arabischen Christen in Israel beigetragen: der Globalisierungsprozess, die Unsicherheit betreffend Gegenwart und Zukunft in Israel selbst, Israels eigene Identitätskrise im Hinblick auf seine muslimischen Nachbarn, der doppelte Minderheitsstatus, (auch das Abgeschnittensein der muslimischen Israelis von ihrer arabischen Umwelt) bzw. das Gefühl, von ihren weltweiten Mutterkirchen verlassen zu sein. Sie fühlen sich vom Fundamentalismus bedroht, der bei ihren jüdischen wie auch bei ihren arabischen Nachbarn im Ansteigen begriffen ist.

Man könnte von einem „demokratischen" Israel erwarten, dass es seinen Staatsbürgern mehr Stabilität als die umliegenden undemokratischen Staaten bieten sollte. Das ist nicht der Fall. Dennoch ist man in Israel übereinstimmend der Meinung, dass die christliche Präsenz im Heiligen Land erhalten werden muss. Folgende Faktoren beeinträchtigen diese Bestrebungen: Landenteignungen, wirtschaftliche Schwierigkeiten, Gefahr für die persönliche Sicherheit, systematische Diskriminierung und Behinderung der Religionsfreiheit. Dennoch versuchen die Kirchen verstärkt, gerade um jene notwendige Präsenz im Heiligen Land zu garantieren, Antworten und Lösungen in der Identitätskrise ihrer Gemeinden zu bieten. Eine dieser wesentlichen Maßnahmen ist Erziehung (Kinder und Erwachsene, Laien und Kleriker), das war schon immer ein Anliegen der Kirchen. Wesentlich für die Existenz der arabischen Christen im Heiligen Land ist auch eine Verstärkung der Ökumene, damit jede Kirche an der Fülle der Traditionen und an der geistlichen Erfahrung der anderen teilhaben kann, damit das Zeugnis der Kirchen für die Welt (besonders in diesem nicht-christlichen Umfeld) glaubhaft wird. Israel wird bleibend im Nahen Osten existieren und daher ist die Integration der Christen in die israelische Gesellschaft zu fördern. Christen sollten über ihr kulturelles und religiöses Erbe aufgeklärt werden, um ihre Identität als Minorität im größeren Ganzen zu finden. Ein Gesellschaftsaufbau kann nur gemeinsam mit Juden, Muslimen und Drusen erfolgen. Das könnte gelingen, wenn ein Leben nach Prinzipien des christlichen Glaubens geführt wird, wenn man sich als Christ und Araber begreift und bereit ist, am Aufbau einer israelischen Gesellschaft mitzuwirken. Im individuellen Fall ist das mit erheblichen Schwierigkeiten verbunden: z. B. ein (hochbegabtes) Kind, das aus einem bäuerlichen palästinensischen Milieu kommt, mit allen Traditionen und Gebräuchen, hat die Möglichkeit, in eine jüdische höhere Schule zu gehen, um eben der Begabung zu entsprechen. Das ist mit einem Internatsaufenthalt verbunden und führt zum „Verlust der (Groß-)Familie", die gerade in diesem Umfeld eine starke Unterstützung bieten würde, und zu einer Konfrontation mit einer stark „europäisierten" Kultur und dazugehörigen Verhaltensweisen. Die Anpassung ist enorm schwierig und führt zu gewaltigen Friktionen. Das Kind ist ein Außenseiter in der Schule von „Gleichartigen", hat aber den häuslichen Halt verloren. Assimilation ist nicht erwünscht? Oft zerbrechen Menschen an derartigen Herausforderungen.

Israelis

Viele meinen, dass Israel und das Heilige Land deckungsgleich wären. Aber das Heilige Land geht über Israel hinaus, umfasst Teile von vier Ländern, die meisten Einwohner dort sind Araber. Die biblische Geschichte hat in Israel, den Besetzten Gebieten, an der südlichen Küste des Libanon, in Südwestsyrien, im westlichen Jordanien und auf der ägyptischen Sinai-Halbinsel stattgefunden. Das Heilige Land, wie es in der Bibel beschrieben wird, ist allen drei abrahamitischen Religionen heilig. Für die israelitischen Nomaden war Palästina das verheißene Land „wo Milch und Honig fließen". Für die Christen ist es das Land, wo Jesus gelebt und gewirkt hat, wo er verurteilt und gekreuzigt wurde und von den Toten auferstanden und in den Himmel aufgefahren ist. Für Muslime ist der Haram al-sharif der Berg, von dem Mohammed in den Himmel aufgestiegen ist. Die Ereignisse, die sowohl im Alten (Ersten) wie auch im Neuen Testaments beschrieben sind, und auf die sich der Koran beruft, fanden ebendort statt. Palästina ist auch Landbrücke zwischen Afrika und Asien, zwischen dem Mittelmeer und dem Roten Meer, zwischen dem Indischen und dem Atlantischen Ozean. Damit kommt es zum Einfluss verschiedenster Kulturen. Palästina wurde Streitobjekt der jeweiligen Weltmächte. Dieser Name wurde von den Römern im zweiten Jahrhundert vergeben, vorher war es Kanaan, und nach Einwanderung der israelitischen Stämme bzw. Eroberung wurde es zu Israel. Seit hellenistischer Zeit hatte der Landstrich am Mittelmeer in einem weiten Sinn zu „Syrien" gehört. Zu Zeiten Jesu und vorher hatte es keinen Begriff für diese Region gegeben: es war Galiläa im Norden, Samaria im Zentrum, und Judäa im Süden – alle unter römischer Oberhoheit.

Immer haben Juden in Palästina gelebt, aber die großen jüdischen Einwanderungswellen haben im späten 19. Jahrhundert eingesetzt. Die meisten Juden sind als Flüchtlinge gekommen, entwurzelt und staatenlos. Die Überlebenden des Holocaust haben Israel in den späten 1949er- und beginnenden 1950er-Jahren erreicht. In den darauf folgenden Jahren kamen viele Einwanderer aus arabischen Ländern, wo ihre Vorfahren über Jahrhunderte gelebt hatten. Zuletzt kam eine große Welle von Einwanderern aus Russland. Für viele dieser Immigranten ist ihre Übersiedlung nach Israel ein Verzweiflungsakt gewesen. Es gibt auch Israelis die freiwillig nach Israel gekommen sind, zumeist aus Nordamerika und Australien. Nur durch Zuwanderung konnte das jüdische Bevölkerungswachstum auf 2,5 % gehalten werden, das der arabischen Bevölkerung beträgt 3,5 %. Wenn die Einwanderung nach Israel nicht verstärkt wird, werden die Araber einen immer größeren Bevölkerungsanteil ausmachen. Diese Situation bedingt auch die Weigerung Israels, den Flüchtlingen ihr Recht auf Rückkehr einzuräumen, und erklärt auch, warum Israel auf der ganzen Welt um Juden wirbt, um sie zur Übersiedlung nach Israel zu bringen.

Es gibt je nach Auswanderungsland verschiedene Gruppen von Juden: Die Aschkenasim, Juden, die hauptsächlich aus Mittel und Osteuropa, aber auch von Nord- und Südamerika, Südafrika und Australiern kommen, die Sephardim, die aus Spanien und Portugal durch die Inquisition verdängt wurden und sich dann über Nordafrika, den östlichen Mittelmeerraum und den Balkan verteilt hatten, und Ost- oder orientalische Juden, die aus alten Gemeinschaften in den islamischen Ländern Nordafrikas und dem Mittleren Osten kommen. Diese Juden aus Syrien, dem Irak oder Jemen gehören den unteren Schichten der israelischen Gesellschaft an. Unabhängig vom Palästinenserproblem gibt es in Israel selbst tiefe soziale und politische Gräben zwischen diesen jüdischen Gruppierungen. Alle Einwanderer müssen Hebräisch lernen. Viele Einwanderer sind hoch gebildet, eine gute Ausbildung wird geschätzt, die Universitäten und Forschungsstätten sind nach internationalem Standard exzellent. Das Leben ist rasant, und die Wirtschaft spiegelt diese Situation wider. Für seine (jüdischen) Bürger ist Israel ein demokratischer Staat, in der Knesset werden sehr lebhafte, kontroversielle Diskussionen ausgetragen. Die Knesset, das israelische Parlament, umfasst eine Reihe von verschiedenen Parteien, dadurch kann keine Partei ohne Partner eine Mehrheit erringen und damit haben die kleinen (meist ultra-rechten) Parteien und Organisationen einen erheblichen Einfluss im Parlament, der ihnen aufgrund ihrer Wähleranzahl nicht zusteht. Eine einzige Frage eint alle Parteien und Gruppen: Es ist die Sicherheit Israels. Israel sieht sich von feindlichen Völkern und Staaten umgeben, viele davon von fundamentalistischem Islamismus erfasst. Bei vielen wird Judenhass gepredigt, aber nur noch wenige haben die Zerstörung Israels zu ihrem Ziel erklärt. Viele Israelis haben das Gefühl, dass der Tod ihr ganzes Leben überschattet. Es ist nachvollziehbar, dass sie der Versuchung erliegen, aggressiven Führern zu folgen.

Mit Ausnahme von manchmal exzessiver militärischer Zensur wird die Freiheit der Meinungsäußerung in den Medien und im privaten Kreis sehr hoch gehalten. In Israel hat sich über die Jahre eine starke Streitkultur entwickelt, es gibt zu kaum einem Thema Einhelligkeit, daher auch nicht zum Umgang mit den Palästinensern bzw. palästinensischen Christen. Die Armee ist ein starker Integrationsfaktor (verpflichtend: für Männer 3 Jahre, für Frauen 2 Jahre) und das über die letzten 50 Jahre. Das ist die Kraft, die für „Nation-Building" verantwortlich ist. Nur die streng Orthodoxen boykottieren legal die Armee.

Die israelische Gesellschaft unterscheidet sich erheblich von den sie umgebenden Gesellschaften. Israel ist in den Nahen Osten nicht integriert, es lebt einen amerikanischen bzw. europäischen und keinen orientalischen (palästinensischen) Lebensstil. Die Mehrheit der Juden ist westlich in ihrem Denken und kulturellem Verhalten, es gibt nur in der Musik einen orientalischen Strang. Stimmen in der Europäischen Union fordern, Israel einzubinden. Die Israelis mögen religiös sein oder auch nicht, sie definieren sich durch ihr kulturelles Erbe und dann erst durch ihren Glauben. Noch vor der Staatsgründung gab es die Vision der persönlichen

Transformation in den „neuen Juden": Er muss ein aufrechter Bürger sein, ein Soldat, wenn es notwendig ist, ein kultivierter Mensch, ein ergebener Jude im Sinne von Idealismus und Sendungsbewusstsein. Das entsprach der Vorstellung der Gründerväter des modernen Israel, und geformt wurden diese Menschen durch ihre Arbeit als Pioniere jeder Generation, die aus allen Enden der Welt nach Israel gekommen waren. Jüdische ethnische Dominanz innerhalb Israels wird als wesentliche Voraussetzung für das jüdische nationale Überleben definiert. Demokratische Behandlung von Palästinensern in einer multi-ethnischen Demokratie würde nicht nur das „Jüdisch-Sein" des jüdischen Staates zerstören, eine multi-ethnische Demokratie wird von den rechts stehenden Zionisten als direkter Weg zur nationalen Auslöschung gesehen. Dennoch basiert eine jüdische Antipathie gegenüber Arabern auf zionistisch-nationalen Grundlagen, die arabische Antipathie gegenüber den Juden ist nicht Antisemitismus, sondern stammt viel mehr von den Vertreibungen, Landenteignungen, dem Besatzungssystem und den Privilegien, die Juden in diesem Land genießen. Dazu kommt noch der erhebliche Unterschied an (militärischer) Macht.

Die Identität nach israelischem Gesetz beeinflusst den Konflikt zwischen Israelis und Palästinensern. Israelische Gerichte haben entschieden, dass der Staat Israel nicht der Staat seiner Bürger ist, sondern „der souveräne Staat des jüdischen Volkes", zu dem „nicht nur die in Israel ansässigen, sondern auch die in der Diaspora lebenden Juden gehören". In diesem Sinn gibt es keine Differenz zwischen Volk und Nation. Israel ist aber kein „religiöser" Staat. Jüdische Identität war niemals nur in der Religion verwurzelt, sondern vielmehr in Abstammung und Kultur. Um die politische Umsetzung des Judentums zu gewährleisten, musste eine Definition von „Jude" gefunden werden (festgeschrieben im Rückwanderungsgesetz): Ein Jude ist jemand, der von einer jüdischen Mutter geboren wurde, oder zum Judentum konvertiert ist und der nicht Mitglied einer anderen Religion ist. (Diese Definition stammt von den Orthodoxen Autoritäten.) Etwa ein Fünftel der israelischen Staatsbürger sind keine Juden, sondern Muslime oder Christen bzw. Araber, Drusen oder Beduinen.

In Israel gibt es keine explizite „Verfassung". Das kommt daher, dass von orthodoxer Seite angenommen wird, dass eine „Verfassung Israels" von Gott gegeben ist und nicht von Menschen erstellt werden dürfte. Aufgrund der Stärke der Orthodoxen in der Knesset ist daher an eine Verfassungserstellung nicht zu denken. Eine Reihe von Gesetzen, die Israel als jüdischen Staat definieren, schafft ein Zwei-Ebenen-System der Staatsbürgerschaft, das Juden klar bevorzugt. Das Rückkehrgesetz von 1950 gewährt jedem Juden die Immigration nach Israel (außer die Person wird meist aus Sicherheitsgründen als „unpassend" definiert), das Staatsbürgerschaftsgesetz von 1952 gewährt diesen Immigranten die israelische Staatsbürgerschaft, sobald sie in Israel eingereist sind, und das Bevölkerungsverzeichnis Gesetz (1965) bescheinigt ihnen eine jüdische Nationalität. Es gibt über 30 diskriminierende Gesetze, z. B. Landerwerb ist für Araber schwieriger, ausländische Araber können nicht durch Heirat Israeli werden, Budgets und Infrastrukturprojekte favorisieren Juden, es gibt Spezialkredite für Armeeangehörige (Araber sind nicht zur Armee zugelassen), staatliche Einrichtungen benachteiligen Araber bei ihrer Anstellungspraxis und Polizeibrutalität wird nur gegen Araber angewendet. Israelische Bürger (ezrahut) haben gleiche Rechte. Nicht-Juden können Bürger Israels sein, aber sie können keine Staatsangehörigen (le'um) von Israel sein, weil keine „israelische" nationale Identität unter israelischem Gesetz besteht. Nur die Jüdische Nation hat einen rechtlichen Status, und die Mehrzahl der Rechte und Privilegien gehören zu dieser Nation. Arabische, muslimische und christliche Identitäten gelten als „pränationale Formationen". Diese Regelungen entsprechen nicht westlichen liberaldemokratischen Strukturen, aber aufgrund des Holocaust wird der jüdische Staat seitens der westlichen Demokratien verteidigt und findet sich von Kritik befreit. Die USA helfen militärisch und finanziell, auch in der internationalen Arena.

Das „World Zionist Organisation"/Jewish Agency Statut (1952) berechtigt die Jewish Agency und ihre Unterorganisation, „Staatsland" zu verwalten. Die Jewish Agency verfügt über den Jewish National Fund für „das jüdische Volk". Staatsland wird von der Israel Lands Authority verwaltet, eine staatliche Institution, die über fast 80 % dieses Landes verfügt. Dieses Staatsland steht nur dem jüdischen (nicht dem israelischen) Volk zu. Im Jahr 2007 werden Überlegungen angestellt, auch Nicht-Juden den Zugang zum Staatsland zu ermöglichen. Damit verfügten Palästinenser, also Nicht-Juden, über keine rechtliche Handhabe, um sich gegen die Enteignung ihres Landbesitzes zu wehren. Land kann für militärische Zwecke beschlagnahmt, unkultivierbar gemacht, als „leer" erklärt werden, um damit zum Staatsland zu werden und durch die Israel Lands Authority verwaltet zu werden, die es dann für Siedlungen freigibt. Palästinenser können sich an keine weitere Behörde wenden, denn Einsprüche müssen ebenfalls an die Israel Lands Authority gerichtet werden. Damit wurde den Palästinensern mehr als die Hälfte der Westbank entzogen. Diese Organisation ist keine private oder gar Schurkenorganisation, sondern staatlich geführt. Alle ihre Ressourcen dienen einem einzigen Ziel: Ein Israel, das von der Mittelmeerküste bis zum Jordan reicht (wie es in dem WZO Papier von 1978 „Master Plan for the development of Settlement in Judea und Samaria" heißt). Die Israelis werden von ihren Glaubensbrüdern weltweit, aber besonders in den USA in nicht-regierungsabhängigen Projekten finanziell unterstützt, und jüdische und christliche Touristen führen zu einer florierenden Touristen-Industrie.

Es gibt Strömungen in der israelisch-palästinensischen Bevölkerung, die nicht nur rechtliche und bürgerliche Gleichheit, sondern auch ein einheitliches Rechtssystem fordern. Autonomie sollte gewährt werden, nationale Symbole, wie Flagge oder Nationalhymne sollten den arabischen Gegebenheiten angepasst werden. „Ein Staat für alle Bürger" ist das Motto. Aber „israelische Araber", die nicht in den Besetzten Gebieten, sondern in Israel leben, finden sich kaum in höheren Positionen, eine Karriere im Staatsdienst ist ihnen verwehrt, weil dafür die Ableistung des Militärdienstes Voraussetzung ist, zu dem sie nicht zugelassen sind. Da die palästinensische Gruppe in Israel (und den Besetzten Gebieten) erheblich schneller wächst als die jüdische, wird seitens Israel befürchtet, dass eine zukünftige nicht-jüdische Mehrheit nicht die „militärische Macht" übernehmen, auch nicht die „Juden ins Meer treiben" würde, sondern dass die Rückkehr der Flüchtlinge ermöglicht würde.

Dieser Alptraum umfasst: keine Berücksichtigung der jüdischen Anliegen, Behinderung der wirtschaftlichen Entwicklung, Entzug der Grundlage freien Ausdrucks jüdischer spiritueller Werte und Kultur.

Wer sind nun diese Flüchtlinge, deren Rückkehr von den Israelis so gefürchtet wird? 1948 hatten 700.000 Palästinenser ihre Heimat verlassen oder sind daraus vertrieben worden. 1967 waren es neuerlich 300.000 die ihre Heimat, die Westbank und den Gazastreifen aufgeben mussten. Fast eine Million Palästinenser leben im haschemitischen Königreich Jordanien und besitzen die jordanische Staatsbürgerschaft. Etwa 300.000 Palästinenser leben im Libanon, die meisten davon in Flüchtlingslagern, annähernd eine Million Palästinenser leben in der Diaspora, in der arabischen Welt, viele davon in Syrien, aber auch in verschiedenen westlichen Ländern. Die Palästinenser werden von allen „benützt", besonders jene, die noch immer in Flüchtlingslagern ihr Leben fristen. Manche dieser Lager sind Brutstätten für Verbitterung und Trainingslager für die Extremisten, die die Existenz Israels völlig ablehnen. Sie sind Sammelbecken für frustrierte arbeitslose junge Männer, die sich dem Islamischen Dschihad verschreiben wollen. All diese Gruppen zusammen mit den israelischen Arabern und den Bewohnern der Besetzten Gebiete ergeben eine palästinensische Bevölkerung von 4–5 Millionen Menschen, die meisten sind Muslime, ca. 10 % Christen. Wenn nun diese Flüchtlinge das Recht auf Rückkehr eingeräumt wird, würde das die Zerstörung Israels als jüdischen Staat bedeuten?

Nicht-jüdische Juden in Israel?

Jüdische Mitglieder des Urchristentums, getaufte Christen jüdischer Herkunft mit jüdischen Traditionen (in geringer Zahl) organisieren sich in judenchristlichen Gemeinden „messianischer Juden" in Israel. Sie sehen in Jesus von Nazareth den versprochenen Messias für das Volk Israel. Sie halten sich als Teil des Judentums, werden aber von den übrigen jüdischen Glaubensrichtungen als christliche Gemeinschaft angesehen. Man nennt das nicht Kirche, sondern „Messianische Versammlungen", man trifft sich am Sabbat und hält sich an die Gebote der Beschneidung. Manche katholische und evangelische Kommunitäten betreuen diese „jüdischen" Familien. Von den christlichen Kirchen wird die Situation der messianischen Juden als „delikat" angesehen. Ein Araber darf in Israel Muslim oder Christ sein, ein Jude darf ein orthodoxer Jude, oder glaubenslos, oder Marxist oder Anhänger welcher Weltanschauung auch immer sein, aber nicht Christ, denn dann ist er kein Jude mehr. Damit stellt die Existenz von Judenchristen das zionistische Denken in Frage.

Es gibt aber noch eine zweite relativ bedeutende Gruppe „jüdischer" Christen: Dank dem jüdischen Rückwanderungsgesetz kamen innerhalb von vier Jahren (1989–1993) mehr als eine Million russische und ukrainische Juden nach Israel, die größte Alija seit dem Zweiten Weltkrieg. Die orthodoxen Rabbis fanden aber bald heraus, dass diese neuen Einwanderer keine Juden waren, weil sie keine Kenntnisse des Talmud bzw. der darauf beruhenden Normen und Verbote hatten. Später stellte sich heraus, dass von 86.000 in Frage kommenden Einwanderern, nun alle israelische Staatsbürger, 53 % nicht als Juden nach derzeit geltendem Gesetz bezeichnet werden können, weil sie keine jüdische Mutter haben und 38 % nicht einmal einen jüdischen Vater. Man weiß nicht, welcher Religion sie angehören. Es ist aufgrund ihres Ursprungslandes eine Annahme, dass sie mehrheitlich orthodoxe Christen waren, aber die meisten sind Atheisten. Die israelischen Behörden hoffen, dass viele dieser neuen Einwanderer ohne religiöse Zugehörigkeit in die jüdische Mehrheit assimiliert werden können. Eine Krise im griechischen Patriarchat in Jerusalem hat eine Gelegenheit für die katholische Kirche geschaffen, umgehend russisch und ukrainisch sprechende Priester zu diesen Menschen, die inmitten jüdisch besiedelten Territoriums leben, zu senden. Denn als der lateinische Patriarch die Situation erkannte, wurden Re-Evangelisierungsmaßnahmen gesetzt, um die christliche Identität dieser Neuzuwanderer zu bewahren. Eine sehr heikle Situation. Es kann zu Problemen mit den israelischen Behörden kommen, die an einer Judaisierung dieser Bevölkerungsgruppe interessiert ist. Denn um Bemühungen der christlichen Organisationen zu unterbinden, die Armut mancher Bevölkerungskreise zur Missionierung auszunützen, kam es 1977 zu einem „Antimissionsgesetz". Die Kirchen fanden sich zu einer Protestschrift zusammen, damit ist das Gesetz noch nie zur Anwendung gekommen. Diese katholischen (bzw. auch evangelischen und anglikanischen) Missionierungen können auch zu Zwistigkeiten mit den Orthodoxen führen.

Die gemeinsame Geschichte

Ein Kampfplatz: Der geschichtliche Hintergrund

Unterschiedliche Sichten der Geschichte belasten den palästinensisch-israelischen Konflikt. Es wird nicht „falsche Geschichte" gelehrt, sondern eine strategisch ausgerichtete, romantisierende, mythologisierende Sicht der Ereignisse durch „Auslassen bzw. Aufnehmen" gewisser Ereignisse weitergegeben. Das führt zu einer vereinfachenden Darstellung eines widersprüchlichen, komplexen Konflikts; daraus werden Vorbilder bzw. „goldene Epochen" abgeleitet. Die Palästinenser sehen ihre Landschaft, ihre Städte, ihre Dörfer als von den Israelis zerstört an. In dieser arabischen Landschaft sind die jüdischen Siedlungen fremde, feindselige Objekte. Den Palästinensern hat eine Kolonialmacht von Siedlern den Großteil palästinensischen Landes weggenommen und ist dabei, sich den Rest anzueignen, durch brutale Gewalt unter stillschweigender Zustimmung der westlichen imperialen Mächte.

Die zionistische Sicht ist etwas differenzierter, aber die Landschaft wird hauptsächlich unter dem Aspekt der Rückkehr gesehen. Die Juden sind nach zwei Jahrtausenden aus dem Exil in ihre Heimat zurückgekehrt und haben eine wunderbare Gemeinschaft gegründet, in der jüdische Ideale gelebt werden. Dieses Idyll steht einem Lumpenpack von zurückgeblieben Arabern gegenüber, die zu einem späteren Zeitpunkt in dieses Land eingewandert sind. Araber sind kulturell nicht in der Lage, die große Bedeutung und den nationalen Charakter der jüdischen Rückkehr zu verstehen. Durch ihr Unwissen und ihre muslimische Engstirnigkeit kommt es zu vernunftwidrigem und verstocktem Hass, der sich in brutale Angriffe umsetzt. Die israelische Version wird von den USA (und den europäischen Ländern) im Wesentlichen unterstützt. Als Beispiel zwei Versionen des Beginns der jüdischen Einwanderung:

Jüdische Sicht: Zu Beginn des zwanzigsten Jahrhundert kehrte eine kleine, tapfere Gruppe von jüdischen Idealisten, die von Antisemitismus in Europa verfolgt worden waren, in ihr biblisches Heimatland zurück. Sie sammelten Geld, um Land von den Arabern zu kaufen, das größtenteils leer und unfruchtbar war. Sie arbeiteten hart, durch Einführung europäischer Technologien konnten sie Wüsten in Gärten und Sümpfe in landwirtschaftliches Grünland verwandeln. Ihr Erfolg zog arabische Einwanderer an, die Arbeitsplätze vorfanden. Das führte zu verstärkter arabischer Einwanderung. In den frühen dreißiger Jahren kam Hitler an die Macht, verzweifelte Flüchtlinge strömten nach Palästina und die jüdische Heimstätte wurde zum unerlässlichen Heiligtum. Für Juden ist Palästina ein jüdisches Land. In Israel selbst entwickelten sich unterschiedliche Versionen, abhängig von den Zielsetzungen der jeweiligen Gruppen. Die rechtsorientierten Parteiern wollen Israel als „ethno-religiöse Theokratie" sehen, die sich auf die glorreiche Geschichte der zweiten Tempelperiode (200 v. Chr.–70 n. Chr.) bezieht. Archäologie wird ebenso für diese Zwecke eingesetzt, daraus geht hervor, dass dieses Land immer von mehreren Völkern bewohnt worden war. Rechtsorientierte betrachten biblische Äußerungen nicht als Mythen, sondern als historische Fakten an.

Arabische Sicht: Um 1900 lebten die Araber in Palästina in alten Städten und Dörfern und begannen, auf ihre Unabhängigkeit vor dem verhassten und bereits in sich zusammenfallenden Ottomanische Reich zu hoffen. Gerade als es nach einem arabischen Nationalstaat aussah, kam eine kleine Gruppe von jüdisch-europäischen Fanatikern in das Land, die von den kolonialistischen Briten unterstützt wurden, mit ihren Plänen, einen jüdischen Staat auf arabischem Land zu errichten. Die Beziehungen zwischen palästinensischen Arabern und Juden waren bisher freundlich gewesen, aber die zionistischen Siedler begannen Land im großen Stil aufzukaufen, wobei tausende von arabischen Bauern vertrieben wurden. Mit britischer Unterstützung schufen sich die Juden ihre eigene Regierung, die offen darauf abzielte, einen jüdischen Staat zu schaffen. Für die Araber ist Palästina arabisches Land, ein integraler Bestandteil der arabischen Welt, seit dem 7. Jahrhundert haben die Araber die Bevölkerungsmehrheit gestellt.

Es hatte in der bekannten historischen Periode kaum dauerhaften Frieden gegeben, mit Ausnahme der osmanischen Herrschaft. In biblischer Zeit waren es hundert zusammenhängende Jahre, in denen keine Kriege tobten. Es gab in biblischer Zeit niemals eine historische Situation, in der den Israeliten das gesamte Land gehört hätte, in dem niemals eine ethnische, religiöse oder politische Monokultur herrschte. Das Problem ist heute der Anspruch zweier Völker auf ein und dasselbe Stück Land. Der Konflikt ist erst ca. 120 Jahre alt. Die Ursachen sind in Europa zu suchen, nicht im strittigen Gebiet. Jede Seite beansprucht Objektivität, dabei spielen Emotionen eine wesentliche Rolle.

Der Nahe Osten ist die Ursprungsgegend der drei monotheistischen Religionen; sie gestalten die Geschichte und Demografie. Ethnische, soziale, ideologische und politische Konflikte waren das Ergebnis. Gerechtigkeit, Frieden, Wohlstand waren eine Seltenheit. Die Region wird durch das Erbe der Religionen und durch die vergangenen und weiter schwelenden Auseinandersetzungen maßgeblich geprägt.

Die christliche Zeit

Die Geschichte des Christentums im Nahen Osten unterscheidet sich von jener des Westens. Voll Selbstbewusstsein betonen die christlichen Palästinensern heute: „Nichts begann in Rom. Alles begann in Galiläa". Damit begegnen sie einem westlichen Vorurteil, dass nämlich Christen im arabischen Raum in der Regel ehemals muslimische Konvertiten sein müssten. Die arabischen Christen gehören zu den ersten Christen überhaupt. Diese hatten sich in Jerusalem nach Christi Tod und Auferstehung versammelt und eine Gemeinschaft gebildet, die sich auf dem Berg Zion, nahe dem Abendmahlsaal, geführt von Jakob, „dem Bruder des Herrn", versammelte. Schon der Evangelist Lukas schreibt, dass beim Pfingstfest Araber zugegen gewesen sind.

Schon zu Jesu Lebzeiten und im ersten Jahrhundert nach seinem Tode war die jüdische Gemeinde in Traditionalisten, die weiterhin auf den Messias warten, und den Messianisten, den Anhängern von Jesus, gespalten. Im Tempel wurde noch gemeinsam Gottesdienst gefeiert. An der jüdischen Revolte (um das Jahr 70 n. Chr.) nahmen die Messianisten nicht teil, sie flohen. Dieses Verhalten führte dazu, dass seitens der jüdischen Gemeinde die Messianisten aus den Synagogen ausgeschlossen wurden. Christen zelebrierten ihre Gottesdienste nunmehr in privaten Wohnstätten. Noch vor dem Ende des ersten Jahrhunderts waren Judentum und Christentum endgültig getrennt. Obwohl die Kontinuität zur Jerusalemer christlichen Urgemeinde mit der Zerstörung der Stadt durch die Römer und der Vertreibung der Juden im Jahr 70 zerbrach, dürften einzelne christliche Familien weiterhin in den Ruinen von Jerusalem und in Palästina gelebt haben. Der jüdische Tempel war bis auf die herodianische Mauer (westliche Mauer, heute Klagemauer) zerstört worden, tausende von jüdischen Gefangenen und die religiösen Artefakte waren im Triumphzug durch Rom zur Schau gestellt worden. Durch die geplante Weihe des von den Römern wieder aufgebauten Tempels, dem Jupiter heilig, kommt es zur jüdischen Revolte. Nach dem endgültigen Verbot jüdischer Siedlungen durch die Römer waren die Einwohner nicht mehr Juden oder Judenchristen, sondern Einheimische aramäischer und hellenistischer Zugehörigkeit. In der Mitte des vierten Jahrhunderts waren nur mehr fünf Prozent aller Juden der gesamten Welt in Palästina verblieben, hauptsächlich in Galiläa aber früharabische Midianiter waren bereits Verehrer JHWHs gewesen. Während ihrer langen Geschichte haben stets einige Juden im Land gelebt – für kurze Zeit stellten sie die Bevölkerungsmehrheit, zu anderen Zeiten nur eine kleine Minderheit, aber sie haben das Land nie ganz aufgegeben. Ein interessantes Beispiel der Probleme stellt der Ort Beisan (für die

Araber) bzw. Beth Shean (für die Israeli dar). Diesen Ort erwähnen bereits die Ägypter (Bronzezeit). In der Bibel wird Beth Shean als kanaanitische Stadt erwähnt, von David erobert. Während der hellenistischen Periode lebten dort Griechen, Beth Shean wurde zu Skythopolis. Es wurde von den Römern übernommen und zur Hauptstadt der Dekapolis (Samaria) gemacht. Während der byzantinischen Zeit beherbergte der Ort ein christliches Kloster. Während der ottomanischen Periode verkümmerte es zu einem kleinen unbedeutenden arabischen Ort.

Die Juden lebten in der Diaspora, in Nordafrika, Arabien, Mesopotamien und Persien friedlich mit ihren Nachbarn und behielten den Glauben, ein auserwähltes Volk zu sein – von Gott einst aus der Gefangenschaft in das gelobte Land geführt.

Die Römer bezeichnen das Land der Juden als Palästina. Jerusalem wird Aelia Capitolina, um so alle Spuren der Juden zu tilgen. Die Bevölkerung besteht aus noch übrigen Juden, Christen, Nabatäern, Arabern, Römern, Griechen, Phöniziern, Persern, Skythen, Ägyptern, Chaldäern und anderen. Weitere Juden müssen das Heilige Land verlassen, als um 380 n. Chr. das Christentum Staatsreligion wird.

Die Zahl der Christen hatte sich in Palästina in den frühen Jahrhunderten zwar vervielfacht, dennoch blieben sie in der Minderheit. Der Bericht eines unbekannten Pilgers im Jahr 333 gibt Hinweise auf mehrere kleine Kirchengebäude in Jerusalem, auf eine Geburtskirche in Bethlehem und eine Kirche beim Jakobsbrunnen bei Nablus. Zur Zeit Konstantins des Großen war Palästina bereits ein hauptsächlich christliches Land, in dem es nur verstreute jüdische Siedlungen und kleine Gemeinschaften von Samaritanern gab. Der Kaiser selbst und seine christliche Mutter Helena gründeten und bauten viele Kirchen an den Heiligen Stätten: z. B. eine Basilika über die Geburtsgrotte in Bethlehem. Diese Tatsache belegt, dass Bethlehem seit dem vierten Jahrhundert durchgehend von Christen bewohnt gewesen ist. Dorthin kam auch 386 der Kirchenvater Hieronymus, wo er die lateinische Übersetzung der Bibel, der Vulgata, vollendete. Viele Christen suchten bei ihm Zuflucht. Nach der konstantinischen Wende änderte sich der Status der Christen: sie stehen nun auf der Seite der Machthaber; daraufhin zogen sich viele arabische Christen in die Wüste zurück: 130 Mönchssiedlungen entstanden im 4.–6. Jahrhundert. Die Klöster übten erheblichen Einfluss auf die Frömmigkeit und die palästinensische Theologie sowie die orientalische Kirchenpolitik aus. In der dreihundert Jahre dauernden byzantinisch-christlichen Periode in Palästina verpflichtete der Staat alle Untertanen, den christlichen Glauben anzunehmen. Palästina war zu einem Zentrum der byzantinischen Reichskirche geworden, dem ab 451 ein Patriarch vorstand. Als Institution besteht das Patriarchat von Jerusalem seit dem Bischof Juvenal im fünften Jahrhundert. Die erste christliche „Nation", die sich schon im vierten Jahrhundert in Jerusalem ansiedelte, waren die Armenier.

Nach Konstantin war es zu Differenzen und den ersten und härtesten theologischen Konfrontationen gekommen. Im ganzen Orient entstand aus den tiefgreifenden dogmatischen Unstimmigkeiten, der Abwehr von innerchristlichen „Irrlehren" und unorthodoxen Bewegungen, die sich mit regionalen Traditionsgesetzen und Machtkämpfen vermischten, eine nachhaltige konfessionelle Trennung in der

Welt der damaligen Orthodoxie. Nach den ersten vier ökumenischen Konzilien der Kirche haben sich die meisten Ostchristen, meist semitischer Herkunft, und der nestorianischen oder monophysitischen Christologie folgend, abgespalten und ihre eigenen kirchlichen Gemeinschaften gegründet. Christen, die dem orthodoxen Glauben treu geblieben waren, wurden von ihren Gegnern abschätzig als Melkiten bezeichnet, weil sie weiterhin dem Glauben des Königs (arabisch Melek), in diesem Fall des byzantinischen Herrschers, treu geblieben waren. Die meisten lebten im Gebiet der Patriarchate von Antiochien und Jerusalem. So etwas wie die „einzige selig machende katholische Kirche" des mittelalterlichen Europas hat es also in Palästina nie gegeben und zur Gründung einer eigenständigen arabischen Kirche ist es nicht gekommen. Hier war das Christentum von Anfang an pluralistisch und vielfältig. Die Christen waren über mehrere politische Reiche zerstreut. Alle diese Kirchen sind in Palästina, besonders aber in Jerusalem vertreten. Erst mit der ökumenischen Bewegung im zwanzigsten Jahrhundert haben sich diese Spannungen entscheidend gemildert. Viele Heilige Stätten der damaligen Zeit sind im sechsten Jahrhundert durch ein Erdbeben zerstört worden.

Muslimische Zeit (ab 638)

Bei Auftreten Mohammeds erschien der Islam für die Christen nicht so sehr als neue Religion, sondern eher als neue Glaubensrichtung innerhalb des Christentums. Die arabisch-islamische Eroberung im 7. Jahrhundert war erst durch Spaltungen und Fehden unter den Christen möglich geworden. Viele Ostchristen begrüßten die semitischen Muslime als Befreier vom Joch der Byzantiner/Griechen. Die neue Religion verbreitete sich schnell auf Kosten der Christen. Die unter dem Islam vereinigten arabischen Stämme wurden zur wichtigsten politischen, militärischen und wirtschaftlichen Macht der damaligen Welt.

Der Islam ist eine missionarische Religion: In einer Schlacht, im Jarmuk Tal, nahe Gadara 636/637 n.Chr. siegten die Araber entscheidend über die Byzantiner. Das Zeitalter Palästinas unter muslimischer Schutzherrschaft begann 636/637 n.Chr. mit dem Einzug des Kalifen Umar in Jerusalem. Als Umar nach Bethlehem kam, besuchte er die Geburtskirche, für ihn eine heilige Stätte. Umar gab dem griechisch-orthodoxen Patriarchen von Jerusalem eine schriftliche Urkunde, in der er ihm versicherte, die christlichen Kirchen zu schonen und den Christen freien Zugang dorthin zu gewähren. Zur Zeit der „rechtgeleiteten" Kalifen kamen einige christlich arabische Stämme von der arabischen Halbinsel nach Palästina. Das führte zu einem Prozess der Arabisierung Palästinas und des Nahen Ostens. Zwei von ihnen ließen sich in Bethlehem nieder, deren Nachkommen bewohnen noch heute zwei der insgesamt acht Stadtviertel. Bis zur Mitte des 20. Jahrhunderts blieb es bei einem muslimischen Stadtteil, 1994 machten die Muslime bereits 60% der Bevölkerung aus.

Christen wurden in der Regel nicht zu Konversion gedrängt. Anfänglich hatten Christen (und Juden) ein großes Maß an Toleranz und Ansehen genossen – da auch ihre Fähigkeiten benötigt wurden. Es war eine Tradition der gebildeten Juden, ihrer eigenen Gemeinde und dem Herrscher mit ihren Fähigkeiten zu dienen, auch wenn sie Bürger zweiter Ordnung in der muslimischen Gesellschaft blieben. Juden durften kein Land besitzen, daher konnten sie ihre Einkommen nicht aus der Landwirtschaft beziehen. Im Gegensatz zur Nicht-Annahme des Islam eigneten sich Juden und Christen die von den Arabern mitgebrachte Sprache, Lebensweise und Kultur an. Nach und nach transformierten arabische Wert- und Identitätsvorstellungen die hellenistisch-byzantinische oder koptische Kultur. Ausschlaggebend dabei war Arabisch, als Sprache des Korans, aber auch als Sprache „der Sieger", die die dynamische Macht des neuen Reiches dokumentierte. Dieser Prozess wurde dadurch erleichtert, dass die Christen als Orientalen und Semiten mit den Neuankömmlingen aus Arabien viele Gemeinsamkeiten aufwiesen. Es begann mit Arabisch als Umgangssprache und endete bei den meisten Kirchen mit einer Übertragung der Liturgie ins Arabische. Schwierigkeiten ergaben sich aus dem islamischen Anspruch auf die theokratische Durchdringung und Kontrolle der gesamten Gesellschaft.

Trotz der ihnen gewährten Toleranz und internen Selbstverwaltung lebten Christen wie Juden vom 8. Jahrhundert bis in die jüngste Vergangenheit als nichtmuslimische Minderheit in einer islamischen Gesellschaft. Die Kirchen im Orient haben unter den Muslimen nie missioniert, aber unter schwierigen Verhältnissen und Opfern haben sie den christlichen Glauben innerhalb der eigenen Gemeinschaft weitergegeben. Das christliche Schisma blieb auch unter muslimischer Herrschaft bestehen. Theologisch hatten sich die Christen bald nach Entstehen der islamischen Bewegung gegen sie abgegrenzt. Schon um die Wende vom 7. zum 8. Jahrhundert schrieb einer der großen Kirchenväter des Ostens, Johannes von Damaskus, eine theologische Begutachtung des Islam. Er verurteilte den Islam in seiner Schrift „über die Irrlehren" rasch und umfassend. Die Kirchenspaltung 1054 bewirkte, dass Jerusalem Teil des orthodoxen Ostens wurde. Auch wenn das Heilige Land von den Muslimen regiert wird, vergessen weder Juden noch Christen ihre Heiligen Stätten, manche bewältigen sogar diese schwierige Reise dorthin. Sowohl die Omajjaden als auch die Abbasiden-Kalifen respektieren Pilger und ihre Heiligen Stätten. In der frühen islamischen Zeit wurde der Felsendom errichtet, dort, wo Ismael von Abraham geopfert werden sollte und von wo Mohammed der Legende nach in den Himmel stieg.

Als die Intoleranz zunahm, begann die Auswanderung der Christen. Unter der muslimischen Herrschaft wurden Juden wie Christen zu Dhimmis, zu Angehörigen der Völker des Buches „degradiert", sie können in den muslimisch verwalteten Ländern verbleiben, müssen aber die Djizia bezahlen, eine Kopfsteuer (sie sind allerdings auch vom Militärdienst befreit). Unter dem Millet-System wurde ihnen ihre religiöse Selbstbestimmung und der Erhalt der Personenstandsrechte (Taufe, christliche Eheschließung usw.) gestattet. Die Behandlung der Minderheiten unter der Herrschaft der Muslime hing von den Launen sowie der Frömmigkeit des jeweiligen Herrschers ab. Oft werden z. B. den Juden eigenartige Auflagen erteilt: z. B. Kenntlichmachung durch Kleidung.

Nachdem der Islam Griechenland und Persien erobert hatte, entwickeln sich die Muslime zu Mathematikern, Dichtern, Philosophen und Künstlern. Es sind die Gelehrten, oftmals Christen oder Juden, die die Schriften der alten Griechen und Römer ins Arabische übersetzen und sie so für die Nachwelt bewahren. In den muslimischen Ländern werden die Juden Kaufleute und Bankiers für ihre muslimischen Kunden, denen ihre Religion verbietet, Zinsen zu nehmen.

Kreuzzüge

Im Jahr 909 kommen im Heiligen Land die streng orthodoxen Fatimiden an die Macht. Nun werden christliche Pilgerfahrten verhindert, Kirchen verwüstet. Als die Grabeskirche zerstört wird, gelangt diese Nachricht bis Rom. 1095 ruft Papst Urban II. die europäischen Feudalherren zu einem Krieg auf, um das Heilige Land zurückzuerobern. Der erste dieser Kreuzzüge artet in arge Grausamkeit aus, da die europäischen Ritter bei der Eroberung Jerusalems zwei Feinde sehen: Muslime und Juden – Christen werden ebensowenig verschont. In den nächsten beiden Jahrhunderten können die Europäer das Land erobern und halten. Sie drücken dem Land sowohl kulturell wie auch genetisch ihren Stempel auf. Die Kreuzfahrer waren imstande, westliche Lebensart mit jener des „Morgenlandes" zu harmonisieren. Sie erweitern ihr Wissen um die Kenntnisse in der Medizin und der Geografie; selbst als sie letztlich das Heilige Land verloren hatten, gaben sie ihr Wissen weiter, das dann in Europa zur Renaissance führt. Nach der Eroberung von Jerusalem 1099 und nach der Flucht des Orthodoxen Patriarchen war es zur Errichtung eines abendländisch-christlichen Königtums gekommen. Parallel dazu wurde die römisch-katholische Jurisdiktion eingeführt und in Jerusalem ein „lateinisches Patriarchat" errichtet, Angehörige von den orthodoxen und anderen östlichen Kirchen werden abgeworben. Obwohl dieses Patriarchat von 1099 bis 1291, der Zeit der Vertreibung der Kreuzritter existierte, hatten die Kreuzzüge eine Dreiteilung der Christenheit in Palästina zur Folge. Zu den griechisch-orthodoxen und orientalisch-orthodoxen kam die römisch-katholische Kirche, hier die Lateinische genannt. Die Päpste der Kreuzfahrerzeit hatten den Franziskaner-Orden beauftragt, die Heiligen Stätten zu überwachen; diese Regelung überdauerte die Zeiten. Ununterbrochen blieben die Franziskaner im Heiligen Land, betreuten jene Pilgerstätten, die unter katholischem Schutz standen. Der franziskanische Kustos des Heiligen Landes darf als einziger Ordensmann eine Bischofsmütze tragen.

Den Juden ging es in der Zeit der Kreuzfahrer besonders schlecht. Viele wurden aufgrund der mittelalterlichen Annahme ermordet, Juden wären die „Schurken" bei der Kreuzigung, und Christen meinten, dass sowohl Juden als auch (arabische) Muslime unwürdig wären, im Heiligen Land zu leben. Die Verheerungen der westlichen Kreuzzüge im Osten hatten eine tiefe Kluft zwischen den Ost- und Westkirche gerissen. Zusätzlich kam es zu einer wesentlichen Verschlechterung der Beziehung zu den muslimischen Nachbarn. Die Kreuzfahrer konnten den erst kürzlich zum Islam bekehrten seldschukischen Türken nicht widerstehen. Saladin, ein brillanter Kurde, versetzt den Kreuzfahrern 1187 in der Schacht von Hattin zwar einen starken Schlag, die Kreuzfahrer gelten aber erst 1290 als endgültig besiegt, als die letzten Ritter aus Akko absegeln.

Den Begriff „Kreuzfahrer" in Palästina gab es nicht: Man kämpfte gegen die „Franken". Die Ereignisse in Palästina hatten damals nur unbedeutenden Einfluss auf das Islamische Weltreich. Erst in den letzten beiden Jahrhunderten wurde das Wort Kreuzfahrer in das muslimische Vokabular aufgenommen. Es stellt ein Symbol für eine Zeit dar, als Christen wagten, ihre Herrschaft im Heiligen Land auszuüben. G. W. Bush hat dieses Wort nach 9/11 verwendet. Das Erbe der Kreuzfahrer, das aus Verdächtigungen und Misstrauen bestand, sollte in der Zukunft den Christen im Osten viel unverdientes Leid eintragen.

Die Zeiten der Türkenherrschaft

Als die Seldschukischen Türken die Macht übernahmen, zeigten sie sich großzügig gegenüber den Christen. Die abziehenden Kreuzritter und ihre Familien wurden nicht erschlagen und christliche Pilger wurden im Heiligen Land wieder willkommen geheißen. Mehmet II. bringt das christliche Konstantinopel 1453 zu Fall, das türkische Reich, oder wie es die Europäer nennen, das Ottomanische/Osmanische Reich erstreckt sich von Nordafrika in den Mittleren Osten, umfasst Ost- und Südosteuropa, mit Palästina als Verbindungsgebiet. Der Sultan sah sich als rechtmäßiger Nachfolger der Kalifen, Religion war der Hauptfaktor im Leben der Gesellschaft. Das politische Geschehen war von Religion bestimmt, da es im Islam keine Trennung zwischen Staat und Religion gibt. Christen und Juden in Palästina wurden durch die Staatsmacht traditionell geschützt. Suleiman der Prächtige baut die alten Mauern von Jerusalem wieder auf, aber nach seinem Tod wandte sich das Glück der Türken – damit fiel das Heilige Land der Vernachlässigung anheim. Katholische sowie orthodoxe Mönche und Nonnen betreuen die Pilgerstätten, und europäische Reisende zeichnen Bilder vom Verfall des Heiligen Landes. Eine geringe Anzahl von Juden lebte noch im Heiligen Land, in den Städten Galiläas und in Stätten, die ihrem Glauben gemäß heilig sind, wie Jerusalem, Hebron und Sichem. Aber sie bildeten eine laufend abnehmende, politisch machtlose Minderheit. Von der Zeit der Gegenreformation ab ca. 1600 nahm die westlich-katholische und 300 Jahre später besonders die westlich-evangelische Missionsarbeit zu. Beide Missionen warben den alten Kirchen des Ostens Mitglieder ab und gründeten eigene katholische und differenzierte evangelische Kirchen.

Wesentlich für Palästina war das „Status-quo-Abkommen" von 1757, das unter dem später so genannten „Millet System" den christlichen Kirchen ihre Heiligen Stätten garantierte und der die Besitzverhältnisse der christlichen Konfessionen an den Stätten regelt. Es gewährte den Gemeinschaften Selbstverwaltung und Kontrolle unter osmanischer Oberhoheit. Christen blieben Bürger zweiter Klasse, denn in der orientalischen Gesellschaft wurde der Mensch von seiner Religion her definiert. Diese Garantie hinterließ ihre Spuren durch „Millet Viertel", die im palästinensischen Stadtbild ihren Niederschlag finden. Jerusalem hatte ein muslimisches, jüdisches, christliches und ein armenisches Viertel. Jede anerkannte Religionsgemeinschaft bildete eine „unabhängige Einheit" im großen ottomanischen/islamischen Staat. Wesentlich blieb für alle die Akzeptanz des politisch-militärischen Führungsanspruches des Islam auf diesen Staat. Die christliche Anwesenheit war mit päpstlicher Zustimmung durch die Franziskaner gewahrt worden, die entsprechend dem „Status-quo-Abkommen" weiterhin ihre Aktivitäten in den katholischen Heiligen Stätten weiterführen durften. Der Titel des lateinischen Patriarchen, seit 1291 in Palästina verfallen, dann „in Rom bewahrt", bis das Patriarchat formal 1847 wiedererrichtet wurde.

Eine pluralistisch geprägte, multireligiöse und multikulturelle Gesellschaft war typisch für das Umfeld des arabischen Christentums. Anders-Denkende und -Glaubende gehörten immer zu dieser Welt des Islam. Arabische Christen und Muslime teilten die gleiche arabische Kultur, Geschichte und Sprache. Obwohl es periodisch zu Repressionen und einzelnen Christenverfolgungen kam, gewährleisteten die muslimischen Herrscher die Weiterexistenz der verschiedenen Kirchengemeinschaften. Sie sorgten für einen Ausgleich und für eine Befriedung bei konfessionell bedingten Streitigkeiten. Der Schlüssel zur Grabeskirche wurde beispielsweise einer muslimischen Familie anvertraut, die für freien Zugang für alle christlichen Konfessionen sorgte. Die arabische Kultur und Sprache wurde auch von Christen im Nahen Osten entscheidend mitgeprägt. Christen lebten in Nachbarschaft zu arabischen Muslimen und erhielten sich dabei ihre Familien-, Clan- und Volksstrukturen. Sie waren in allen sozialen Schichten vertreten: Bauern, wenige Landarbeiter, Großgrundbesitzer und Notabeln, in den Städten Handwerker, Handelsleute und Akademiker. In Palästina gab es christliche Großfamilien, Dörfer, ebenso wie Stadtviertel oder (früher überwiegend) Städte wie Nazareth und Bethlehem. Es lag durchaus in der politischen Absicht der Osmanen, von der Konkurrenz der christlichen Kirchen um die Heiligen Stätten in Palästina zu profitieren, denn die katholische und die orthodoxe Kirche waren zu Stellvertretern der sie unterstützenden politischen Mächte, Russland und Frankreich, geworden.

Seit der Zeit der Kreuzzüge bildeten sich durch Missionstätigkeit im Nahen Osten mehrere Gruppen, die mit dem Heiligen Stuhl in Rom eine Kirchengemeinschaft eingegangen sind: Maroniten, 1180, Chaldäer – Nestorianer – die Alte Kirche des Ostens genannt 1672, die griechischen Katholiken, Melkiten 1724, die armenischen Katholiken 1742, die syrischen Katholiken von den Jakobiten oder Westsyrern, Monophysiten 1783 und die koptisch-katholische Kirche 1895. Diese mit Rom unierten Kirchen folgen in Tradition und Liturgie weiterhin dem östlichen Ritus, erkennen aber den Primat des Papstes an. Der Zustand der griechischorthodoxen Kirche hatte sich seit dem Beginn der osmanischen Herrschaft über Palästina zu Anfang des 16. Jahrhundert verschlechtert. Die griechische, nicht einheimische Leitung der Kirche war primär an Besitztümern interessiert, während die arabischen Priester ungebildet und machtlos waren. Zur Zeit der politischen und militärischen Favorisierung Frankreichs wurden 1740 die Rechte an den Heiligen Stätten, die bislang der griechisch-orthodoxen Kirche zukamen, an die lateinische

Kirche übertragen. Aufgrund der folgenden Unruhen wurde diese Übertragung 1757 wieder rückgängig gemacht.

1840 hatte Kanzler Metternich versucht, Österreich ein festes Standbein in der Levante zu verschaffen. Er wollte ein Gegengewicht zu Frankreich schaffen, das traditionell das Protektorat über die Katholiken im Heiligen Land wahrnehmen sollte. Rechtlich gab es Verträge mit dem Sultan, in denen Österreich das Schutzrecht über Katholiken für das gesamte Osmanische Reich eingeräumt war. Österreich hatte es bis dahin nur am Balkan, nicht aber in der Levante ausgeübt. Frankreich hatte den Plan vorgebracht, in Jerusalem und dessen Umgebung eine Art kirchlich-religiösen Staat unter christlich-internationalem Schutz zu errichten. Metternich fürchtete, dass diese Einheit unter französischen Einfluss geraten könnte. Österreich blieb erfolgreich, wie auch gegenüber den protestantischen Mächten (hauptsächlich Preußen), die einen Sonderstatus für das Heilige Land angestrebt hatten. 1841 wurde ein evangelisches Bistum eingerichtet. 1847 wurde das lateinische Patriarchat wiederhergestellt. Nicht nur die „Schutzmächte", sondern auch die verschiedenen Konfessionen stritten um jeden Zoll Erde, die Katholiken untereinander lebten ebenso in Uneinigkeit; es waren primär die Franziskaner, die meinten gegenüber dem lateinischen Patriarchen ältere Rechte zu haben. Dieser strebte eine Diözesanstruktur an, gegen die sich die Franziskaner wehrten.

Beginn der Moderne

Der Einmarsch Napoleons im Nahen Osten (1799) brachte neue westliche Ideen. Die islamische Welt war nicht so einheitlich, wie im Westen angenommen worden war; es gab den jetzt zutage tretenden arabisch-türkischen Konflikt. Als erster Herrscher versuchte Muhammed Ali in der arabischen Welt einen Staat nach westlichem Muster zu gründen. Man begann, zwischen Religion und Staat bzw. zwischen Glaube und Politik zu unterscheiden. 1832 hatte Muhammed Ali angeordnet: „Muslime und Christen sind beide unsere Untertanen, zwischen der Religionszugehörigkeit und der Politik darf es keinerlei Verbindung geben, keiner soll Macht über den anderen besitzen". Das waren Zeichen eines Säkularismus, eine europäische Idee, dem traditionellen Islam fremd.

Die Christen im Nahen Osten wurden unter „Protektion" genommen (z. B. katholische Maroniten durch Frankreich). Vom europäischen Schulsystem, das oft von christlichen Missionaren eingeführt worden war, zogen die lokalen Christen Vorteile und gewannen an sozialem Prestige und wirtschaftlichem Einfluss. Damit entstanden neuerliche soziale Spannungen zwischen Christen und Muslimen. Vor allem wurden die arabischen Christen durch eine Verweltlichung des kirchlichen Lebens wie ihrer Theologie von ihren einheimischen Wurzeln entfremdet. Im 19. Jahrhundert kam es infolge reger protestantischer Missionstätigkeit zu weiteren Kirchenspaltungen, an deren Ende in Palästina neben der „wiedererstandenen" römisch-katholischen, Lutherische, Anglikanische und Presbyterianische Kirchen hervorgingen. Erst Mitte des zwanzigsten Jahrhunderts schlossen sich alle arabisch-palästinensischen Gemeinden, die aus der deutsch-evangelischen Missionsarbeit hervorgegangen waren, mit Hilfe des Lutherischen Weltbundes zur „Evangelisch-Lutherischen Kirche in Jordanien" zusammen. Immer wieder gab es Konflikte zwischen den christlichen Kirchen. Anlass war z. B. das Verschwinden des silbernen Sterns, der in der Grotte der Bethlehemer Geburtskirche den Ort der Geburt Jesu markierte. Die Franziskaner und die Griechisch-orthodoxen bezichtigten einander des Diebstahls. Der osmanische Sultan Abdul Mejid erließ im Februar 1852 ein Firman, in dem er autoritativ die Rechte der historischen Kirchen im Streit um die Heiligen Stätten bestimmte. Damit wurde der seit 1757 bestehende Status quo als eine dauerhafte Verlegenheitslösung bestätigt. Selbst der Berliner Kongress von 1878 beteuerte neuerlich die faktischen Regelungen des Firman von 1852. Im Vertrag von Berlin wird der Begriff „Status quo" zum ersten Mal gebraucht, um die Fakten und die bestehende Situation der Heiligen Stätten zu beschreiben. Aus streng rechtlicher Sicht betrifft der Status quo fünf Heiligtümer: Kirche des heiligen Grabes, Deir el-Sultan, das Heiligtum der Himmelfahrt auf dem Ölberg, das Grab der Jungfrau Maria im Tal Jehosaphat und die Geburtskirche in Bethlehem und damit die griechisch-orthodoxe, die lateinische und armenische Kirche (Kopten, Syrer und Äthiopier zählen zu den Armeniern). Alle folgenden Souveräne über Palästina hielten an diesem Status quo fest, selbst der Staat Israel verpflichtete sich im Grundlagenabkommen mit dem heiligen Stuhl 1993 erstmals schriftlich zur Beibehaltung. Damit wären diese Heiligen Stätten heute nicht Teil des Staates Israel. Die Status-quo-Regelung verhinderte Konflikte, schuf allerdings neue Probleme in der praktischen Anwendung. Insbesondere die Instandhaltung und Restaurierung der Gebäude erwiesen sich als komplizierte Verhandlungsfälle. Die orientalischen Kirchen beklagten, keine Rechte an den Heiligen Stätten zu besitzen. Bei Verstößen gegen den Status quo wandten sich die Betroffenen an die jeweils westlichen Machthaber. Die Kirchen suchten in ihren jahrhundertealten Streitigkeiten für sich Anspruch auf den Ort ihres geistigen Ursprungs, auf den Ort ihrer Wurzeln zu erheben. Alleine physische Präsenz ihrer Würdenträger in Jerusalem – meist nicht aus der einheimischen Bevölkerung stammend – führte nicht zu einer Vereinigung, sondern eher zu Auseinandersetzungen. Der moslemische Teil der Jerusalemer Altstadt war in der zweiten Hälfte des 19. Jahrhunderts kaum bewohnt und teilweise leerstehend gewesen. Es war damals schwirig für Ausländer, Land zu kaufen, eine Zustimmung von Konstantinopel war dafür erforderlich gewesen, es gab keine Eintragung in einem Grundbuch. Dennoch war es den kirchlichen Institutionen gelungen, große Teile Jerusalems zu erwerben.

Die Tanzimat-Zeit war von Reformen geprägt, deren Ziele Sicherheit, Ordnung und Effizienz im Osmanischen Reich waren. Nach der Wiederherstellung der türkischen Souveränität 1840/41 wurden die nördlichen Teile Palästinas bis zur Ablösung der türkischen Herrschaft administrativ von Beirut aus regiert. Auch wirtschaftlich bildete Palästina keine eigenständige Größe. Kulturell war Palästina Teil der arabischen Welt. Um 1850 waren über 70 % der Bevölkerung sunnitische Muslime, 20 % Christen (hauptsächlich griechisch-orthodoxer Konfession oder mit Rom unierte orientalische Christen), 5 % hauptsächlich orientalische und sephardische Juden und einige Drusen. Als das Osmanische Reich auch Christen in die

Armee einzog, begann die Auswanderung, die auch wegen der Korruption der osmanischen Behörden zugenommen hatte. Bewohner von Bethlehem und Umgebung hatten Süd- und Mittelamerika zum Ziel; Mitte der 1990er-Jahre des 20. Jahrhunderts gab es in Bethlehem und Umgebung ungefähr 25.000 Christen, in Mittel- und Südamerika aber 150.000 aus Bethlehem stammende Christen. Christen aus Ramallah wanderten in die USA aus.

Nationalbewegungen

Die arabische Nationalbewegung

Noch vor dem Ersten Weltkrieg entstanden arabische nationalistische Bewegungen, die sich primär gegen die osmanische Herrschaft richteten, zu dieser Zeit schon schwach, der „kranke Mann am Bosporus". Die arabischen Völker begannen sich gegen diese Herrschaft aufzulehnen, es entstand eine panarabische Bewegung, die die Unabhängigkeit von den Osmanen anstrebte. Früher hatte es Familien- bzw. Clanzugehörigkeit gegeben, und die Muslime hatten im Rahmen der Umma ihren Platz gesehen. Den Arabern wurde bewusst, dass sie unter dem Impuls der islamischen Religionsstiftung eine große eigene Kulturschöpfung vollbracht hatten. Es formte sich ein Geschichtsbild – unentbehrlich für jeden Nationalismus. Der „Fortschritt" des Westens ermöglichte dessen Expansionspolitik und Imperialismus begann, weite Teile der islamischen Welt zu beherrschen. Mit der zunehmenden Auflösung des Osmanischen Reiches verschlechterte sich die Lage der Christen. Zugleich provozierte das massive politische Eingreifen der christlichen Westmächte im Nahen Osten Emotionen und Reaktionen gegen Christen.

Einen Ausweg aus der Rückständigkeit des Osmanischen Reiches suchten viele Araber in der Nachahmung und Übernahme westlichen Gedankengutes. Damit war europäische Mentalität in der zweiten Hälfte des 19. Jahrhunderts eingeströmt. Es gab arabische Zeitungen, Wörterbucher und Enzyklopädien werden herausgebracht. Vor allem Intellektuelle mit westlicher Bildung und Kontakten vertraten einen säkularen arabischen Nationalismus, an dessen Entstehung arabische Christen erheblichen Anteil hatten. Der Beginn des arabischen Nationalismus war der Versuch, den „Arabern" eine Basis für ein gemeinsames Treueverhältnis gegenüber dem Heimatland (Watan) zu geben, das ungeachtet der verschiedenen Religionszugehörigkeiten entstehen sollte. Auch aufgrund ihrer Religionsstreitigkeiten begannen die Christen für einen säkularen Nationalstaat zu werben, in dem alle Bürger unabhängig von ihrer religiösen Ausrichtung gleichberechtigt sein sollten, denn nur ein Nationalstaat könne die religiösen Differenzen überbrücken. Nun wurde die Religion als eine persönliche Beziehung zwischen Gott und Mensch definiert, ohne soziale oder politische Auswirkungen, damit wurde ihr wenig positive Bedeutung im Zusammenhang mit der Neugestaltung ihres Staates zugemessen. Gegen diese „Neutralisierung der Religion" setzte sich der Islam zur Wehr. Es entstanden islamische Reformbewegungen, die anfänglich Nationalismus und Imperialismus ablehnten, aber Kunst und Kultur im

Sinne des Westens förderten und die Erkenntnisse der modernen westlichen Wissenschaften übernahmen. Auch die Araber gingen vom Konzept eines gemeinsamen Staates für Muslime, Christen und Juden aus. Geistiges Zentrum für die Verbreitung des Nationalbewusstseins war Beirut. Als Zeichen der Modernisierung wurde der Ausbau einer modernen Infrastruktur in Angriff genommen, z. B. die Eisenbahnlinie zwischen Mekka und Damaskus. Diese erste Reformbewegung führte zu keinem Erfolg, da sie nur auf Intellektuelle beschränkt blieb und keine Breitenwirkung entfalten konnte. Dann brach der Erste Weltkrieg aus und das Osmanische Reich wurde zerschlagen. Die Osmanen hatten – soweit es in ihrer Macht stand – Ordnung in Palästina gehalten. Aber im Heiligen Land stießen dann zwei Nationalismen, der arabische und der jüdische, aufeinander.

Die zionistische Bewegung

Parallel zum arabischen Nationalismus entstand in Europa der moderne Zionismus. Der Gedanke stammte aus der babylonischen Gefangenschaft, als die Juden sich nach ihrer Heimat, nach Jerusalem, nach ihrem Tempel sehnten. Das Wort Zionismus stammt vom „Berg Zion". Im Laufe der Geschichte wurde „Zion" Metapher für Jerusalem. Schon 1809 war in London der Gedanke veröffentlicht worden, „das jüdische Volk in das Land seiner Väter zu verpflanzen", wobei den jüdischen Siedlern Rechte und Privilegien gewährt werden sollten, „welche von einer europäischen Macht sichergestellt würden." Man dachte an einen dem Osmanischen Reich nützlichen Vorposten des britischen Imperiums. Der Zionismus – nicht innerhalb der jüdischen Gemeinde, sondern in England, bei protestantischen Christen entstanden – wurde zu einer organisierten Bewegung, dazu kamen Berichte über das Heilige Land wie „ein ödes Land, weitgehend unbesiedelt". Fromme evangelische Chiliasten unterstützten eine Rückkehr der Juden nach Palästina als Zeichen des herannahenden Eschaton, der Wiederkunft Christi, das Anbrechen der Apokalypse. Eine Ideologie die jetzt als „christlicher Zionismus" bezeichnet wird, und in den USA verbreitet ist.

Aufgrund der Aufklärung waren in Europa viele diskriminatorische Praktiken gegen Juden abgeschafft worden, ihnen stand „Assimilation" mit Konversion zum Christentum frei. Parallel dazu entwickelte sich der westliche Antisemitismus. In Europa äußerte er sich in Diskriminierung und Pogromen. Veranlasst vom Dreyfus-Prozess schrieb Theodor Herzl sein Buch „Der Judenstaat" (1896) über den politischen Zionismus: der Antisemitismus wäre der unfehlbare Beweis, dass Juden keine Zukunft als „assimilierte Minorität" in den europäischen Staaten hätten. Palästina zog Juden magnetisch an, aber auch Herzl „ignorierte" die Existenz einer möglichen lokalen Bevölkerungsgruppe in Palästina. „Das nächste Jahr in Jerusalem", seit Jahrtausenden der Wahlspruch, schien sich jetzt zu verwirklichen. Dennoch blieben in Europa zu dieser Zeit die Zionisten im Vergleich zu den integrierten Juden in der Minderheit. Zionistische Juden entfalteten diplomatische, finanzpolitische Kolonialisierungs-Aktivitäten. Um Kolonialisten wurde mit dem Schlagwort „Ein Volk ohne Land für ein Land ohne Volk" geworben. Damit wurde der Bevölkerung die Berechtigung einer nationalen Zukunft abgesprochen. Um diese Zeit betrug die Bevölkerung von Palästina ungefähr 460.000 Personen, ungefähr 400.000 Muslime, 40.000 Christen (meist griechisch-orthodox), der Rest Juden. In Jerusalem wohnten ca. 30.000, die Hälfte davon Juden.

Die Zionisten träumten vom eigenen Nationalstaat. Der Zionismus stützte sich auf die Annahme, dass alle Juden der Welt eine Nation im europäischen Sinne bildeten. Die zionistische Bewegung am Ende des 19. Jahrhunderts war nicht primär aus religiösen Motiven entstanden, es war eine nationalistisch-politische Bewegung. Die religiösen Juden, orthodoxe wie auch reformerische, wehrten sich gegen den Zionismus als eine nicht-religiöse, ja antireligiöse Bewegung. Das Übel des Zionismus wurde gerade darin gesehen, dass er die Verantwortung für das gelobte Land vom zukünftigen Messias auf die des jüdischen Volkes übertrug. Selbst Reformjuden in den USA meinten, dass sich die Juden selbst nicht als Nation, sondern eine religiöse Gemeinschaft betrachteten und damit keine Rückkehr nach Palästina vorzusehen wäre.

Herzl verhandelte 1898 mit dem Osmanischen Reich um ein autonomes Gebiet im Territorium ebendort. Später trat er mit seinem Anliegen erfolglos Papst Pius X. heran, sogar den König von Italien Viktor Emmanuel III. ersucht Herzl um einen jüdischen Staat in Libyen; der König erwiderte, dass dieses Land bereits die Heimat anderer wäre. England bot dem Unermüdlichen ein Stück der Kolonie Uganda an. Der siebente Zionisten-Kongress lehnte das Uganda-Angebot mit dem Wahlspruch „Zion den Zionisten" ab. Die frühe zionistische Führerschaft hatte Palästina weder besucht, noch viel über ihre Bewohner erfahren. Man ging davon aus, das Land wäre leer. Von den Wiener Juden wurde nach dem Zionisten-Kongress in Basel eine „Fact-Finding-Mission" nach Palästina geschickt, die telegraphierte „die Braut ist wunderschön, aber bereits mit einem anderen verheiratet". Die zionistische Bewegung war vom Kolonialismus inspiriert, man hoffte, den „lokalen Völkern", den „Eingeborenen", die als minderwertig und irrelevant galten, Zivilisation und Kultur zu bringen. Der Zionismus war zwar eine jüdische Befreiungsbewegung, gleichzeitig ein koloniales Siedlungsprojekt im Orient. Gewaltsame Enteignung war nicht vorgesehen, man plante, Land in Palästina zu kaufen. Dafür wurde der Jüdische Kolonialfonds, später Jüdischer Nationalfonds eingerichtet. Die Mittel, von reichen jüdischen Bankiersfamilien – vom Kontinent und England selbst sollte zum Ankauf von Land von den türkischen Notabeln, die oft in Beirut residierten, dienen. Damit sollte der Privatbesitz der angewiesenen Ländereien sachte enteignet, die Bevölkerung möglichst unbemerkt über die Grenze gebracht werden. Derartige Transaktionen bereicherten zwar die Notabeln, vertrieben viele arme bäuerliche Pächter. Sie blieben im Lande und standen später in Konkurrenz mit einer stark ansteigenden Gruppe von jüdischen Arbeitern um verfügbare Arbeit.

Zionistisches Denken fiel mit der Auswanderung der Juden aus dem europäischen Osten zusammen, deren Bestimmungsland nicht Palästina, sondern die USA war. Zwischen 1880 und 1914 wanderten zwei Millionen russische Juden in die USA, 200.000 nach Großbritannien, nur 60.000 nach Palästina aus.

Die frühe Einwanderung

Nicht-jüdische Zuwanderer

Ab ca. 1820 waren westliche evangelische (anglikanische, lutherische) und katholische Missionen nach Palästina gekommen und hatten besonders im Schul- und Erziehungswesen gearbeitet. Die traditionellen katholischen Mächte Europas Frankreich, Belgien, Italien und Österreich übten die Schirmherrschaft über Schulen und Spitäler sowie Waisenhäuser aus. Die so ausgebildeten arabischen Christen, eine starke christlich-palästinensische Mittelschicht, waren von den Gedanken der Aufklärung, Freiheit und Gleichberechtigung begeistert und wurden so zu Trägern der Modernisierung und zu Vermittlern westlicher Einflüsse. Der katholische „Deutsche Verein vom Heiligen Land" erwarb ein Grundstück am See Genezareth, an der Stelle des Wunders der Brotvermehrung, und brachte Kolonialisten dorthin. Auf den Fundamenten einer byzantinischen Kirche mit einem noch erhaltenen Fußbodenmosaik errichteten Benediktiner eine neue Basilika. Aber viele Siedler starben an Malaria. Um 1850 kamen schwäbisch-pietistische apokalyptische Protestanten, „Tempel"-Kolonien, und die amerikanische Spaffordgruppe nach Palästina. Die Templer planten das Volk Gottes in der Heiligen Stadt zu sammeln, man wollte als nicht-jüdische Gruppe die alttestamentliche Verheißung des Heiligen Landes in Anspruch nehmen. Ab 1869 war nach einem Vertrag zwischen Preußen und der Türkei den deutschen Erwerb von Bodenbesitz gestattet. Die Templer erstrebten Unabhängigkeit von den türkischen Lokalbehörden, selbstständige Führung ihrer Gemeindeangelegenheiten und fest verbriefte Rechte bei Pachtung. Die „Amerikanische Kolonie" in Jerusalem verdankt ihre Entstehung Horatio Spafford, der 1881 mit seiner Familie und Freunden einen Ort des Friedens suchte und nicht in missionarischer Absicht kam. Man wollte in dem Land leben, wo Christus gewirkt hatte. Kurz vor 1900 wuchs die Zahl der christlichen Armenier im Lande, die aus Transkaukasien, Anatolien und Kleinasien hierher geflüchtet waren.

Jüdische Siedler

Die ersten Siedler kamen um 1879. Herzl hatte keine nationale Sprache geplant, dennoch wurde Hebräisch eingeführt, auch weil die neuen Siedler unterschiedliche Sprachen gesprochen hatten. Die einwandernden Juden gingen davon aus, das Land Israel zu übernehmen und sich als die „Herren in ihrem alten Heimatland" einzusetzen. Der Zionismus war idealistisch gewesen, es ging um die Notwendigkeit, die Juden Europas vor Verfolgung und Pogromen zu retten. Man wusste um die Notwendigkeit der Verdrängung der Einheimischen, aber man argumentierte, dass die Ankunft von fleißigen, talentierten, wohlhabenden Juden den Arabern nützlich sein könnte. Ein Vorwand? Die Landnahme stellte die Erfüllung der biblischen Prophezeiungen dar und galt als eine Wiedergutmachung für die jüdische Geschichte. Mit Bezug auf die Bibel betrachteten viele Zionisten ihre

Ansprüche als berechtigter als jene der Araber, die „erst ein paar Hundert Jahre hier siedelten". Seitens der Juden wurde die Liebe der Araber zu „ihrem Land, dem Land ihrer Vorfahren" gründlich unterschätzt, sie hielten die „Einheimischen" für primitiv, unehrlich und faul. Damals waren viele eingewanderte Juden mit einem Überlegenheitsgefühl und der Überheblichkeit von Kolonisatoren gegenüber der einheimischen Bevölkerung aufgetreten, obwohl Palästina ein Kulturland war. Israel „importierte" westliches Know-how, Arbeitsethik, „die Wüste blühte dann wirklich".

Die christliche Welt verhielt sich zwiespältig: eine Seite unterstützte den Zionismus, aus theologischen wie auch moralischen Gründen, und drückte dies auch durch erhebliche Geldspenden aus, die andere Seite verwarf die Idee als politisch undurchführbar und in einer aufgeklärten Welt am Beginn des zwanzigsten Jahrhunderts für unnötig. Daneben fanden im Osten Europas und in Russland weiterhin Pogrome in jüdischen Dörfern und städtischen Ghettos statt.

Schon 1890 hatte eine Gruppe von jerusalemer arabischer Notabeln ein Ersuchen an den Vizir in Istanbul gerichtet, die jüdische Einwanderung zu stoppen und die Juden daran zu hindern, Land zu kaufen. Sie beklagten, dass „die Juden den Arabern das Land wegnähmen, allen Handel in ihre Hände und Waffen ins Land brächten". Die offizielle ottomanische Politik hatte zwar jüdische Siedlungen in Palästina verboten, aber die türkischen Funktionäre, entsprechend bestochen, schauten weg, wenn abwesende arabische und türkische Landbesitzer überhöhte Preise für „schlechtes Land" erhielten. Die meisten der neuen Siedler ließen sich in den Küstengebieten zwischen Tel Aviv und Haifa nieder. Die arabischen Pächter, die in diesem Land als Acker- oder Viehbauern gelebt hatten, mussten gehen. Sie konnten als Arbeiter auf dem Land, das sie als ihr eigenes betrachtet hatten, bleiben. Die beunruhigten palästinensischen Araber wehrten sich gegen die wachsende jüdische Bevölkerung teils durch Feindseligkeit, Gewalt, in vielen Fällen Gleichgültigkeit. Die Zahl der aus Europa stammenden Juden stieg weiterhin an. Mit Genehmigung der türkischen Behörden wurden dann die ersten Kolonien (Kibuzzim) ca. 1882 errichtet. Diese Pioniere planten Kibuzzim, kommunale Landwirtschaft, wo Arbeit und Besitz geteilt werden. Diese jüdischen Siedler, im Kibbuz oder Moshav, begannen an den Hängen, die schon lange durch Überweidung aper geworden waren, Bäume zu pflanzen. Eine Vorgangsweise, die bis heute anhält und das Land vollständig verändert hat. Eine sehr früh eingeführte Pflanze waren Orangenbäume. Zunehmend wurden mehr Arbeiter benötigt, was die arabische Immigration aus den umliegenden Ländern nach Palästina beschleunigte. Sie übertraf zu dieser Zeit die jüdische Einwanderung.

Es war für viele Juden die erste Begegnung mit dieser „Erde", und es war mühsam: Trockenheit, fehlendes Wasser und Hunger machten den Pionieren zu schaffen. Die Hitze im Sommer war ungewohnt, die Kälte im Winter unerwartet, die Unterkünfte unzulänglich. Man war mit ungeheurem Idealismus angetreten, alle waren gleich, jeder arbeitete nach seinen Fähigkeiten und erhielt, was die Grundbedürfnisse befriedigte. Erfüllung persönlicher Wünsche und Bedürfnisse waren aufzugeben. Oft musste dieses Land gegen Angriffe früherer Besitzer oder arabischer Banden verteidigt werden. Für Araber war es unverständlich, dass Frauen in kurzen Hosen umherliefen und sich mit den Männern die Arbeit auf den Feldern teilten. (An ein Verlassen des Landes dachte damals kein Araber.) Probleme, die sich aus Krankheiten, vor allem Malaria, Diebstählen von Herden ergaben, hatte man bald vergessen. Die ehemals dürren Hänge grünten, und in der Nacht diskutierte man über die großen Fragen des zwanzigsten Jahrhunderts. Dieses Leben der Pioniere ist bis heute ein Symbol für viele Israelis. Nicht alle jüdischen Einwanderer wurden Bauern, viele europäische Juden verfügten über erhebliches Können als Kaufleute oder Handwerker. In Haifa, am Fuße des Berges Karmel, wurde eine Diamantenindustrie von einigen Einwanderern aufgebaut. Die Zionisten waren den Arabern an Ideen, Entschlossenheit und Verfügbarkeit von Geldmittel voraus.

Das beginnende zwanzigste Jahrhundert

Der Erste Weltkrieg

Während des Ersten Weltkriegs war das Heilige Land Kriegsgebiet; auch eine österreichische Gebirgshaubitzendivision, 2000 Mann, war in Jerusalem / Gaza stationiert. Aufgrund von Untersuchungen von Aktenbeständen des französischen Konsulats in Haifa durch die türkische Administration ließen sich Verbindungen zwischen arabischen Nationalisten und Instanzen der alliierten Mächte feststellen. Das war für die mit den Achsenmächten verbundenen Türken Hochverrat. Araber „aus den vornehmsten und reichsten Familien" wurden als Landesverräter vom türkischen Kriegsgericht 1916 zum Tode durch den Strang verurteilt. Die englische Armee, von den Arabern unterstützt, drückte die türkische Front immer mehr nach Norden, im Dezember 1917 kam es westlich von Jerusalem zu einer heftigen Schlacht. Nachdem der englische Kommandierende Allenby seine Gegner geschlagen hatte, erschien er zu Pferd vor Jerusalems Toren, stieg aber ab und ging zu Fuß in die Heilige Stadt. Die türkische Herrschaft „aus der Ferne" war zu Ende.

Die politische Situation gegen Ende des Ersten Weltkrieges war schwierig für die Briten: einerseits standen sie dem Zionismus, in Großbritannien entstanden, wohlwollend gegenüber, andererseits waren die Araber ihre Verbündeten gewesen. Während der Kriegsjahre von 1914–18 hatte Großbritannien drei verschiedene Verträge abgeschlossen, die einander widersprachen.

Die **Balfour-Deklaration**, 1917; auf Betreiben des später ersten Präsidenten von Israel, Chaim Weizmann, hatte das britische Kabinett 1917 diese Deklaration beschlossen. Der britische Außenminister Lord Balfour hatte ein Memorandum mit britischen Zionisten ausgehandelt und im Londoner Kabinett abgestimmt, an das Oberhaupt der Zionisten in Großbritannien, Lord Rothschild, geschrieben. Es ging um das Errichten einer nationalen Heimstätte für das jüdische Volk in Palästina, aber unter der ausdrücklichen Voraussetzung, dass die bürgerlichen und religiösen Rechte der in Palästina bestehenden nichtjüdischen Gemeinschaften und der politische Status der Juden in irgendeinem anderen Land nicht beeinträchtigt würden. Als die Veröffentlichung im November 1917 erfolgte, war Palästina noch unter türkischer Herrschaft. Damit hat Großbritannien ein Land, das nicht ihm gehörte, Leuten versprochen, denen es nicht gehörte.

Die **McMahon-Vereinbarung**, 1915; die Briten hatten in Geheimverhandlungen die Araber dazu bewegt, sich gegen die Türkei zu erheben und auf Seiten der Alliierten in den Krieg einzutreten. Die Araber sollten im Gegenzug die Unabhängigkeit allen arabischen Landes in Asien mit Ausnahme von Aden erhalten. Das schloss Palästina ein. Daraufhin brach im Juni im Hedschas, im westlichen Arabien, der arabische Aufstand aus.

Das geheime **Sykes-Picot-Abkommen** bestimmte, wie das Osmanische Reich (Syrien, Transjordanien, Libanon und Palästina) nach seiner Zerschlagung aufzuteilen wäre. Den Großteil sollten England und Frankreich bekommen. Zwei verschiedene arabische Staaten waren vorgesehen: unter französischen „Schutz" stehend, einer nördlich des Yarmuk mit Zentrum Damaskus und einer unter britischem Protektorat, östlich des Jordan und südlich des Yarmuk. Der Libanon mit dem Norden Palästinas sollte unmittelbar Frankreich unterstellt werden. Um Akko und Haifa sollte eine britische Enklave entstehen. Zentralpalästina westlich des Jordan sollte unter gemeinsamen britischen, französischen und russischen Schutz gestellt werden.

Im Februar 1918 machten die Türken den Arabern diese geheimen Vereinbarungen bekannt, um sie zum Widerruf ihrer Versprechungen zu den Alliierten zu bringen. Sherif Hussein von Mekka, der mit McMahon verhandelt hatte, erhielt auf seine Anfrage an die britische Regierung die Antwort, das gegebene Versprechen auf Anerkennung der Unabhängigkeit der arabischen Länder werde eingehalten. Für die Araber handelte es sich um Verrat: der Plan war, die osmanische Herrschaft durch eine Kolonialisierung zu ersetzen, und den Nahen Osten Frankreich, England und eventuell einem zionistischen Staat einzugliedern.

Die Völkerbundentscheidung

Das Ziel der Muslime war ein panarabisches Reich gewesen, im Versailler-Abkommen hatte der Westen die Araber betrogen. Am 3. Januar 1919 kamen der Vertreter der zionistischen Führung, geführt von Chaim Weizmann und Emir Faisal, Sohn des Scherifs Hussein und arabischer Hauptdelegierter bei der Pariser Friedenskonferenz, zu einer Übereinkunft. Faisal stimmte der Schaffung der jüdischen Heimstätte zu, unter der Auflage, dass Großbritannien und Frankreich ihre Versprechen gegenüber den Arabern einhielten. Der US-Präsident Woodrow Wilson entsandte 1919 die King-Crane-Kommission zu Nachforschungen nach Syrien. Diese Kommission befürchtete, dass eine uneingeschränkte jüdische Einwanderung aus Palästina einen rein jüdischen Staat machen würde, und der Wortlaut der Balfour-Deklaration den Juden nicht gestatte, Palästina in einen Judenstaat zu verwandeln, da dieser Staat die bürgerlichen und religiösen Rechte der nichtjüdischen Gemeinden verletzen würde. Zudem käme es zu einer Verstärkung des Antisemitismus, da Palästina für Christen, Moslems und Juden gleichermaßen das Heilige Land sei.

Artikel 22 des Völkerbundes (1919) sowie der Vertrag von Lausanne, beide von der Gemeinschaft der Nationen anerkannt, postulierten, dass allen arabischen Nationen, damit inklusive Palästina, die sich von ottomanischer Herrschaft befreit hatten, die volle Freiheit und Unabhängigkeit zu gewähren sei. Palästina wurde britisches Mandat! Die politischen Grenzen für Palästina waren durch das Völkerbundmandat festgelegt worden. Großbritannien verhandelte mit Frankreich – wegen Syrien und dem Libanon, – mit dem Haschemitischen Königreich Transjordanien – wegen der Grenze am Jordan und bis zum Golf von Aqaba, – und mit Ägypten – um die Abgrenzung vom Sinai – mit zionistischen Vertretern, nicht aber mit Vertretern der einheimischen Bevölkerung. Zuletzt stimmte der Rat des neu gegründeten Völkerbundes entsprechend dem Wortlaut der Balfour-Erklärung der Mandatsvergabe an Großbritannien und damit der Schaffung einer nationalen Heimstätte für die Juden zu. Zu Palästina gehörte bis zur Grenzziehung der 20er-Jahre das Siedlungsgebiet östlich des Jordan. Palästina, vorher keine politisches, sondern ein geographisches Gebiet, bildete als britisches Mandat erstmals in der Geschichte eine separate Einheit. Im April 1920 fiel die Entscheidung von San Remo über Aufteilung der Mandate zwischen Großbritannien und Frankreich. Mandate unterscheiden sich von Kolonien dadurch, dass z. B. Palästina den Engländern treuhändisch übergeben worden war, damit es zum Besten der Bevölkerung verwaltet würde. Die Frage: Welcher Bevölkerung? Der jüdischen oder der arabischen …

Die Franzosen hatten sich bei den Pariser Vorort-Konferenzen um die Rückgabe der „lateinischen Rechte", wie sie bis 1757 bestanden hatten, bemüht, da sie durch „Usurpation" durch orthodoxe Griechen verloren gegangen waren. Ab nun hatten Frankreich, Italien und England über Jerusalem zu bestimmen, und ausgegangen wurde vom Besitzstand der Kreuzfahrer, d. h. in Europa wurde weiterhin imperialistisch-kolonialistisch gedacht. Aber man war untereinander völlig uneins.

Palästina unter britischer Herrschaft

Das temporäre Militärregime, von Allenby eingerichtet, dauerte bis Juli 1920; in allen wichtigen Städten Palästinas wurden Militärgouverneure der „Occupied Enemy Territory Administration" eingesetzt, die mit wenigen Ausnahmen keine Verwaltungserfahrung aufwiesen. Zu Beginn der britischen Mandatsherrschaft über Palästina lebten etwa 70.000 Christen in Palästina, neben 600.000 Muslimen und 80.000 Juden. Der Status der Christen wurde bis in die Gegenwart durch das von Umar ibn al-Katthab erlassene Dekret aus dem Jahre 638 bestimmt, in dem Umar den christlichen Bewohnern Jerusalems gegen Bezahlung einer Steuer Sicherheit in jeder Beziehung garantiert hatte (Dhimmi-Status).

Die britische Mandatsregierung in Palästina unterstützte – trotz widersprüchlicher Signale – den Aufbau eines modernen jüdischen Nationalstaates. Im März 1918 traf Chaim Weizmann als Vorsitzender der Zionistischen Kommission zur Bildung einer künftigen Regierung Israels in Palästina ein. Unter der Autorität von

Allenby sollte er das „national home" der Juden einrichten. Der vorgesehene jüdische Nationalstaat hatte keinen Platz für Nicht-Juden, damals noch die Bevölkerungsmehrheit. Zwischen Muslimen und Christen wurde nicht differenziert. Der Konflikt war einer zwischen Juden und Palästinensern, wobei die Juden gleichzeitig als nationale Gruppe und als religiöse Gemeinschaft auftraten, während die Palästinenser als nationale Gruppe, aus zwei religiösen Gemeinschaften zusammengesetzt, betrachtet wurde. Weizman erklärte bei einem Treffen mit König Faisal, dass die Übernahme der Regierung durch Juden nicht angestrebt würde.

Immer wieder gab es Anlässe zu Konflikten. Am Jahrestag der Balfour Declaration demonstrierten die Juden jubelnd, das reizte muslimische und christliche Araber, die die Demonstranten verprügelten. Im April 1919 fielen die Pilgerfahrt der Muslime zum Nebi Musa mit dem jüdischen Passah Fest zusammen, in dieser Stimmung griffen die Araber das jüdische Viertel an. Es gab Tote und Verwundete. Daraufhin wurde von Jabotinsky bei der Mandatsregierung die Erlaubnis zu der Aufstellung einer jüdischen Armee eingeholt, der Hagana. England lehnte zwar ab, aber die Zionisten rüsteten zum Selbstschutz der jüdischen Siedlungen im Norden des Landes auf. Bald nach dem Krieg hatte eine weitere jüdische Einwanderungswelle aus Osteuropa eingesetzt. Radikale arabische Kräfte versuchten dies mit Waffengewalt zu verhindern. Immer wieder kam es zu arabischen Ausschreitungen gegen Juden, desgleichen in Jerusalem. Dagegen begannen radikale Zionisten eine jüdische Selbstschutzorganisation, die spätere Polizei, aufzubauen. Die britische Militärverwaltung ging dagegen strafrechtlich vor, um die Souveränität in britischer Hand zu behalten. Die Mehrheit der Palästinenser, die hier lebten, begann sich mit diesem Staat zu identifizieren. Das war das Entstehen des palästinensischen Nationalismus. Dieser und der jüdische Nationalismus versuchten während der englischen Mandatszeit Kontrolle über Palästina zu bekommen.

1920 löste Hochkommissar Sir Herbert Samuel, ein vornehmer englischer Jude, assimiliert, liberal, die britische Militärverwaltung ab. Sein Ziel war eine vorsichtige Verwirklichung der pro-zionistischen britischen Politik, aber keine jüdische Herrschaft über die nicht-jüdische Mehrheit des Landes. Zunächst wurde von arabischer Seite eine Zusammenarbeit mit dieser, vom britischen Militär unterstützten, Regierung verweigert, ohne jedoch die Mandatsverwaltung selbst anzugreifen. Es gelang Samuel, bis Mai 1921 die Ordnung aufrechtzuerhalten. Die Hungersnot war durch Importe aus Ägypten behoben, der Geldwert wiederhergestellt, eine Wasserleitung nach Jerusalem gelegt worden, der Aufbau einer institutionellen Struktur wurde begonnen. Dann erfolgte ein arabischer Angriff auf das jüdische Immigrationshostel, daraufhin entschied Samuel die jüdische Einwanderung zu stoppen. Zu Beginn der britischen Mandatszeit hatten viele Christen Anstellungen als Beamte in der Verwaltung gefunden, daher war die Auswanderung zurückgegangen. Hätten die Engländer die Rückkehr der bereits ausgewanderten Christen ermöglicht, wäre ihre Anzahl noch größer geworden.

Der Führer der arabischen Seite in Palästina war seit 1921 der Großmufti von Jerusalem: Amin al-Husseini. Er war islamischer Geistlicher, palästinensischer arabischer Nationalist, und Präsident des obersten islamischen Rates; damit konnte er islamische Gerichte und Schulen kontrollieren und einen großen Anteil der Gelder aus religiösen Stiftungen verwalten. Später kollaborierte er mit dem nationalsozialistischen Deutschland und wurde 1947 Führer der Muslimbrüder in Palästina und Stellvertreter al-Bannas. In den 20er-Jahren begannen die Araber auf die Anwesenheit und die Zuwanderung der Juden aggressiv zu reagieren, es wurden viele jüdische Pioniere von arabischen Untergrund-Aktivisten getötet. Um diesem Terror etwas entgegenzusetzen, organisierten sich jüdische Untergrund-Gruppen. Gleichzeitig sind die Briten um Fairness bemüht, verbessern die Infrastruktur und starten Bewässerungsprojekte mit Jordan-Wasser für die Landwirtschaft. Die Araber wurden zunehmend aufgebracht. Schon 1920 postulierte Ze'ev Jabotinsky, das Land gehöre den Juden und dass dieses nationale Interesse Vorrang hätte. Man müsse den Arabern so lange gegenübertreten, bis sie den Anspruch auf ihr Land aufgäben. Gegen die Ansicht Jabotinksys, es gäbe keinen Fall von Kolonisation mit Zustimmung der Eingeborenen, stand 1921 die Aussage Martin Bubers, dass es eine jüdische Aufgabe an den palästinensischen Arabern geben müsse.

Nach dem Friedensschluss mit der Türkei im Juli 1923 trat das Palästina-Mandat Großbritanniens (zusammen mit dem Syrien- und Libanon-Mandat Frankreichs) am 29. September 1923 völkerrechtlich in Kraft. Die Briten waren bis dahin schon 6 Jahre im Land; nun trafen 50.000 neue jüdische Asylanten ein. Der jüdische Nationalfonds betrieb bis 1948 Landerwerb für Siedler im britischen Mandatsgebiet Palästina.

Die palästinensischen Araber lehnten die britische Balfour-Politik ab, nicht aber, dass Palästina als arabischer Staat in die Unabhängigkeit entlassen werden sollte. Es war nicht vorstellbar, dass durch jüdische Einwanderung und Besiedlung des Landes Palästina zu einem jüdischen Staat werden könnte. Nicht nur die Araber, sondern auch Papst Benedikt XV. hatte im März 1919 dem Balfour-Plan eine Absage erteilt. Die Mandatsregierung hatte Probleme mit den Kirchen; sie hatte im November 1918 dem lateinischen Patriarchen Camassei ein Jahr lang die Rückkehr ins Heilige Land verwehrt. Ebenso wurde französischen Mönchen eine Heimkehr verwehrt. Rom ging davon aus, dass England der französischen Nation (Katholiken) im Vorderen Orient den Rang abzulaufen drohte und, falls es die Mandatsregierung zur Verwirklichung eines jüdischen Staates kommen lassen würde, Christen in eine Minderheitssituation geraten würden. Die Hauptanliegen des Vatikans aber blieben: Schutz des religiösen Charakters von Jerusalem, Präsenz christlicher Gemeinschaften und eine gerechte Lösung des Palästinenserproblems. Der Vatikan hatte sich während der Palästina-Debatte am Ende der britischen Mandatszeit zurückgehalten, da er keines der diskutierten Modelle bezüglich Jerusalem durchgängig befürwortete. Aus Sorge um die christlichen Stätten betrachtete er die Gründung eines jüdischen Staates im Heiligen Land mit Skepsis. Der jüdische Staat wurde zwar nicht abgelehnt, aber die Minderung des eigenen Einflusses durch jede Art von Souveränität über das Heilige Land befürchtet.

Ein „Transfer" von arabischer Bevölkerung, wie etwa zwischen Griechenland und der Türkei, wurde von zionistischer Seite erwogen, war damals aber unrealistisch. Daher musste eine jüdische Mehrheit durch verstärkte jüdische Einwanderung erzielt werden. Die Briten, der jüdischen Einwanderung in Palästina verpflichtet, entschieden eine Einwanderungsbeschränkung. Zeitgleich verbesserten sich die wirtschaftlichen Voraussetzungen; es gab neue Arbeitsplätze. Das führte zu einer erheblichen Einwanderung von Arabern aus den benachbarten Ländern. 1929 gründete die zionistische Bewegung mit Genehmigung der britischen Mandatsmacht die „Jewish Agency" (heute noch als Körperschaft Öffentlichen Rechts bestehend), die die jüdische Einwanderung und Besiedlung systematisch und tatkräftig betreiben sollte. Ab 1929, nach einer arabischen Aktion gegen nicht-zionistische Juden in Hebron, bei der diese massakriert worden waren, befand sich das Land in einem Zustand des Dauerkonflikts. Eine britische Untersuchungskommission empfahl mit wirtschaftlicher Begründung einen Einwanderungsstopp. Das führte zu Protesten der Zionisten und ihrer Freunde inner- und außerhalb Großbritanniens, daher wurde der Einwanderungsstopp nie durchgesetzt. 1933, bei der Machtübernahme der Nationalsozialisten, flüchteten 30.000 Juden nach Palästina, sieben Mal so viele als in den drei Jahren zuvor. Hitler hatte anfänglich emigrierenden Juden erlaubt, Geld mitzunehmen. Sie leisteten mit ihren Ressourcen, ihren Fertigkeiten, ihrer Intelligenz und ihrem Fleiß einen wichtigen Beitrag beim Aufbau der jüdischen Heimat. Die Reaktion auf arabischer Seite war Empörung und Gewalt gegen Juden und deren Einrichtungen. Die Briten, aus Rücksicht auf die Araber, erhöhten das Einwanderungskontingent für Juden nicht. Das erboste die Juden und brachte bei den Arabern nicht den gewünschten Effekt, da diese meinten, dass Palästina ihr eigenes Land wäre und es den Briten nicht zustände, den Juden die Ansiedlung zu erlauben.

Die Gründung neuer geschlossener jüdischer Siedlungen, von arabischer Seite mit Argwohn begegnet, schritt voran. Gemäßigte Zionisten, wie Martin Buber, der sich sehr für eine jüdische nationale Heimstätte einsetzte, aber tiefes Misstrauen gegen ethnischen Nationalismus empfand, forderten eine gerechte Behandlung der palästinensischen Araber. Sie schlugen den Aufbau eines „binationalen Staates" vor, was aber von den anderen Zionisten nicht akzeptiert wurde. Schon in den dreißiger Jahren war der Gedanke der Teilung entstanden („Altjerusalem" für Christen, Moslems und Juden und ein säkularisiertes Neujerusalem). Einem „Transfer" der arabischen Bevölkerung, aus biblischen Erwägungen neuerlich entstanden, wurde der Vorzug gegeben. Die „eingeborenen" Araber waren Teil der größeren arabischen Welt und könnten problemlos dorthin verschoben werden. Für viele Juden galt es, den historischen, emotionellen, identitätsstiftenden Anspruch auf dieses Land zu untermauern. Mit wissenschaftlichen, sprachlichen, literarischen und geschichtlichen Mitteln wurde, entsprechend der biblischen Geschichte, der „rechtmäßige Anspruch" bekräftigt. Ein „namensgebendes" Komitee wurde eingerichtet, das die arabischen Ortsnamen von den regionalen Karten zu tilgen hatte. Später gab es eine „hebräisierte" für alle Schulbücher gültige Karte. Theologisch wurde argumentiert, Palästina sei ein Geschenk Gottes an die Juden und es entspräche Gottes Wille, eine gerechte jüdische Gesellschaft in Palästina aufzubauen. Kanaan wäre zu Abrahams Zeiten den Juden übergeben worden, um dort eine Mission zu erfüllen. Es wäre nicht „nur ein Land", sondern eine immerwährende Herausforderung, daraus das zu machen, was Gott beabsichtigt hatte. Das Land benötige die jüdischen Menschen und sie brauchten dieses Land. Doch der gewünschte „Transfer" erinnerte stark an die Ideen ethnischer Säuberungen. Niemand bemühte sich, die Palästinenser zu befragen, die länger im Heiligen Land gelebt hatten als die Europäer in Amerika. 1936 schlossen sich alle palästinensischen Gruppen zusammen, um ein ständiges Exekutiv-Organ, das arabische Hochkomitee unter al-Husseinis Vorsitz, zu gründen. Das Komitee verlangte das Ende der jüdischen Einwanderung, ein Verbot des Landverkaufes an Juden und nationale Unabhängigkeit.

Diverse gegenseitige „Massentötungen" wurden zu historischen Zeichen. Man erinnerte sich, aber man sann gleichzeitig auf Rache. Anlässe waren die antijüdischen Tumulte 1920, 1921; 1929 das Töten der Juden in Hebron. 1938 wurde eine Bombe am Markt von Haifa von der Etzel/Irgun gelegt, der 70 Palästinenser zum Opfer fielen. Das Ziel der Irgun war der Schutz der jüdischen Siedler vor den gegnerischen arabischen Milizen gewesen, gleichzeitig die Situation der Arabern so zu erschweren, dass sie Palästina verlassen und den Engländern die Schuld dafür geben würden. Hass und Misstrauen erlauben, die eigene Seite als Freiheitskämpfer und die gegnerische als Terroristen wahrzunehmen. Beide, Israeli und Palästinenser, bedienten sich terroristischer Maßnahmen, um ihre Ziele zu verfolgen. Berühmte Männer auf beiden Seiten, Menachem Begin, Yitzhak Shamir (spätere Premiers) sowie al-Husseini, später Arafat haben den strategischen Wert der unvorhersehbaren wahllosen Gewalttätigkeit verstanden und genutzt.

Gegen den als bedrohlich empfundenen Judenzustrom und die britische Politik in Palästina hatte sich die arabische Bevölkerung 1936 in einem Generalstreik bis 1939 (Sabotageakte: Eisenbahn, Wasserleitungen, Telefon- und Telgrafenverbindungen) erhoben. Bald richtete sich der arabische Widerstand weniger gegen die Juden als gegen die britische Besatzungsmacht. Im Oktober 1938 besetzten bewaffnete Araber wichtige Punkte der Altstadt, Briten schlossen das einzige noch offene Tor (Damaskustor) und überließen die Altstadt sich selbst. Völlige Anarchie war das Ergebnis: Schießereien, Plünderungen, Racheaktionen rivalisierender palästinensischer Gruppen. Erst mit Hilfe von Verstärkung konnten die Briten die Ordnung wiederherstellen. Al-Husseini, der Organisator des Aufstandes, wurde von den Briten abgesetzt, sowie das arabische Hochkomitee in Palästina verboten. Schon 1937 hatte der Großmufti von Jerusalem die Zusammenarbeit mit Deutschland gesucht um finanzielle und militärische Hilfe zu erhalten. Die Unterstützung der Nationalsozialisten lieferte einen weiteren Vorwand für die Landnahme durch die jüdische Einwanderung. Al-Husseini hatte auch in der arabischen Welt eine Kampagne zur Restaurierung des Felsendoms (Vergoldung der Kuppel) in die Wege geleitet. Der Durchbruch des Dritten Reiches in Deutschland hatte weitere Auswirkungen, besonders auf die in Palästina lebenden Deutschen, „unliebsame" Personen wurden aus Ämtern entfernt, eine NS-Ortsgruppe in Jerusalem gegründet. Arbeiten der deutschen Institutionen konnten nicht fortgesetzt werden, da die Mittel aus Deutschland versiegt waren. Das anglikanische Bischofsamt nahm enge Beziehungen zu den Institutionen der deutschen lutherischen Propstei auf.

1937 wurde durch die Briten die „Peel-Kommission" eingesetzt sowie die jüdische Zuwanderung gestoppt. Die Engländer meinten, dass zu große Unterschiede zwischen Juden und Arabern bestünden, um in einem Staat friedlich zusammenzuleben, und sahen vor, das Land dreizuteilen: Im Norden ein rein jüdischer, mit ca. 20 % des Landes, der südliche ein rein arabischer Staat – in Anlehnung an das benachbarte Transjordanien. Es blieb nur eine kleine Enklave unter britischer Verwaltung, die den Hafen von Jaffa mit Jerusalem verbinden würde, mit den Heiligen Stätten Jerusalem, Bethlehem und Nazareth. Die im jüdischen Teil wohnenden Araber sollten gegen Juden, die im Südteil wohnen, ausgetauscht werden. Ferner sollten der Judenstaat, der die wirtschaftlich wertvolleren Gebiete erhielte, und die Engländer dem Araberstaat Subventionen zahlen. Die jüdische Einwanderung würde mit 12.000 Menschen pro Jahr beschränkt werden. Juden und Araber waren gegen diesen Plan. Gurions Ziel war ein jüdisches Land auf dem gesamten Territorium, aber er war Realist und gab sich vorläufig mit einem Teilbereich zufrieden. Es war anfangs nicht vorgesehen, die Araber zu vertreiben. Einige, wie Jabotinsky, wollten eine schnelle „Gesamtlösung"; amerikanische Juden sollten eine halbe Milliarde Dollar für die Aufnahme der Palästinensischen Araber im Irak und Saudi-Arabien aufbringen. Zwei Jahrzehnte später hatte Ben Gurion seine Meinung geändert; in einem Brief an seinen Sohn Amos steht: *Wir müssen die Araber vertreiben und ihren Platz einnehmen.* Diesen „stufenweisen erfolgenden Prozess der Landnahme" fürchten die Palästinenser bis heute. Zu verschiedenen Zeiten fanden sich unterschiedliche Begründungen seitens der Zionisten: man meinte, dass nicht „die Araber" gegen die Juden wären, sondern deren „Effendis", da diese in der egalitären hebräischen Gemeinschaft eine Bedrohung sehen könnten. Ein „marxistischer" Vorwand?

Im Hinblick auf den erwarteten Konflikt mit Deutschland benötigte England die Unterstützung der Araber und der moslemischen Welt mehr als jene der Juden. Im Mai 1939 beschloss Großbritannien die endgültige Verabschiedung von der Balfour-Politik und fast vollständige Aussetzung der britischen Unterstützung des Zionismus, parallel mit einer starken Beschränkung jüdischer Einwanderung und die Erschwerung des Landkaufes durch Juden. Jüdische Einwanderung dürfe nur mit Zustimmung der Palästinenser erfolgen. Die jüdische Bevölkerung der „nationalen Heimstätte" wäre auf 450.000 angewachsen, einem Drittel der Bevölkerung Palästinas, und es sei nicht Ziel der Balfour-Deklaration gewesen, Palästina in einen jüdischen Staat umzuwandeln. Vor einer verhängnisvollen Feindschaft zwischen Juden und Palästinensern, einer Gefahrenquelle für die Völker des Nahen und Mittleren Ostens, wurde gewarnt. Ben Gurions Antwort auf die britischen Vorschläge: *Wir werden den Krieg gegen Hitler führen, als ob es diese Haltung nicht gäbe, und wir werden diese Haltung bekämpfen, als ob es keinen Krieg gäbe.* Als England am 3. September 1939 Deutschland den Krieg erklärte, wurden in Palästina alle Männer mit deutschen Pässen verhaftet und in Lager gebracht, die Wehrpflichtigen waren bereits in Deutschland. Das deutsche, zumeist kirchliche Eigentum wurde als „Enemy Property" beschlagnahmt und anderwärtig genutzt. Die Mitglieder der Tempelgemeinde wurden nach Australien abgeschoben.

Die Briten wollten ein unabhängiges Palästina mit arabischer Mehrheit innerhalb der nächsten zehn Jahre, doch Antisemitismus und Nationalsozialismus in Europa führten zu einer verstärkten jüdischen Verbindung zu Israel. In dieser Situation regierten die Briten Palästina direkt. Sie planten eine parlamentarische Regierungsform zu installieren, hatten jedoch keine praktikable Vision dieses palästinensischen Staates. Die Araber sahen in den Juden den Grund für den fehlenden Fortschritt bei einer Selbstverwaltung, sie fühlten sich benachteiligt, da die anderen Mandatsgebiete bereits eine Unabhängigkeitsperspektive hatten.

Während der späteren Mandatszeit waren die zionistischen bewaffneten Streitkräfte in Palästina mit Hilfe der britischen Ausbildung stark und effektiv geworden. Junge Juden aus Israel kämpften freiwillig während des Zweiten Weltkrigs in der „jüdischen Brigade". Das taten wenige Araber, sie empfanden die Engländer als Feinde. Zugleich leisteten die Araber starken Widerstand gegen die zunehmende Einwanderung europäischer Juden. Während des Zweiten Weltkrieges wurden anfänglich die nationalen Konflikte zwischen zionistischen Juden und nationalistischen Arabern in Palästina zurückgestellt, bald aber erstarkte bei beiden die Absicht, es nach dem Krieg auf eine bewaffnete Auseinandersetzung ankommen zu lassen. Die Palästinensische Führung hatte sich durch ihr Einverständnis mit den Achsenmächten gegen die Alliierten ein negatives Image verschafft.

Der Holocaust mobilisierte die Unterstützung des Zionismus durch alle Juden weltweit, das schlechte Gewissen der Christenheit übertrug sich auf eine Unterstützung des „Projektes Israel". Die Palästinenser meinten später, dass „Hitler mehr als irgendjemand sonst zu Errichtung des Staates Israel beigetragen hat". In den USA waren der American Jewish Congress gegründet worden, um eine Alternative zum Zionismus zu schaffen. Ziel war es, die Wiederansiedlung der Juden an vielen Stätten zu ermöglichen, auch in Palästina, aber die palästinensischen Araber und Juden müssten gemeinsam eine demokratische Gesellschaft bilden, die Araber sollten ihr Heimatland nicht verlassen müssen. Diese moderate Stimme, die sich primär an das reformierte Judentum in den USA richtete, war weniger laut als jene der Zionisten.

1945/46 wurde seitens der jüdischen Bevölkerung im Mandatsgebiet eifrig für die Einwanderung nach Palästina geworben. Die „Werber" taten dies „illegal", sie kamen von der Hagana und der Irgun, die Überlebende des Holocaust nach Palästina bringen wollten. Die Briten lehnten den Zuzug weiterer Juden ab, die Araber hofften auf Unterstützung durch die Briten. Jüdische Organisationen halfen Nazi-Opfern bei der Ansiedlung – bereits durch unrechtmäßige Landnahme von den Palästinensern. Diese Menschen sollten ihr Land ohne Kompensation verlassen.

Weitere Basis späterer Vorkommnisse war die Weiterentwicklung des arabischen Nationalismus, später des Pan-Arabismus und des Sozialismus. Da diese Strömungen von Europa durch das moderne Schulsystem in Palästina weitergegeben wurde, nahmen die Christen von Anfang an daran teil. Hier sahen sie eine Chance, das noch nicht überwundene Milletsystem abzubauen und zu einer Partnerschaft mit den mehrheitlichen Muslimen zu kommen. Diese Hoffnung wurde durch den Konflikt mit Israel geschwächt. In den meisten unabhängigen Ländern der Umgebung Palästinas herrschte eine Partei; Opposition war verboten. Versammeln konnte man sich nur in der Moschee. Gegen die dort hervorgehenden Bewegungen begannen die Regime mit Gewalt vorzugehen. Die verfolgten Anführer wurden ins Gefängnis geworfen und wurden so zu Märtyrern. Einflussreichster Ideologe dieser Zeit war Sayyid Qutb, den der damalige ägyptische Präsident Nasser töten ließ. Seine Ideen basierten auf dem Gedankengut des Islamismus. Den historischen Ausgangspunkt bildete die im Jahre 1928 von dem Prediger Hasan al-Banna in Ägypten gegründete Gemeinschaft der Muslimbrüder, die die Idee des kriegerischen Dschihad und das Ideal der Märtyrer neu entdeckt hatte. Die Muslimbrüder schufen die erste Revolutionsbewegung des Islam, sie wollten den Parlamentarismus zugunsten eines „neuen Kalifats" abschaffen. Die Gründung war in die Zeit gefallen, als die europäische Kolonisierung die eigenständigen Bestrebungen unterdrückte und mit der Abschaffung des Kalifats von Istanbul durch Atatürk für viele Muslime eine Welt zusammengebrochen war. Sie sahen den Islam und ihre traditionelle Gesellschaften durch die christlichen Mächte, den Liberalismus und den sich ausbreitenden westlichen Lebensstil gefährdet und von westlichen Einflüssen korrumpiert. Ihr Ziel war die Errichtung eines islamischen Staates, der die Scharia anwendet, die Rückkehr zu einer neuen Gemeinschaft der Gläubigen, zum „Ur-Islam", Rückbesinnung auf den Koran und die Sunna, die als alleinige Grundlage einer islamischen Gesellschaftsordnung anerkannt wurden. Ihr Anspruch war Reform im Inneren und Unabhängigkeit von Außen, sowie die Schaffung einer eigenen „islamischen Moderne". Schon in den Anfangsjahren hatten Muslimbrüder Palästina zum Schwerpunkt ihres Kampfes gewählt. Die britische Mandatsherrschaft in Palästina und deren Unterstützung für die Gründung eines jüdischen Staates mussten jeden Araber, jeden Muslim mobilisieren. Man war auch mit al-Husseini, dem Mufti von Jerusalem und Vorsitzenden des Obersten Muslimischen Rates, zusammengekommen. 1936 hatte man sich den Aufstandsbewegungen angeschlossen und nach Ende des Zweiten Weltkriegs unterstützte man den Widerstand gegen den Zionismus und half beim militärischen Training palästinensischer Freiwilliger. Nachdem die islamische Bruderschaft dem ägyptischen Staat zu mächtig geworden war, wurde sie 1948 verboten, aber schon 1950 rehabilitiert.

Die englische Mandatsregierung hatte sich in den dreißig Jahren ihrer Herrschaft von jeder Begünstigung irgendeiner Religionsgemeinschaft zurückgehalten. Dennoch übte die anglikanische Kirche starke Anziehungskraft auf die palästinensische Bevölkerung aus. Es wurden Sommerschulen für christliche Lehrer – unabhängig wo und wen sie unterrichteten – eingerichtet. Diese Ausbildung bot bessere Aufstiegschancen in der Verwaltung. Anfänglich konnte sich die anglikanische Kirche selbst erhalten, da ihr zahlreiche wohlhabende Araber angehörten. Nach der 1935/36 erfolgten kolonialen Unterwerfung Äthiopiens hatte der anglikanische Bischof in Jerusalem seine Beziehungen zu äthiopischen Mönchen in Palästina intensiviert. Die anglikanische Politik wollte die Anerkennung der anglikanischen Weihen bei den orthodoxen Kirchen. In dieser Zeit fand eine Erneuerung der arabischen Christen in ihrer eigenen Umwelt und eine Loslösung von westlich-christlichen Abhängigkeiten statt. Daraus entwickelten sich zwei Strömungen: Die einen wollten zu den alten orientalisch-christlichen Wurzeln zurück, die anderen bemühten sich, einen positiven Bezug zum arabischen Islam zu finden. Beide Strömungen führten zu einem gestärkten Selbstbewusstsein der arabischen Christen. Damit wurden die Einheitsbestrebungen unter den konfessionell so stark zersplitterten Kirchen eingeleitet.

DER NEUE STAAT ISRAEL UND DIE NAKBA

Mitte der vierziger Jahre geriet die palästinensisch-jüdische Situation außer Kontrolle. Am 22. Juli 1946 hatten zionistische Terroristen der Irgun, geführt von Menachem Begin und Jitzchak Shamir, einen Anschlag auf das King David Hotel in Jerusalem verübt, den Sitz der britischen Administration, bei dem an die Hundert Menschen (andere Quellen geben 176 Opfer an) getötet wurden.

Auf ihrer Londoner Konferenz hatten die Zionisten 1946/47 das arabische Angebot eines demokratischen Staates in Palästina zurückgewiesen. Dieses Angebot hatte die jüdische Beteiligung an der Regierung entsprechend dem vorhandenen jüdischen Anteil der Bevölkerung und volle Garantien der Bürgerrechte für Juden enthalten. Unruhen folgten. Achtzehn Kommissionen waren zum Studium Palästinas eingesetzt gewesen, doch Palästina war derart polarisiert, dass kein einziger Vorschlag für alle Fraktionen annehmbar war. Ernest Bevin, damaliger britischer Außenminister, verkündete am 14. Februar 1947 den Entschluss, das Palästinaproblem den Vereinten Nationen zu übergeben. Großbritannien sah sich außerstande, das Mandat wahrzunehmen und bereitete die Modalitäten für den Abzug vor. Eine Bürgerkriegssituation war entstanden, die bis zum Abzugstermin der Briten eskalierte. Die Zionisten hatten angesichts des Holocaust darauf bestanden, den Einwanderungsstopp für Juden aufzuheben. Radikale Gruppen unter den Zionisten waren entschlossen, die Errichtung eines jüdischen Staates mit Gewalt gegen die Briten und die arabische Mehrheit durchzusetzen. Radikale Nationalisten unter den Arabern waren ebenfalls bereit, mit Waffengewalt die Einheit und den arabischen Charakter Palästinas gegen die Absicht der Zionisten zu verteidigen. Es gab keine rechtliche Machtübertragung von den Briten auf Juden oder Araber. Der Beauftragte der UN, der schwedische Graf Folke Bernadotte, der zwischen den Volksgruppen vermitteln sollte, wurde von zionistischen Extremisten, der Sternbande (Mitglieder: die späteren Ministerpräsidenten Shamir und Begin), ermordet.

Die UN setzten einen Sonderausschuss zur Palästinafrage (UNSCOP) ein. In dem Ausschuss, bestehend aus Vertretern aus elf Ländern, wurde unter aktiver Lobbyarbeit der Zionisten ein Teilungsplan ausgearbeitet und der Vollversammlung 1947 zur Abstimmung vorgelegt: Die UN empfahlen in der Resolution 181/1947 eine Teilung des Landes, ein Vorschlag, der vor dem Zweiten Weltkrieg nicht möglich erschienen war. Der Plan wurde durch Druck der USA und aktiver Unterstützung der Sowjetunion von der Vollversammlung angenommen. 33 Länder stimmten für diese Resolution, 13 – primär muslimische Länder – dagegen. Zehn Länder enthielten sich der Stimme, darunter Großbritannien. An die nahe liegende Idee einer freien Bestimmung der Staatsform durch die Bewohner des Landes dachte niemand. Als das Ergebnis bekannt wurde, kündigte Großbritannien seine Entscheidung an, bis zum 15. Mai 1948 seine Truppen aus Palästina zurückzuziehen.

Danach sollte Palästina in zwei demokratisch verfasste Staaten, einen jüdischen und einen arabischen Teilstaat, getrennt werden, wobei Jerusalem und die umliegenden Dörfer als internationale Stadt zu keinem der beiden Staaten gehören sollten. Da das Hauptinteresse des Vatikans dem Schutz der Heiligen Stätten und der christlichen Präsenz in Jerusalem galt, favorisierte er den Teilungsplan der UNO, weil er Jerusalem als Corpus separatum vorsah. Der Vatikan forderte nachdrücklicher als jeder andere Staat die Umsetzung der Internationalisierung Jerusalems. Zusammen mit Jerusalem sollte dennoch Palästina als wirtschaftliche Einheit bestehen bleiben. Eine UN-Kommission sollte für die praktische Umsetzung des Teilungsplanes eingesetzt werden. Die Mehrheit der Zionisten befürwortete dieses Vorhaben, die jüdischen „Revisionisten" sowie die überwiegende Mehrheit der Araber lehnten ihn ab. Der Grund für die arabische Ablehnung lag in der demographischen Zusammensetzung der beiden Teilstaaten. Im jüdischen Gebiet in der Küstenebene, in Untergaliläa und im Negev schuf der Plan eine jüdische Mehrheit (55%) und eine arabische Minderheit (45%), wobei diese im Falle der Realisierung eines zionistischen Projektes überstimmt werden konnte. Das Verhältnis zwischen Arabern und Juden im arabischen Teil (Hochland des ehemaligen Judäa und Samaria, Obergaliläa und Gaza) war 95% zu 5%. Die Tinte der Unterschriften unter dieser Resolution war noch nicht trocken, als schon Menachem Begin, damals Kommandeur der Etzel Miliz, die Teilung für illegal erklärte: „Sie wird niemals anerkannt werden (…) Jerusalem war und wird für immer unsere Hauptstadt sein. Erez Ysrael wird wieder errichtet werden und den Menschen von Israel zurückgegeben werden – und das alles – für immer". Dennoch stellte diese Lösung eine erhebliche Verbesserung für die Juden gegenüber dem Peel-Report dar, nun umfasste Israel 56% des Landes gegenüber 20% des Peel-Berichtes. Der Aufbau einer jüdischen Nation konnte beginnen. Wie es vor langer Zeit die Kämpfer Joshuas getan hatten, können die neuen Israeliten, jetzt Israelis genannt, das Gelobte Land, das seinen Bewohnern entrissen worden war, festhalten. Für die arabische Haltung bzw. israelische Reaktion wurde folgender biblischer Vergleich herangezogen: „Salomons Weisheit lag nicht in dem Vorschlag, den umkämpften Säugling in zwei Stücke zu schneiden, sondern darin, aus den verschiedenen Reaktionen der beiden ‚Mütter' den richtigen Schluss zu ziehen, um so zu dem Ergebnis zu gelangen, dass gerade diejenige, die sich der Zerstückelung des Säuglings widersetze, dessen wirkliche Mutter war".

Angesichts des wachsenden Kampfes in Palästina hatte die Generalversammlung der Vereinten Nationen den Teilungsplan nach kaum einem halben Jahr zurückgezogen und einen alternativen Vorschlag unterbreitet, mit dem Aufruf zu einer vorübergehenden Treuhandschaft über das ungeteilte Palästina. Der Vorschlag wurde von den Arabern angenommen, von den Israelis zurückgewiesen, er hatte nicht zur Entspannung beigetragen. Zwischen 1946–48 war es zu Geheimverhandlungen zwischen Israel und Jordanien gekommen. Der König stimmte einer grundsätzlichen Teilung zu, der palästinensisch-arabische Teil sollte an Jordanien fallen. Golda Meir fährt nach Aman, erfolglos, weil keine Übereinstimmung über Jerusalem erzielt werden konnte. Es kam zu schweren Auseinandersetzungen um Jerusalem, die Altstadt wurde umkämpftes Frontgebiet zwischen Israelis und den aus Transjordanien kommenden Truppen der Arabischen Legion. Am 13./14. Mai wurde die Altstadt von jüdischer Artillerie beschossen. Die Gewalt zwischen Juden und Palästinensern eskalierte, Ende 1947 kam es zur militärischen Konfrontation. Die Briten hatten ihr Mandat mit 15. Mai 1947 beendet, es hatte eine Vereinbarung zwischen Briten und Transjordanien bestanden, dass eine von Briten ausgebildete und kommandierte transjordanisch-beduinische Elitetruppe in das arabisch deklarierte Gebiet einrücken sollte. Jordanische Einheiten besetzten die Altstadt und die arabischen Vorstädte des östlichen und nördlichen Jerusalem. Der jüdische Teil der Stadt war bis Mitte Juni von den israelischen Versorgungslinien abgeschnitten. Im Juni hatten die Israelis die militärische Initiative ergriffen, das jüdische Viertel der Altstadt blieb in arabischer Hand. Die Palästinenser wurden aus dem westlichen, israelischen Teil von Jerusalem vertrieben und ca. 2000 in der Altstadt lebende Juden flüchteten aus Ostjerusalem. Später erfolgte die Eingliederung des Westjordanlandes und Ostjerusalems in das jordanische Königreich. Nur ein Übergang, das Mandelbaum-Tor, blieb. Die jordanischen Behörden bemühten sich, eine Stadtverwaltung aufzubauen, um sich um die moslemischen und christlichen Heiligtümer zu kümmern.

Die gewaltsame Teilung des Landes hatte begonnen, noch bevor die Briten das Land verlassen hatten. Zionistische Juden versuchten mit Waffengewalt, die Macht in den von der UN-Vollversammlung den Juden zugesprochenen Teilen des Landes und in Jerusalem zu übernehmen und arabische Nationalisten versuchten, dies zu verhindern. So begann eine seit Ende 1947 andauernde militärische Auseinandersetzung. Die Araber bekämpften das Recht einer uneingeschränkten jüdischen Einwanderung, des Bodenerwerbs und der Errichtung eines jüdischen Staates in Palästina. Die Teilung des Landes wurde als illegitim angesehen, da Palästina als Ganzes ein arabisches Land wäre. Die palästinensischen Araber suchten die Unterstützung der anderen arabischen Staaten. Dadurch sahen sich gemäßigte Zionisten gezwungen und legitimiert, mit Waffengewalt die Teilung des Landes durchzusetzen. Die Zionisten, 62.500 Soldaten, bestehend aus Palmach, Hagana und Irgun, besetzten beim Rückzug der britischen Truppen Stadt um Stadt.

Ein unrühmliches Beispiel trug wesentlich zur Flucht der Araber bei: Begins Miliz, unterstützt von der Hagana, griff am 9. April 1948 das Dorf Deir Yassin, eine kleine Stadt am Rande von Jerusalem, an. Die Soldaten brachten 254 Menschen (andere Quellen sprechen von 100–110) um und warfen die Leichen in einen Brunnen. Dieses Massaker bleibt eines der bittersten innerhalb der vielen jüdisch-arabischen Gewalttaten. Wie ein Lauffeuer verbreitete sich diese „Legende des Terrors" und führte unter der palästinensischen Zivilbevölkerung zu einer Panik, wenn es hieß, Irgun Soldaten kämen. Es war Teil der jüdischen Strategie, die Araber in Schrecken zu versetzen, um sie zur Flucht vor einer angeblich rücksichtslosen israelischen Armee zu treiben. Viele Flüchtlinge hatten nicht begriffen, welche Folgen sie zu tragen haben werden. Sie hatten angenommen, wieder in ihre Heimat zurückkehren zu können und nicht geglaubt, dass dies ein endgültiges Verlassen ihres Besitzes wäre oder zum Verzicht auf Land führen könnte. Säkulare und kirchliche Hilfsorganisationen hatten sie in ihren falschen Annahmen bestärkt. Manche blieben und hofften, dass es sich um eine vorübergehende Aktion handle. Hunderte von palästinensischen Dörfern waren von den Israelis dem Erdboden gleichgemacht worden. Oft blieb den Arabern nur die Flucht, denn jüdische Soldaten umstellten die Orte, teilten vorerst die Menschen in Christen und Muslime. Die Muslime wurden nach Transjordanien geschickt, die Christen in christliche Orte verfrachtet, die noch nicht besetzt waren. Familien wurden getrennt, man konnte keine Nachrichten über den Verbleib der anderen bekommen. Das führte zu Angst, Unsicherheit, Wut, Bitterkeit, die Menschen fühlten sich erniedrigt und demoralisiert. „Verlassen" wurde zum umstrittensten Begriff in den israelisch-arabischen Beziehungen. Viele Palästinenser waren geflohen, andere mit vorgehaltener Waffe vertrieben worden. Warum gestattete Israel niemals die Rückkehr dieser Flüchtlinge? Man argumentierte, dass sie es gewesen wären, die den Teilungsplan 1947 zurückgewiesen und den Krieg begonnen hätten; außerdem wären sie freiwillig weggelaufen bzw. wären sie von ihrer Führung aufgerufen worden, ihre Häuser zu verlassen, um später mit den siegreichen arabischen Armeen zurückzukehren. Wieder nur ein Vorwand, um das Gewissen der Israelis zu beruhigen?

Damals richtete sich die palästinensische Wut weniger gegen die Juden als gegen die arabischen Nachbarn, die nicht in der Lage waren, das Land zu schützen. Die arabischen Staaten hatten sich vehement gegen die Landesteilung ausgesprochen, aber erst nach der Ausrufung des Staates Israel und dem Auslaufen des britischen Mandats hatten fünf Länder, nämlich Ägypten, Transjordanien, Libanon, Syrien und der Irak, Israel den Krieg erklärt. Diese arabischen Staaten hatten ihr Potenzial überschätzt und die Entschiedenheit des neuen jüdischen Staates, sich zu verteidigen, unterschätzt. König Faruk hatte etwas verfrüht seine Eroberung Palästinas durch Herausgabe einer Briefmarke gefeiert. Ägypten war später das erste Land, das ein formales Waffenstillstandsabkommen mit Israel 1949 unterschrieb. Ihre Armeen (Truppenstärke: 17.500 Soldaten) wollten gemeinsam mit den Palästinensern, die weitgehend unbewaffnet und kampfunerfahren waren, das Land verteidigen.

Die Zerstreuung der Palästinenser hatte eingesetzt und bleibt bis heute ein brisantes Thema. Unfähig, in die Heimat zurückzukehren, wurden sie gezwungen, in den umliegenden Ländern, im Libanon, Syrien, Transjordanien oder in den palästinensischen Gebieten, die unter ägyptischer und transjordanischer Militärverwaltung standen, aber auch in Europa, Amerika und Australien zu leben. Warum leben viele dieser Flüchtlinge noch immer in Lagern und nicht-geordneten Umgebungen? Ihre Situation war je „Zielland" unterschiedlich. Bäuerliche Familien beispielsweise, die kein Land kaufen können oder dürfen, haben es schwer, Arbeit zu finden und Geld für Wohnungen aufzutreiben. In manchen Ländern waren Palästinenser unerwünscht, sie bekamen weder Arbeitserlaubnis noch volle staatsbürgerliche Rechte. Unter derartigen Bedingungen ist es kaum möglich, Flüchtlingslagern zu entkommen. Im Libanon sind Palästinenser Bürger zweiter Klasse, weil befürchtet wird, dass sie das dort herrschende schwierige ethnische und religiöse Gleichgewicht zerstören könnten. Palästinensische Flüchtlinge waren vorwiegend säkularisierte sunnitische Muslime. Sie dürfen keine Immobilien besitzen, haben kein Anrecht auf staatliche Erziehung oder medizinische Versorgung, dürfen keine gehobenen Angestelltenberufe ausüben, und von vielen ungelernten Arbeiten sind sie ebenfalls ausgeschlossen. Die Flüchtlinge sind überzeugt, dass die Libanesen für Palästina aber gegen die Palästinenser sind. Viele gaben nie die Hoffnung auf, in ihr Land und ihre Häuser zurückzukehren. Lager wurden als „temporäre Lösung" angesehen und die „Politik der Israelis" könne Abhilfe schaffen. Dieses damals aktuelle Flüchtlingsproblem konnte durch das Hilfswerk der Vereinten Nationen für die Palästinaflüchtlinge (UNRWA) mit starker Unterstützung der ökumenischen Christenheit vertreten durch den Ökumenischen Rat der Kirchen und dem Vatikan gelindert werden. Es wurden Notunterkünfte in Jordanien, Syrien und im Libanon erstellt und Selbsthilfeprogramme entwickelt. Die Finanzierung dafür kam über die internationalen kirchlichen Zentren in Genf und in Rom. Vorort wurden die Hilfsmaßnahmen vor allem von arabischen Christen koordiniert und durchgeführt. Sie leiteten die Sozialzentren und Werkstätten. Der kirchliche Dienst unter den Flüchtlingen wurde zwar im Rahmen der Vereinten Nationen geleistet, kam aber allen Betroffenen, Christen oder Muslimen zugute. Papst Pius XII. ließ im Jahr 1949 die Pontifical Mission for Palestine gründen. Ihre Aufgabe war und ist es, alle Organisationen und Maßnahmen für das Heilige Land zu koordinieren. In der Westbank und im Gazastreifen war sie vor allem in der materiellen Unterstützung palästinensischer Familien und im Gesundheits- und Bildungswesen tätig. Eines der Ziele bleibt, die weitere Auswanderung christlicher Palästinenser zu verhindern. Der Weg ist die Zusammenarbeit mit den UN-Organisationen und anderen Hilfsorganisationen sowie der Catholic Near East Welfare Organisation, Catholic Relief Services, der Kustodie des Heiligen Landes und den Rittern vom Heiligen Grab. Auch allen folgenden Päpsten war das Schicksal der Palästinenser und der palästinensischen Flüchtlinge ein großes Anliegen.

Vor 1948 hatten arabische Christen als Bauern und Handwerker gelebt – friedlich zusammen mit Mitgliedern anderer Religionsgemeinschaften. Meist hatten sie eigene Häuser und Gärten besessen, in denen Gemüse und Obst gezogen worden waren. Daher war für sie die Flucht bzw. die Vertreibung bitter, selbst wenn man „im Lande bleiben konnte". Flüchtlinge mussten ein neues Leben zu beginnen. Anfänglich versuchte man bei Freunden und Verwandten unterzukommen.

Auch die christlichen Siedlungen, wie z. B. Nazareth, hatten sich kampflos den israelischen Truppen ergeben. Erst später entwickelten die palästinensischen Christen parallel zum wachsenden Nationalbewusstsein ein konfessionsübergreifendes Zusammengehörigkeitsgefühl und wurden sich ihrer Rolle als Christen des christlichen Ursprungslandes bewusst.

Die palästinensische Führung hatte die israelische Entschlossenheit, dieses Land zu übernehmen nie verstanden, Zionismus war ein böser Traum, der sich bald in Nebel auflösen würde. Auch hatte sich in der Mandatszeit die palästinensische

Führung mit den Nationalsozialisten verbündet, während diese gegen die Juden in Europa vorging. Sie waren für die Ermordung der Juden in Europa nicht verantwortlich. Aber die Ermordung wurde vom Zionismus instrumentalisiert und führte indirekt zur Entwurzelung der Palästinenser.

Die Israelis besetzten weitere Gebiete, die ihnen nach dem Teilungsplan nicht zustanden. Israel hat seine Grenzen nie genau definiert und beansprucht immer weitere Gebiete, die teilweise gewaltsam eingenommen werden. Mit ihrem Krieg hatten die arabischen Armeen den Juden das schwerstwiegende Motiv für den Kampf geliefert: das Überleben.

Unter den 750.000 (andere nennen die Zahl 600.000) palästinensischen Vertriebenen und Flüchtlingen von 1948 befanden sich zwischen 50.000 und 60.000 Christen, also 35% der christlichen Bevölkerung von Palästina vor 1948. 30% der christlichen Bevölkerung des Westjordanlandes hatte dann Flüchtlingsstatus. Als Palästinenser werden, nach Eigendefinition alle jene (und deren Nachfahren) bezeichnet, die das Land vor dem 14. Mai 1948 bewohnt hatten. Aber der Exodus der Palästinenser hatte bereits gegen Ende November 1947 nach der Verabschiedung der Teilungsresolution begonnen. Anfangs war vor allem die Ober- und Mittelklasse aus den Städten geflohen. Nach der Staatsgründung Israels 1948 wanderten viele reiche Araber aus, damit wurden Mittel für Hospitäler, Schulen und Waisenhäuser knapp. Bis Mai 1948 hatten mehr als 300.000 palästinensische Araber das Land verlassen, bevor noch ein einziger Soldat aus den arabischen Nachbarländern Palästina betreten hatte. Nachdem Israel von den umliegenden Staaten angegriffen worden war, sahen sich die Israelis gezwungen, die „palästinensische fünfte Kolonne" auszuweisen. Es gibt unterschiedliche Meinungen, ob es für die Vertreibung mit Waffengewalt einen Masterplan gegeben hätte. Die Transfer-Idee Gurions und anderer zionistischer Führern war schon lange überlegt worden. Ohne schriftliche Anordnungen gab es eine Übereinstimmung betreffend des Transfers, von dem angenommen wurde, dass er unter gewissen Bedingungen kein Kriegsverbrechen ist, sowie dass gewisse historische Umstände eine ethnische Vertreibung rechtfertigen. Es schien strategisch notwendig, das Hinterland, die Grenzgebiete und die Hauptstraßen von Palästinensern zu säubern. Andererseits haben später manche Nachfahren Ben Gurion vorgeworfen, diesen „Job (der Vertreibung 1948) nicht vollständig erledigt zu haben".

Bei diesen Aktionen war angeblich auch der „Plan Dalet" zur Umsetzung gekommen. Ein Notfallplan, von der Hagana ausgearbeitet, zur Verteidigung Israels im Falle eines Angriffs, um potenziell feindliche Kräfte aus dem Inneren des zukünftigen Gebietes des jüdischen Staates zu vertreiben. Die Idee war, die palästinensischen Truppen auszulöschen, bevor sich die Hagana den einfallenden arabischen Truppen stellen müsse. Es war den jeweiligen Kommandeuren freigestellt, Dörfer zu zerstören, welche später schwierig zu kontrollieren wären. Sollte sich Widerstand regen, müssten diese Orte mit militärischen Kräften zerstört und die Bevölkerung außerhalb der Staatsgrenzen vertrieben werden. Es gab aber auch eine Order der Hagana, in der die Befehlshaber erinnert wurden, dass die vollen Rechte, Bedürfnisse und Freiheit der Araber in einem hebräischen Staat ohne Diskriminierung zu schützen wären. Ob Plan Dalet oder das Massaker in Deir Yasin, die Vorgangsweisen haben dem jungen israelischen Staat „demographisch" genützt, wie Begin in seinen Schriften meinte. Weizmann erklärte es als „wunderbare Vereinfachung des Problems". Andererseits meinten Historiker wie Toynbee, dass die Araber ihres Gebietes „beraubt" worden wären. Die Ursache für die Vertreibung war, über zusätzliches Land zu verfügen und die Grenzen des neuen Staates zu erweitern.

Als die britischen Truppen abzogen, rief Ben Gurion – mit einem Bild von Theodor Herzl im Hintergrund – am 14. Mai 1948 den Staat Israel aus. An diesem Tag wurde in Tel Aviv unter ausdrücklicher Berufung auf die Balfour-Erklärung das Völkerbundmandat und den UN-Teilungsbeschluss der Staat „Israel" in den von den Juden kontrollierten Teilen Palästinas ausgerufen. Die Generalversammlung der Vereinten Nationen schloss gleichzeitig ihre Behandlung des Themas ab, indem sie ihre Teilungspläne zurückzog und deren Umsetzung Einhalt gebot. Die Richtung des neuen Staatswesens blieb zwischen Buber, Chaim Weizmann und ihren Freunden und den Anhängern Jabotinskys umstritten. Suchte Weizmann auch den arabischen Forderungen entgegenzukommen, so verlangte Jabotinsky, die historischen Grenzen Palästinas unter Einschluss des Ostjordanlandes zu ziehen. Für Juden war dieses neu eroberte Land ein Zufluchtsland nach der Shoa, es sollte für alle Juden, überall in der Welt, das Gelobte Land sein. Sharons Plan war es später, dass alle Juden der Welt nach Israel kommen sollten. Denn die „jüdische, innere Identität" hatte auch in der Diaspora Jahrtausende überdauert. Es war den Israelis später gelungen, 3,5 Millionen Immigranten, die verschiedene Sprachen sprechen und aus verschiedenen Kulturkreisen kommen, zu assimilieren. Selbst die Hürde des Hebräischlernens konnte überwunden werden. Die jüdische Bevölkerung wuchs durch Einwanderung von aus arabischen Ländern geflohenen bzw. angeworbenen Juden. Die Israelis schworen, „niemals wieder": niemals wieder ein Holocaust, niemals wieder ein erzwungenes Verlassen der Heimat, und darum war es lebensnotwendig, auch die best ausgebildete und durchschlagskräftigste Armee aufzubauen: jeder Mann hat drei Jahre Militärdienst zu leisten, jede Frau 19 Monate. Israelische Soldaten schwören bei der Angelobung auf das „Schwert des Geistes", nämlich auf die Bibel. Wie Moses das Volk der Israeliten aus Unterdrückung und Ausbeutung der Ägypter herausgeführt hatte, war es nun gelungen, nach der Shoa wieder die biblische Heimstätte, das Gelobte Land zu erobern. Dieses „niemals wieder" hat sich zu einem „Masadakomplex" entwickelt. Israel sieht sich von einer großen Zahl feindlich gesinnter arabischer Länder umgeben, und gibt allen Maßnahmen, die das Überleben des Staates sichern sollen, den Vorrang. Die Angst vor der eigenen Auslöschung verhindert, den Anderen (palästinensischen Arabern) ihre legitimen Rechte zu gewähren, um mit den Nachbarn in Frieden leben zu können. Manche Israelis meinen, dass Araber und Juden von Geburt aus unvereinbar wären – und daher zu trennen sind.

Erst 1949 endete die bewaffnete Auseinandersetzung auf Druck aus dem Ausland durch sukzessive Waffenstillstandsabkommen mit den arabischen Staaten, die durch UN-Vermittlung zustande gekommen waren.

Israel verfügte nun über fast 76% des früheren Mandatsgebietes, statt der 56% im UN-Teilungsplan. Die Israelis hatten alle in die Flucht schlagen können, mit Ausnahme der jordanischen arabischen Legion, die die Westbank und Jerusalem behalten konnte. Samaria und der nördliche Teil von Judäa, später die Westbank, fiel in jordanische Hände, wie auch das gesamte Jordantal. Ägypten kontrollierte den Gazastreifen, und Syrien die Golanhöhen. Das arabische Palästina wurde, abgesehen vom Gazastreifen, der unter der Verwaltung Ägyptens bis 1967 stand, aufgelöst. Die spirituelle Hauptstadt, die Altstadt von Jerusalem, blieb in arabischer Hand. Im Dezember 1948 war West-Jerusalem vom Staat Israel offiziell annektiert und zur Hauptstadt Israels erklärt worden. Die Vereinigten Staaten – unter Präsident Truman – sowie die Sowjetunion anerkannten den neuen Staat sofort. Der Vatikan hatte als Antwort auf den Teilungsbeschluss der Vereinten Nationen von 1947 und die Ausrufung des Staates Israel 1948 eine Apostolische Delegatur für Gesamtpalästina errichtet und dem Staat Israel die Anerkennung verweigert. Dennoch ist die katholische Kirche von allen lokalen christlichen Kirchen dem israelischen Staat „am liebsten", denn sie allein ist der Ansprechpartner für die Israelis, weil der Vatikan selbst ein Souverän ist. Daraus hat sich die bedeutende Rolle des lateinischen Patriarchen in Jerusalem entwickelt. In den fünfziger Jahren waren die Stellungnahmen des Vatikans zur Jerusalemfrage häufig von führenden amerikanischen Katholiken motiviert und inspiriert. Weder über den israelischen noch über den jordanischen Umgang mit den christlichen Heiligen Stätten gab es für den Vatikan in dieser Zeit Anlass zur Klage. Zur Situation der Heiligen Stätten der anderen beiden Religionen, besonders zum verhinderten Zugang der Juden zur Westmauer im jordanischen Teil der Stadt, äußerte der Vatikan sich nicht.

Während die Zionisten im Jahre 1948 einen Staat gründen könnten, blieben die Palästinenser ohne einen solchen – trotz Resolution der Vereinten Nationen (1947), die Palästina in zwei Gebiete teilen wollten. Durch die Charta der Vereinten Nationen sowie durch ihre Resolutionen hatten die UN Rechte auf Rückkehr der Flüchtlinge, auf Unabhängigkeit und Souveränität über das Territorium der palästinensischen Heimat anerkannt.

Zur Konsolidierung des jüdischen Staates und zur Eingliederung der großen Anzahl neu eingewanderter Menschen wurde der Besitz der vertriebenen und geflohenen Palästinenser übernommen und enteignet, um eine Rückkehr der Palästinenser zu erschweren. Von den ca. 400 zerstörten palästinensischen Dörfern wurden 350 als israelische Siedlungen wiederaufgebaut. Dabei wurde in einem zum Teil bis heute anhaltenden Prozess ein wesentlicher Teil des Bodens der im Staatsgebiet Israel verbliebenen Palästinenser enteignet.

Viele auseinander gerissene Flüchtlingsfamilien suchten Kontakt zueinander herzustellen, tausende Menschen versuchten illegal, die Waffenstillstandslinien zu überqueren, um die Familien wieder zu vereinen oder in die Häuser zurückzukehren. Manche der „Infiltrationen" gelangen, die Gefahr getötet oder eingesperrt zu werden, war groß. Die vertriebenen Familien wurden in Ghettos zusammengepfercht, Nahrungsmittel waren knapp und die Bedingungen erschreckend.

Als der Staat Israel in einem Kernbereich des arabischen Nahen Ostens geschaffen wurde, traf dies die Christen ebenso unvorbereitet wie die muslimischen Araber. Sie erlebten die Gründung des Staates Israel als einen „Akt fundamentaler Ungerechtigkeit" und als Verlängerung der kolonialen Einmischung Dritter, die ihnen das Gesetz des Handelns aufzwangen. Christliche und muslimische Araber konnten in der Phase nur reagieren. Unter Verletzung von UNO-Beschlüssen weigerten sich die Israelis nach dem Waffenstillstand von 1948, eine Million arabischer, christlicher und muslimischer Flüchtlinge in ihren neu entstandenen Staat zu integrieren. Diese bis heute bestehende Weigerung stellt eine Haltung dar, der sich Christen entgegensetzen. Noch immer meinen „westliche" Christen, ihr Gewissen beruhigen zu können, indem sie das Schicksal der Israelis bedauern und sie mit Waffen und Nachschub versorgen. Es wird allerdings das Wohlergehen des Volkes mit den Interessen des Staates Israel verwechselt. Das christliche Gewissen muss Gewalttätigkeiten verurteilen, ganz gleich, von welcher Seite sie kommen; besonders wenn ihr Antrieb nicht die Verteidigung der Gerechtigkeit, sondern Machtstreben ist. Es kam zu einem circulus vitiosus: der Antisemitismus gebar den Zionismus, dieser rief wieder eine neue Woge des Antisemitismus hervor, die neuerlich die Aussichten des Zionismus verbessert. Der Triumph des Zionismus wurde zur Nakba (Katastrophe) für die Palästinenser. Während des NS-Regimes hatte der europäische Antisemitismus seinen Höhepunkt erreicht. Aus der Sicht der Palästinenser hätten daher nach dem Zweiten Weltkrieg die europäischen Länder, die unter Schuldbewusstsein litten, jüdische Gemeinschaften Ost- und Mitteleuropas mit allen bürgerlichen Rechten wieder integrieren müssen. Aber viele Staaten weigerten sich, diesen Akt der Gerechtigkeit auszuführen. In ihrem Bestreben, die Untaten der Nazis wieder gutzumachen, setzten sie dem Unrecht erneut Unrecht entgegen. „Was hast Du deinem Bruder getan?" – Christen des Westens haben in den Augen der Palästinenser doppeltes Unrecht begangen, indem sie eine Million Juden zurückwiesen und arabische Palästinenser ins Verderben trieben.

So tolerant die arabischen Länder gegenüber den Juden in früheren Zeiten gewesen waren, so sehr änderte sich ihr Verhalten, nachdem Israel Staat geworden war. Juden waren in arabischen Ländern nicht länger willkommen. Die spätere „Rückholung" der 600.000 Juden aus den arabischen Ländern entspricht laut israelischer Ansicht anzahlmäßig den vertriebenen Palästinensern, die ihre Heimat an Holocaust-Überlebende in Israel überlassen mussten. Durch die arabische Niederlage entstanden demographische und politische Veränderungen. Arabische Führer sahen keine unmittelbare Notwendigkeit eines palästinensischen Staates, als das abgestammte Land der Palästinenser zwischen Israel, Ägypten und Jordanien aufgeteilt worden war.

Wie das biblische Israel als Antwort auf die Bedrohung durch die Philister entstanden ist, so hat sich der heutige palästinensische Nationalismus als Reaktion auf den Zionismus entwickelt. Wo die Juden aufgrund ihrer Leidensgeschichte in Europa zu dem Schluss gekommen sind, dass nur ein eigener Staat sie schützen könne, so sind die Palästinenser aufgrund des Erleidens von Fremdherrschaft in ihrer Heimat und der Verfolgung in der Diaspora zu eben demselben Befund gekommen.

Nicht alle Palästinenser waren geflohen, viele waren geblieben. Israel hatte das osmanische Milletsystem übernommen, das dem religiösen, damit oft ethnisch bestimmten Bevölkerungsanteil autonome Handhabung ihrer familienrechtlichen Bestimmungen zugestand und sich nur die Bestätigung des jeweils obersten Bischofs durch einen Beirat vorbehielt. Im israelischen Religionsministerium wirkt ein Beauftragter für die Christlichen Gemeinschaften, um im rechtlosen Raum anstehende Probleme lösen zu können, wie z. B. Baugenehmigungen zu erteilen oder in Steuerfragen für kirchliche Institutionen zu entscheiden. Als Bürger zweiter Klasse im neuen Staat Israel lebten die Palästinenser unter Kriegsrecht, das am 21. Oktober 1948 verhängt wurde. Damit hatte die Militärverwaltung ein Instrument, die Bewegungen der Palästinenser zu kontrollieren und willkürlich einzuschränken. Keinem Palästinenser war es gestattet, ohne Erlaubnis des Militärgouverneurs des betreffenden Distrikts seinen Wohnsitz zu verlassen. Zusätzlich zur Militärverwaltung hielt Israel an den Ausnahmeregeln aus der britischen Mandatszeit fest, welche die Rechte des Einzelnen außer Kraft setzten: Art. 109 und 110 ermächtigen dazu, jedermanns Haus zu jeder Tages- und Nachtzeit zu betreten, Art. 119 ermächtigt den Militärkommandeur, ein Haus, das unter seinem Verdacht steht, zu zerstören, Art. 120 gibt das Recht zu Konfiszierung privaten Eigentums, Art. 121 erlaubt die Ausweisung aus dem Land. Eine zweite Ebene der Repression erwies sich als noch nachhaltiger und schikanöser: Ein im Jahre 1950 erlassenes Gesetz über Abwesenheit von Eigentum ermöglichte dem Staat, palästinensisches Land zu konfiszieren, jenes der palästinensischen Araber, die Israel verlassen hatten, und derjenigen, die geblieben waren. Nach dem Krieg 1948 hatten viele Kibbuzim den Sieg ihrer Streitkräfte zur Inbesitznahme des Landes ihrer palästinensischen Nachbarn genutzt, darunter auch Waqf-Land. Einigen wenigen Palästinensern wurde nach dem Gesetz über Landerwerb von 1953 eine geringfügige Entschädigung geboten. Der Jüdische Nationalfonds, der erheblich zum Landerwerb beigetragen hatte, engagierte sich für die Kultivierung des neu erworbenen Landes, u.a. durch die Anpflanzung von Hunderten Millionen Bäumen. Von den Palästinensern wird beklagt, dass viele ihrer Olivenhaine gerodet und durch Pflanzen anderer Arten ersetzt worden waren, damit war die Landschaft des Palästinenserlandes verändert worden. Kein Palästinenser in Israel konnte die Staatsbürgerschaft erlangen, so lange nicht bestimmte Bedingungen erfüllt waren und amtlich erwiesen war, dass er das Land zu keinem Zeitpunkt verlassen hatte. Palästinensern, die jahrhundertelang dieses Gebiet bewohnt hatten, wurde der Zugang verweigert. Der internationalen Gemeinschaft wurde von den Palästinensern vorgeworfen, keine Abhilfe zu schaffen.

Ohne Erlaubnis des Militärs, waren Reisen von einem Ort zum anderen unmöglich. Die Allenby-Brücke blieb bis in die frühen 70er-Jahre der einzige legale Übergang für die Araber. Das Betreten der ehemaligen Heimatorte war verboten. Erst am israelischen Unabhängigkeitstag 1958 wurde es israelischen Arabern erlaubt, einen Tag frei und ohne Erlaubnis der Armee zu reisen und ihre ursprüngliche Heimat zu besuchen. In den „besseren" Häusern lebten nun jüdisch-israelische Familien, manchen Palästinensern wurde verwehrt, noch einmal ihr Haus zu betreten. Moscheen und Kirchen dienten nun profanen Zwecken oder verfielen. An den Rändern dieser ehemals arabischen Orte waren neue israelische moderne Siedlungen gebaut worden.

Israel war auf Kosten der palästinensischen Gesellschaft und zu lasten der Ziele des palästinensischen Nationalismus wiederauferstanden. Jenes ursprüngliche Streben Herzls, die jüdischen Menschen in ihr eigenes Land zu bringen, wo sie in Frieden und Sicherheit leben könnten, ist nicht erreicht worden. Die Araber waren zu einer Minderheit in ihrem eigenen Land geworden, damit entstanden tief sitzende Bitterkeit und Hass. Mithilfe eines effektiven Kontrollsystems und einer strengen Zensur gingen militärische Behörden mit extremer Härte gegen arabische Personen vor, die „abweichende Ansichten" vertraten. Das Ausland konnte die wahre Situation kaum wahrnehmen.

Der Anteil der Christen, die nach 1948 in Israel blieben, war im Vergleich zu den Muslimen wesentlich höher als zur Mandatszeit. Die Mehrheit der Araber in Galiläa, sowohl in Nazareth wie in Obergaliläa, von denen die Hälfte Christen waren, sind hinter den israelischen Linien geblieben, da es nach dem Teilungsplan zum arabischen Teil Palästinas gehören sollte. Es stand bis 1967 unter israelischer Militärverwaltung. Etwa die Hälfte christlicher Palästinenser floh in den Libanon, andere ließen sich auf der Westbank und in Jordanien nieder (Ostjerusalem, Bethlehem, Ramalla, Amman und Madabah). Die Zahl der in Neu-Jerusalem, Haifa, Jaffa Ramla und Lydda lebenden Christen sank, während eine Steigerung in Ostjerusalem und Bethlehem stattfand. Die christliche Gemeinschaft, zwar stark verkleinert, kam mit der neuen Situation besser zurecht als die Muslime, da sie sich um Bischöfe und einen Klerus organisierte. Der muslimischen Gemeinschaft in Israel fehlt es an ausgebildetem Klerus. Mit dem Verlust ihrer Waqf wurden der Einfluss und Wirkungsmöglichkeiten der Muslime beschnitten. Viele christliche Institutionen wurden von ausländischen Klerikern und Ordensleuten verwaltet, die sich außerordentlich bemühten, den palästinensischen Flüchtlingen mit Unterstützung überseeischer Organisationen zu helfen. Außerdem verhinderte diese ausländische Hierarchie die Enteignung von Kirchenbesitz durch den Staat Israel. Man arbeitete mit dem Staat zusammen, um praktische Probleme zu lösen: Arbeitserlaubnisse oder Familienzusammenführungen. Nach 1948 hatten die christlichen Kirchen lange größtenteils geschwiegen und sich aus der Politik herausgehalten. Die Jurisdiktionsgebiete der Patriarchaten waren zerrissen worden. Viele christliche junge Leute, besonders jene mit hohem Bildungsniveau, wurden stark politisiert, sie sahen sich von der Kirche enttäuscht, die sie als peripher und von den wirklichen Lebensfragen isoliert betrachteten. Manche suchten Lösung in anderen Ideologien, z. B. dem Kommunismus, da es sich um „Kolonisatoren und Ausbeuter" auf der einen Seite und „Kolonisierte, Ausgebeutete" auf der anderen Seite handle. Mittels Klassenkampf strebte man nach einer sozialistischen Gesellschaftsordnung. Da es keine israelisch-arabische Partei gab, fanden viele Christen (und Muslime) in der kommunistischen Partei das einzige Ventil für die arabischen Israelis (Christen, Muslime oder Drusen), die nachdrücklich vom Recht der Sache der Palästinenser überzeugt waren. Ein Vertreter dieser Richtung, der Volksfront der Befreiung Palästinas, war anfänglich der Christ George Habash. Nach der Spaltung der Partei organisierte sich eine arabische Splittergruppe unter einem christlich-arabischen Triumvirat – zwei griechisch-orthodoxe, ein Anglikaner.

Die Bewohner des ehemaligen Palästina lebten nicht nur im neuen Staat Israel oder in der Diaspora, sondern auch im 1950 von Jordanien annektierten Ostjerusalem und der Altstadt sowie Transjordanien. Das gesamte Gebiet wurde in das „haschemitische Königreich Jordanien" umbenannt. Während der jordanischen Herrschaft in den Jahren 1948–1967 durften die Juden die Altstadt nicht betreten, das jüdische Viertel war zerstört worden, die Einwohner des jüdischen Viertels waren durch die Arabische Legion vertrieben und durch palästinensische Flüchtlinge ersetzt worden. 1951 besuchte der jordanische König Abdallah mit seinem Enkel, Kronprinz Hussein, Jerusalem und wurde in der al-Aqsa-Moschee Ziel eines Schussattentats. Er starb im österreichischen Hospiz.

Die Schande über das geteilte Land beeinflusste arabische Intellektuelle in den arabischen Ländern. Hatten sie ursprünglich den in den USA hochgehaltenen demokratischen Werten vertraut, waren sie zutiefst enttäuscht, als Präsident Truman die Auswanderung von hunderttausenden Juden nach Palästina guthieß. Schon 1947 hatten die Muslimbrüder zum Dschihad, zum Märtyrertod, aufgerufen. Einige Freiwillige waren bei der arabischen Verteidigung von Jerusalem und Bethlehem gegen Angriffe der Hagana eingesetzt gewesen. Für die palästinensische Sache kooperierten die palästinensischen Muslimbrüder politisch sowohl mit den Kommunisten als auch mit den Christen. Nach der Annektion des Westjordanlandes vereinigten sich die palästinensischen mit den tranjordanischen Muslimbrüdern. Die Muslimbrüder im Gazastreifen behielten in enger Verbindung mit der ägyptischen Zentrale ihre eigene Organisation. Gaza stand unter der direkten militärischen Kontrolle der ägyptischen Armee, Flüchtlinge dominierten den Gazastreifen zahlenmäßig und politisch ideologisch. Sie bildeten bis Mitte der 50er-Jahre die größte und wichtigste politische Gruppierung im Gazastreifen. Die Brüder organisierten sich im Untergrund; trugen Waffen zusammen und bereiteten sich auf den bewaffneten Kampf gegen Israel vor. Sie engagierten sich mit anderen politischen Organisationen gegen verschiedene internationale und regionale Pläne, die in Gaza so dominante Flüchtlingsfrage zu lösen. Gewaltige Demonstrationen gegen ein Projekt zur Ansiedlung von palästinensischen Flüchtlingen auf der Sinai-Halbinsel führten 1955 zur Aufgabe des Projektes. 1956/57 kämpften die Muslimbrüder gemeinsam mit den anderen Aktivisten in Gaza gegen die israelische Besatzung. 1957 beteiligten sich die Muslimbrüder an den nationalistischen Demonstrationen gegen einen Plan zur Internationalisierung des Gazastreifens, die diesen schnell scheitern ließen. Die meisten Muslimbrüder in Gaza waren im Gegensatz zu jenen im Westjordanland Schüler und Studenten aus den Flüchtlingslagern. Viele Studenten aus Gaza, die in Kairo studierten, organisierten sich dort in der Palästinensischen Studentenunion, zu deren Präsident Jassir Arafat 1952 gewählt worden war. Die finanzielle Situation der Brüder in Gaza war relativ gut, da es Unterstützung durch die Hauptorganisation in Ägypten gab. Außerdem kam Hilfe aus Saudi-Arabien, den Golfstaaten, vor allem durch Private. Die Muslimbrüder in Jordanien waren auf dem Gebiet der (religiösen) Erziehung aktiv, sie hielten sich von jeder Art von Widerstand oder militärischen Aktivitäten fern.

Die Organisation des Allgemeinen Islamischen Kongresses in Jerusalem, zum ersten Mal im Dezember 1953 in Jerusalem einberufen, spielte in den Aktivitäten der Muslimbrüder in Jordanien eine zentrale Rolle. Für die Zurückgewinnung Palästinas hatte der Kongress die Finanzierung des Wiederaufbaus von Palästina und Jerusalem beschlossen. Alle islamischen Länder sollten sich z. B. an der Erhaltung der beiden großen Moscheen in Jerusalem beteiligen.

In der Charta des Ortsvereines der Muslimbrüder in Jerusalem von 1946, später von anderen Ortsvereinen in Palästina übernommen, sind die sechs wichtigsten Ziele der Brüder aufgeführt: Übermittlung islamischer Verhaltens- und Moralprinzipien, Verbreitung der Werte des Korans, Streben nach höherem Lebensstandard, Kampf gegen Armut und Analphabetentum, Führung eines modernen Lebens auf Basis islamischer Werte, Bewahrung und Verteidigung der Rechte der Muslime. Die Schwerpunkte der Muslimbrüder im Westjordanland lagen in Nablus und Hebron, vor allem in Jerusalem (besonders unter Hausbesitzern und Händlern). Es waren alle sozialen Gruppen in der Bruderschaft vertreten. Die Mehrzahl der Mitglieder kam aus eher konservativ-religiösem Milieu.

Auseinandersetzungen

Suezkrise 1956

1956 kam es zur Suezkrise, an der neben Ägypten, Frankreich und Großbritannien auch Israel beteiligt war. Ägypten blockierte die Meerenge von Tiran, Israels einzigem Zugang zum Roten Meer, und verhinderte damit den Zugang zum lebenswichtigen Erdöl. Ägypten unterstützte palästinensische Überfälle in israelisches Territorium. Daraufhin koordinierte Israel seine Planungen mit Großbritannien und Frankreich. Während nun Israel in Ägypten einfällt, um durch den Sinai an den Suezkanal zu gelangen, versuchen britische und französische Truppen den Kanal zurückzugewinnen, der durch Ägypten verstaatlicht worden war. Eine Eskalierung dieses Krieges wird durch internationale Diplomatie verhindert – und das zur hohen Zeit des Kalten Krieges. Großbritannien und Frankreich ziehen sich endgültig aus der Kanalzone zurück. Israel hatte vorübergehend die Sinai-Halbinsel und Gaza besetzt, sie später auf amerikanischen Druck durch Präsident Eisenhower verlassen. Kontrolliert wird ab diesem Zeitpunkt von einer internationalen Friedenstruppe der UN (United Nations Emergency Force – UNEF). Israel war indessen auf dem Weg zur stärksten Militärmacht in der Region. Damit wurde ein lang gehegter Wunsch realisiert: eine Nation von Soldaten statt eine von Priestern zu sein.

In den folgenden Jahren verweigern die Ägypter den Israelis die Nutzung des Suezkanals, verschieben wieder Truppen in den Sinai und fordern den Rückzug der UN-Friedenstruppe. Die syrische Artillerie beschießt von den Golanhöhen israelische Städte und Siedlungen in Galiläa. Von Ägypten, Syrien und Jordanien erfolgen Überfälle auf jüdische Siedlungen, in einem unaufhörlichen Versuch der Araber, dem Missstand abzuhelfen, dass tausende von arabischen Palästinensern in Flüchtlingslagern leben müssen, nachdem sie aus arabischem Territorium vertrieben worden waren.

Die Palästinenser nahmen in dieser Zeit eine Haltung der Anpassung und Annahme des ungelösten Konflikt ein – Resignation einer unerwünschter Minderheit. Auf den neuen Personalausweisen, wurde der Begriff Palästinenser durch das Wort Araber ersetzt; eine Bedrohung ihrer Identität. Weiters kam es zu neuerlichen Beschränkungen im Kultur- und Bildungsbereich. Lediglich Jüdische Geschichte wurde unterrichtet, die Übergangzeit der palästinensischen Geschichte von 135 n. Chr. bis ins Jahr 1948 wurde in Schulbüchern nicht behandelt. Zu dieser Einstellung gehörte die zwar erst 1967 geäußerte Forderung Ben Gurions, die Mauern der Jerusalemer Altstadt niederzureißen, da sie nicht das alte jüdische Zeitalter repräsentierten, sondern ein Relikt der mittelalterlichen türkischen Phase der palästinensischen Geschichte darstellten.

Der Westen war von der Entwicklung, dem Fortschritt und der Vitalität des neuen Staates Israel beeindruckt. Zu den erheblichen Summen aus den USA kamen noch Entschädigungen, Wiedergutmachungen aus dem damaligen Westdeutschland. Intern wurde jedes politische Engagement der Palästinenser unterdrückt. Nach außen wirkte das als passive Haltung und wurde vom Westen nicht verstanden. Dennoch beruhte diese Resignation auf einem effizienten Kontrollsystem, das von den Israelis entgegen den Angaben in der israelischen Unabhängigkeitserklärung, die als Grundlagen Freiheit, Gleichheit und Frieden ohne Unterschied der Religion, Rasse und des Geschlechts postuliert, eingerichtet worden war. Die Kontrolle erfolgte durch Segmentierung: d. h. Isolierung der arabischen Minderheit von der jüdischen Bevölkerung und innere Aufteilung der arabischen Minderheit, sowie Schaffung von wirtschaftlicher und politischer Abhängigkeit, und „Kooptation", d. h. in diesem Fall stillschweigende Zahlungen an arabische Eliten, um Ressourcen (z. B. Wasser) entziehen zu können.

Im Jahre 1954 wohnten bereits mehr als ein Drittel der jüdischen Bevölkerung Israels auf „verlassenem Grund und Boden", und fast ein Drittel der neuen Einwanderer (250.000 Menschen) siedelte in städtischen Gebieten, die von Arabern „verlassen" worden waren. Vertriebensein führt zu dem existentiellen Problem des Fremdseins. Ein registrierter Flüchtling ist jemand, der die Hilfe der UN gesucht hat. Wiederholte Resolutionen der Vereinten Nationen nach 1948 bezüglich der Rückführung der palästinensischen Flüchtlinge waren vergeblich. Für sie war es ein Trauma „über Nacht zum Flüchtling geworden zu sein". Es bedeutet nicht nur den Verlust der Heimat, der traditionellen Gesellschaftsordnung, des sozialen Status jedes Einzelnen, Verlust von Land, der Lebens- und Produktionsgrundlagen, wie Weingärten, Olivenhain, Feigenbäume. Das wurde (anfänglich) durch ein Zelt, eine Hütte ersetzt. Der ehrlich erworbene Verdienst mittels gesellschaftlich geachteter Arbeit wird durch Almosen von internationalen Organisationen ersetzt. Bestenfalls waren Einkünfte aus verachtungswürdigen Tätigkeiten möglich. Viele

Palästinenser mussten in die Golfstaaten zur Arbeit, um so ihre Familien erhalten zu können. Das führt zu massiven persönlichen Problemen: sexuelle und emotionale Frustration, Leiden unter ungewohntem Klima, und dem Gefühl, vor dem palästinensischen Problem geflohen zu sein, tatenlos herumsitzen zu müssen. Flüchtlingslager waren später nicht mehr die Zeltlager der frühen 50er-Jahre, sondern dicht besiedelte und übervölkerte fixe Konstruktionen: schlechte Unterkünfte, größere physische und psychische Gesundheitsprobleme, zunehmend mangelnder Schulbesuch von Kindern und das Gefühl der Machtlosigkeit bei den Bewohnern. Ein Nährboden für Konflikte.

Die Palästinenser wandten nun dieselben Methoden gegen die Israelis an, die die Juden selbst gegen die Briten eingesetzt hatten. Im israelischen Kampf gegen die Briten waren Lord Moyne, der Britische Minister für den Mittleren Osten in Kairo 1944, und der schwedische Graf Folke Bernadotte in Jerusalem 1948 zum Opfer gefallen. Als Antwort auf Flüchtlings- und Unterdrückungstragödien entwickelte sich nicht nur der Terror, sondern vorerst der palästinensische Nationalismus. Nationalismus in kolonialisierten Völkern hat eine andere Bedeutung, als in kolonialisierenden Ländern. In Palästina steht dieser Begriff für den Aufbau eines zukünftig autonomen demokratischen Staates des palästinensischen Volkes, in dem die vorhandene Pluralität der Personen, Gruppen und Religionen in gegenseitiger Akzeptanz und Toleranz erwünscht ist. Der palästinensische Nationalismus ist ein Gegenkonzept zu einer totalitären Theokratie eines islamisch-fundamentalistischen Staates, in dem nur eine Religion zugelassen wäre. Die politische Führung der neuen Nationalbewegung nach 1948 gründete ihren Kurs auf eine bewusste Einbeziehung der christlichen Minderheit in die nationalistische Bewegung, die von der muslimischen Mehrheit dominiert war. Arabische Christen wie Michel Aflaq und Antun Saadeh haben bei diesen politischen Bestrebungen eine nicht unbedeutende Rolle gespielt. Sie wurden Begründer vieler arabischer Parteien (z. B. der Bath Partei). Aus dieser Tradition entwickelte sich die palästinensische Linke, mit Ausnahme der kommunistischen Partei, die jedoch erheblich davon beeinflusst wurde. Christen wiesen einen überproportional großen Anteil an wichtigen Positionen und Funktionen auf wie beispielsweise Knesset-Abgeordnete oder Bürgermeister. Später haben Christen (z. B. George Habash) in der im Jahre 1964 gegründeten säkularen Palästinensischen Befreiungsorganisation (PLO) bedeutende Positionen eingenommen.

Die palästinensische Niederlage war gleichzeitig zur „arabischen Niederlage" geworden. Sie wurde auf die Rückständigkeit zurückgeführt, eine Folge nicht erfolgter Modernisierung der arabischen Gesellschaft. Der Islam wurde als ein wichtiges kulturelles Moment angesehen, als das zentrale arabische Erbe. Ägypten war zur stärksten Kraft innerhalb der arabischen Welt geworden. Gamal Abdel Nasser wurde zur Symbolfigur der arabischen Einheit. Nasser hatte seine Waffen jedoch vom Ostblock bezogen: damit wurde den Israelis ein weitere Vorwand geliefert: „es ist nicht sinnvoll mit Arabern zu reden, da sie die kommunistische Tyrannei unterstützen, während Israel immer dem Westen treu blieb". Auch die PLO war lange der Überzeugung, dass ein säkularer Staat anzustreben wäre, in dem Juden, Christen und Muslime gleichberechtigt zusammenleben sollten. Das widersprach dem

Traum vom Islamischen Reich der Muslim Bruderschaft. Diese Bewegung lehnt jede Art von Säkularismus ab und empfahl den Dschihad: jeder Muslim sollte sich für die Ideen der Bruderschaft über alle nationalen Grenzen hinweg mit seinem Leben und Sterben einsetzen.

Diese überwiegend säkulare arabisch-nationalistische Tradition bildete die ideologische und intellektuelle Heimat für viele arabische und palästinensische Christen, gleichzeitig auch für viele arabische Muslime. Die symbolische Teilnahme Arafats an den großen religiösen Festen, seien es christliche oder muslimische, spiegelt diese bewusste Politik wider. Selbst nach der iranischen Revolution konnten religiöse Konflikte vermieden werden, wenn auch ein religiöser Diskurs in der palästinensischen Politik immer lauter wurde.

Wie war die PLO entstanden? Im Juni 1950 zählte die UNWRA (das UN-Hilfswerk für palästinensische Flüchtlinge im Nahen Osten) 960.021 Palästinenser als registrierte Flüchtlinge, die in Lagern untergebracht waren. Die Flüchtlingslager boten den Nährboden für die allmählich entstehenden palästinensischen Befreiungsorganisationen, die von den verschiedenen arabischen Ländern unterstützt bzw. bekämpft oder kontrolliert wurden und die häufig untereinander rivalisierten. Bereits im Mai 1945 war die Liga arabischer Staaten gegründet worden. Dennoch hatte es im ersten israelisch-palästinensischen Krieg keine Einheit gegeben, keine ausreichenden Ressourcen waren zur Verfügung gestellt worden, im Anschluss daran wurden auch Versuche vereitelt, palästinensische politische Institutionen und Strukturen zu schaffen. Später, am „Schlachtfeld gedemütigt", wandten sich arabische Staaten der Unterstützung des Terrorismus von Exilpalästinensern zu. Von Stützpunkten in Ägypten, dem Libanon und Jordanien aus führten die Fedaijin (die sich Opfernden) seit 1949 zahlreiche Anschläge auf israelische Zivilisten durch.

Erst 1964 fand ein Treffen arabischer Staaten statt, als bekannt wurde, dass Israel plante, Wasser vom See Genezareth zur Bewässerung von West-Israel und der Negev Wüste heranzuziehen. Im selben Jahr wurde anlässlich einer Gipfelkonferenz der Arabischen Liga, der regionalen Organisation der arabischen Staaten in Alexandria, eine Dachorganisation, die „Palästinensische Befreiungsorganisation" (PLO), gegründet. Das erste Treffen fand im Mai 1964 in Jerusalem statt: es kamen 422 Palästinenser aus verschiedenen arabischen Ländern und legten die Grundstrukturen der Organisation fest. Gegründet als politische Körperschaft, mit dem Ziel, die in alle Welt verstreuten Palästinenser in ihrer Heimat zusammenzuführen. Es wurde ein Rahmen geschaffen, der kulturelle, soziale, erzieherische, wirtschaftliche, politische und militärische Aktivitäten der Palästinenser integrieren, sowie alle ideologischen Richtungen, alle Religionen und Weltanschauungen, Muslime, Christen, Säkulare, alle sozialen Gruppen, Altersgruppen, Männer wie Frauen umfassen sollte. Es ging nicht nur um die Erlangung der nationalen politischen Rechte für die Palästinenser, sondern zugleich um den Wiederaufbau ihrer zerstörten Gemeinschaft, sowie kurzfristig um die Beendigung der Besatzung und die Errichtung eines palästinensischen Staates in den befreiten Gebieten. Entscheidend war die Akzeptanz der uneingeschränkten Führungsposition der PLO als der einzig legitimen Vertretung des palästinensischen Volkes. Von manchen Israelis wurde die PLO mit besonderem Misstrauen betrachtet, da zu dieser Zeit brutale Übergriffe stattgefunden hatten.

Die Fatah war die stärkste Fraktion innerhalb der PLO. Im politischen Spektrum nimmt sie den Platz einer eher bürgerlich-konservativen Partei ein, die sich sowohl vom Islamismus als auch vom Sozialismus abgrenzte. Dennoch ist die Fatah beratendes Mitglied in der sozialdemokratischen Sozialistischen Internationalen. Al-Fatah (Bewegung zur nationalen Befreiung Palästinas), eine politische Partei wurde von Jassir Arafat in Kuwait im Oktober 1959 als Guerillaorganisation gegründet. Eine ganze Reihe der Gründungsmitglieder der Fatah waren zwar ehemalige Muslimbrüder, dennoch waren nicht die Religion und nicht der arabische Nationalismus ideologische Basis. Der Islam ist nur ein Aspekt, der die palästinensische Identität ausmacht. Christen waren hier auf mittlerer und oberer Führungsebene stark vertreten, z. B. Hanan Aschrawi. Fatah hatte dabei an organisatorische Erfahrungen aus der Mandatszeit angeknüpft, z. B. an die muslimisch-christlichen Vereinigungen, die die erste organisierte palästinensische Antwort auf die zionistische Immigration und Kolonisation, sowie auf die Errichtung der Mandatsherrschaft konstituiert hatten. Das Programm des „säkularen demokratischen palästinensischen Staates", wie von der Fatah 1969 vertreten, deklarierte: „das Ziel des Kampfes wäre die Herstellung eines unabhängigen, demokratischen Staates Palästina, in dem alle Bürger, unabhängig von ihrer Religionszugehörigkeit dieselben Rechte hätten." Doch bereits Ende 1964 verübten Fatah-Kommandos erste Anschläge in Israel. In Folge operierten Freischärler weitgehend von Jordanien aus, verübten Bombenattentate und legten Hinterhalte. Die israelische Regierung reagierte mit Sprengungen von Häusern, die Fatah-Kämpfer beherbergten und der Ausweisung von Unterstützern. Allein zwischen Juni 1967 und Dezember 1968 kamen dabei über 600 Palästinenser, 200 israelische Soldaten und 47 israelische Zivilisten ums Leben. Später, in der palästinensischen Unabhängigkeitserklärung, verabschiedet in Algier im November 1988, wird nur mehr von „religiöser Koexistenz" innerhalb des künftigen palästinensischen Staates, jedoch nicht mehr von einem säkularen Staat gesprochen, das war der Abschied vom palästinensischen Nationalismus.

Zwischen 1949 und 1967 war zwar die Zahl der sowohl in Israel als auch in Jordanien (damals einschließlich Westbank) lebenden Christen wieder angestiegen, aber der in Israel verhängte Ausnahmezustand und die wirtschaftliche Vernachlässigung der Westbank durch Jordanien hatten zu einer steten, nicht massiven Auswanderung vieler Christen geführt. Ihre Ziele waren nun die USA, Australien bzw. die Golfstaaten, die nur für Menschen, die in der Westbank lebten, zugänglich waren.

Im II. Vatikanischen Konzil im November 1963 ging es darum, innerhalb des Ökumenismus-Schemas eine Erklärung zum Judentum abzugeben. Im Umgang mit Israel hatte der Vatikan stets betont, dass es sich um einen Dialog zweier Völkerrechtssubjekte, nicht zweier Religionsgemeinschaften, handle. Die vatikanisch-israelischen Beziehungen waren von Vorwürfen geprägt, die katholische Kirche habe dazu beigetragen, den Massenmord an Juden in Europa zu ermöglichen, bzw. sei hinter ihren Möglichkeiten zurückgeblieben, verfolgte Juden zu retten. Israel hatte ein politisches Interesse an der staatlichen Anerkennung durch den Vatikan, zunächst zur Bekräftigung seiner Legitimität, später als Nachweis von Normalität. Im Anschluss an das Zweite Vatikanische Konzil (1962–1965) forderte Israel den Vatikan auf, die theologische Annäherung durch die Aufnahme diplomatischer Beziehungen zu vervollständigen. Indem sich der Staat Israel als Vertreter des Judentums präsentierte und damit an das Gewissen des Christentums appellierte, gewann er die Unterstützung jüdischer und christlicher Gruppen in Europa und den USA, die den Vatikan drängten, entsprechende Schritte zu unternehmen. Der Vatikan beharrte auf der Trennung der politischen und religiösen Ebene, auch deshalb, weil er im Fall einer politischen Annäherung an Israel Nachteile für die christlichen Minderheiten in den arabischen Staaten befürchtete. Schon bei der Ausrufung des Staates 1948 war erklärt worden, dass das neue Staatsgebilde nicht als Fortsetzung des Davidischen Reiches zu werten sei. Nicht auf das Alte Testament gründe sich der Staat Israel, sondern auf die Balfour-Deklaration. Israel wäre ein heutiger Staat moderner Konzeption. Innerhalb der katholischen Kirche brach ein lange schwelender Konflikt zwischen der melkitischen Kirche und dem lateinischen Patriarchat aus. Vom II. Konzil war eine neue Ordnung für das Heiligen Land erwartet worden: Die melkitische Bischofssynode stellte beim Konzil den Antrag auf Aufhebung des lateinischen Patriarchats, dessen Bestand ein ökumenisches Ärgernis für die Orthodoxie darstellte. Dem lateinischen Patriarchen wurde „Eroberungsmentalität" und Orientfremdheit vorgeworfen. Das wichtigste Argument zur Rechtfertigung des lateinischen Patriarchats war dann ein Hinweis auf den Text des Firman zum Status Quo von 1852, demzufolge die katholischen Rechte an den Heiligen Stätten einzig und allein durch das lateinische Patriarchat gesichert wären. Auch hätte der lateinische Patriarch beim Abschluss der Friedensverträge von 1918 und bei der Staatsgründung 1948 zur Sicherung der katholischen Rechte die Initiative ergriffen.

Der Sechstagekrieg 1967

Israel und Ägypten rüsteten auf, arabische Terroranschläge gegen Israel und israelische Vergeltungsschläge nahmen zu. Ägypten forderte im Mai 1967 den Abzug der UNO-Friedenstruppen aus dem Sinai und sperrte erneut die Straße von Tiran für die Durchfahrt israelischer Schiffe. Für viele palästinensische Flüchtlinge schien eine Rückkehr in ihre Heimat in greifbarer Nähe zu liegen. Hierauf ordnete die israelische Regierung eine Generalmobilisierung an. Der Juni-Krieg 1967 gegen Ägypten (Syrien, Jordanien und Fragmenten palästinensischer Truppen, unterstützt von der Sowjetunion) wird militärisch von Israel gewonnen. International wurde der Kampf mit jenem zwischen David und Goliath verglichen. In weniger als einer Woche hatte Israel das Gebiet unter seiner Kontrolle verdreifacht: um die Sinai-Halbinsel mit dem Gazastreifen von Ägypten, die Golanhöhen (wesentlich für die

Wasserversorgung) von Syrien, Ostjerusalem und die Westbank von Jordanien. Das Ausmaß des Sieges hatte viele Israelis dazu verleitet, anzunehmen, dass es sich um eine göttliche Fügung gehandelt habe. Zum ersten Mal durften Juden an der Klagemauer beten. Die Teilung Jerusalems wurde offiziell aufgehoben und die Stadtgrenzen zur Gründung neuer Siedlungen wurden erweitert. Es gab einen neuen palästinensischen Flüchtlingsstrom. Moskau hatte sein Kriegsziel verfehlt: die Zerstörung des israelischen Reaktors in Dimona – um so eine israelische Atombombe schon im Keim zu ersticken. Dazu war es nicht gekommen, weil der Krieg, weitgehend aus der Luft, zu rasch von den Israelis gewonnen worden war. Es kam zu massiven Waffenlieferungen an Israel aus den USA, die Russen lieferten Waffen an die arabischen Staaten. Dieser Sieg hatte bei den Diaspora-Juden beigetragen, ihre Lobby-Tätigkeit besonders in den USA zu verstärken. Die arabischen Nachbarn hinwieder waren zu dem Schluss gekommen, dass ein Angriffskrieg gegen Israel keine Chance hätte, und somit verwendeten sie ihre Mittel für „Stellvertreter", nämlich für eine Aufrüstung von Guerillas. Die Araber hatten nicht nur ihre Armeen verloren, sondern auch das Vertrauen in ihre Führer, in ihre Länder und in sich selbst, ebenso in Gott, den sie bisher immer auf ihrer Seite gesehen hatten. Aus den Moscheen war zu hören, man sei von einer weit größeren Kraft als dem Militär Israels geschlagen worden, denn Gott habe sich gegen die Muslime gewendet. Der einzige Weg zurück wäre der der reinen ursprünglichen Religion, damit stieg die Attraktivität des islamischen Fundamentalismus. Das war das indirekte Eingeständnis, dass sich Gott auf die Seite der Juden geschlagen hätte. Bis zum Ende des Zweiten Weltkriegs hatte der Islam den Antisemitismus nicht gekannt, dann war es zur Gründung des israelischen Staates gekommen, dessen militärische Übermacht die arabische Identität bedrohte. Der ägyptische Präsident Nasser hatte gemeint, dass die Existenz Israel allein schon eine Aggression wäre. Man erinnerte sich der Zeiten, als Mohammed die Juden in Medina unterjocht und vertrieben hatte, an den ungeheuren Siegeszug des Islam in der Zeit des Propheten und der ersten Kalifen und verglich sie mit der heutigen demütigenden, entwürdigenden Situation. Sobald die Reinheit der Religion, der einzigen Waffe, die Arabien groß gemacht hatte, wieder hergestellt würde, so meinten die Prediger, würde sich Gott neuerlich auf die Seite der Araber stellen. Die arabische Niederlage 1967 hatte zum Zusammenbruch des Pan-Arabismus geführt, was wieder den Aufstieg des politischen Islamismus begünstigte. Die Muslim-Brüderschaft, und daraus entstehend die Hamas, nahm sich der Angelegenheiten der Palästinenser an. Die Hamas, ebenso wie die jüdischen Siedler, sind davon überzeugt, dass ihnen das Land von Gott gegeben wäre.

Israel hatte gekämpft – und es als einen Defensivkrieg bezeichnet, der lebensnotwendig wäre. Das Völkerrecht verbietet Präventivkriege, damit war das Vorgehen Israels diesem nicht konform. Der Sicherheitsrat der Vereinten Nationen verabschiedete im November 1967 die Resolution 242: Sie verpflichtete Israel zum Abzug aus den Besetzten Gebieten, im Gegenzug für eine arabische Anerkennung des Existenzrechtes Israels. Der Vorschlag wurde sowohl von den Palästinensern als auch von den meisten arabischen Staaten abgelehnt. Später, im selben Jahr, brachte

Syrien im UN-Sicherheitsrat eine weitere Resolution ein, die eine Zwei-Staaten Regelung forderte, bei der Israel alle im internationalen Sinn üblichen Rechte eingeräumt würden und ein Palästinenserstaat in dem von Israel 1967 eroberten Gebieten errichtet würde. Gegen diese Resolution legten die USA Veto ein. Die arabische Seite lehnte zwar direkte Verhandlungen mit Israel ab, war sich aber bewusst, dass ein modus vivendi mit Israel gesucht werden müsste. Den arabischen Staaten war eine friedliche Koexistenz mit Israel wichtiger als die Erfüllung palästinensischer Forderungen.

Israel hoffte, dass mit diesem Sieg die Araber gezwungen wären, einen Frieden im Sinne Israels zu akzeptieren. Mosche Dajan hatte erwartet, dass die Araber die Initiative ergreifen würden, um Land gegen Anerkennung, Faustpfand gegen Frieden zu tauschen. Stattdessen kam am 1. September 1967 von der Arabischen Liga das „dreifache Nein von Khartoum": keine Gespräche, keine Anerkennung, kein Frieden. Damit begann die israelische Siedlungspolitik.

Die Palästinenser waren neuerlich besiegt, ihr Land besetzt, die Internationale Gemeinschaft nahm sich ihrer Sache nicht an und die arabischen Staaten waren nicht willens, die Befreiung Palästinas durchzusetzen. Tausende Palästinenser gelangten unter Fremdherrschaft, flohen und vereinigten sich so mit jenen, die Palästina bereits 1948 verlassen hatten. Neues Elend und Besatzung anstatt der erhofften Freiheit und Selbstbestimmung. Aber dieser Krieg brachte eine Neubelebung palästinensischen Bewusstseins. Die Palästinensische Befreiungsfront (PLO) wurde von den arabischen Staaten als die einzige Repräsentantin der palästinensischen Araber anerkannt. Und dieser Krieg hatte die Palästinenser motiviert, ihren eigenen Staat anzustreben. Die PLO bekräftigte ihre Ablehnung des Staates Israel und ergriff verstärkt Maßnahmen zur Befreiung Palästinas. Sie wurde im Westen als terroristisch wahrgenommen – Beispiel: Olympische Spiele 1972 in München – und brachte die palästinensische Bewegung erheblich in Misskredit.

Alle Palästinenser, die nicht geflohen waren, lebten nun in den 22 % des Landes, der nicht Teil des jüdischen Staates gewesen war, unter israelischer Besatzung. Die Israelis ließen keine Diskussion über nicht-jüdische historische Rechte auf das Land zu. Die Vergangenheit wäre lebendig, und die Bibel wäre für das Schicksal Israels von entscheidender Bedeutung. Golda Meir meinte: „Wer sind denn die Palästinenser. Ich bin Palästinenserin". Auch der folgende Ausspruch wird ihr zugeschrieben: „es war ja nicht so, dass es hier in Palästina ein Volk gegeben hatte, das sich als palästinensisches Volk betrachtete und das wir dann, als wir uns hier niederließen, vertrieben hätten. Als Volk existierten die Palästinenser gar nicht." Sie fühlten sich verdrängt, die Landnahme Israels erschien ihnen als eine Kombination aus Landhunger, religiösem Eifer und Militärmacht. Israel definierte die Palästinenser als Terroristen, aber sie waren niemals, weder vor noch nach der Gründung des Staates Israel, als integraler Bestandteil des Landes betrachtet und in die langfristigen Planungen einbezogen worden. Das Terrorverhalten war eine Reaktion auf Bekanntmachungen und Befehle, die in den neu eroberten Gebieten erlassen wurden. Israelische Verteidigungskräfte rückten ein, und übernahmen die Kontrolle und Aufrechterhaltung von Sicherheit und öffentlicher Ordnung. Sofort wurde eine 24-Stunden-Ausgangssperre für das Gebiet angeordnet. Als Maßnahme gegen unbotmäßiges Verhalten (Demonstrationen, Verteilen von Flugblättern, Teilnahme an Streiks) wurde das Zerstören von Häusern angeordnet. Die Araber wollten die gut organisierte überlegene Macht nicht hinnehmen. „Ohne Sinn für Realität" aus Sicht Israels wehrten sie sich, als die israelische Armee die Flüchtlingslager durchkämmte. Sie ließen sich nicht durch die Zerstörung ihrer Häuser vertreiben, sie kehrten in die Ruinen zurück, denn sie meinten, sie wären hier geboren und wollten hier sterben. Die PLO, belebt nach der Übernahme durch Jassir Arafat, wurde das einzige glaubwürdige Gegengewicht gegenüber den Israelis, den Amerikanern, aber auch den Arabern. Eine Gruppe, die eine Lösung im Interesse der Palästinenser in den Mittelpunkt stellte. Parallel dazu erstarkten die islamischen Fundamentalisten, von den christlichen Missionsgesellschaften hatte man gelernt, soziale Netzwerke ins Leben zu rufen. Diese Ideen wurden in Schulen und Universitäten verbreitet. Hier lagen die Wurzeln für das Ende des Säkularismus und den Beginn islamischen Radikalismus. Gestärkt wurde das Selbstbewusstsein vieler Muslime durch die Entdeckung, dass Öl als Waffe eingesetzt werden konnte, und Petrodollars die Staatskassen einiger Staaten füllen konnten.

Gründe für das Ansteigen der palästinensischen Gewalt nach dem Sechstagekrieg lagen in der Erkenntnis, dass reguläre arabische Truppen nicht in der Lage wären, einen Krieg gegen Israel zu gewinnen; Terrorismus aber die Möglichkeit bot, den Konflikt am Köcheln zu erhalten. Die israelische Besatzung bot den Palästinensern in den Besetzten Gebieten einen Vorwand, den Befreiungskrieg weiterzuführen und die Massen dafür zu mobilisieren. Diverse palästinensische terroristische Organisationen konkurrierten gegeneinander, um ihre Existenzberechtigung nachzuweisen. Die israelischen Gegenmaßnahmen wurden effektiver und die Vorstöße der Palästinenser zeitigten nach und nach weniger Erfolge, aus diesem Grund wurde der Terror „internationalisiert". Unter den Flüchtlingen gab es hervorragend ausgebildete Palästinenser, die an verschiedenen arabischen Universitäten lehrten, deren Slogan es war: Dschihad und nur das Gewehr, keine Verhandlungen, keine Konferenzen, keine Dialoge. Später unterstützten die Mujaheddin-Kämpfer aus Afghanistan den Kampf gegen Materialismus, Säkularismus und Geschlechtergleichheit der Gläubigen. Manchen Radikalen war der Kampf um Afghanistan wichtiger als der palästinensische Kampf gegen Israel, weil erwartet wurde, dass in Afghanistan ein Islamischer Staat entstehen würde, wohingegen der palästinensische Kampf von verschiedenen Gruppen „benützt" würde, von Kommunisten, Nationalisten und modernen Muslimen, die für einen säkularen Staat kämpften.

Wiederum waren die Christen betroffen, aber die Besetzung des arabischen Teils der Stadt Jerusalem durch Israel 1967 und dessen nachfolgende Annexion brachten den Vatikan dazu, seine Haltung neu zu formulieren. Die Forderung eines Corpus separatum verschwand ohne öffentliche Distanzierung und wurde durch „besonderen Statuts mit internationalen Garantien" abgelöst. Während der Vatikan am Ende der Mandatszeit ausschließlich christliche Interessen verteidigt hatte – und davor ausschließlich die katholischen Ansprüche gegenüber denen der Orthodoxen und Protestanten –, forderte er nun den Schutz der Stadt aufgrund ihrer

Bedeutung für die Gläubigen aller drei monotheistischen Religionen. Der Vatikan festigte die Beziehungen zu den muslimischen Staaten, um gemeinsam mit ihnen für die Wahrung des religiösen Charakters Jerusalems einzutreten. Die katholische Präsenz im Heiligen Land definierte der Vatikan zunächst durch die Heiligen Stätten, denn wenn freier Zugang zu diesen gefordert wurde, dachte man eher an die Pilger als an die einheimischen Christen. Dann wurden die Christen im Heiligen Land für den Vatikan umso wichtiger, je weniger sie wurden. Die zweite große Flüchtlings- und Emigrationsbewegung in der Folge des Juni-Krieges 1967 rückte die Ortskirche in den Vordergrund der vatikanischen Palästinapolitik. Die Besatzung hatte schwerwiegende Auswirkungen auf die Anwesenheit der Christen. Israel verwehrte allen Palästinensern, die sich zufällig während des Krieges nicht in den Besetzten Gebieten aufgehalten hatten, ihr Recht, in die Heimat zurückzukehren. Unter ihnen waren Tausende von Christen. Für sie begann abermals ein Leben in der Diaspora. Jene, die geblieben waren, waren zu „Fremden im eigenen Land" geworden und das Leben unter der Besatzung bedeutete undemokratische Verhältnisse, in denen Menschen- und Bürgerrechte nicht gewährleistet waren. Dies förderte die Auswanderung vieler palästinensischer Christen, um den Demütigungen, Spannungen und der Unterdrückung zu entgehen. Die Zahl der in den Besetzten Gebieten lebenden christlichen Palästinenser stagnierte von 1967 bis 1995. Durch bessere Ausbildung, das Leben in den Städten, waren das Heiratsalter gestiegen und die Geburtenrate gesunken. Die Geburtenrate der Christen war die niedrigste im ganzen Land (jüdische Mutter: 1,37, muslimische Mutter 2,25, christliche Mutter 1,23 Kinder). Eine Ursache für die Auswanderung kann darin bestehen, dass gebildete Schichten danach streben, ihr erworbenes Wissen in hoch entwickelten Ländern einzusetzen. Damit läuft Palästina Gefahr, qualifizierte Personen (Ärzte, Ingenieure, Juristen) erst für den internationalen Markt auszubilden, um sie dann zu verlieren, da sie aufgrund der christlichen Schulen auch Fremdsprachen sprechen. Viele christliche Palästinenser haben Verwandte im westlichen Ausland, die dort zu Wohlstand gekommen waren, und damit ist der Anreiz der noch im Land Verbliebenen besonders groß, in ein geregeltes Leben im Westen zu wechseln. Die Mehrheit der palästinensischen Christen lebte in Städten – im Gegensatz zu der muslimischen Landbevölkerung. Menschen, die in Städten ansässig sind, wandern eher ins Ausland ab. Auch der Zusammenhalt der Familie spielt bei der Auswanderung eine Rolle: die palästinensischen Christen waren die ersten gewesen, die noch vor den Muslimen begonnen hatten, das Osmanische Reich zu verlassen. Zuerst waren einzelne Männer ins Ausland gegangen, später hatten sie ihre Familien nachgeholt. In den Einwanderungsländern konnten sich teilweise sogar christlich-palästinensische Viertel bilden, wo palästinensisch gekocht, arabisch gesprochen und gelebt wurde. Daneben stiegen wirtschaftliche Probleme im Land. Ein Muslim wendet sich unter diesen Umständen eher dem Fundamentalismus zu, ein Christ wandert aus.

Um dem entgegenzuwirken, hat der Vatikan den Begriff der Heiligen Stätten ausgeweitet und die dort ansässigen christlichen Gemeinschaften eingeschlossen. Der Schutz dieser Gemeinschaften – im Sinne der Rechtssicherzeit und eines akzeptablen Lebensstandards – wurde ein ebenso wichtiges Argument für die Internationalisierung Jerusalems wie bisher der Schutz der Heiligen Stätten. Der Vatikan machte seine humanitären und sozialen Hilfeleistungen ausdrücklich nicht von der Religionszugehörigkeit abhängig. Um die Christen von der Emigration abzuhalten, investierte der Vatikan in den Aufbau der gesamten palästinensischen Gesellschaft, insbesondere in die Ausbildung einer Führungsschicht und mahnte die Christen, sich nicht zu isolieren. Als 1969 Vertreter der dem Ökumenischen Rat verbundenen Kirchen zusammenkamen, um die kirchliche Arbeit für die Palästinaflüchtlinge zu überdenken, forderten die arabischen Christen über Hilfsmaßnahmen hinauszugehen. Diese und andere Linderungsaktionen wären keine ausreichende christliche Reaktion auf Ungerechtigkeit und Elend. Alle humanitären Aktionen sollten im Kontext des Kampfes der Palästinenser für eine gerechte Lösung erfolgen. Es wurde beschlossen, Öffentlichkeitsarbeit zu betreiben, um dem Strom von Informationen aus und über Israel, Fakten von arabischer Seite und Stimmen arabischer Christen entgegenzusetzen. Als Organisationsbasis entstand in Beirut das „Nahöstliche Ökumenische Büro für Information und Interpretation (NEEBII), das seit 1974 dem Mittelöstlichen Kirchenrat angegliedert ist. Die Veröffentlichungen des NEEBII zeigte die tiefe Enttäuschung vieler Palästinenser über das Desinteresse der Welt an ihrem Schicksal. Das Büro geriet rasch in die Schusslinie scharfer Kritik aus dem pro-israelischen Lager. Ihm wurde die Förderung von Terrorismus vorgeworfen. Die arabischen Kirchen, die sich jahrelang passiv mit karitativen Maßnahmen begnügt hatten, verstärkten nun die Anklagen der direkt Betroffenen. Neben dem Informationsbüro diente der 1969 in Beirut abgehaltene Weltkongress der Christen für Palästina und ein weiterführender Arbeitsausschuss als Kristallisationspunkt. Aber die Theologie, die in Palästina gelehrt und gelebt worden war, war oft eine „ausländische" gewesen, die wenig Verbindung zu dem in Palästina herrschenden Alltag aufwies. Im Rahmen der „Nationalen Erziehung" war wenig Wert darauf gelegt worden, die Rolle der arabischen Christen bewusst zu machen. Viel wurde in den arabischen Schulen von der Entstehung des Islam gelehrt, damit wurden die Christen als ein Produkt der westlichen Welt gesehen und nicht als ein einheimischer Teil der arabischen Welt. Bis vor kurzem war die Leitung der christlich-palästinensischen Kirchen ausschließlich in den Händen von Ausländern gelegen. Diese hatten sich zuweilen mehr um die Verwaltung der Heiligen Stätten, als um die einheimischen Menschen gekümmert. Zu wenig wurde z. B. von den Kirchen in adäquate Arbeitsbeschaffung und in Wohnungsbau investiert. Man hätte christliche Standhaftigkeit und ein christliches Zeugnis fördern sollen. Damit hatten sich die Christen von ihren geistlichen Oberhäuptern entfremdet, wenn auch verschiedene christliche Denominationen mitunter gewetteifert hatten, Geld, Nahrungsmittel, Wohnungen und Arbeitsplätze bereitzustellen, um Anhänger zu gewinnen. Aber der Glaube, das Salz der Erde zu sein, motiviert die palästinensischen Christen, unter den gegeben Umständen auszuharren. Wichtig ist ihnen für den Frieden zu beten und zu arbeiten.

Die israelische Besatzung über den Gazastreifen, Ostjerusalem und das Westjordanland hatte die dort lebende palästinensische Bevölkerung, die zwischen

1948–67 keinen Kontakt miteinander gehabt hatte, vereinigt. Das wirkte sich auf die Muslimbrüder aus, die in Gaza und im Westjordanland in den 20 Jahren getrennte Wege hatten gehen müssen. Seit 1967 bildeten die Muslimbrüder im Westjordanland und in Jordanien die „Gemeinde der Muslimbrüder in Jordanien und Palästina". In Gaza konzentrierten sie sich wie bisher auf den Erziehungssektor und die Verbreitung des Glaubens. Sie förderten intensiv den Bau neuer Moscheen. Der Glaube einer neuen Generation sollte als Vorbereitung auf die Konfrontation mit dem Zionismus mobilisiert und vereint werden. Angeblich wurde diese Bewegung von den Israelis inoffiziell finanziell gefördert, und zwar als Gegengewicht gegen die PLO und die Kommunisten – was aber von entsprechender Stelle kategorisch bestritten wird.

Nicht nur die palästinensische Gemeinschaft, die Christen und die Muslimbrüder veränderten sich. Auch Israel veränderte sich durch den Sechstagekrieg. Nahum Goldmann, lange Jahre Präsident des World Jewish Congress, bemerkte, dass jeder militärische Sieg Israels neue politische Schwierigkeiten brächte. Israel sollte nicht riskieren sich „zu Tode zu gewinnen". Die Probleme waren dieselben wie 1948: Land und die Anwesenheit einer nicht-jüdischen Bevölkerung. Mit Ausnahme von Jerusalem, das als unwiederbringlich jüdisch definiert wurde, wurde keine konsequente, sondern manchmal sogar eine widersprüchliche Politik gegenüber den „Terroristen" betrieben; Israel „kolonisierte" die Besetzten Gebiete. Das Parlament hatte nie über die Siedlungsprojekte abgestimmt, die unrechtmäßigen Landbesetzer wurden stufenweise legalisiert, subventioniert und als Nationalhelden gefeiert. Israel setzte sich weiterhin konsequent über Resolutionen des Sicherheitsrates bzw. der UN und sonstige internationale Abkommen und Standards hinweg. Es meinte, da es unter dem Schutz der USA stand, die oft rechtzeitig von ihrem Vetorecht im UN-Sicherheitsrat Gerbrauch machten, geschützt zu sein. Israel hatte auch erklärt, dass die IV. Genfer Konvention über den Schutz von Zivilpersonen in Kriegszeiten von 1949 nicht auf die Einwohner der Besetzten Gebiete anwendbar sei. Aus dem Umkreis Begins war zu hören, dass die Juden Israels ein dynamisches Volk wären, das zusätzlichen Lebensraum benötige, entsprechend den Ankündigungen der zionistischen Gründungsväter. Denn jede israelische Generation legte die Grenzen des Staates Israel von neuem fest; Gebietserweiterung bleibt oberstes Gebot. Es entstanden religiös-nationale Bewegungen, die den Sieg über die Araber auf das Eingreifen Gottes zugunsten Israels zurückführten. Es wurden fanatische, rassistisch-religiöse Ideologien propagiert; nach 1967 meinten manche Israelis, dass ein „Transfer" der Araber human, gesund und gerecht wäre. Ziel war ein 5:1-Verhältnis betreffend die jüdische Majorität. Wohin sollten die „Transferierten"? Nach Jordanien, das doch eigentlich das Palästinenserland wäre. Diese „Lösung" wurde noch 1973 von Yitzhak Rabin vorgeschlagen: Das Problem der Gaza-Flüchtlinge sollte nicht in Gaza gelöst werden, sondern auf der „Ost-Bank" (also in Jordanien). Man hoffte somit auf einen „schleichenden Transfer", entweder in die benachbarten arabischen Länder oder nach Australien, Kanada oder Lateinamerika. Israel war zu einer Kolonialgesellschaft geworden, das Land enteignet, Siedler dort hinbringt und Rechtfertigungen für diese Vorgangsweisen sucht. Taktisch findet die Landenteignung wie folgt statt: Palästinensisches Land wird beschlagnahmt, dann zur Grünzone erklärt, innerhalb derer Palästinensern jegliches Bauen untersagt ist, nur um dieses Land anschließend für jüdischen Siedlungsbau zur Verfügung zu stellen. Es kam zu zwei Rechtssystemen: eines, progressiv, gültig in Israel, ein anderes, eher ungerecht in den Besetzten Gebieten. Diese Zone bildete anfänglich für Israel ein großes Reservoir an zumeist unorganisierten Arbeitskräften, die man nach Belieben hereinholen oder aussperren konnte. Sie wurden oft gering entlohnt und mussten „niedrige Tätigkeiten" verrichten. Zudem waren die Besetzten Gebiete ein kontrollierter Markt für israelische Waren. Israel ist von den Wasservorräten des Westjordanlandes abhängig; es wird geschätzt, dass ein Drittel des in und für Israel verbrauchten Wassers aus dem Westjordanland bezogen wird. Pläne zur Besiedlung der Hügel um den arabischen Teil von Jerusalem jenseits der Stadtgrenzen wurden erstellt. Selbst der Knesset bekräftigte, dass „das historische Recht des jüdischen Volkes auf das Land Israel (mit Einschluss des Westjordanlandes ist nach israelischer Diktion ‚Judäa und Samaria') unverrückbar feststehe". Die Israelis waren von ihrem Sieg berauscht und die Araber durch die Demütigung gelähmt. So setzten beide nicht die erforderlichen Schritte. Die Israelis begannen ihre Annexion der arabischen Hälfte von Jerusalem und ihre unheilvolle Siedlungspolitik.

Die „Antwort" der Palästinenser waren Terroranschläge. Zum Vergleich: zwischen 1967 und 1978 verloren 9.424 Israelis ihr Leben durch Unfälle. Von denen starben 66,9% bei Autounfällen, 19,6% bei Arbeitsunfällen und 10.6% durch kriminelle Handlungen, durch Terror 2,9% der gesamten Anzahl. Die Effektivität des Terrors als Waffe besteht darin, dass sich Menschen durch „große Ereignisse" faszinieren lassen und nicht durch eine Gesamtanzahl oder einen Prozentsatz: Jeder Israeli erinnert sich an 24 getötete und 62 verletzte Schulkinder – durch 3 Terroristen in Ma'alot (Nordisrael) am 15. Mai 1974, oder die Kaperung zweier Busse auf der Küstenstraße am 11. März 1978, als 37 Fahrgäste getötet und 76 verwundet wurden. Es sind die Medien, die diese Anlässe zu Ereignissen werden lassen. Das führt zu Angst, zur Forderung nach verstärkten Sicherheitsmaßnahmen. Gedemütigte Palästinenser meinen, dass sie keine Hoffnung mehr haben und ihr einziger Ausweg ihr Tod für Palästina wäre. Jede Aktion fordert eine Gegenaktion heraus.

Aus diesen und anderen Gründen kam es zur Siedlerbewegung. Israel missachtete bewusst die Genfer Konvention und die Kriegsregeln von 1949 – die Besatzungsmacht darf Teile der eigenen Bevölkerung nicht in ein besetztes Gebiet übersiedeln. Argumentiert wurde, dass Israel damit nicht das Völkerrecht bräche: *wir haben diese Territorien in einem Defensivkrieg erobert und Ländern entrissen, die sie seit 1948 unrechtmäßig besetzt hatten.* Damit wurde der Anspruch auf die Rolle eines Nachfolgestaates erhoben. Viele Siedler kamen aus religiösen Gründen, andere auch aufgrund der günstigen Bedingungen (niedrige Steuern, billige Kredite).

In diesem Gebiet lebten zwei Millionen Palästinenser. Von ihnen hatte David Ben Gurion gemeint, dass sie keine „emotionale Bindung" an ihr Land kennen würden. Menachem Begin hatte einmal in der Knesset geäußert, dass es nicht Regierungspolitik wäre, Land zu enteignen: das wäre eine offizielle Übergabe des Besitzrechtes gewesen; die Beschlagnahmung aber gestattete den arabischen Besitzern, ihren Anspruch zu behalten, während das Land in den ausschließlichen Besitz der israelischen Regierung überginge. So hatten die Palästinenser wertlose Papiere in der Hand, während neue israelische Häuser auf ihren Grundstücken errichtet wurden. Die Rechtslage ist oft unklar; Land, für das niemand Besitztitel geltend machen kann, gehörte nach jordanischem Recht dem Staat.

Die Meinung in Israel über diese Siedler war geteilt. Manche meinten, dass Siedler und Militärs aus den Besetzten Gebieten abgezogen werden sollten, allerdings nicht aus Jerusalem. Aber Israel ist eine Demokratie, regiert zumeist von einer Koalition, und die ausschlaggebenden Stimmen, das Zünglein an der Waage sind die ultra-orthodoxen Rechten. Die jeweilige israelische Regierung hat nur dann eine Mehrheit, wenn sie von dem orthodoxen religiösen Establishment unterstützt wird. Für die religiöse Rechte basiert das Existenzrecht Israels auf den Hebräischen Schriften. Erez Ysrael, das Israel nach 1967, wäre das alte „Gelobte Land", die Palästinenser die Kanaaniter, die vertrieben werden müssten. Von Palästinensern als Landraub, wird es von Siedlergruppen als Ausführung von „Gottes Willen" empfunden. Der harte Kern der Siedlerbewegung, Gusch Emunim, Kach und andere Gruppen weisen spezielle national-religiöse Züge auf. Sie meinen, dass der Boden des Landes heiliger als ein Menschenleben wäre und daher von Nicht-Juden befreit werden müsste. Manche pflegen einen „Todeskult", denn eigene Opfer von gewalttätigen Auseinandersetzungen gelten als „Heilige". Deren Gräber schaffen neuerliche „Wurzeln im Heiligen Land". Selbst Israelis heute meinen, dass der Gusch Emunim „messianisch und rational, revolutionär und anachronistisch, politisch und apolitisch, selbstgerecht und gewalttätig" wäre. Oft sind diese Siedler Zugewanderte aus den USA oder der USSR, sie weisen zuweilen ein höheres Gewaltpotenzial auf als die „alten" israelischen Kämpfer. Viele Zuwanderer aus den USA haben noch eine Doppelstaatsbürgerschaft, dieses Verhalten wird von der israelischen Regierung durchaus gefördert.

Die erste israelische Siedlung wurde nicht auf palästinensischem Land, sondern in Syrien gebaut. Kaum ein Monat, nachdem der Sechstagekrieg beendet war, übernahmen Siedler ein verlassenes syrisches Armeelager, nahe Quneitra. Der offizielle Grund für zivile Anwesenheit am Golan war, sich des Viehs, der Getreideernte und der Obsternte annehmen zu müssen, inoffiziell ging es um Wasser.

Die meisten Siedlungen wurden unter Ehud Barak gebaut (von 1999–2001, nach den gescheiterten Verhandlungen in Camp David II). Eine Staatsgrenze, die nicht in ihrer vollen Länge von Juden besiedelt wäre, sei keine sichere Grenze, so war die Strategie. Golda Meir ergänzte, dass eine Grenze dort wäre, wo Juden lebten und nicht, wo ein Strich auf einer Landkarte gezogen würde. Mosche Dajan stützte sich auf die „Land of Israel Movement" (gegründet 1967, Anspruch auf das gesamte Erez Ysrael), denn ohne Siedler könnte die Armee in den Besetzten Gebieten nicht gehalten werden. Und ohne sie würde eine fremde Armee eine fremde Bevölkerung regieren. Weitere Ziele der „Wichtigkeit der Siedlerbewegung": Die Festlegung der zukünftigen Grenzen – eine Verhandlungsposition – denn Siedlungen würden die arabische Führung veranlassen, ihre Positionen zu überdenken und sie zu überzeugen, dass, je länger sie zögerten, desto weniger verhandelbares Land übrig bliebe. Von Anfang an war es der geheiligte Auftrag des Zionismus, das Heilige Land zu besiedeln und Siedlungen zu gründen. Begin erklärte, dass das Recht der Menschen auf das Land ihrer Vorfahren nicht von ihrem Recht auf Frieden und Sicherheit getrennt werden könnte. Die Ideologie eines Groß-Israel und die Anforderungen der internen Politik führten dann zu einer dynamischen Politik einer Kolonisierung. Fehlende Grenzen führen zu Konflikten, denn nur wo es eine Grenze gibt, besteht eine eindeutige Identität und somit eine Realität, der man sich individuell anpassen kann. Jahrhundertelang haben Juden in ganz Europa versucht, aus den Ghettos zu entkommen, und nun bauen sie sich neue Ghettos in der Westbank. Jene, die nicht religiös waren, haben die Religion zu ihrem Vorteil benutzt und sich nach dem Krieg von 1967 einen religiösen Charakter gegeben, nach dem Motto „von der Thora ist es allen Juden, einschließlich der israelischen Regierung verboten, nur einen Teil des Gebietes von Erez Ysrael, das sich in unseren Händen befindet, zurückzugeben." Für viele Orte in der Westbank gibt es „religiöse" Gründe: z. B. Beit-El, nördlich von Jerusalem, ist jener Ort, wo Jakob träumte, dass eine Leiter in den Himmel reiche. Man tut das Werk Gottes, wie es in der Bibel steht – meinen die Siedler zu ihrer Rechtfertigung. Auch im Jordantal soll die israelische Siedlungstätigkeit ausgeweitet werden. Das Gebiet ist strategisch – im Hinblick auf das Jordanwasser – wichtig für Israel. Zu den Anreizen, dort zu siedeln, gehören niedrige Preise und großzügige Subventionen.

Siedler benötigen militärischen Schutz, eine gute Infrastruktur an Schulen, Gesundheitseinrichtungen, Wasser und Kanalinstallationen, ein Netzwerk von Schnellstraßen, das die Siedlungen untereinander bzw. mit Israel selbst verbindet. Palästinensern ist die Nutzung dieser Straßen nicht erlaubt. Sie trennen palästinensische Dörfer voneinander und zerstören die Nachbarschaftsbeziehungen, Dorfbewohner werden von ihren Anbaugebieten abgeschnitten, damit kann das Land nicht bearbeitet werden – nach drei Jahren wird es dann konfisziert. Siedler erhalten Wasserrechte, die den Palästinensern vorenthalten werden. Viele Niederlassungen liegen auf den Hügelkuppen, sie beherrschen damit das noch verbleibende palästinensische Land. Ihre ausreichende Kanalisation wird in das Land der Palästinenser entsorgt. Ihr Mist wird auf palästinensisches Land gebracht. Diese Müllhalden werden bei zunehmender Armut der Bevölkerung im 21. Jahrhundert zu „Einnahmequellen" für Kinder, die durch Suchen nach verwertbaren Objekten ihren Beitrag zur Familienerhaltung leisten. Für die Siedlungen, die für deren Schutz notwendigen militärischen Installationen und für die Schnellstraßen wird laufend Land von den dort lebenden Palästinensern konfisziert. Es gibt israelische Gesetze, die Bezahlungen für Land-Konfiszierung vorschreiben, aber Palästinensern ist es generell nicht gestattet, ihre von den Israelis zerstörten Häuser neu zu errichten. Notgedrungen bauen also viele Palästinenser ohne Genehmigung durch die Israelis, damit besteht das Risiko des Niederreißens dieser Gebäude. Im Vergleich mit den eher ärmlichen palästinensischen Dörfern der Umgebung wirken die Siedlungen wohlhabend. Ihre Bewohner haben Arbeit und sind erfolgreich. Ihre Anwesenheit wird von den Palästinensern als anstößig betrachtet. Um die Siedlungen zu schützen, wurden zusätzlich Straßensperren und Kontrollpunkte errichtet, die den Anschein einer Endgültigkeit haben, da sie aus Stahlbarrieren und Metallgittern bestehen, wo sich die Palästinenser für einen Übertritt anstellen müssen. Dazu kommen sehr häufige lang dauernde „Sicherheitsüberprüfungen", Israelis hingegen werden „durchgewinkt". Palästinenser und Israelis haben kaum Kontakt, sie sprechen nicht dieselbe Sprache, ihre Kinder lernen unterschiedliche Geschichtsdarstellungen und verschiedene Religionen in unterschiedlichen Schulsystemen. Argwohn und Misstrauen herrschen.

Mehr als jeder andere Faktor haben die Siedlungen dazu beigetragen, dass palästinensische Gewalt die „Grüne Linie" (Waffenstillstandslinie von 1949) überschritten hat. Siedlungen haben beigetragen, das Leben der Israelis weniger sicher zu machen, sie haben die Verteidigungsgrenzen verlängert, da Siedlungen einzeln beschützt werden müssen und sie erbosten die Palästinenser durch die Kontrollen, Ausgangssperren und Demütigungen. Täglich werden die Palästinenser durch die Verfremdung ihres Landes, und das Abzweigen der Wasservorräte an die Gegenwart des jüdischen Staates in ihrem Leben erinnert. Die Siedler haben eigene Gerichtsbarkeit, ausreichend Wasser, verfügbaren Grund und Boden, Baugenehmigungen, ein Schulsystem, Straßen, volle Bewegungsfreiheit; alles Rechte, die den Palästinensern vorenthalten werden. In ein und demselben Gebiet gelten somit zwei verschiedene Rechtssysteme, und das Recht des Einzelnen hängt von seiner Nationalität (Religion!) ab. Durch den Krieg war Israel im Jahre 1967 geografisch erheblich größer geworden. Doch das Land mit Siedlungen zu durchziehen und zu fordern, dass das Friedensangebot von der geschädigten Seite kommen müsse, war unrealistisch. Der Siedlungsprozess hat das Schlechteste sowohl bei Israelis und Palästinensern hervorgebracht: Unsicherheit für die Israelis und Verzweiflung bei den Palästinensern. Manche Historiker meinen, dass viele Israelis damals widerstrebend in den Kampf gezogen sind, da sie nicht der Meinung waren, dass „mehr Land zu mehr Sicherheit" führen würde. Die arabischen Führer hätten oft „interne" Gründe für diesen Krieg gehabt. Nasser wollte pan-arabischer Führer bleiben, und Jordanien führte ohnedies Geheimgespräche mit Israel. Bei Syrien ging es um Wasser des Jordanflusses. Der damals hitzköpfige Oberbefehlshaber der israelischen Armee, Rabin, provozierte die Syrer, die sich an Ägypten um Hilfe wandten, womit die Eskalation begann.

Die Kosten der Besatzung sind hoch, selbst während des Friedensprozesses wurde die Siedlungspolitik mit eiserner Konsequenz weitergeführt. Und je mehr Tatsachen geschaffen wurden, desto leichter war es für die Israelis, die Grenzen palästinensischen Lebens zu bestimmen.

Karame (1968) und Schwarzer September (1970)

Es war ein Gefecht am 21. März 1968 im jordanischen Ort Karame („Ehre"), bei der die Fatah mit ihren bewaffneten Widerstandskämpfern, den Fedayin, ihren ersten militärischen „Erfolg" gegen die israelische Armee erzielen konnte. Nach dem

Sechstagekrieg war es zu Terroranschlägen der Fatah in Israel gekommen. Die Fatah operierte von Jordanien aus, ohne dass König Hussein von Jordanien dagegen einschritt. Jordanien versuchte eine Entwaffnung der Fedayin. Jassir Arafat errichtete sein Hauptquartier in Karame. Die Fatah hatte ein Attentat auf einen Bus mit israelischen Kindern verübt; hierauf griff Israel mit Bodentruppen das Hauptquartier der Fatah an. Den Israelis gelang die Vernichtung des Lagers nicht, aber sie konnten den Palästinensern erhebliche Schäden und Ausfälle zufügen. Dennoch reklamierten die Palästinenser das Scharmützel als bedeutenden Sieg für sich, da die Zerstörung von vier israelischen Panzern gelungen war. Arafat baute daraus seine „Heldenlegende". In der arabischen Welt wurde die Schlacht als großer Sieg gefeiert, da sie die seit der Niederlage im Sechstagekrieg angeschlagene „arabische Ehre" wiederherstellte. Dieser Sieg führte die Palästinenser dazu anzunehmen, dass sie Israel doch mit Gewalt bezwingen könnten. Das Prestige der Fatah wurde größer, bei der Wahl im Juni 1968 wurde sie bestätigt, der Fatah-Chef Arafat wurde zum Vorsitzenden der Organisation gewählt. Die PLO war damit zu einem Forum palästinensischen Widerstandes geworden, aber sie wurde weiter von den arabischen Staaten für deren Zwecke instrumentalisiert. Die PLO wurde von vielen als eine terroristische Organisation betrachtet, für die Palästinenser war die PLO von Anfang an ihre nationale Befreiungsbewegung. Die PLO bestand aus acht verschiedenen Gruppen, deren die größte die al-Fatah war. Tausende von Menschen wurden beschäftigt, die Schulen, Krankenhäuser und Gesundheitsstationen betrieben, Bücher und Zeitschriften publizierten, Alphabetisierungsprogramme durchführten, Radiostationen unterhielten, für die wirtschaftliche Entwicklungen arbeiteten etc. Der Palästinensische Nationalrat (PNC), das Parlament der PLO bestand aus 428 Mitgliedern. Die PLO hatte ein Exekutivkomitee von Mitgliedern, dort waren die verschiedenen Ressorts verteilt. Sie hatte politische Vertretungen in an die hundert Ländern und in den verschiedenen Organisationen der Vereinten Nationen.

Den israelischen Arabern half die PLO, ihr Bewusstsein als Palästinenser zu entwickeln. Der bewaffnete Kampf gegen Israel wurde in die Palästinensische Nationalcharta von 1968, dem Grundsatzprogramm der PLO, aufgenommen. Es sind viele Abschnitte enthalten, die zur Zerstörung Israels aufrufen. Jedenfalls verfolgte die PLO das Ziel der Errichtung eines säkularen Staates Palästina in den Grenzen des alten britischen Mandatsgebietes von 1920; das schließt die Gebiete des heutigen Israel, den Gazastreifen, das Westjordanland, einen Teil der Golanhöhen und das Königreich Jordanien mit ein.

Die PLO hatte nach dem Sechstagekrieg und spätestens seit der Schlacht von Karame in Jordanien einen Staat im Staat gebildet und die Konfrontation mit König Hussein von Jordanien gesucht. Die PLO-Fraktion „Demokratische Volksfront (DFLP)" verübte am 2. September 1970 ein erfolgloses Attentat auf den König. Die Folge waren bürgerkriegsartige Auseinandersetzungen zwischen PLO-Milizen und der jordanischen Armee. Am 16. September eskalierte die Situation, als Hussein den Befahl zur endgültigen Niederschlagung des Aufstandes gab und das palästinensische Flüchtlingslager in Amman bombardieren ließ. Dabei wurden zwischen zwei und fünftausend Palästinenser getötet. Syrien ließ zur Unterstützung der PLO Panzer nach Jordanien einmarschieren. Diese wurden am 22. September zurückgeschlagen. Unter Vermittlung von Gamal Abdel Nasser kam es zu einem Abkommen zwischen Hussein und Arafat. Die PLO hatte die arabische Solidarität überschätzt, d.h. die Bereitschaft Libyens, Ägyptens und Syriens, einen Krieg gegen Jordanien zu riskieren. Hierauf musste die PLO ihre Stützpunkte in den Libanon verlegen, Arafat floh in seine Geburtsstadt Kairo.

Zur selben Zeit hatte die Volksfront zur Befreiung Palästinas (PFLP) mehrere Flugzeuge entführt. Bei den Verhandlungen ging es um die Freilassung von Geiseln im Austausch von palästinensischen Gefangenen. Letztlich kamen alle Geiseln frei, die Flugzeuge wurden gesprengt. Seit 1971 wird der Kampf der Palästinenser von der UNO als „Befreiungskampf" anerkannt. Durch zahlreiche Anschläge gegen Zivilisten (Geiselnahmen, wie z.B. später auch während der Olympischen Spiele von München 1972 oder Flugzeugentführungen) hatte die PLO weltweite Aufmerksamkeit erlangt. Das Völkerrecht billigt den Kampf gegen Besatzung wie auch gegen Kolonialismus, so lange er sich nicht gegen Zivilisten richtet. Die überwältigende Mehrheit der Staaten in den Vereinten Nationen erklärte 1974 den bewaffneten Kampf der Befreiungsbewegungen für legitim und mit dem Völkerrecht vereinbar. Bei einem Treffen der Arabischen Liga 1974 wurde die PLO als einzig rechtmäßige Vertretung des palästinensischen Volkes anerkannt, kurz darauf von den Vereinten Nationen: sie erhielt Beobachterstatus in der UN-Vollversammlung.

Parallel dazu wurde der „Abnützungskrieg" (1969–1970) entlang des Suezkanals zwischen Israel und Ägypten geführt, er dauerte über fünfzehn Monate und endete mit einem Patt. Israel baute die „Bar-Lev-Line" als Befestigung entlang des Kanals. In diesem Krieg wurde das Gebiet der Schebaa-Farmen von der libanesischen Seite der Grenze durch die PLO infiltriert und als Ausgangspunkt für Feuerüberfälle genutzt, bis die israelische Armee dort Stützpunkte einrichtete. Am Fuß dieses Gebietes verläuft die heute verfallene Trasse des „Umleitungskanals", mit dessen Hilfe der Libanon und Syrien ab 1965 die Quellflüsse des Jordan umleiten und so Israel das Wasser entziehen wollten.

Jom-Kippur-Krieg (1973) und das Anwachsen des Radikalismus

Neuerlich kam es zum Krieg zwischen Israel und den arabischen Nationen, angeführt von Ägypten und Syrien. Die Kampfhandlungen dauerten vom 6.–26. Oktober 1973. Dieser Krieg hat viele Namen: Ramadan-Krieg, Oktober-Krieg, Yom-Kippur-Krieg. Er war im Fastenmonat Ramadan geplant und mit dem Namen jener Schlacht von 632, in der Mohammed einen großen Sieg errungen hatte – Badr – benannt worden.

Zuerst war es ein Überraschungsangriff Syriens und Ägyptens auf die Waffenstillstandslinien am Sinai und auf den Golanhöhen, die von Israel 1967 erobert worden waren. Die Ägypter und Syrer konnten in den ersten 24 Stunden vorstoßen, aber schon in der zweiten Woche konnten die Syrer komplett vom Golan vertrieben werden, und die Israelis überquerten bereits den Suezkanal. Zuletzt wurde der östliche Teil der Golanhöhen unter Verwaltung einer UN-Friedenstruppe gestellt. Dieser Krieg brachte den ersten Einsatz von Öl als Waffe. Saudi-Arabien hatte den ägyptischen Angriff auf Israel unterstützt, wenn auch nicht mit Waffengewalt. Parallel war es ein Stellvertreterkrieg: es standen einander die UdSSR auf der Seite Ägyptens und die USA, das Israel verteidigte, gegenüber. Henry Kissinger konnte den Waffenstillstand bewirken. Das war der letzte konventionelle Krieg, den Israel – mit erheblichen Verlusten – wieder gewonnen hatte. Das Ergebnis war erneut eine Pattsituation. Die Israelis meinten, diesen Krieg gewonnen zu haben, und Ägypten meinte, ihn nicht verloren zu haben. Zwar wurden die Kriegsparteien durch die UN zu Verhandlungen aufgerufen und Israel zum Rückzug aus den Besetzten Gebieten aufgefordert, eine Nah-Ost-Konferenz kam dennoch nicht zustande.

Dann setzten sich nach dem Öl-Schock vom Oktober 1973 noch radikalere Kräfte durch. 1974 trat Golda Meir zurück, es folgte ihr Jitzhak Rabin, der erst später zu seinem Ruf als Friedenspolitiker kam. Parallel dazu war die PLO als alleinige Vertreterin des Palästinensischen Volkes mit Arafat an der Spitze ausgerufen worden. Die palästinensischen Christen fürchten seitdem nicht den Islam, dessen Kultur für sie Bestandteil arabischer Identität ist, sondern jene fanatischen Bewegungen, die den Islam als Vorwand für ihre Machtbestrebungen benutzen.

Beginn des Bürgerkrieges im Libanon (1975)

Der Libanon war ein wunderbares Land, in dem unterschiedliche Religionen und Ethnien lange friedlich nebeneinander gelebt haben; man spricht dieselbe Sprache, es herrscht eine Atmosphäre der Freiheit. Die palästinensischen Flüchtlinge meinten, ein Recht auf Heimat in jedem Land, in das sie flüchten mussten, zu haben, und dieses Recht sollte Staatsbürgerschaft, Landerwerb und Arbeitsmöglichkeit umfassen. Das wurde ihnen im Libanon verwehrt. In den 1970ern hatte die PLO ihr Hauptquartier in Beirut und Damaskus. Im Laufe des Libanon-Krieges hatte jede Gruppierung mit allen anderen gekämpft. Auch ausländischen Mächte haben zu diesem Krieg beigetragen. Auslösend waren die Scharmützel zwischen der maronitischen Phalange-Miliz und der nach dem „schwarzen September" 1970 aus Jordanien vertriebenen bewaffneten Kräfte der PLO, weshalb diese bei vielen Libanesen, Moslems wie Christen, verhasst waren. 1978 griff Israel das erste Mal in den Konflikt ein (Operation Libanon), nachdem die PLO 1978 von libanesischem Gebiet nach Israel eingedrungen war und einen israelischen Bus beschossen und 37 Israelis getötet hatte, genannt „Küstenstraßenanschlag". Die PLO hatte jahrelang einen terroristischen Zweifrontenkrieg geführt, nicht nur direkt gegen Israel, sondern gleichzeitig indirekt gegen Israelis im Ausland und gegen angebliche Sympathisanten Israels. Israel hatte 1982 neuerlich in den Libanon-Krieg eingegriffen, die Operation wurde „Frieden für Galiläa" genannt, Israels marschierte am 6. Juni in den Libanon ein und besetzte die Hauptstadt Beirut. Es hatte sich bedroht gefühlt und so wie vor dem Sechstagekrieg keinen Anlass gesehen, die Vereinigten Staaten vor ihrem Schritt zu konsultieren. Die israelischen Siege riefen in den USA nicht nur Begeisterung hervor. Und die UdSSR, als Antwort auf die Hilfe der USA, unterstützte die arabische Seite.

Israels Invasion des Südlibanon schloss die Palästinenser überall zusammen. Nach langen blutigen Kämpfen aller beteiligten Fraktionen – mit wechselnden Fronten – wurde die PLO, die in Beirut ihr Hauptquartier und im Süden des Landes eigene Strukturen eingerichtet hatte, gezwungen, den Libanon Richtung Tunesien zu verlassen. Das hat, wie die Ende 1987 in den Besetzten Gebieten ausgebrochene Intifada gezeigt hat, lediglich das Zentrum der Befreiungsaktionen von außerhalb Israels nach innerhalb, in die besetzten palästinensischen Gebiete selbst verlegt. Nicht alle Palästinenser folgten der PLO nach Tunesien. Obwohl diese durch die israelische Invasion im Libanon einen schweren Schlag erlitten hatte, entstanden in den achtziger Jahren neue Gruppen, wie die Organisation Abu Nidal, die Volksfront für die Befreiung Palästinas, Hisbollah und Hamas. Während die PLO dem Nationalismus und teilweise auch dem Marxismus-Leninismus verpflichtet war, identifizierte sich die neue Generation mit dem Islam.

1985 beanspruchte Israel einen Streifen im Süden des Landes und gab diese Region erst im Mai 2000 (Abzug der Armee) an den Libanon zurück. Strittig bleibt die Besatzung der Schebaa-Farmen durch Israel, doch bei diesem Gebiet handelt es sich, laut UNO-Entscheidung, um syrisches Territorium, das aber seitens Syrien an den Libanon abgetreten worden war.

Unter dem Eindruck des israelischen Eingreifens in den libanesischen Bürgerkrieg wurde 1982 die islamistische Hisbollah gegründet. Sie verfolgt bis heute soziale und politische Ziele, besonders Bildung, Gesundheitswesen und Fürsorge betreffend, unterstützt jeweils den Wiederaufbau des Libanon. Sie ist eine schiitische, dem Iran und Syrien nahe stehende Organisation, mit einem politischen und einem militärischen Arm. Im Libanon ist sie eine legale Partei, zugleich ein Teilnehmer am libanesischen Bürgerkrieg, während dessen sie sich blutige Gefechte mit der damals rivalisierenden Schiiten-Amal-Miliz geliefert hatte. Die Anschläge am 23. Oktober 1983, bei denen fast 300 damals im Libanon stationierte französische und US-amerikanische Soldaten ums Leben kamen, werden der Hisbollah zur Last gelegt.

Der Libanonkrieg war ein Desaster für alle Beteiligten: Araber, vor allem von christlichen Milizen getötet, zumeist Palästinenser, aber auch tote israelische Soldaten. Zu Beginn hatte es fünfzehn Palästinenserlager im Libanon gegeben, am Ende des Krieges waren es nur mehr zwölf, drei davon waren der Erde gleich gemacht worden. Es waren nicht nur Sabra und Schatila, die zerstört worden waren, die libanesischen Christen haben dort das Massaker durchgeführt, mit Duldung der Israelis. Aber auch Syrer und Schiiten waren an der Zerstörung beteiligt gewesen.

Camp-David-Abkommen (I) 1978

Der nationalkonservative Likud-Block (mit Begin) gewann die Knesset Wahlen 1977 und drohte mit der permanenten Beibehaltung aller im Juni-Krieg 1967 eroberten Gebiete. Am 9. November 1977 verkündete Sadat, dass er sich selbst vor die Knesset begeben würde, wenn er dadurch den Tod eines einzigen Soldaten vermeiden könne. Menachem Begin war zu Verhandlungen bereit, stellte aber Bedingungen. Die arabische Welt war entsetzt, einige Staaten brachen die Beziehungen zu Ägypten ab, die PLO verurteilte die Initiative. Der US-Präsident Carter bemühte sich um Verhandlungen, im Juli 1977 appellierte er an Begin, die Siedlungsaktivitäten einzustellen. Begin zog es vor, diese Aufforderung zu ignorieren. Im Laufe des nächsten Vierteljahrhunderts stellten alle amerikanischen Regierungen ähnliche Forderungen zur Siedlungsbeschränkung. Sie drohten, die US-Kreditgarantien für Aktivitäten einzuschränken, die innerhalb der Region stattfänden, die erst 1967 unter israelische Verwaltung gestellt worden waren. Diese Kritik hatte wenig Einfluss auf die Siedlungspolitik. Früher oder später würden die USA die israelische Politik bestätigen, als dann die „Realitäten am Boden und in der Region" den Israelis gestattete, dieses Land behalten zu können. Die israelische Politik war davon ausgegangen, dass Fakten (Siedlungen, Infrastruktur etc.) in Judäa und Samaria entscheiden. Denn „Tatsachen lassen sich schwer rückgängig machen".

Am 19. November 1977 begann der Israelbesuch Sadats in Jerusalem. Es dauerte fast ein ganzes Jahr, bis sich Sadat und Begin nach zähen bilateralen Verhandlungen nach Camp David zurückzogen. Es kam zum ersten Friedensabkommen zwischen einem arabischen Staat und Israel. Die Palästinenser hatten noch immer keine ausreichend legitimierte Führung, die an Verhandlungen hätte teilnehmen können bzw. die von den Partnern in Israel oder den USA akzeptiert worden wäre. Das Ergebnis war die israelische Räumung des Sinai, Sadat hatte somit diesen Landstrich für Ägypten zurück gewonnen. Dann wurden diplomatische Beziehungen zwischen Ägypten und Israel aufgenommen. Letztlich kam es 1979 zu einem israelisch-ägyptischen Friedensvertrag. Erstmals hatte ein arabischer Führer Israels Lebensrecht ohne Wenn und Aber anerkannt. Sadat und Begin erhielten für dieses Abkommen den Friedensnobelpreis. Am 6. Oktober 1981 wurde Sadat von einem islamistischen Soldaten erschossen. Erst im Jahr 1989 wurde Ägypten wieder in die Arabische Liga aufgenommen.

Am 8. Dezember 1979 beschloss die Generalversammlung der UN mit mehr als der für wichtige Fragen erforderlichen Zweidrittelmehrheit, dass das Volk von Palästina Anspruch auf Selbstbestimmung hat. Die Auseinandersetzungen mit den Palästinensern, innerhalb und außerhalb Palästinas, die die in Camp David vorgeschlagene Autonomie-Regierung für die Bewohner der Besetzten Gebiete als endgültiger Lösung der Palästina-Frage sahen, verschärften sich.

Die Erste Intifada 1987

Was dazu geführt hatte

Bis zum Ausbruch der Ersten Intifada waren die Israelis in der Lage gewesen, das Westjordanland und den Gazastreifen mit zwei Bataillonen zu beherrschen. Denn der Traum Mosche Dajans war die „unsichtbare Besatzung" gewesen. Israel hatte zwar Siedlungen, aber auch Schulen und Universitäten gebaut, importierte palästinensische Arbeiter, deren Einkommen der palästinensischen Wirtschaft zugute kam. Die Bewohner der Besetzten Gebiete waren oft gebildeter und reicher als die Bewohner der arabischen Nachbarstaaten. Gerade diese Universitäten wurden später zu Kaderschmieden der Widerstandskämpfer gegen Israel.

Verhandlungsangebote der Palästinenser lehnte Israel ab, es galt eher der Satz Rabins „der einzige Ort, wo die Israelis die Palästinenser treffen könnten, ist das Schlachtfeld." Arafat war vor der UN-Vollversammlung am 13. November 1974 aufgetreten, wo er in Uniform, mit der Kufiya (dem karierten Kopftuch) und Pistolenhalter eine Rede hielt, die von den arabischen und kommunistischen Staaten mit Begeisterung aufgenommen wurde. Der Panarabismus von Gamal Abdel Nasser war im Sechstagekrieg zerstört worden, damit war dem Nationalismus von Arafat Raum gegeben worden. Dennoch wurden Ostjerusalem und die Golanhöhen – gegen Menschenrechtsdeklarationen, internationale Gesetze und UNO Resolutionen – von Israel durch die Knesset 1980 bzw. 1981 annektiert.

Schon vor der Intifada, Mitte der 70er-Jahre, hatte die PLO Organisationsstrukturen aufgebaut, z. B. Gewerkschaften und Gesundheitskomitees. Da die Israelis als Besatzungsmacht ihre diesbezüglichen Aufgaben nicht erfüllten, duldeten sie diese Aktivitäten der PLO: Mitte der 80er-Jahre erstreckten sich diese Netzwerke über das gesamte Besetzte Gebiet. Eine Jugendorganisation war entstanden, die später maßgeblich dazu beitrug, dass die Jugendlichen den Kampf der Intifada unterstützten. Es kam zu einer Lockerung der alten Machtbande zwischen den Clanführern und ihrer bäuerlichen Gefolgschaft.

Ein Streitpunkt zwischen Israel und den Palästinensern war und blieb Jerusalem. Israel betrachtet Ostjerusalem nicht als Teil der Besetzten Gebiete. Ihre „Grüne Linie" verläuft nicht durch Jerusalem, sondern östlich der Stadt. Ziemlich bald nach dem Waffenstillstand 1967 wurde die gesamte Stadt unter israelische Zivilverwaltung gestellt, die Besetzten Gebiete stehen unter Militärherrschaft. Die israelische Politik hat zwei Stoßrichtungen: einerseits die Sicherheit aller religiösen Einrichtungen und Strukturen zu gewährleisten, um jenen Zutritt zu gewähren, die dort ihre Religion ausüben, andererseits den Anteil der jüdischen Bevölkerung in Ostjerusalem zu erhöhen, um den Anspruch auf die gesamte Stadt zu untermauern. In beiden Fällen blieb Israel erfolgreich, Pilger haben keine Probleme, für sie ist Jerusalem eine offene Stadt, aber die Palästinensische Bevölkerung unterliegt einer Reihe von schwerwiegenden Restriktionen. Obwohl die Palästinenser anfänglich 30 % der Bevölkerung stellten, wurde ihnen nur 10 % des Haushaltsbudgets zugeteilt. Sie lebten in überfüllten Quartieren, wo 40 % der Häuser als Substandard eingestuft wurden, es gab keine Zulassungen für Renovierungen. Im Norden, Osten und Süden wurden die Stadtgrenzen von Jerusalem erweitert, dort gab es jüdische Siedlungen, Wohnprojekte für 20.000 Siedler. Um diese bauen zu können, wurde ein Drittel jenes Landes, das den Palästinensern gehörte, konfisziert. Der Ring der Siedlungen trennte die Palästinenser, die noch in der Altstadt wohnen, von jenen der Westbank ab. Auf diese Art wird Jerusalem unweigerlich zur jüdischen Stadt. Aber immer hatte es auch ein christliches Viertel in der Jerusalemer Altstadt (Nähe des Franziskanerklosters) gegeben. Das Leben der Bevölkerung in Jerusalem wird durch vier verschiedene Gesetzeswerke, die jeweils situationsbedingt zur Anwendung kommen, erschwert: türkische, jene aus der englischen Mandatszeit, jordanische, sowie Gesetze der israelischen Militärverwaltung. Das begünstigt ambivalentes Verhalten der Behörden und schränkt das Recht des Einzelnen erheblich ein. Christen in Jerusalem erhalten weit weniger Unterstützung von innen und vor allem von außen als Muslime. Die westliche Christenheit scheint vergessen zu haben, dass schon der Apostel Paulus bei allen seinen Differenzen mit dem Apostel Petrus immer dafür gesorgt hat, dass entsprechende Mittel nach Jerusalem gelangt sind (Paulus bittet die anderen Christengemeinden um Spenden für die verarmte Gemeinde in Jerusalem: am ersten Tag der Woche sollte etwas zurückgelegt werden, das dann für die Gemeinde in Jerusalem gespendet werden sollte).

Als die israelische Regierung Jerusalem 1980 zur Hauptstadt erklärte, ließ der Vatikan erkennen, dass die Internationalisierung für ihn letztlich ein politisches Mittel zum religiös motivierten Zweck bedeute und ihn die Frage der Souveränität nicht betreffe, so lange die Rechte der Christen geschützt würden. Die arabische Seite sah in dieser erneuten Umformulierung der vatikanischen Position eine Kapitulation vor Fakten, die Israel im Widerspruch zum Völkerrecht geschaffen hatte. Der Heilige Stuhl hielt an der Entscheidung fest, sich aus dem Streit um die politische Souveränität über Jerusalem herauszuhalten, und blieb bei dieser Position.

Unter Besatzung zu leben, bedeutet für die Palästinenser, nicht selbst über die Ressourcen des eigenen Landes verfügen zu können: Land und Wasser. Der überwiegende Teil des Wassers der Besetzten Gebiete wird den Israelis und den israelischen Siedlungen zur Verfügung gestellt. Die Palästinenser dürfen nur einen kleinen Teil ihrer eigenen Ressourcen nutzen. Wasser wird in Israel durch eine gewaltige logistische Leistung symbolisiert. Es wird durch Mekorot und den National Water Carrier über ein Wasserleitungssystem verteilt. Palästinenser erhalten ihre Zuteilung sporadisch, das Wasser wird in Tanks gespeichert und muss für eine entsprechende Periode reichen. Der Verbrauch der Palästinenser wurde auf den Status von 1967 eingefroren. Dafür müssen sie den vierfachen Preis dessen zahlen, was ein israelischer Siedler zu entrichten hat. Das wirkt sich katastrophal auf die palästinensische Landwirtschaft aus. Die Palästinenser meinen, dass die Israelis das Wasser „verschwenden", sei es im privaten Verbrauch (Swimmingpools) als in der Landwirtschaft – wo durchaus auch Konkurrenzprodukte, die bei den Palästinensern verfügbar wären und nicht nach Israel gelassen werden, angebaut werden.

Die Israelis haben große technische Fortschritte in der Wassernutzung zustande gebracht. Sie stellten fest, dass die Beduinen ihre Wasservorräte gar nicht vollständig genutzt hätten. Diese hielten sich zu ihrer Existenzsicherung Ziegenherden, die jegliches Grün abfressen. Der Einsatz israelischer Technologie hat es möglich gemacht, diese Gebiete landwirtschaftlich zu nutzen. Israelis analysieren auch archäologische Funde, und fragen sich, wie sich vor Hunderten von Jahren Städte in den jetzigen Wüstengebieten halten konnten.

Zusätzlich zum „Abziehen" der Wasserreserven wurden die Besetzten Gebiete in wirtschaftliche Abhängigkeit von Israel gebracht; Landwirtschaft, Industrie und Infrastruktur auf der Westbank und im Gazastreifen blieben unterentwickelt. Etwa die Hälfte der palästinensischen Erwerbstätigen arbeitete bis zu Beginn der Ersten Intifada in Israel. Die Besetzten Gebiete waren der zweitgrößte Exportmarkt für Israel. Weiters wurden die Sozialleistungen an die Palästinenser auf einem minimalen Niveau gehalten, während erhebliche Steuern eingehoben wurden. Arbeitslosenunterstützung oder Altersversorgung blieben den Palästinensern in den Besetzten Gebieten vorenthalten, Krankenversorgung und Schulsystem waren mangelhaft; selbst auf einen Telefonanschluss musste jahrelang gewartet werden.

Darüber hinaus gab eine Reihe von bürokratischen Hindernissen, die es schwierig machten, zivile Angelegenheiten zu regeln. Das Leben unter der Besatzung gewährte keine Rechtssicherheit. Ein Gesetz wird von jenen erlassen, die an der Macht sind und wird von denen, die es erlassen und jenen, die es anwenden, unterschiedlich gesehen. Israelis bestimmen weitgehend die Legislative, und das wird als diskriminierend und ungerecht von den Palästinensern empfunden. Auch die Durchführung der Gesetze hängt von „den Mächtigen" ab. Die Rechtssituation auf der Westbank und in Gaza ist wie in Jerusalem eine Mischung aus osmanischem, britischem, jordanischem und israelischem Zivil- und Militärrecht (mehr als 1000 seit 1967 vom Militärgouverneur erlassene Anordnungen). Israelische Militärgerichte üben die Rechtsprechung über die palästinensische Bevölkerung aus. Alle Richter der Militärgerichte sind israelische Soldaten, manche von ihnen haben keine juristische Ausbildung. Den Palästinensern ist es teilweise mit großen Mühen gelungen, einige Fälle bis vor den Obersten Gerichtshof in Jerusalem zu bringen, die Ergebnisse waren allerdings nicht ermutigend. Der Gerichtshof fügt sich der Autorität der Militärregierung auf der Westbank und im Gazastreifen. Somit haben sich die Palästinenser an die Internationale Gemeinschaft gewandt, aber das internationale Recht ist nutzlos, so lange es nicht respektiert und angewendet wird. In der Unabhängigkeitserklärung Israels vom 14. Mai 1949 wurde festgehalten, dass die doppelte legale Basis der Errichtung des Staates die Balfour-Deklaration aus 1917 und die Resolution der Generalversammlung der Vereinten Nationen über die Teilung Palästinas von 1947 sei. Aber weder die Balfour-Deklaration noch die Resolution über die Teilung Palästinas stellen vom internationalen Recht her eine gültige Grundlage dar. Israel hat die in diesen Dokumenten vereinbarten Vorkehrungen für den Schutz der Menschenrechte nicht erfüllt. Die Genfer Konvention über die Zivilbevölkerung von 1949 bestimmt genau das Verhalten der Besatzungsmacht gegenüber Teilen der eigenen Bevölkerung betreffend Zwangsumsiedlung oder Deportationen. Die juristischen Positionen sind eindeutig, aber nicht immer und überall durchsetzbar. Die israelische Militärregierung ist in den Besetzten Gebieten sowohl die gesetzgebende, wie ausführende und noch dazu Recht sprechende Gewalt. Aber bestimmend ist der israelische Geheimdienst im Namen der „Sicherheit des Staates Israel". Um dieser Sicherheit willen war den Besatzern vieles erlaubt: Verhaftungen ohne Anklage und gerichtlichen Prozess, Folterungen, Erpressungen etc. Als besonders heimtückisch wurde das Durchsuchen privater Bibliotheken nach verbotener Lektüre empfunden (oft trifft dies Studenten, denen die Unterlagen für Prüfungen entzogen werden), denn nach dem Militärgesetz ist keine Veröffentlichung in den Besetzten Gebieten ohne spezielle Genehmigung erlaubt.

Unter der Besatzung hatte das palästinensische Volk kein Wahlrecht, an Parlamentswahlen durfte es nicht teilnehmen. Seit 1976 waren sogar die Kommunalwahlen verboten, da die Mehrheit der Palästinenser jene Kandidaten gewählt hatte, die der PLO nahe gestanden waren. Einige der gewählten Bürgermeister waren von israelischen Rechtsradikalen ermordet, andere von der israelischen Militärregierung ausgewiesen oder ihres Amtes enthoben worden. Die israelischen Verteidigungsstreitkräfte, IDF, genießen bei den Palästinensern wenig Ansehen. Sie meinen, dass die in Palästina eingesetzten Soldaten oft vom Rande der Gesellschaft kämen, und der israelische Staat meine, sie durch den Militärdienst vor Kriminalität bewahren zu können. Hemmschwellen bei Gewalteinsätzen wurden durch das angeordnete Verhalten Palästinensern gegenüber erheblich herabgesetzt. Bleibt ein Palästinenser über ein bis drei Jahre im Ausland, ohne in die Besetzten Gebiete zurückkehren zu können, verliert er sein Recht auf eine dauerhafte Rückkehr in seine Heimat. In Israel lebende Palästinenser durften an Wahlen teilnehmen, die Wahlbeteiligung 1984 betrug 77%. Diese Wahl führte zur Bildung einer neuen aus dem Likud und der Arbeiterpartei bestehenden Regierungskoalition.

Die Geburtenrate der Palästinenser wuchs jährlich um 4% (doppelt so stark als jene der Israelis). Zwischen 1948 und 1977 hatte sich die israelisch-arabische Bevölkerung mehr als verdreifacht. Eine Antwort darauf war der Vorschlag eines Mitglieds der Nationalreligiösen Partei über die „Behandlung der Araber". Um die arabische Bevölkerung zu reduzieren, sollten die Arbeitsmöglichkeiten begrenzt, die verfügbaren Stellen reduziert, die Zahl der Universitätsstudierenden beschränkt, die Fächerauswahl gemindert, Auslandsstudien erleichtert (bei gleichzeitiger Verhinderung von Rückkehr und Anstellung) werden.

Gleichzeitig entstand der Plan, die äthiopischen Juden heimzuholen. Nach langwierigen Verhandlungen zwischen Israel und den USA einerseits und dem damaligen sudanesischen Präsidenten Numeiri andererseits, erlaubte dieser gegen die Bezahlung von 260 Millionen Dollar, die „Beta Israel" nach Israel zu überführen. In der geheimen Operation Moses wurden 1984 in nur zwei Monaten um die 7000 Personen nach Israel ausgeflogen. Es folgten noch die Operation Saba und 1991 die Operation Salomon. Hier flog die israelische Regierung innerhalb von zwei Tagen 14.087 äthiopische Juden mit 40 Flügen von Addis Abeba nach Tel Aviv. Ein EL-AL Jumbo, der normalerweise 480 Personen fasst, wurde mit 1080 Menschen gefüllt – sogar Babys wurden geboren. Ihre Rückkehr hatte der Prophet Jesaja Jahrtausende vor dem Ereignis vorausgesagt. In Israel wurden sie zunächst mit großer Begeisterung empfangen. Bald gab es Probleme. Die Beta Israel fühlten sich verloren, sie sprachen wenig oder kein Hebräisch, sie kannten weder fließendes Wasser noch Elektrizität. Für die Behörden war es angesichts der hohen Arbeitslosigkeit fast hoffnungslos, für die vielen, meist unqualifizierten Arbeiter Stellen zu finden. Viele Beta Israel lebten als Siedler im Gazastreifen, was zu kriegerischen Auseinandersetzungen mit den Palästinensern führte. Während die Israelis diese Operationen als Rettungsaktionen bezeichneten, sahen die Palästinenser darin nur eine Art Kolonisierung der palästinensischen Gebiete. Heute leben bereits rund 80.000 äthiopische Juden in Israel. Fast die Hälfte spricht kein Hebräisch und lebt unter der Armutsgrenze, dem gemäß werden sie von der israelischen Gesellschaft diskriminiert. Viele wurden, um die Integration zu fördern, der Border Police (Grenzpolizei) zugeordnet, die dann auch zur Herausforderung der Palästinenser wurde.

Dennoch war während dieser Periode der Lebensstandard der israelisch-arabischen Gemeinschaft erheblich gestiegen und spiegelte den wirtschaftlichen Aufschwung des Landes wider. Dies wurde individuell, nicht jedoch zur Entwicklung der arabischen Gemeinschaft genutzt. Die arabischen Arbeitskräfte waren in Israel häufig als „Holzfäller und Wasserträger" eingesetzt. 1950 waren nur zehn palästinensische Studenten in israelischen Universitäten eingeschrieben gewesen. Gegen Ende der sechziger Jahre wurde die Präsenz israelisch ausgebildeter Araber in der Gemeinschaft bemerkbar; diese Studenten waren aber zum Gegenteil einer pro-israelischen Gruppe geworden. Von allen Bevölkerungsgruppen verfochten sie am lautesten Gerechtigkeit, Gleichheit, Freiheit und Selbstbestimmung für die Palästinenser. Anfangs hatten sich Universitätsabgänger in großer Zahl der kommunistischen Partei zugewendet. Viele wurden enttäuscht, organisierten sich zusammen mit einigen Juden als progressive Friedensliste, die erstmals 1984 zu den Wahlen antrat und ca. 18 % der arabischen Stimmen erhielt. Aber nicht nur Studenten und Intellektuelle beteiligten sich am Kampf um Freiheit und Gerechtigkeit. 1976 hatten die israelischen Behörden verlautbart, 350.000 Morgen arabischen Landes in Galiläa und im Negev, wo damals der arabische Bevölkerungsanteil 70 % betrug, zu enteignen. An jenem Tag fand ein Streik statt, an dem sich die gesamte arabische Bevölkerung Israels beteiligte, ihnen schlossen sich die Palästinenser in den Besetzten Gebieten an. Arabische Jugendliche blockierten Straßen und warfen Steine auf israelische Soldaten. Am Ende dieses Tages waren sieben Araber getötet und viele Menschen auf beiden Seiten verwundet worden. Die Frustrationen der Palästinenser führten nicht nur zu Streiks, sondern zu terroristischen Angriffen auf Israelis.

Die Situation der Palästinenser entwickelte sich unterschiedlich in der Westbank und in Gaza. Beider Status blieb ungelöst, denn Israel hatte diese Gebiete weder annektiert, noch hatte es sich daraus zurückgezogen. Weder demokratische Freiheit noch Unabhängigkeit wurden gewährt. Israel, damals unter einer liberalen Regierung, hatte die Westbank zwar unter militärischer Besetzung „weitgehend in Frieden gelassen". Die israelische Politik war es, immer mehr von diesem Land zu übernehmen, die dort lebenden Menschen zu verdrängen. Diese Politik führte zur

Intifada. Die PLO hatte ihre Bereitschaft erklärt, einen Palästinenserstaat auf der Westbank und im Gazastreifen zu akzeptieren, Beratungen des Palästinensischen Nationalrates (PNC) von 1974 und 1977 haben die Palästinenser auf diese Lösung und damit indirekt auf die Anerkennung Israels als Nachbarn verpflichtet, aber noch immer bestanden extremistische Gruppen auf der Rückgewinnung des gesamten historischen Palästina.

Unter jordanischer Regierung war die Westbank relativ unterentwickelt geblieben, da sich der junge Staat Jordanien durch den starken Zuzug von palästinensischen Flüchtlingen überfordert sah. Die administrative Infrastruktur hatte gut funktioniert, die Bewohner waren jordanische Staatsbürger, sie konnten überall dort arbeiten und die jordanische Währung benutzen. Nach der israelischen Eroberung 1967 wurden israelische Kibbuzim gebaut, man konnte aber die effizientere Landnutzung mittels Technik und harter Arbeit erkennen. Der liberalen israelischen Regierung folgte dann eine konservative, deren Vertreter bestrebt waren, die Westbank in den jüdischen Staates zu integrieren. Israelische Siedlungen entstanden im samaritanischen und judäischen Hügelland, und die Westbank wurde wirtschaftlich an Tel Aviv angebunden. Anders im Gazastreifen, durch die Israelis 1967 von den Ägyptern übernommen, war es bereits das dichtest besiedelt Gebiet der Welt und brodelte vor Unzufriedenheit. Viele Menschen in Gaza hatten ursprünglich ihre Habe an Israel verloren, dann keinen Anspruch auf ägyptische Staatsbürgerschaft oder Arbeitsgenehmigungen in Ägypten erhalten. Ein Großteil der Bewohner wurde von der UN versorgt und lebte in überfüllten Flüchtlingslagern. Die Bevölkerung betrug über eine Million, und ein Großteil davon war arbeitslos. Von Anfang an traf Israel besonders strenge Sicherheitsmaßnahmen, um Unruhebildung zu unterbinden. Einige israelische Siedler wagten sich in dieses Land, sie erhielten den fruchtbaren Streifen in den Küstenebenen, wo das Land von den Palästinensern konfisziert wurde. Die jüdischen Siedler stellten maximal ein halbes Prozent der Bevölkerung, aber ihr Landanteil zusammen mit den Sicherheitszonen umfasste damals 30 % des Gazastreifens.

Viele Christen erwarteten in diesen unruhigen Zeiten von der kirchlichen Hierarchie, dass sie die Führung übernimmt, von Priestern und Pastoren erhoffte man Antwort und Rat im Lichte des Evangeliums unter diesen schwierigen Umständen. Erwünscht war der Kontakt zu den Christen in aller Welt, um sie über die unhaltbare Lage der Kirchen in Palästina zu informieren. Der Staat Israel hatte versucht, die Kirchen am Rand politischer Beteiligung zu halten, um das Schweigen der Kirchen als Zeichen ihrer Bejahung des Status quo interpretieren zu können. Im Laufe der sechziger Jahre meldete sich zuerst die griechisch-katholische (melkitische) Kirche. Das war Joseph Raya zu verdanken, er war 15 Jahre Gemeindepfarrer in den USA, Alabama, wo er sich aktiv für die Bürgerrechtsbewegung engagiert hatte. Als Erzbischof trat er für zwei im Norden nahe der libanesischen Grenze gelegene evakuierte christliche Dörfer ein. Der Hintergrund: Im Jahr 1948 waren diese beiden Dörfer von der israelischen Armee besetzt und die Bewohner gezwungen worden, ihre Häuser zu verlassen. Diesen war versichert worden, nach Ende der Kampfhandlungen in ihre Dörfer zurückkehren zu können. Wie in vielen ähnlichen Fällen war ihnen das nicht erlaubt worden. Aber man wandte sich an den Obersten Israelischen Gerichtshof, der letztlich zugunsten der Rückkehr entschied. Das Militär bestand weiterhin auf Verhinderung der Rückkehr – durch Zerstörung der beiden Dörfer (die Häuser wurden am Heiligen Abend 1951 niedergewalzt). In den frühen siebziger Jahren begann Raya, als Erzbischof, sich öffentlich mit gewaltlosen Mitteln für die Rückkehr der christlichen Dorfbewohner einzusetzen. Auch muslimische Araber und Juden unterstützen ihn. Trotz eines direkten Appells an Premierministerin Golda Meir blieben alle Bemühungen vergeblich. Ein Präzedenzfall für „Rückkehr" palästinensischer Flüchtlinge sollte vermieden werden. Der Erzbischof musste 1974 schließlich zurücktreten und das Land verlassen. Aber es gab nicht nur melkitische Aktivitäten: Der Rat der Christen in Israel (UCCI), hauptsächlich aus protestantischen Körperschaften bestehend, hatte zwar eine nur geringe Basis in Israel, aber seine ausländischen Mitglieder hatten beachtlichen Rückhalt außerhalb Israels. Der UCCI hat im Interesse der Christen in Israel gegen jene Teile der israelischen „Verfassung" Stellung bezogen, die Menschenrechte betreffen. Dennoch hatten sich seit den 60er-Jahren Christen in steigender Zahl dazu entschlossen, in westliche Länder (die meisten: Kanada, USA, ein kleiner Teil: Europa und Australien) zu emigrieren. Die Gründe für die Auswanderung: man wolle dem Druck durch die Politik entkommen, man wolle für seine Kinder eine bessere Zukunft, man suche nach besseren und gerechteren beruflichen und geschäftlichen Aussichten und vor allem wolle man frei von den Fesseln der Diskriminierung in menschlicher Würde leben. Teilweise war das Anwachsen des islamischen Fundamentalismus für dieses „Aufgeben der Heimat" verantwortlich.

Der radikale Islam hatte eine Erklärung für die schmerzende Niederlage im Sechstagekrieg gefunden: Sie wäre das Ergebnis des moralischen Verfalls der modernen säkularen arabischen Gesellschaft. Religiöse Extremisten sahen den Kampf um das Heilige Land als eine Auseinandersetzung zwischen dem Islam und der jüdisch-christlichen Welt. Wichtige Vertreter des Extremismus waren die Muslimbrüder. Zwischen 1975–84 bauten sie Sozialeinrichtungen und Institutionen. Der wichtigste Vorläufer für die Muslimbrüder in den Besetzten Gebieten war das „Islamische Zentrum in Gaza", gegründet 1973 von Scheich Ahmad Yasin, dem Führer der Muslimbrüder im Gazastreifen. 1978 erhielt das Zentrum eine offizielle Lizenz von der israelischen Besatzung. Daraus entstand die islamische Universität in Gaza, finanziert durch eine Schenkung des Islamischen Entwicklungsfonds. Die Muslimbrüder organisierten in der Zeit zwischen 1984 und 1987 die Heranbildung von neuen Führern und unterstützten passiven Widerstand, Teilnahme an Demonstrationen und die Vorbereitung von bewaffnetem Widerstand. Diese Phase war wesentlich von Yasin beeinflusst, der begonnen hatte, Ausbildung mit Waffen zu organisieren. Auslösend dafür waren junge Muslimbrüder aus Gaza, die sich einer neuen Gruppe unter dem Namen Islamischer Dschihad angeschlossen hatten. Sie meinten, dass es Zeit wäre, mit der Waffe gegen die israelische Besatzung zu kämpfen, denn nach der Gründung der Fatah distanzierten sich die Muslimbrüder in Gaza nachdrücklich von der neuen Bewegung und nahmen konsequenterweise bis zur Gründung der Hamas 1987 nicht mehr an der bewaffneten Widerstandsbewegung in Palästina teil. Aber junge Muslimbrüder demonstrierten im universitären Bereich gegen die Besatzung. Erst im Sommer 1985 kam die klare Anweisung der Muslimbrüderschaft, an Demonstrationen teilzunehmen und eigene zu organisieren.

Das Leben in den Besetzten Gebieten schien nicht mehr tragbar, da sich die Zahl der politischen Gefangenen laufend erhöhte, Häuser gesprengt wurden, ein Drittel aus „Sicherheitsgründen", zwei Drittel wegen fehlender Bauerlaubnis, weiterhin Deportationen stattfanden und Menschen in „Verwaltungshaft" genommen wurden. Eine offene Aussage über die Zustände der Besatzungsmacht führte zu Vergeltungsmaßnahmen gegen die gesamte Familie. Wenn palästinensische Güter mit israelischen Produkten konkurrierten, wurden Handel und Transport behindert. Die medizinische Versorgung war beeinträchtigt: Für die von den Europäern gelieferten Krankenwagen wurde die jeweilige Zulassung verweigert, da vorgeblich das jeweilige Fahrgestell um „einige Zentimeter zu lang" war; eigentlich war befürchtet worden, dass damit Waffentransporte ermöglicht würden. Besonders erschwerend wurde empfunden, dass es keine Instanz gäbe, an die man sich wenden könne, da die Westbank und Gaza unter Militärrecht standen. Die Likud-Siedlungspolitik war wieder verstärkt worden, seit 1968 billigten die israelischen Regierungen zunehmend mehr Gewaltanwendungen durch Siedler. Auch in Israel gab es Gruppen, die die Anliegen der Palästinenser unterstützten.

Ausbruch der Ersten Intifada

Am 9. Dezember 1987 begann die Erste Intifada der Palästinenser, deren Probleme international in Vergessenheit geraten waren. Am 6. Dezember 1987 war im Gazastreifen ein jüdisch-israelischer Kaufmann erstochen worden. Der Gazastreifen, weniger die Westbank, galt als gefährlicher Ort, und Israelis scheuten sich, dorthin zu gehen. Am Tag des Mordes wurde eine Ausgangssperre verhängt, da die Armee nach dem Mörder fahndete. Der eigentliche Anlass aber war ein „Verkehrsunfall", an der Erez-Kreuzung, einer militärischen Straßensperre, wo israelische Soldaten alle Wagen mit Gaza-Nummernschildern kontrollierten, bevor sie in das Gebiet von Israel fuhren oder es verließen. An jener Sperre warteten, wie üblich, einige Autos mit palästinensischen Arbeitern, die von ihrer Arbeit aus Israel zurückgekehrten. Später geriet ein israelischer Jude, der einen Sattelschlepper fuhr, am Eingang des Gazastreifens plötzlich ins Schleudern und krachte in jene wartenden Wagen. Zwei Pkws wurden völlig überrollt, sieben Palästinenser schwer verletzt und vier getötet. Drei von den vier Getöteten waren aus dem Lager Dschabaliya, dem größten der acht Flüchtlingslager in Gaza mit 60.000 Bewohnern, die seit 1948 in dem slumartigen Lager auf engstem Raum lebten. Die Einwohner von Dschabaliya sahen in dem Unfall einen Racheakt für den tags zuvor in Gaza erstochenen israelischen Geschäftsmann. Die Beerdigung der drei aus dem Lager stammenden Palästinenser wurde zu einer Großdemonstration, welche in Dschabaliya fortgesetzt wurde, wobei ein 15-jähriger Junge von einem israelischen Soldaten ins

Herz getroffen wurde. Sein Tod machte aus ihm den „ersten Märtyrer der Intifada". Ähnliche Demonstrationen breiteten sich schnell auf dem ganzen Gazastreifen aus und erfassten bald die Westbank. Die Militärregierung erhöhte die Zahl ihrer Streitkräfte und der Polizei in den Besetzten Gebieten, doch die Unruhen ließen nicht nach. Aufgrund der Gefahr von Demonstrationen wurden von den Israelis sofortige Bestattungen angeordnet (entspricht dem moslemischen Glauben) und manchmal die Zahl der Teilnehmer erheblich eingeschränkt. Zuweilen wurde unmittelbar nach den Begräbnissen von den Militärbehörden eine Ausgangssperre ausgerufen. Der Vorfall an der Erez-Kreuzung war nicht die Ursache, aber der Tropfen, der das Fass zum Überlaufen gebracht hatte. Leiden, Wut und Hass, angestaut aus zwanzig Jahren Besatzung, explodierten. Die Wut der Palästinenser wurde noch gesteigert, als Ariel Sharon, Industrieminister, für seine offen antipalästinensischen Gefühle bekannt, eine symbolträchtige, provokante Maßnahmen ankündigte: er zieht in einen Gebäudekomplex im muslimischen Viertel der Jerusalemer Altstadt und versieht ihn mit israelischen Staatssymbolen. Zuerst streikten die palästinensischen Händler in Ostjerusalem, am 21. Dezember wurde im gesamten Besetzten Gebiet ein Generalstreik ausgerufen, dem sich die Araber in Israel anschlossen. Die christlichen Feiern zu Weihnachten wurden begrenzt, die Besuche der Würdenträger untereinander abgesagt.

Erst waren es die palästinensischen Jugendlichen (zwei Drittel der Bevölkerung waren unter 19 Jahren) gewesen, die Steine geworfen hatten. Und da die Israelische Regierung den Besetzten Gebieten durch Mehrwert-, Benzinsteuer und Einfuhrzölle mehr Geld entzog, als in die Infrastruktur investiert wurde, breitete sich die Intifada in andere Schichten aus. Anfang 1988 verstärkten sich die Aktivitäten auf beiden Seiten, die Militärs antworteten auf die geworfenen Steine mit dem Brechen der Hände (um das Werfen zu verhindern), mit Schlägen, Tränengas, Gummigeschossen und scharfer Munition, Verhaftungen, mit nächtlichen Razzien, Abriegelung von Flüchtlingslagern, Ausgangssperren und Deportationen. Medienvertretern wurde der Zugang in die Konfliktzonen verwehrt. Die Palästinenser setzten ihre Streiks fort, boykottierten israelische Waren, warfen Steine, verbrannten Autoreifen, blockierten Straßen und hissten die Flagge. Unmittelbar betroffen waren aber z. B. die Bewohner von Jalazon, das 45 Tage durch die israelischen Truppen abgesperrt wurde. Die Bewohner wurden vom Stromnetz abgeschnitten und die israelischen Truppen schossen Löcher in die Wassertanks. Oberhalb von Jazalon liegt eine jüdische Siedlung – Beit El. Als Antwort wurde in Israel versucht, die Abhängigkeit der Juden von den Palästinensern, die ja in „niedrigen Diensten" unentbehrlich geworden waren, zu verringern. Palästinenser wurden durch russische Einwanderer und Filipinos ersetzt. Am einem Freitagmittag, im Jänner 1988, wurden muslimische Gläubige, die gerade ihre Gebete in der al-Aqsa-Moschee und im Felsendom beendet hatten, von israelischen Soldaten mit Tränengas angegriffen. Viele Menschen wurden verwundet. Zwei Tage später ereignete sich ein ähnlicher Vorfall nach der Sonntagsmesse im Hof der Auferstehungskirche. Bis heute werden für einzelne Taten von Palästinensern „Kollektivstrafen" verhängt, d. h. es kann zur Evakuierung gesamter Viertel gemäß Notstands- bzw. Verteidigungsverordnungen kommen. Wenn Palästinenser sich mit zivilrechtlichen Mitteln zu wehren versuchen, besteht zwar ein Rechtsweg, aber wahrscheinlich wird mit „Sicherheitsargumenten" gegen den Appellanten entschieden. Letzte Instanz wäre der Kommandeur der Zentralregion, der aber ursprünglich die Kollektivstrafe angeordnet hat.

Ein großes Problem der Intifada bestand in der Waffenungleichheit der Israelis und Palästinenser. Während die Palästinenser mit Steinen warfen, setzten die Israelis schweres Kriegsgerät ein. Zuweilen werden auch „geächtete" Waffen und Gerät eingesetzt, z. B. Streubomben, die erheblichen Schaden unter der Zivilbevölkerung anrichten. (Israel verfügt über Nuklearwaffen, eine Tatsache, die nur beiläufig zugegeben wird. Israel hat es bisher abgelehnt, den Atomwaffensperrvertrag zu unterzeichnen.) Ergänzend dazu gibt es den „Krieg der Worte": Selbst wenn es wesentlich mehr Opfer auf Seiten der Palästinenser als auf jener der Israelis gab und gibt, werden israelische Aktionen aufgrund der hervorragenden israelischen Medienarbeit in den westlichen Medien oft als „Vergeltungsschläge" bezeichnet.

Die Israelis hatten in der Intifada anfänglich eine heroische Initiative eines Freiheit suchenden Volkes gesehen, doch schon bald war aus ihrer Sicht die Intifada zu einer Kombination aus religiösem Fanatismus und krimineller Energie und damit zu einem Szenario des Mordens geworden. Das so lange funktionierende, so erfolgreiche Kontrollsystem der Israelis war gescheitert. Die Palästinenser hatten Einheit und Solidarität gezeigt. Das äußerte sich darin, dass auf lokale Produkte zurückgegriffen wurde und viele Palästinenser ihre Posten in Israel kündigten. Israelische Soldaten mussten sich umstellen, im „Nahkampf" mussten Tränengas und scharfe Munition verwendet werden. Viele Juden änderten nun ihre Meinung über Israel, sie wurden kritischer. Manche wurden durch die drakonischen Maßnahmen aufgeschreckt, die der Staat Israel gegen die Palästinenser ergriffen hat. Ohne Intifada wäre es aber nie zu einem Oslo-Prozess gekommen.

Man hatte in Palästina vergeblich auf Hilfe aus dem Ausland gehofft. Mit der Intifada war es den Palästinensern gelungen, der Welt auf eindrückliche Art ihre Forderungen mitzuteilen: Beendigung der Besatzung, Anerkennung der PLO als ihrer einzigen und legitimen Vertretung, Recht auf Selbstbestimmung. Die Weltöffentlichkeit wurde jedoch bald durch den Zusammenbruch der UdSSR von Nahost abgelenkt. Seit 1968 war es zu einem Erwachen des palästinensischen Nationalbewusstseins gekommen, nach einer Phase des Schocks, der Verzweiflung und der Resignation. Es galt, die Isolation einerseits und die Zerstückelung des Volkes andererseits zu überwinden. Man hatte durch die Intifada „Hoffnung, Einheit, Organisation und Selbstvertrauen" gefunden. Als König Hussein von Jordanien 1988 seinen Anspruch auf das Westjordanland aufgab und auf die Souveränität darüber verzichtete, also das von Israel besetzte Land symbolisch an die Palästinenser und die PLO abtrat, war die Reaktion der vereinten nationalen Führung der Intifada euphorisch. Man sah darin einen ersten entscheidenden Schritt in Richtung Etablierung eines palästinensischen Staates. Die Hamas bedauerte und kritisierte die jordanische Entscheidung, sah darin einen Akt der Kapitulation vor der israelischen Besatzung und vor dem weltweiten Versuch, die palästinensische Sache nicht weiter zu behandeln. 1988 trat der PNC in Algier zu einer außerordentlichen Sitzung zusammen, die Intifadasitzung, dabei wurde die Gründung eines unabhängigen Palästinenserstaates beschlossen. Von 1967 bis 1987 hatten die Palästinenser ein Land angegriffen, von dem sie vorgaben, dass es nicht existiere. Erst 1988 nahmen sie zur Kenntnis, dass Israel weiterhin bestehen würde. Im November 1988 rief Arafat, damals noch in Tunis, die Schaffung des Staates Palästina mit dem heiligen Jerusalem als Hauptstadt aus. Indem er die Unabhängigkeitserklärung auf die Resolution 1947 der UN-Generalversammlung stützte, gab der PNC erneut seiner allerdings nur impliziten Anerkennung des Staates Israel Ausdruck. Bei der Ausrufung des Staates Palästina stützte sich der PNC auf die Sicherheitsratsresolutionen nach dem Sechstagekrieg sowie den arabisch-israelischen Konflikt von 1973. Ihr Inhalt war der Rückzug Israels aus den Besetzten Gebieten einerseits und die Anerkennung des Lebensrechtes Israels auf seinem Territorium durch die arabischen Staaten andererseits. Die Palästinenser strebten nicht mehr die Zerstörung des Staates Israel an, sondern forderten das Recht auf einen eigenen Staat: „ein Volk, das nicht kämpft, um seine Nachbarn zu vernichten, sondern ein Volk, das um das Recht kämpft, Nachbar zu sein". Ein Ziel der Intifada war es, Israel zu einer Entscheidung zu zwingen: Entweder ein gemeinsamer demokratischer Staat für alle dort Lebenden, wo alle gleiche Rechte und Pflichten haben (von Israel abgelehnt) oder zwei gleichberechtigte Staaten, die friedlich und souverän nebeneinander leben. Die Intifada hatte der Hoffnung vieler Zionisten ein Ende gesetzt, dass „schleichende" Annexion der Besetzten Gebiete schließlich von der palästinensischen Bevölkerung akzeptiert würde. Aber erst die Ausrufung eines eigenen Staates bei der Sitzung des Palästinensischen Nationalrates, ein Staat auf den von Israel zu räumenden palästinensischen Gebieten, über die aufgrund des UN-Teilungsbeschlusses mit Israel zu verhandeln wäre – hat die Grundlage für Verhandlungen geschaffen. Damit war die Intifada in einen politischen Prozess überführt worden. Die Palästinenser in den Besetzten Gebieten hatten *ge*handelt, die Palästinenser in der Diaspora wollten *ver*handeln. Aber ab 1987 verlor die PLO den Alleinanspruch und ihre Führungsrolle unter den Palästinensern, Organisationen mit radikaleren Standpunkten wie die Hamas und der Islamische Dschihad, gewannen immer mehr an Bedeutung. Damals war für die Hamas eine Zweistaatenlösung ein absolutes Tabu, nach dem Grundsatz: *Palästina ist islamisch vom Meer bis zum Fluss, also vom Mittelmeer bis zum Jordantal*. Verhandlungen bedeuten aus der Sicht der Hamas die Aufgabe palästinensischer politischer Prinzipien und eine Anerkennung von Rechten der „Mörder", die diesen nicht zuständen.

Auch Christen hatten zu den Erfolgen der Intifada beigetragen. Zu Beginn der Intifada hatten die israelisch-arabischen Palästinenser aus ca. 70 % Muslimen, 13 % Christen und 10 % Drusen bestanden. Die christliche Bevölkerung war zum größten Teil in Galiläa konzentriert, mehr als die Hälfte lebten in Städten, der Rest in Dörfern. Die christliche Bevölkerung war durchgehend besser (aus-)gebildet, deshalb hatten die Christen Gewalt zögerlicher eingesetzt, sie wirkten auf Muslime konfliktscheu, es kam zum Vorwurf „zu still" und „zu wenig solidarisch" mit den Anliegen des muslimischen Teils der Bevölkerung zu sein. Allerdings haben

Muslime mehr Unterstützung von außen im Rahmen der Intifada erhalten als Christen. Sie waren nicht die Initiatoren der Intifada gewesen, sie wollten aber dem Kampf um die Freiheit Palästinas nicht fernbleiben. Als ein christlicher Junge bei einer Demonstration gefangen genommen und bei seiner Vernehmung zu Tode gefoltert worden war, änderte sich die Einstellung der Christen schlagartig. Das Bewusstsein der christlichen Araber bezüglich ihres gemeinsamen Schicksals mit den Muslimen verstärkte sich in der Intifada. Mehr als Muslime vermochten sie aufgrund ihrer guten Verbindungen mit der westlichen Welt für die palästinensische Sache Verständnis wecken. Dennoch blieben alle, die sich in dieser Sache engagierten, maßvoll, wie z. B. Hanan Ashrawi.

Die melkitische Bischofssynode musste Anfeindungen seitens der Israelis hinnehmen, weil sie 1981 aus seelsorgerlicher Verantwortung für die melkitischen Gemeinden im Heiligen Land das Amt des Patriarchalen Vikars neu besetzen wollte. Denn der frühere Amtsinhaber, Bischof Capucci, war wegen Waffenschmuggels für arabische Terroristen 1974 verhaftet und von einem israelischen Gericht zu zwölf Jahren Zuchthaus verurteilt worden. Er war auf Intervention des Vatikans nach Rom entlassen worden. Nach einer Vakanz von sieben Jahren wählte die melkitische Bischofssynode den Archimandriten Lutfi Laham zum neuen Patriarchalen Vikar. Capucci erklärte, so lange er lebe, werde er den Anspruch als Bischof von Jerusalem zu gelten, nicht aufgeben.

In den kirchenpolitischen Auseinandersetzungen ist es relevant, ob ein Hierarch als Bischof oder Patriarch „von Jerusalem" oder „in Jerusalem" bezeichnet wird. Es war der Druck ihrer Mitglieder, die die Kirchen in den Kampf der Palästinenser hineinzog: Die katholische, die anglikanische und lutherische Kirche wurden zum Anwalt des palästinensischen Volkes, sie forderten zusammen mit den politischen Führern Menschenrechte, Frieden und Wahrung der christlichen Rechte und Interessen ein. Ab dem Beginn der achtziger Jahre hatten sich christliche junge Leute keiner Partei mehr angeschlossen, sondern sie suchten wieder in der Kirche nach Antworten auf das politische Dilemma wie auch nach dem Sinn des Glaubens. Der Schwerpunkt lag auf Spiritualität und Gebet. Viele meinten, dass die Kirche eine Rolle bei der Erlangung von Frieden und Gerechtigkeit zu spielen hätten.

Neben den positiven Einflüssen dieser ökumenischen Zusammenarbeit forderte die Intifada einen hohen Preis seitens des palästinensischen (christlichen) Volkes. Die Intifada war eine Jugendbewegung, dadurch kam es zu einem Abbau der traditionellen Autorität des Vaters über seine Familie und damit zu vermehrter Gewalt in der Familie. Ausgangssperren und das Schließen von Schulen beendeten oder versperrten akademische Karrieren. Arbeitslosigkeit und Gefangenschaft führten zu erhöhter Drogenbereitschaft, die vorher unbekannt gewesen war. Beschränkungen beim Hausbau, Zerstörungen und Konfiszierungen von Land führten zu späten Heiraten und wieder zur Auswanderung. Genau diese Situation forderte Seelsorge und soziale Intervention seitens der Kirchen, um die christliche Präsenz im Heiligen Land zu erhalten. Während die „westlichen" Kirchen bereits lokale Kirchenführer hatten, eine „Dekolonialisierung" der Kirchenleitung, verblieb die Griechisch-orthodoxe Kirche in der Hand der Bruderschaft griechischer Mönche.

Weil in dieser Gemeinschaft die Bischöfe nicht heiraten durften, blieb die größtenteils verheiratete arabische Pfarrgeistlichkeit von höheren Ämtern ausgeschlossen. Der Protest entwickelte sich 1998 zu einem Schisma, als sich anders denkende Laien und Geistliche in Amman, Jordanien trafen und die Gründung einer unabhängigen arabisch-orthodoxen Kirche verkündeten. Zusätzlich erschwerend für das Ansehen war der Verkauf von griechisch-orthodoxem Kircheneigentum an Israelis.

Christlich-arabische Autoren riefen zu Aktionen auf. Es wurden verschiedene Zentren gegründet, die unterschiedliche theologische, karitative Schwerpunkte hatten. Eines davon war das Sabeel Zentrum für Befreiungstheologie, ein erstes Treffen war dem Thema „Glaube und Intifada" gewidmet. Man ging auf das Bibelverständnis der arabischen Christen ein. Mit Sabeel wurde eine internationale Gefolgschaft für den Weg und die Rechte der palästinensischen Christen geschaffen. Sehr aktiv war die anglikanische Kirche, die später ein evangelisches Internat in Ramallah gründete, sie stellte dort den Stellvertreter des Bürgermeisters. In Tantur wurde das al-Liqa-Zentrum gegründet, das Muslime und Christen zusammenführt. Wenn Juden teilnahmen, gehörten sie zumeist der israelischen Friedensbewegung an. Der katholische Priester Rafik Khoury stiftete das Komitee „Gerechtigkeit und Frieden", er versuchte Christen und Muslime zum Dialog zu bringen. Vater Elias Chacour, ein melkitischer Geistlicher, vertritt eine widerspruchsfreie Botschaft der Versöhnung als einzigem Weg aus dem Konflikt. Der römisch-katholische Beitrag zu dieser Befreiungstheologie kam in der Form von Pastoralbriefen vom Lateinischen Patriarchen und Äußerungen der Kommission Justitia et Pax des Patriarchats. Unterstützt wird das lateinische Patriarchat durch die Society of Saint Yves, gegründet 1990. Arabische Christen, die sich für eine Trennung von Staat und Religion eingesetzt hatten, entwickelten die kontextuelle Theologie – parallel zur Intifada. Das ist der dritte Weg, der weder auf Fundamentalismus noch Säkularismus beruht, sondern eine neue Theologie und Frömmigkeit mit soziopolitischen Dimensionen ist.

Die arabischen Christen erhofften die Gründung eines freien palästinensischen Staates. Gleichzeitig befürchteten sie, dass die arabische Nationalbewegung kaum ausreichende Vorkehrungen für eine bürgerliche Gleichberechtigung der Christen treffen würde, nämlich eine volle Säkularisierung auf der politischen Ebene, damit die gemeinsame Sprache und das säkulare Kulturgut als hinreichende Basis für ein gemeinsames Staatswesen angesehen werden könnte. So war auch die Sorge der christlichen Bewohner von Bethlehem zu sehen, die damals noch über eine knappe Mehrheit verfügte: man befürchtete, dass durch die Auswanderung der Christen und eine höhere Geburtsrate bei dem Muslimen eine Mehrheit entstehen und Christen aus den repräsentativen Körperschaften der Stadt entfernen würde. Christenauswanderung ist in etwa doppelt so hoch als die der Muslime.

Die arabisch geprägten Gemeinden des Jerusalemer Patriarchats und ihre Weltpriester wollten das Kirchenleben selbstverantwortlich gestalten, sie hatten das seit 1870 versucht. Unter jordanischer Regierung war eine neue Konstitution für das Orthodoxe Patriarchat: „The Law of the Orthodox Patriarchate of Jerusalem" entworfen worden. Die Würde des Patriarchen wurde respektiert, aber verlangt, dass die Glieder der Grabesbruderschaft jordanische Staatsangehörige sein müssten. Arabische Laien sollten einem Mixed Council angehören, das analog zum Heiligen Synod dem Patriarchen als Vorsitzendem zugeordnet war. Erst die Patriarchenwahl von 1981 diente dann der Versöhnung der griechischen und arabischen Kräfte. Erzbischof Diodoros, seit 1967 Patriarchatsvikar am Sitz der jordanischen Regierung in Amman, wurde mit arabischen Stimmen gewählt. Hatte er doch Kirchen und Schulen für arabische Gemeinden gebaut und sprach fließend arabisch. Im gleichen Jahr starb der einzige arabische Bischof Simeon, geweiht 1960, ohne dass sich ein arabischer Nachfolger fand. Endlich, am 28. Februar 1993, wurde ein neuer arabischer Bischof geweiht, Sylvestros von Imnia. Der Vatikan billigte und förderte die zunehmende Mündigkeit der Ortskirche, u.a. durch die Ernennung eines palästinensischen Patriarchen am Vorabend der Intifada. Die Haltung des Vatikans trug indirekt zur Entwicklung einer eigenständigen politischen Theologie im Heiligen Land bei, die wiederum den Einfluss der palästinensischen Christen auf den politischen Diskurs mit Israel prägte. Rom enttäuschte die Christen jedoch, als – ohne ausreichende vorherige Abstimmung – Verhandlungen mit Israel aufgenommen wurden. Parallel zum politischen Aufstand der Palästinenser entwickelte sich eine als befreiungstheologisch bezeichnete Bewegung, welche die zum Teil „religiös" begründete israelische Besetzung der Heimat theologisch reflektierte. Aber sollten die von Rom eingesetzten westlich gebildeten Kräfte ihre Dominanz behalten dürfen? Mehr als die Hälfte der Welt-Priester war arabischer Herkunft. Nach 1967 wurde eine Arabisierung des Patriarchats gefordert. Der Widerstand kam aus jenen Orden, die bei dem Aufbau des Patriarchats aus dem Westen angeworben worden waren. Der Vatikan verstand die Heiligen Stätten als supranationale Stiftungen und stellte die römische Kirche als im israelisch-arabischen Konflikt neutral dar. Inzwischen hatte eine Arabisierung der Kirchen stattgefunden. Erst nach der Ordination des ersten palästinensisch-lutherischen Bischofs 1979 wurde der erste palästinensische lateinische Patriarch institutionalisiert. 1987 verkündete der Vatikan die Ernennung des neuen lateinischen Patriarchen von Jerusalem, Michel Sabbah. Das erste Mal in achthundert Jahren war ein Palästinenser auf den Bischofssitz von St. Jakob gekommen. Er schien manchen europäisiert und konnte die arabischen Nationalisten, die die Intifada gestartet hatten, nicht zufrieden stellen. Seine Gemeinden waren im westlichen Stil organisiert und hatten Partnergemeinden im Westen. Die palästinensische Zustimmung zeigte sich bei der jährlichen Palmprozession, die zu einem Symbol christlicher Solidarität geworden ist, an der Tausende Palästinenser teilnehmen. Ein lateinischer Patriarch ist nach katholischem Kirchenrechtsverständnis ein Bischof, dem kraft Geschichte und Traditionen ein bestimmtes Ehrenprivileg zukommt. „Lateinisch" ist dieses Patriarchat in doppelter Hinsicht: als römische Teilkirche, deren Liturgiesprache Latein war und z.T. noch ist und als Kirche, die ihren Bestand auf die Zeit der Kreuzzüge zurückführt, als nach der Jahrtausendwende im Streit zwischen ost- und weströmischem Kirchenverständnis Bischofssitze aus römischem/byzantinischem Machtanspruch neu errichtet wurden. Der lateinische Patriarch von Jerusalem hatte zwischen 1099 und 1291 seinen Sitz tatsächlich im Heiligen Land. Erst 1847 wurde dieser Sitz mit der (Wieder-)Errichtung des lateinischen Patriarchats nach Jerusalem verlegt. Nach sieben Patriarchen war nun Sabbah der erste Palästinenser seit dem Apostel Jacobus. Michel Assad Sabbah wurde 1933 in Nazareth, damals englisches Mandat, geboren, in Palästina ausgebildet und 1955 zum Priester geweiht. Er diente in Pfarren und in der Seelsorge, gleichzeitig als Lehrer und Hochschullehrer, 1981 wurde er Präsident der Universität Bethlehem und 1988 in Rom zum Bischof geweiht. Seine Diözese umfasst ca. 65.000 Gläubige, die in 57 Gemeinden in Israel, den Besetzten Gebieten, Jordanien und Zypern leben. Seine Botschaften verbreitet er über Pastoralbriefe, öffentliche Stellungnahmen, Predigten. Sabbah, immer bemüht, die Identität der Palästinenser als orientalische, arabische Christen zu stärken, ist ein Mann des Dialogs und Anwalt der Unterdrückten. Er fordert die Freilassung der von der israelischen Besatzungsmacht Inhaftierten. Für ihn ist Versöhnung nur auf der Basis der Gerechtigkeit und der Rechtsstaatlichkeit beider Parteien möglich. Michel Sabbah gehört zu einer Generation von Palästinensern, deren ganzes Leben von der Auseinandersetzung mit der jüdischen Einwanderung und dem Werden des Staates Israel geprägt ist. Als 15-Jähriger hatte er die „Nakba" erlebt. Auch er beklagt die hohen Auswanderungszahlen und fordert Christen zu einer aktiveren Rolle im nahöstlichen Friedensprozess auf, denn es wäre Aufgabe jedes Christen, Menschen gegen Ungerechtigkeit und Aggression zu verteidigen. Die Kirche darf bei Menschenrechtsverletzungen nicht schweigen. Er meint programmatisch: diese Heilige Stadt, dieses Heilige Land ist auch unser. Dieser Ort ist unsere Bleibe, wir leben hier und begraben hier unsere Toten. Die Kirche von Jerusalem ist eine Kirche in der Tradition der Apostel, die dem Land verbunden und in ihm verwurzelt ist, auch Palästinenser leben in ihrem Land, aus dem sie nicht verdrängt werden wollen. Und derzeit leiden die Christen an der Tatsache ihres Hierseins.

In seinen Hirtenworten unterscheidet er die biblische von der gegenwärtigen Geschichte und ruft auf, die politischen Gegebenheiten eines modernen Staates sowie die religiösen Verpflichtungen und Verheißungen des jüdischen Volkes zu unterscheiden. Die Frage des Rechts auf Land und der Lebensbedingungen der Menschen sei als politische Meinungsverschiedenheit eine Frage des internationalen Rechts – nicht eine durch Gott und sein geoffenbartes Wort zugesprochene Landkarte. Er sagt kategorisch Nein zur Gewalt, aber kennt die Schwierigkeiten, die ein Aufruf zum Verzicht auf Gewalt bei so ungleich verteilter Macht enthält. Versöhnung könne nur auf Gleichberechtigung beruhen. Daraus folge der Zugang aller zu den Heiligen Stätten in der Heiligen Stadt, erst dadurch würden Sicherheit für Israelis und Freiheit für die Palästinenser sich wechselseitig ermöglichen. Sabbah geht es um die Bedeutung Jerusalems: die Weltkirche wäre aufgerufen, ihre palästinensische Schwesterkirche immer wieder zu besuchen. Zugleich müsse die einmalige und heilige Stadt Jerusalem selbst einen besonderen Status erhalten, die sie allen drei großen Religionsgemeinschaften und beiden Nationen zur Stadt des Friedens und der Gerechtigkeit werden lasse. Nur wenn Nachbarn wahrhaftig miteinander umgehen, können sie über eine gemeinsame Agenda diskutieren und entscheiden, um so die gegenseitigen Beziehungen zu vertiefen. Sabah bemüht sich besonders um das Problem der Palästinenser mit der Deutung der Bibel, wie sie von den Zionisten und manchen Christen dargelegt wird, und zwar mit dem Anspruch auf das Land von Israel, wie er von Juden und einigen amerikanischen Evangelikalen – wie die „Christian Embassy" – gestellt wird. Er verweigert, dass das jüdisch-christliche Verhältnis von den Post-Holocaust-Christen im Westen definiert wird, und schlägt vor, dass der jüdisch-christliche Dialog mit Geschichte und lokalen Umständen beginnen muss. Er meditiert über die lange Geschichte des Leidens und der Unterdrückung der palästinensischen Christen und – indem er auf das Mysterium des Kreuzes verweist – ermahnt seine eigenen Leute, ihre schwierige Berufung anzunehmen, um als Zeugen für das Evangelium in jenem Land aufzutreten, indem es erstmals verkündet worden war. Er warnt gleichzeitig, auf Gewalt in Verteidigung der Menschenrechte zurückzugreifen, denn Terrorismus wäre verbrecherisches Handeln. Der Rückgriff auf Gewalt als „letztes Mittel" wäre zu oft ohne Erfolg eingesetzt worden. Friede könne nur herrschen, wenn es gegenseitige Anerkennung der menschlichen Würde für alle gäbe. Die Wahl Michel Sabbahs war eine politische Entscheidung; Durch seine Ernennung solidarisiert sich der Vatikan gleichsam mit den Palästinensern.

Die melkitische und maronitische Kirche waren bereits früher „arabisiert" worden. Auch die anglikanische und die lutherische Kirche konnte ihre „nationalen Probleme rechtzeitig lösen. Bei den Anglikanern hatte es bereits seit 1905 das Palestine Native Church Council gegeben. Ab 1984 leitete Bischof Samir Qafity die Kirche. Sein Sekretär, Canon Na'im Atiq, war verantwortlich für den Entwurf einer Art palästinensischer Befreiungstheologie. Das Jahr 1974 führte zur Gründung der arabisch-lutherischen Kirche. Das Geld kam aus dem lutherischen Weltbund. Der Senior unter den arabischen Pfarrern, Daud Hadfdad, empfing die Bischofsweihe. Die jetzigen Gemeindevertreter sprechen dessen Sprache, teilten und teilen sein Schicksal. Durch diese durchgängige Arabisierung und als Konsequenz der Intifada kam es zu einem Basis-Ökumenismus der Kirchen im Heiligen Land. Manche Zeichen der verschiedenen Denominationen wurden abgelegt, man fühlte sich nur mehr als Christ. Beispielsweise übernahmen in den Dörfern die „Lateiner" die orthodoxen Kalender für die großen Feste (nur in jenen Orten wie Bethlehem und Nazareth, die traditionell von vielen westlichen Bürgern besucht werden, blieb es beim „westlichen" Kalender). Es kam zu einer praktischen ökumenischen Zusammenarbeit zwischen den Oberhäuptern. Ein von den evangelischen Kirchen des Vorderen Orients ausgehender ökumenischer Ansatz wurde positiv aufgenommen. 1974 hatten sich die evangelischen Kirchen des Vorderen Orients auf einer ersten Versammlung auf Zypern zum Middle East Christian Council of Churches (MECC) zusammengeschlossen. Seit Jänner 1990 sind die sieben katholischen Kirchen des Landes MECC Mitglieder. Das MECC bejahte die Forderung eines Palästinenserstaates und forderte zum Dialog der drei großen Buchreligionen auf. Palmsonntag wurde zu einem Gebetstag für den Frieden in Jerusalem. Alle diese ökumenischen Aktivitäten führten freilich nicht zur Einheit im Gebet oder Annäherung in der Doktrin oder zu einer gemeinsamen Nutzung der historischen Heiligen Stätten.

Die Intifada hatte zu einer rascheren Weiterentwicklung der palästinensischen Befreiungstheologie geführt, besonders bei den Protestanten. Die Gemeinden solidarisierten sich bei den Auseinandersetzungen um die Landkonfiszierung zum Bau neuer Siedlungen. Dieser Einsatz macht deutlich, dass die Verkündigung von Gottes Gerechtigkeit und Barmherzigkeit Konsequenzen für ihr Handeln hat. Das neue Selbstbewusstsein palästinensischer Christen spiegelte sich in zahlreichen gemeinsamen Stellungnahmen der kirchlichen Häupter in Jerusalem. Die christlichen Kirchenfürsten, an der Spitze der lateinische Patriarch Michael Sabbah, der melkitische Erzbischof und der anglikanische Bischof, stellten ihre Energie in den Dienst der Formierung einer Einheitsfront der christlichen Kirchen zur Unterstützung der palästinensischen Sache. Am 22. Jänner 1988 veröffentlichten die Führer der christlichen Gemeinschaften in Jerusalem eine Erklärung gegen Unrecht und Unterdrückung, in der sie die Christen aufrufen zu beten, zu fasten und offenherzig zu spenden, um den dringendsten Bedarf jener zu decken, die in den Lagern bereits unter Nahrungsmittelknappheit und Versorgungsengpässen litten. Der lateinische Patriarch wies in seinen Interviews auf die fortdauernde Unterdrückung des palästinensischen Volkes hin und betonte, dass es Aufgabe der Kirche sei, Werte hochzuhalten. Die israelische Zensur verbot die Publikation. In seinen Hirtenbriefen nimmt Sabbah zur Intifada deutlich Stellung, es wird von überflüssigen Opfern des Lebens, gerade unter Kindern hingewiesen; selbst vor Heiligen Stätten wurde geschossen. Auch der armenische Patriarch unterzeichnete die Aufrufe. Ein israelischer Beamter warf den Kirchenfürsten vor, dass ihre Verlautbarungen eine klare anti-israelische Parteinahme seien. Dem wurde erwidert: *Ihr, die Israelis, verurteilt uns, weil wir während des Holocausts geschwiegen haben. Jetzt erheben wir unsere Stimme, um weiteres Morden zu verhindern.* Israel zeigte keinerlei Verständnis für die heikle Position der Christen im Heiligen Land als religiöse Minderheit in der arabischen Gesellschaft.

Die Oberhäupter Jerusalems veröffentlichten im April 1989 erneut eine Erklärung, die wesentlich schärfer formuliert war als die vorhergehenden. Sie verurteilten die „andauernden Verletzungen von Grundrechten durch das willkürliche Vorgehen der Behörden" und nannten ausdrücklich den ungerechtfertigten Waffengebrauch, den Einsatz von Schusswaffen in der Nähe Heiliger Stätten, massenhaft angewandte Verwaltungshaft sowie Kollektivstrafmaßnahmen, Häuserzerstörungen und die Unterbrechung der Wasser- und Stromversorgung. Die Erklärung war erstmals namentlich unterzeichnet, auch vom griechisch-orthodoxen Patriarchen Diodoros, der sich bislang in politischen Fragen zurückgehalten und gute Beziehungen zur israelischen Regierung gepflegt hatte. Die Stellungnahmen können von der Sorge der Vertreter der christlichen Kirchen bestimmt gewesen sein, sich nicht in der palästinensischen Gesellschaft zu isolieren und der Kollaboration verdächtig zu machen. Sie waren aber auch Ausdruck des gewachsenen Selbstbewusstseins der Christen, das sich insbesondere im vertieften theologischen Nachdenken über ihre Situation widerspiegelte.

Es kam zu Solidaritätsakten: Im November 1981 hatte eine Gruppe Jugendlicher in dem sonst friedlichen Christendorf Beit Sahur (ca. 8000 Christen, teils

Orthodoxe, teils Melkiten) Molotow-Cocktails gegen einen vorbeifahrenden israelischen Autobus geworfen. Die Familien der Jugendlichen mussten auf Anweisung der israelischen Militärs ihre Häuser räumen, diese wurden dann in die Luft gesprengt. Am nächsten Tag wurde das Dorf Schauplatz einer ungewöhnlichen „Wallfahrt": Blumenkränze wurden (auch von Israelis) auf die zerstörten Häuser gelegt. Die Christen aber drückten ihren stummen Protest darin aus, dass sie dem Weihnachtsgottesdienst in der Geburtskirche von Bethlehem, dessen Besuch eine feste Tradition darstellte, fernblieben.

Besondere Verantwortung übernahmen die Christen im Rahmen der Intifada im Zusammenhang mit der Aufstellung lokaler Verwaltungen in den Orten der Westbank. Das führte dazu, dass im Jahr 1989 neuerlich in Beit Sahur die Bürger ihre Identitätsausweise zurückgaben und die Steuerzahlungen einstellten. Diese Steuern dienten ja nur dazu, Israels Ausgaben für Verwaltung und Militärstandorte in den Besetzten Gebieten zu decken. Die Antwort des israelischen Verteidigungsministeriums ließ nicht lange auf sich warten. Telefonleitungen wurden unterbrochen, und während auf den Dächern Soldaten postiert waren, beschlagnahmten Finanzbeamte die Wohnungseinrichtungen der Steuerverweigerer. Das Militär riegelte das Dorf wochenlang fast vollständig von der Außenwelt ab. Die drei Patriarchen von Jerusalem, der melkitische Patriachalvikar und der Kustos machten sich mit zwei Lastwagen voll Lebensmittelspenden für Beit Sahur auf, wurden aber von der israelischen Armee am Zugang gehindert. Sie gingen daraufhin in die Bethlehemer Geburtskirche, wo sie gemeinsam beteten. Während der Belagerung rief auch Johannes Paul II. in einer Ansprache zum Angelus zur Solidarität mit den Bewohnern des Westjordanlandes und des Gazastreifens auf. Ein israelisches Kabinettsmitglied warf dem Papst daraufhin einseitiges Mitgefühl mit den Palästinensern und Gleichgültigkeit gegenüber Israel vor. Wieder wurde seitens Israels die Frage aufgeworfen, warum der Papst nach 40 Jahren noch immer nicht den Staat Israel anerkannt hatte. Der Papst empfing sogar Jassir Arafat in Audienz und mahnte zum Verzicht auf den Einsatz terroristischer Mittel und Unterdrückungsmaßnahmen.

Jerusalem, das Hauptheiligtum der Christen, wurde zum Brennpunkt zahlloser Initiativen der drei Patriarchen und Kirchenoberhäupter. Zu einem relativ späten Zeitpunkt spielten ihre Anliegen auch eine wesentliche Rolle bei Überlegungen betreffend die Zukunft der Stadt. All diese Aktivitäten führten zu Spannungen mit der israelischen Regierung, aber auch mit der PA. Die Kirchen wurden beschuldigt, sich in Politik einzumischen. Die Kar- und Osterwoche 1990 fielen für die westlichen und östlichen Kirchen zusammen, dabei kam es in Jerusalem zu heftigen Auseinandersetzungen zwischen Christen und israelischen Sicherheitskräften. Am Vorabend des Karfreitags 1990 besetzten etwa 150 jüdische Siedler unter Polizeischutz das dem griechisch-orthodoxen Patriarchat gehörende Johannes-Hospiz mitten im christlichen Quartier, um hier, wenige Meter von der Grabeskirche entfernt, ihr Paschamahl zu feiern. Sie gaben vor, das leer stehende Gebäude rechtmäßig gekauft zu haben, und planten die Einrichtung einer jüdischen Religionsschule. Der Patriarch Diodoros protestierte, das israelische Militär setzte Tränengas ein, im Gedränge stürzte Diodoros zu Boden. Er wies darauf hin, dass es um weit mehr als Eigentumsfragen ginge. Daraufhin hängte er eine schwarze Fahne aus. Die christlichen Gemeinschaften ordneten daraufhin eine eintägige Schließung aller christlichen Stätten in Jerusalem, Nazareth und Bethlehem an. Später stellte sich heraus, dass der armenische Mieter das Gebäude über eine Scheinfirma in Panama ohne Wissen des griechischen Patriarchats verkauft und dass das israelische Bauministerium es der religiös-nationalen Siedlergruppe zur Verfügung gestellt hatte. Dieser Vorfall belastete einerseits das Verhältnis der israelischen Behörden zu den christlichen Gemeinschaften und stärkte andererseits die Solidarität der Christen untereinander und damit ihre Stellung in der palästinensischen Gesellschaft. In Folge setze sich der Jerusalemer Bürgermeister Teddy Kollek, der die Unterstützung der Siedler durch die israelische Regierung scharf kritisiert hatte, erfolgreich dafür ein, die Bethlehem-Universität wieder zu öffnen. Sie war 3 Jahre geschlossen gewesen.

In seinem Pastoralbrief Pfingsten 1990 erläuterte der lateinische Patriarch Michel Sabbah Ursachen und Wirkungen der Intifada und skizzierte die Rolle der Christen innerhalb des Konfliktes. Ein besetztes Volk habe das Recht und die Pflicht, seine Forderungen hörbar zu machen und sich politisch nach eigenem Willen zu organisieren, schrieb er. Die Kirche schließe jede Form von Gewalt aus, wozu Waffengebrauch ebenso zähle wie die Manipulation der Medien. Sabbah forderte die Christen auf „Ihr müsst Euch mehr und mehr in allen Bereichen des öffentlichen Lebens engagieren, um die Gesellschaft von morgen zu entwerfen und Brüderlichkeit und Freiheit gemeinsam mit den Gläubigen anderer Religionen zu verwirklichen". Der Vatikan begrüßte die wachsende Selbstständigkeit der lokalen Kirchen und unterstützte diese Entwicklung. Christen in den arabischen Ländern sollten keine Hilfsempfänger sein, sondern Akteure des kirchlichen Lebens, Wegbereiter des interreligiösen Dialogs und Antrieb für die Versöhnung in der Gesellschaft.

Es kam zu einer Verstärkung der religiösen Identität, fundamentalistische Parteien entstanden. Im andauernden Widerstand hatte sich eine explosive Mischung religiös-nationalistischer Gewalt herauskristallisiert, die sich gegen die Besatzung wandte. Bis dahin war es niemals zu religiös motivierter Gewalt zwischen Christen und Muslimen gekommen. Konflikte waren besonders im urbanen Kontext entstanden, dort wo christliche Mehrheiten in Minderheiten verwandelt worden waren – in Bethlehem und in Nazareth. Christen haben es dort schwer, ihre Programme durchzuführen und die muslimischen Extremisten verleumden sie oft als Kollaborateure der Israelis. Aber die Konflikte konnten meist eingedämmt werden. Weitere Gründe für das gute Einvernehmen sind die folgenden: die unterschiedslose Vertreibung aus Palästina, Flüchtlingsleben und Druck der israelischen Besatzungsherrschaft, die Anerkennung der christlichen Heiligen Stätten durch den Islam, das noch immer wirksame osmanische Milletsystem, das die Autonomie der christlichen Gemeinden anerkannte und es diesen ermöglicht, ihre eigenen Angelegenheiten selbstständig zu regeln, vor allem hinsichtlich religiöser und ziviler Belange; die Hochschätzung der Christen in der palästinensischen Gesellschaft aufgund ihrer christlichen Institutionen wie Schulen, Krankenhäuser oder Universitäten, die immer allen offen standen; der urbane Charakter der christlichen Bevölkerung, die immer in religiös gemischten Orten gelebt hatten, woraus sich Offenheit und gute nachbarschaftliche Beziehungen ergaben, sowie die Definition der Menschen nicht nur als Christen, sondern auch als Palästinenser. Viele Palästinenser akzeptieren die Notwendigkeit extremistischer muslimischer Organisationen (Hamas, Islamischer Dschihad und al-Aqsa-Märtyrer Brigaden) wie auch extremistischer Gruppen aus anderen Teilen der muslimischen Welt wie Hisbollah und al-Qaida, die die Auslöschung Israels betreiben. Parallel dazu wählen israelische Säkulare verstärkt die Rechten, sie akzeptieren die Unterstützung der internationalen christlichen Rechten. Arabische Christen innerhalb Israels schließen sich der Rechten nicht an, auch wenn sie eine Brücke der Verständigung in einer zunehmend polarisierten Welt bilden könnten.

Der Zerfall des Ostblocks und der Sowjetunion bestätigte den muslimischen Fundamentalisten, dass der Islam die Lösung der Probleme dieser Welt wäre. Die Hamas wurde Anfang Dezember 1987 von den Führern der Muslimbrüder im Gazastreifen gegründet. Ein historischer Zufall, entsprechend der Gründungslegende der Hamas fiel dies mit dem Ausbruch der Ersten Intifada im Dezember 1987 zusammen. Die Muslimbrüder wollten primär die Erziehung einer neuen Generation von Muslimen in Angriff nehmen. Aber die Führer des Islamischen Zentrums konzentrierten sich zunächst auf die Organisation von Demonstrationen überall im Gazastreifen. Man lehnte die Landenteignung, den Bau jüdischer Siedlungen sowie die Unterdrückungspolitik der Zionisten ab. Jedenfalls reklamieren die Muslimbrüder und die Hamas für sich, 1987 den Aufstand gegen die Besatzung begonnen zu haben und für die erste palästinensische Intifada verantwortlich zu sein. Die anderen nationalistischen Organisationen tun dies ebenso. Die Muslimbrüder/Hamas bereiteten sich „institutionell" durch viele Wohlfahrtseinrichtungen vor, aber besonders kontrollieren sie im Gazastreifen bis in die Mitte der achtziger Jahre fast den gesamten Bereich des Waqf – von Privatleuten gestiftete und finanzierte wohltätige Einrichtungen, Moscheen, Schulen, Krankenhäuser oder Sozialarbeitsorganisationen. Die Hamas wurde zur Wirtschaftsmacht. Im Gegensatz dazu waren die Fatah und die Linken in Studentenparlamenten und in Berufsverbänden institutionell verankert. Inzwischen kontrollieren die Islamisten die meisten Studentenparlamente in den Besetzten Gebieten mit Ausnahme von Bethlehem, das christlich geprägt ist und meist unter einer Fatah Führung stand.

Die Hamas wandte sich anfänglich ausschließlich an die palästinensischen Muslime bzw. an das palästinensische Volk als muslimisches Volk, die christliche Minderheit wurde ausgespart. Man polemisierte heftig gegen Atheismus und Atheisten. Es wird – wie in den Frühzeiten anderer Organisationen – immer wieder darauf verwiesen, dass historischen Teile Palästinas nie aufgegeben werden können oder dürfen. Das kann als maximal-nationalistische Forderung im religiös-nationalistischen Programm der Hamas bezeichnet werden. Es wird nicht, wie z.B. bei der Fatah, zwischen Zionismus und Judaismus, zwischen Zionisten und Juden, zwischen Israel und seinen Bewohnern und den Juden, wo immer sie sich befinden, unterschieden. Die Hamas-Mitarbeiter verwenden meistens das Wort „Juden". In ihrer Polemik gegen Juden anhand von Suren aus dem Koran wird starker Einfluss auf die Bevölkerung ausgeübt. Manches davon entspricht fast spiegelbildlich den religiösen Angriffen und Polemiken der religiös-nationalistischen Kreise in Israel gegen Palästinenser und Muslime. Die Gründung der Hamas ist als Antwort auf die Besatzung zu verstehen. Gegen die Schließung der palästinensischen Schulen und Universitäten durch die israelische Besatzungsarmee forderte die Hamas, viel energischer als die PLO, eine Rückkehr zum Lernen, Studieren und den Kampf gegen die versuchte „Analphabetisierung". Weitere Schwerpunkte der Hamas waren Boykott israelischer Produkte, Kauf palästinensischer Eigenprodukte, Rückkehr zum landwirtschaftlichen Anbau, Anlegen eines Hausgartens, und Kollaborateure zur Aufgabe und öffentlichen Reue zu bringen.

Im gesamten Zeitraum vom Beginn der Intifada bis zum Frühsommer 1988 ließ die israelische Armee die Hamas weitgehend frei operieren, die erste große Verhaftungswelle begann im Spätsommer 1988, nachdem die israelische Armee bewaffnete Hamas-Zellen entdeckt hatten. Mit Ausnahme von Scheich Ahmad Yasin wurden sämtliche Hamas-Führer in Gaza verhaftet. Yasin war schon einmal 1984 verhaftet und zu einer langen Gefängnisstrafe verurteilt worden. Im Rahmen eines Gefangenenaustausches war ihm diese dann 1985 erlassen worden.

In einer Charta von 1988 wird der Islam als Grundlage für die Hamas definiert, damit maßgebend für Religion, Politik, Wirtschaft, Glaubenslehre, Medien und Kunst, Erziehung, Gesellschaft, Recht und Herrschaft. Ziel der Hamas ist es, gegen die Unterdrücker zu kämpfen, um Palästina und seine Bewohner zu befreien. Dschihad, eigentlich der Kampf gegen sich selbst – aber auch gegen Unterdrückung – wird als Pflicht für jeden Muslim definiert. Dschihad ist nicht darauf beschränkt, Waffen zu tragen und die Feinde zu bekämpfen; das gute Wort, der treffliche Artikel, das nützliche Buch, die Unterstützung und Hilfe, all das gehört – bei reiner Absicht – zum Dschihad. In der Charta werden die Ziele der Hamas definiert: Befreiung von Palästina, Errichtung eines Islamischen Staates, denn unter dem Islam könnten auch Anhänger aller Religionen in Frieden und Sicherheit, also auch Christen und Juden, leben. Die Hamas wird als humanistische Bewegung vorgestellt, die die Menschenrechte der anderen schütze. Nur bei Angriffen auf die Hamas müsse zum Gegenangriff übergegangen werden. Anderseits finden sich im Programm auch Koranzitate, die massiv gegen Christen und Juden polemisieren. Die Hamas meint, dass Palästina seit Omar Ibn al Khattab ein islamischer Waqf sei, quasi eine religiöse Stiftung, die den Muslimen anvertraut wurde und damit unveräußerlich ist. Auch die Eroberung durch Salah ad-Din (Saladin) wird als Basis des Anspruches genommen. Wenn ein Feind muslimisches Land besetzt, muss jeder Muslim als einzelner dagegen kämpfen, auch Frauen und Sklaven. Ansonsten haben laut Hamas-Charta Frauen nur im familiären Bereich zu agieren und sich vor allem um die Erziehung ihrer Kinder zu kümmern. Die arabischen Staaten werden aufgefordert, dass ihre Kämpfer am Dschihad gegen Israel teilnehmen sollen. Israel wäre eine Herausforderung für den Islam und ginge alle Muslime etwas an. Im Juni 1989 wird die Hamas von Israel zur Terrororganisation erklärt, seitdem erhalten Hamas-Anhänger allein für ihre Mitgliedschaft lange Gefängnisstrafen (dem waren Scharmützeln mit den Israelis vorausgegangen, bei denen israelische Soldaten verletzt worden waren; die israelische Besatzungsmacht reagiert mit aller Schärfe auf die Entführung, Verletzung oder Tötung ihrer Soldaten). Aber Gefängnisstrafen gelten bei vielen jungen Palästinensern als Initiationsritus, als Übergang ins Erwachsenwerden. Im Februar 1993 reihte auch die US die Hamas unter die Terrororganisationen ein.

Im Herbst 1990 war es zu blutigen Auseinandersetzungen am Tempelberg in Jerusalem gekommen, dem so genannten Tempelbergmassaker. Eine extremistische jüdische Gruppe, „die Getreuen des Tempelberges", hatte mit den Vorbereitungen begonnen, auf dem Tempelberg (arabisch Haram), am Platz des Herodianischen Tempels, den Grundstein für den Wiederaufbau des jüdischen Tempel zu legen. Darauf zogen Hunderte von Palästinensern – aus der Altstadt von Jerusalem und den umliegenden Orten zum Haram, um ihre religiösen Stätten (Felsendom und al-Aqsa-Moschee) vor dem befürchteten Angriff der jüdischen Extremisten zu schützen. Es waren 3000–5000 Gläubige am Haram versammelt, Frauen in und um den Felsendom, Männer in und um die al-Aqsa Moschee. Es kam zu massiven Konfrontationen, siebzehn Palästinenser wurden erschossen und über 150 Personen verletzt. Das führte zu einer UN-Resolution die besagt, Israel möge seine Verpflichtungen unter der Vierten Genfer Konvention erfüllen. Zusätzlich sollte eine UN-Mission nach Jerusalem gesendet werden, die dem Sicherheitsrat einen Bericht vorlegen sollte. Israel weigerte sich, die Mission zu empfangen, erklärte, dass die Sicherheitskräfte nur ihre Pflicht erfüllt hätten. Es kam zu einer weiteren Resolution. Die Hamas rief zu einer neuen Runde von Angriffen gegen die Besatzung auf. („Jeder Soldat und jeder Siedler in Palästina wird als Angriffsziel betrachtet"). Damals war es vermutlich beschlossen worden, die Izz ad-Din al-Qassam-Brigaden, den militärischen Arm der Hamas, aufzubauen.

Parallel hatte Arafat 1990 den irakischen Einmarsch in Kuwait begrüßt und sich mit Saddam Hussein solidarisiert. Die reichen Ölstaaten hatten hierauf ihre finanzielle Unterstützung der PLO eingefroren. Die Hamas drückte palästinensische Solidarität mit den von Irak besetzten Kuwaitis aus, erinnerte an die Hilfe und Großzügigkeit der Kuwaitis für die Palästinenser und appellierte an den Irak, den kuwaitischen Brüdern Schutz und Freiheit zu gewähren.

Präsident Assad von Syrien ließ wissen, dass er zu Verhandlungen mit Israel über den Status der Golanhöhen bereit wäre, die 1981 von Israel annektiert und weiterhin besiedelt worden waren. Zu dieser Zeit war die USA zu sehr mit dem Irak beschäftigt, um derartige Signale wahrzunehmen. Die USA übten während der Periode des Golfkrieges 1990/91 Druck auf Israel aus, um die festgefahrenen Verhandlungen der Palästinenser wieder in Gang zu bringen. Der US-Standpunkt bestand darauf, dass jeder Friede auf den UN-Sicherheitsratsresolutionen 242 und 338 beruhen müsse. Der US-Außenminister James Baker meinte, dass er kein größeres Hindernis für den Frieden kenne als die Siedlungsaktivitäten, die nicht nur unvermindert, sondern in erhöhtem Tempo weitergingen. Als sich Israel weigerte, diese Aktivitäten einzustellen, ließ man amerikanische Kreditbürgschaften in der

Höhe von zehn Milliarden Dollar auslaufen. Nach 1991 wurde die US amerikanische Hilfe eingefroren. Die Palästinenser hofften, dass durch die Parallelität der Situation der Besetzung Kuwaits die Besetzung Palästinas offenkundig würde, dass es beim Weiterbestand der Okkupation zu keinem Frieden in der Region kommen könne. Aber die zwölf UNO-Resolutionen gegen den Irak wurden umgehend umgesetzt, jene äußerst zahlreichen, Palästina betreffend, schienen nichts als wertloses Papier zu sein. Damit bestand in den Augen der Palästinenser eine Doppelmoral der internationalen Gemeinde. Mit diesem Krieg schwanden die letzten Hoffnungen der Palästinenser, die sie an den arabischen Nationalismus geknüpft hatten. Für die PLO, die sich gegen die amerikanische Invasion gestellt hatte, bedeutete die Situation eine politische sowie wirtschaftliche Niederlage. Das palästinensische Volk und die PLO hatten an Ansehen verloren. Hunderttausende von Palästinensern wurden neuerlich aus der Golfregion vertrieben, damit verloren die Menschen in den Besetzten Gebieten eine der wichtigsten Einnahmequellen. Andererseits hatte man Genugtuung darüber empfunden, dass arabische Waffen ins Herz von Tel Aviv getroffen hatten. In finanzieller Hinsicht ging die Hamas als klarer Gewinner aus diesem Golfkrieg hervor. Sie begann der PLO den Rang als größter Empfänger finanzieller Unterstützung aus Kuwait abzulaufen. Jedenfalls hielten in den folgenden Jahren die Golfstaaten die enormen Zahlungen an die Hamas weiter aufrecht.

Die Intifada war 1987 ausgebrochen und Anfang 1990 im Sand verlaufen, mit 1400 toten Palästinensern und 300 toten Israelis. Sie war ein Sieg der palästinensischen Macht der Straße, wenn auch indirekt, der Anlass für Friedensbemühungen in den neunziger Jahren und der stufenweisen Übergabe von Land und Verantwortung an die Palästinenser unter Arafat.

Verhandlungen und Abkommen

Madrider Nahostfriedensgespräche 1991

Für die beiden Konfliktpartner Israel und Palästina ist es schwer, sich zu einigen, da sie unterschiedliche Sichten auf die Fakten haben. Aus israelischer Sicht handelte es sich um Pioniertaten bei der Wiederbesiedlung Palästinas durch Juden aus aller Welt; das harte Ringen um den eigenen Staat, die Gründung des Staates Israel durch Beschluss der Vereinten Nationen; sowie die Verteidigung dieses Staates in vier Kriegen gegen die feindliche arabische Umwelt. Für Araber sieht der Verlauf anders aus: Während des Ersten Weltkrieges hatte die britische Regierung durch ihren Hochkommissar in Ägypten 1915, dem damaligen Führer der arabisch nationalen Bewegung, Scherif Hussain von Mekka, die Unabhängigkeit für ein arabisches Großreich, einschließlich Palästina versprochen. Stattdessen hatten die Briten mit dem Friedensschluss ihre Mandatsherrschaft über Palästina errichtet, und die Erfüllung ihrer widersprüchlichen Zusage von 1917 an jüdische Führer, hier eine Heimat für Juden zu schaffen, verbunden. Jüdische Verfolgte des Nationalsozialismus wurden entgegen klaren Abmachungen, die die Einwanderung begrenzen sollten, in Palästina auf Kosten der arabischen Bevölkerung angesiedelt, ohne dass sich die europäischen Länder um das Schicksal der Juden gekümmert hätten. 1947 hatten die Vereinten Nationen die Teilung Palästinas gegen den Protest aller arabischen Staaten, also gegen den Willen der direkt Betroffenen beschlossen. In den Kriegen 1948, 1956, 1967 hatte Israel arabisches Land weit über die ihm zugebilligten Gebiete hinaus erobert.

Beide Seiten hatten lange um Selbstbestimmung und Befreiung gekämpft. Im Nahostkonflikt geht es nicht nur um politische Gegensätze zwischen Staaten, auch nicht (nur) um wirtschaftliche Interessen und Einflusssphären von Großmächten. Der Konflikt ist nicht nur der Zusammenstoß der Rechte zweier Völker. Hier prallen nationale Befreiungsbewegungen und tief verwurzelte Selbstverständnisse von drei Religionsgemeinschaften – der Juden, der arabischen Muslime und der arabischen Christen – aufeinander. Uneinigkeit in der israelischen Regierung hat die Möglichkeiten, die in den Beschlüssen von Algier (VI. Arabische Gipfelkonferenz in Algier, Anerkennung der PLO als einzige Repräsentantin des palästinensischen Volkes 1973) steckten, ungenutzt gelassen. Erst neue außenpolitische bzw. internationale Entwicklungen haben Möglichkeiten zu Verhandlungen geschaffen.

Am 30. Oktober 1991 begann in Madrid eine Friedenskonferenz, zu der die USA und die UdSSR eingeladen hatten. Teilgenommen haben außerdem: Palästinenser, Jordanien, Libanon, Syrien, Israel und als Beobachter die EG, Ägypten, die UNO und ein Vertreter der Golfstaaten. Auf massiven israelischen Druck war die PLO von den Verhandlungen ausgeschlossen worden. Die Palästinenser waren lediglich über eine gemeinsame jordanisch-palästinensische Delegation in Madrid und den anschließenden Verhandlungen in Washington vertreten. Die Palästinenser waren skeptisch, hatte sich doch die Siedlungspolitik der Israelis verstärkt, und die UN Vollversammlung hatte die „Zionismus ist Rassismus"-Resolution zurückgezogen.

Als Grundlage der Verhandlungen sollten die UNO-Resolution 242 und 338 dienen. Frieden sollte nicht nur zwischen Israel und Nachbarstaaten, sondern auch zwischen israelischen Juden und arabischen Palästinensern im Lande Israel/Palästina erzielt werden. Dies bedeutete für die Palästinenser „Land für Frieden". Geplant war die Übergabe der Westbank und des Gazastreifens von israelischer in palästinensische Hand innerhalb eines Jahres. Spätestens drei Jahre danach sollten die Palästinenser und Israeli über den endgültigen Status der Besetzten Gebiete verhandeln. Dieses Ergebnis sollte zwei Jahre später in Kraft treten, wobei eine palästinensisch-jordanische Konföderation als eventuell von allen Seiten akzeptierter Kompromiss betrachtet wurde. Man hoffte, mittels des vereinbarten politischen Prozesses eine dauerhafte, umfassende Friedensregelung und eine historische Aussöhnung erreichen zu können. Damit sollte die Souveränität der Staaten in der Region gewahrt werden. Alle Bewohner sollten in Würde, Sicherheit und in Frieden innerhalb anerkannter Grenzen leben können. Dies würde arabische Staaten dazu verpflichten, Israel als souveränen Staat anzuerkennen. Die Aussicht auf Frieden hatte viele Israelis dazu gebracht, sich positiv zu dieser Lösung zu verhalten, mit der

Einschränkung, dass der Status von Jerusalem nicht verhandelbar wäre. Die Israelis meinten, dass das Existenzrecht Israels noch immer angezweifelt werde, und dass die Palästinenser diesbezüglich nicht aufrichtig wären. Die hinwieder zeigten auf Israel, weil die Siedlungen in den Besetzten Gebieten ausgeweitet würden. Das wäre der Nachweis, dass die israelische Regierung nie die Absicht hätte, sich aus den Besetzten Gebieten zurückzuziehen. Man misstraute einander.

Das israelische Volk wählte im Juli 1992 neuerlich Rabin – zwar ein ehemaliger Kriegsgeneral und ein Falke – von der Arbeiterpartei. Das „Kontaktverbot" (israelisches Gesetz über ein Kontaktverbot mit der PLO) wurde aufgehoben. Die Hamas versuchte Verhandlungen zu hintertreiben: Die Qassam-Brigaden, gegründet 1992, griffen die israelische Armee und Siedler an, vor allem in Gaza und Hebron. Israelische Soldaten wurden entführt und getötet. Die Qassam-Brigaden forderten die Freilassung des Hamas-Chefs Scheich Ahmad Yasin gegen Freigabe eines entführten israelischen Offiziers. Damit begann Israel mit einer systematischen Verfolgung der Hamas, die u. a. in der Deportation von Hunderten von Hamas-Aktivisten im Dezember 1992 kulminierte. Diese Menschen mussten monatelang im Grenzgebiet zwischen Israel und dem Libanon leben. International wurde Israel aufgrund der vierhundert deportierten Palästinenser „terroristischer Handlungen" beschuldigt. Unter den Inhaftierten befanden sich keine Mitglieder des militärischen Flügels der Hamas oder des Islamischen Dschihad. Wobei in Israel teilweise eingeräumt wurde, dass viele der Beschuldigten in religiösen Einrichtungen als Sozialarbeiter tätig waren. Die Deportierten waren in den Libanon gebracht worden. Der UN-Sicherheitsrat forderte, die Deportierten sofort in ihre Heimat zurückzuschicken, was Israel ablehnte. Auf der anderen Seite gab es den „Sharon Plan" (Likud) von 1992, der elf voneinander isolierte „Kantone" für die palästinensische Autonomie vorsah, wobei die überwiegende Mehrzahl der Palästinenser in den annektierten Gebieten des Westjordanlandes leben sollte, und dem Gazastreifen weitgehende Selbstständigkeit eingeräumt wurde. Ein weiteres Mittel Israels gegenüber den Palästinensern war die „Abriegelung", damit konnte prompt und kurzfristig der ohnedies dauernd schwächelnden palästinensischen Wirtschaft ein harter Schlag versetzt werden. Die Madrider Verhandlungen hatten 20 Monate gedauert; die 120 Runden führten in eine Sackgasse.

Das Interesse des Vatikans an Jerusalem war eines der Hauptmotive, mit Israel die jahrzehntelang verweigerten diplomatischen Beziehungen aufzunehmen. Man hoffte, sich auf diese Weise an den internationalen Verhandlungen über den Status Jerusalems beteiligen zu können. Später sicherte der Heilige Stuhl Israel im Grundlagenabkommen zu, sich zu „rein politischen" Fragen nicht zu äußern. Folglich verzichtete er auf seine Forderung, völkerrechtlich definierte Modelle umzusetzen, und griff auf die Formel der „offenen Stadt" zurück, die er zuletzt – in Anlehnung an die Situation Roms am Ende des Zweiten Weltkriegs – zur Vermeidung von Kriegsschäden im Juni 1967 benutzt hatte.

„Land für Frieden" (Oslo I) 1991

Ein Durchbruch wurde in separaten Geheimverhandlungen erzielt, die in Norwegen zwischen den Vertretern der PLO und der israelischen Regierung stattgefunden hatten. Die Verantwortlichen waren Arafat und Perez. Am 9. September 1991 unterschrieb Arafat einen Brief, in dem er das Existenzrecht Israels in der Region – und zwar in Frieden und Sicherheit anerkannte (dass jene Artikel aus der palästinensischen „Verfassung", die die Lebensrechte Israels verleugneten, nun nicht länger gültig wären) und sich vom Terror lossagte. Was heißt eigentlich, das Existenzrecht anerkennen? Das ist ein Recht, das keinem anderen Staat im internationalen System zugebilligt wird. Aus palästinensischer Sicht bedeutet das, dass die Palästinenser die Rechtmäßigkeit ihrer Vertreibung anerkennen? Sicherlich wird im Gegenzug die PLO von Israel anerkannt, nicht aber das Recht der Palästinenser auf nationale Selbstbestimmung, sondern lediglich eine lokale „Autonomie" – unter israelischer Aufsicht. Dennoch, einen Tag später, unterzeichnete Rabin das Dokument, indem er die PLO als den Repräsentanten des palästinensischen Volkes anerkannte, die damit befugt wäre, Verhandlungen zu beginnen. So wurde der „Oslo-Prozess" geboren. Am 13. September 1993 unterzeichneten Rabin und Arafat die „Prinzipienerklärung über die vorübergehende Selbstverwaltung" (auch Oslo I genannt). Der US-Präsident Clinton war anwesend, vor dem Weißen Haus in Washington kam es zum Händeschütteln zwischen Arafat und Rabin. Friedensnobelpreisträger Rabin zahlte 1995 für dieses Entgegenkommen durch einen Terrorschlag eines jüdischen Ultra-Nationalisten mit seinem Leben. Das Abkommen regelte, dass der Palästina-Konflikt in zwei Etappen beigelegt werden sollte. Zunächst kam es zu der allgemeinen Vereinbarung, die Verantwortung im Gazastreifen und im Westjordanland auf die Palästinenser zu übertragen und ihnen eine autonome Regelung ihrer Angelegenheiten zu gewähren. Wichtige Fragen wurden auf eine zweite Phase verschoben. Die USA hatten 1991 einen Lösungsvorschlag zum Flüchtlingsproblem gemacht, der von die PLO gut geheißen wurde: keine kollektive Rückkehr von Flüchtlingen, Ansiedlung der Flüchtlinge ausschließlich im palästinensischen Staat, und gleiche Regeln bei Wiedergutmachungen für palästinensische Flüchtlinge und für jüdische Flüchtlinge aus den arabischen Staaten. Das wurde von der Weltgemeinschaft wegen der Asymmetrie abgelehnt.

Eine große Mehrheit unter den Israelis und Palästinensern schien die Vereinbarung zu begrüßen. Das Abkommen stieß auch in den USA auf Zustimmung. Denn die Ziele der USA im Nahen Osten waren vermehrte Sicherheit für Israel und Frieden in der Region. Wieso kann es im Interesse der amerikanischen Bevölkerung sein, die Sicherheit Israels zu vermehren und die nationalen Rechte der Palästinenser und die Sicherheit anderer Staaten zu ignorieren? In den Staaten wurden Stimmen laut, dass eine dauerhafte Lösung nur auf Israels Rückzug aus dem Gazastreifen und den meisten Teilen des Westjordanlandes beruhen könne. Einer konföderativen Regelung zwischen Jordanien und den Palästinensern des Westjordanlandes könne zugestimmt werden. Aber es blieb dabei, dass eine Rückkehr zu den Grenzen von vor 1967 nicht möglich wäre. Das Vereinigte Jerusalem müsse

Hauptstadt des Staates Israel bleiben. Israel verfolgte die Absicht, nicht nur die Innenstadt von Jerusalem aus den Verhandlungen herauszuhalten, sondern alles, was das Wohnungsbauministerium in „Groß-Jerusalem" noch an Projekten vorhatte. Dieser schnell wachsende urbane Raum trennt die südliche von der nördlichen Hälfte des Westjordanlandes – Judäa und Samaria – und macht so die Aussichten auf eine sinnvolle Autonomie zunichte. Das kann aus Sicht der Palästinenser keine dauerhafte Basis für einen Frieden sein.

Kurz nach der Unterzeichnung der Prinzipienerklärung hatte sich Scheich Ahmad Yasin in einem Brief aus dem Gefängnis gemeldet: er bezeichnete diese Vereinbarungen als Kapitulation, ein Abkommen, das den Staat Israel anerkenne, wäre falsch, da das gesamte Land der Palästinenser, seine Traditionen, seine Heiligen Stätten und seine Kultur aufgegeben worden wären. Aber die Hamas besaß weder die Macht, den Osloer-Prozess nach der Unterzeichung der DoP (Declaration of Principles) aufzuhalten, noch konnte sie irgendwelche konstruktiven Alternativen anbieten. Der Patriarch von Jerusalem, Michel Sabah, hatte aber vor Weihnachten 1993 Israel aufgefordert, als Geste des guten Willens Scheich Ahmed Yasin aus der Haft zu entlassen. Israels lehnte ab. Erst 1997, unter dem Druck des jordanischen Monarchen, erfolgte die Freilassung.

Oslo hatte die Siedlungsbewegung nicht verboten, und dieser Prozess auf der Westbank hat sich erheblich beschleunigt. Theoretisch sollte es möglich sein, die Siedler in Israel aufzunehmen, da Israel auch fast eine Million Juden aus der Sowjetunion integriert hatte. Aber die Siedler bleiben aus theologischen, wirtschaftlichen oder Sicherheitsgründen, ein Rückzug erschiene als Zugeständnis der Unrechtmäßigkeit, damit als undenkbarer Vorgang in den Israeli-Palästinenser-Beziehungen.

Kairoer Gaza-Jericho-Abkommen 1994

Neuerliche Konferenzen regelten nur „Zwischenlösungen", die kritischen Verhandlungspunkte (z. B. endgültige Grenzen Israels), über die man sich zuerst einigen müsste, wurden auf spätere Verhandlungen über einen permanenten Status verschoben. Mit dem am 4. Mai 1994 in Kairo unterzeichneten Gaza-Jericho-Abkommen wurde den Palästinensern erstmals seit 1967 selbst verwaltetes Gebiet zugesprochen. Der Gazastreifen und die Stadt Jericho fielen, mit Ausnahme der jüdischen Siedlungen, unter palästinensische Kontrolle. Selbstverwaltung? Israel blieb weiterhin für die äußere und innere Sicherheit sowie öffentliche Ordnung der Siedlungen in den Selbstverwaltungsgebieten zuständig. Israelische Militärkräfte durften weiterhin die Straßen in den Autonomiegebieten ungehindert nutzen. Damit wirkten arabische Ortschaften „wie im Meer versprengte Inseln" (Arafatinseln). Araber, die z. B. von Bethlehem nach Ramallah fahren wollten, durften dies nicht auf direktem Weg, sondern mussten Umwege und Sperren in Kauf nehmen. Für die Palästinenser waren diese Vereinbarungen ein „Ausverkauf", denn das israelische Mandat für (neue) Siedlungen blieb erhalten.

Das Kairoer-Abkommen zwischen Israel und der PLO regelte wirtschaftliche Fragen. Die von der PLO regierten Gebiete blieben innerhalb der israelischen Wirtschaft; ein gemeinsamer Markt mit den Anrainerstaaten durfte nicht angestrebt werden. Damit blieb Palästina gesicherter Markt für Israel, wo Palästinenser höhere Preise zahlen als ihre Nachbarn und palästinensische Arbeiter weiterhin in Israel arbeiten. Das widersprach einigen Handelsbedingungen, auf die sich die PLO mit Jordanien geeinigt hatte. Die Zahl der Gegner in beiden Lagern wuchs. Die gewalttätige palästinensische und die provozierende israelische Opposition versuchten, die Verhandlungen zu „behindern". Für den 13. Juli 1994 waren Wahlen für den Autonomierat vorgesehen. Sie fanden nicht statt. Nach Unterzeichnung des Gaza-Jericho-Abkommens wurde das Agreement on Preparatory Transfer of Powers and Responsibilities geschlossen, das den Übergabeprozess in Gang setzte. Parallel zu diesen Verhandlungen wurde 1994 ein Friedensvertrag zwischen Israel und Jordanien unterzeichnet, man eröffnete offiziell diplomatische Beziehungen mit offenen Grenzen und freiem Handel.

Bei all diesen Abkommen blieben die nationalen Rechte der Palästinenser unerwähnt, eigentlich hätte eine Regelung auf Basis der UN-Resolutionen erfolgen sollen. Nun bestand kein Recht auf Widerstand in den Besetzten Gebieten und damit wurde die PLO aufgefordert, die Intifada zu beenden. Die PLO war zwar eine bedeutende Kraft für die palästinensische Autonomie geworden, Abrüstung und Entwicklung der Demokratie blieben ungelöste Problemfelder. Wirtschaftlich hatte das Abkommen keine Verbesserung für die Palästinenser gebracht, das israelische Budget sah keine Ausgaben für Araber in den Besetzten Gebieten vor. Da der Fischfang verboten war (die israelische Marine kontrolliert die Küste), und der arabische Anbau von Zitrusfrüchten stagnierte (wohl aus Wassermangel!), war z. B. die Bevölkerung des Gazastreifens gezwungen, in Israel zu arbeiten oder für israelische Industrie Heimarbeit von Frauen, und manchmal Kindern, verrichten zu lassen. Durch Abriegelungen bzw. Exportbeschränkungen ließ sich die Situation jederzeit verschärfen. Der Waffenbesitz im Gazastreifen blieb gestattet, das beeinträchtigte die Sicherheitslage und wirkte sich negativ für wirtschaftliche Entwicklung und Investitionen aus. Aber diese Abkommen ermöglichten es den Palästinensern dennoch, Banken zu eröffnen, Steuern einzuziehen und in begrenztem Umfang Handel zu treiben. Es war ein Vorteil für Israel, dass es seine formale Verantwortung für die Lebensbedingungen und das Gemeinwohl für die in den Besetzten Gebieten überproportional ansteigende Bevölkerung los war, aber die militärische Oberhoheit behielt. Die PLO unter Fatah-Führung setzte weiter auf den Osloer-Prozess, die Hamas auf eine Fortsetzung des Widerstandes. Auch die Hisbollah setzte sich 1993 gegen die Besatzung Israels in der „Pufferzone" im Südlibanon zur Wehr. Das war von Israel im Rahmen der Operation „Verantwortlichkeit" beantwortet worden. Hisbollah-Angriffe gegen Israel wurden fortgesetzt.

„Syrien ist bereit, normale Beziehungen mit Israel aufzunehmen, wenn sich Israel von den Golanhöhen zurückziehen würde", hatte der inzwischen verstorbene Präsident Hafez al-Assad 1994 in einem Gespräch mit Bill Clinton gemeint. Syrien wünscht die Rückgabe der Golanhöhen. Sowohl der See Genezareth als auch die

Golanhöhen waren Teil des britisch-palästinensischen Mandats gewesen. 1923 war der nordöstliche Teil des Palästina-Mandates als Teil des französisch-britischen Übereinkommens an das französische Syrien Mandat angegliedert worden. Der Golan, als syrisches Gebiet, war nicht Inhalt des ursprünglichen Teilungsplanes von 1947 gewesen. Der syrisch-israelische Waffenstillstand 1949 beließ den Golan und die nordöstliche Küste des Sees Genezareth in syrischer Hand. Manche Israelis vergessen niemals, dass die Golanhöhen Teil von Palästina waren und dass hebräische Siedlungen dort bereits in der Bibel vermerkt sind. Für Israel waren die Golanhöhen ein erstrebenswertes Gebiet: ursprünglich aus Sicherheitsgründen (zwischen 1948–1967 hatten die Syrer das israelische Wasserwerk in den Ebenen um den See Genezareth beschossen, und israelische Siedlungen in Galiläa wurden von Syrien aus angegriffen, z. B. Beit Sha'an). Heute fällt das Sicherheitsargument weg, da bessere Waffen verfügbar sind. Aber der Golan enthält neben reichem Ackerland vor allem Wasserreserven. Israel hatte die Golanhöhen 1967 erobert, die syrischen Geschützstellungen abgebaut und damit die Bedrohung aus diesem Gebiet beendet. Dann waren syrischen Dörfer systematisch zerstört worden, die Bewohner mussten in andere Teile Syriens fliehen. Unter den Flüchtenden waren auch Palästinenser, sie wurden in den bereits bestehenden „Flüchtlingslagern" untergebracht. Eine Gruppe von syrischen Staatsbürgern die 1967 weder fliehen wollten noch vertrieben wurde, waren die drusischen Araber, die sich als Syrer bezeichnen, 18.000 blieben in ihren Dörfern am Golan. 1973 kam es zu neuerlichen Kämpfen um den Golan. Die Vereinten Nationen teilten einen Streifen Landes im Osten ab, der von UNO Truppen patrouilliert wird. Israel musste dieses Gebiet verlassen, vorher hatte es Kuneitra, die größte Stadt des Golan, zerstört. Syrien beschloss, die Stadt unaufgebaut als Mahnmal zu belassen. Dieser Streifen wurde von einigen Syrern besiedelt. 1981 annektierte das israelische Parlament den Golan formal. Nur eine israelische Präsenz im Oberlauf dieser Zuflüsse könne die Wasserversorgung Israels gewährleisten, da dort viele Zuflüsse des Jordan und des Sees Genezareth entspringen und da vor 1967 Syrien versucht hatte, das Golan-Wasser nach Süden und Osten in den Jordan umzuleiten. International wird diese Vorgehensweise nicht anerkannt. Die Syrer wollen den Golan zurück, viele Israelis wären sogar zur Rückgabe bereit, wenn er in eine demilitarisierte Zone umgewandelt würde und sich die neue Grenze in ausreichender Entfernung vom See Genezareth befände. Israel baute am Golan gegen syrische Einwände weitere Siedlungen.

Nach dem im Mai 1994 unterzeichneten Autonomievertrag für Jericho und den Großteils des Gazastreifens zogen sich die israelischen Streitkräfte daraus zurück. Nach 27 Jahren Exil kehrte Arafat im Juli 1994 nach Palästina zurück, in der üblichen Uniform, die Kefijah am Kopf und ein Maschinengewehr in der Hand, die andere Hand zum Siegeszeichen erhoben. Er wurde von einer jubelnden Menge empfangen. Etwa hunderttausend rechtsgerichtete Israelis gingen dagegen in Jerusalem auf die Straße und forderten den Tod Rabins und Arafats, denn es war die Angst geblieben, dass die Palästinenser nach Jaffa und Haifa zurückkehren könnten. Arafat bildete in Gaza eine autonome Regierung, die Palästinensische Autonomiebehörde (PA). Sie ist eine einstweilige administrative Organisation, die, dem Namen nach, Teile der Westbank und des Gazastreifens regiert, eingerichtet als Teil des Oslo-Abkommens zwischen der PLO und Israel. Die PA hat keine Verfügungsgewalt über Ostjerusalem, das sowohl von Palästinensern als auch Israelis als ihre Hauptstadt reklamiert wird. Israel argumentierte, dass die Sicherheit der Siedler und die Hauptstadt Jerusalem nicht verhandelt würden. Städte unter palästinensischer Verwaltung umfassen Heilige Stätten, die nicht nur den Juden, sondern auch den Christen und Muslimen heilig sind, beispielsweise Bethlehem, Nablus (ehemals Sichem), Jericho. Die Hamas dagegen sah in der Verstärkung des bewaffneten Widerstandes gegen die Besatzungsarmee und die Siedler die einzige Möglichkeit, die Besatzung zu beenden. Die Auseinandersetzung entflammte in Hebron am 25. Februar 1994. Kiryat Arba, im September 1968 von Siedlern auf von arabischen Bewohnern von Hebron konfiszierten Land gegründet, galt als Meilenstein im Kampf um das biblische Israel, befriedigte die jüdische Forderung einer Anwesenheit in Hebron selbst, dem Begräbnisplatz von Abraham, bedeutend für Juden, Muslime und Christen. Zum Schutz der Siedler gab es mitten in Hebron sogar eine Militärbasis. Zweihundert Meter neben dem Eingang zur Ibrahim Moschee/Grab Abrahams wurden alle Läden der Palästinenser aufgrund von Straßensperren geschlossen, die einen sicheren Zugang für alle gewährleisten sollten. Wurde aber einmal ein Laden geschlossen, führt das meist zur Enteignung, und damit können Siedler sich umgehend dort festsetzen. Ab Mitte der siebziger Jahre waren durch Siedler aus Kyriat Arba „verlassene" Gebäude im Zentrum von Hebron und der Altstadt übernommen worden, wo damals ca. 25.000 Palästinenser gelebt hatten. Auch der Gemüsemarkt wurde zugemacht, ein Handelsplatz, der vielen Menschen diente, die aus den Dörfern des Umlandes kamen. Die Palästinenser kontrollierten ca. 85 % von Hebron, über den Rest üben Israelis ihre Herrschaft aus, und zwar durch 400 ultra-orthodoxe Siedler, fast alle aus den USA. Sobald es zu Zusammenstößen zwischen den beiden Gruppen kommt, verhängen die israelischen Behörden eine Ausgangssperre für die arabische Bevölkerung, nicht über die jüdischen Siedler, wodurch die arabische Ablehnung erheblich geschürt wird. 1994 während des Ramadan ermordete Baruch Goldstein, in Brooklyn geboren, Bewohner von Kiryat Arba, Mitglied der Kach-Partei, in Armeeuniform 29 Palästinenser während ihres Gebets in der Patriarchenhöhle in Hebron. Als Antwort wurden einige Tage später acht Israelis von arabischen Attentätern umgebracht. Die israelische Reaktion erfolgte prompt: Abriegelung der gesamten Besetzten Gebiete und weitere Erhöhung der Anzahl der jüdischen Bevölkerung. Erst 1997 kam es zum Hebron-Abkommen, die Stadt wurde geteilt und die Altstadt unter israelische Kontrolle gestellt. Seitens mancher israelischen Militärs wird die Stadt nun als „steril" und „palästinenserfrei" bezeichnet.

Palästinenser hatten keine Instanz, an die sie sich bei Übergriffen der Siedler oder bei Beschlagnahmungen wenden können, denn das Militär steht auf der Seite der Siedler. Viele Mitglieder der Truppen stammen aus den dort befindlichen jüdischen Siedlungen. Sie verteidigen ihr eigenes Land, unterstützt werden sie von einer paramilitärischen Bürgerwehr der Siedler. Der damalige israelische Regierungschef Rabin verurteilte die Siedler von Hebron. Das Kabinett diskutierte die

Möglichkeit, alle aus Hebron abzuziehen. Der Oberrabiner erteilte diesem Plan eine Absage, ausschlaggebend dafür waren die Auslegungen der Halacha durch einige einflussreiche Rabbiner aus dem zionistisch-religiösen Milieu gewesen. Es wird allen jüdisch-israelischen Soldaten (nicht allerdings an die Beduinen und Drusen) nahegelegt, dass Befehle zur Evakuierung von Siedlern illegal wären. Ein Soldat solle seine Waffe nicht gegen Israelis einsetzen, denn es wäre die Aufgabe der Armee, in den Besetzten Gebieten gegen den palästinensischen Terror zu kämpfen. Das war eine Strategieänderung, denn bei der Räumung der israelischen Siedlungen in der Sinai-Halbinsel nach dem Friedensvertrag mit Ägypten, hatte es keine derartigen Aufrufe gegeben. Das israelische Kabinett verbot auf Empfehlung des Generalstaatsanwaltes die beiden rechtsextremistischen Parteien Kach und Kahane Chai, die in den Jahren zuvor besonders durch Einwanderer aus den USA und Kanada personell gestärkt worden waren. Erstmals seit der Staatsgründung wurden gegen jüdische Gruppen die noch aus der Mandatszeit stammenden Antiterrorgesetze angewandt. Die Entwicklungen in Hebron waren Anlass für die UNO-Resolution 280 „zum Schutz der palästinensischen Zivilbevölkerung". Die USA stimmte dagegen. Ein Kompromiss, die Sicherheitsratsresolution 904 aus 1994 wurde bei Stimmenthaltung der USA angenommen. Sie enthielt eine Aufforderung an Israel, weitere Gewalttaten der Siedler zu verhindern. Auch die Hamas reagierte im April 1994: Aufruf zu einem Generalstreik, zu Demonstrationen. Es explodierte eine Autobombe an einer Bushaltestelle in Afula, in Norden Israels, acht Menschen wurden getötet, über 40 verletzt. Die israelische Armee riegelte die gesamten Besetzten Gebiete, aber Kollektivstrafen stellen einen Verstoß gegen geltendes (Internationales) Recht dar.

Es kam zu innerpalästinensischen gewaltsamen Auseinandersetzungen. Ein Protest der Hamas und des Islamischen Dschihad hatte im November 1994 vor der Moschee begonnen und breitete sich über die Stadt Gaza aus. Die palästinensische Polizei setzte Schusswaffen gegen die 2000 Demonstranten ein, 14 Menschen starben, ca. 200 wurden verletzt. Scheich Ahmad Yasin, Hamas, noch in Haft, äußerte sich dazu: *Wir lehnen Gewalt gegen Zivilisten ab, aber die israelische Armee lässt uns keine Alternative. Sobald Israel aufhört, palästinensische Zivilpersonen zu töten, werden auch die Palästinenser aufhören, israelische Zivilisten mitten in Israel zu töten.*

Taba-Abkommen (Oslo II) 1995

Im September 1995 wurde von Ministerpräsident Rabin und PLO-Versitzendem Arafat das „israelisch-palästinensische Interimsabkommen über die Westbank und den Gazastreifen" (Oslo II) in Taba (Sinai) unterzeichnet. Es bezog die vorherigen Abkommen ein und ersetzte sie. Die Übertragung von Kompetenzen, der israelische Rückzug aus größeren Siedlungsgebieten im Westjordanland wurde vereinbart. Damit begann Israels Abzug der militärischen Kräfte aus den Städten der Westbank und aus ländlichen Gebieten mit großem palästinensischen Bevölkerungsanteil. Es wurden drei Zonen mit eigenen Grenzen und eigenen Regelungen für die Sicherheitskontrolle eingeführt: Gebiet A, das nahezu den gesamten Gazastreifen und sechs Städte des Westjordanlandes umfasste, ausschließlich unter palästinensischer Kontrolle, Gebiet B mit 450 palästinensische Ortschaften des Westjordanlandes, unter palästinensischer Zivilverantwortung, aber mit israelischer Zuständigkeit für die Sicherheit, und Gebiet C, vorwiegend unbesiedelte Teile des Westjordanlandes ausschließlich von Israel kontrolliert. Als erster Schritt zu einem palästinensischen Staat wurde ein Staatsapparat aufgebaut. Mit diesem Abkommen hatte Arafat Israel de jure anerkannt. Ein großer Stolperstein bei den Verhandlungen war der Artikel 12 des politischen Programms der Fatah gewesen: „komplette Befreiung Palästinas und die Vernichtung der ökonomischen, politischen, militärischen und kulturellen Existenz der Zionisten. Am 26. April 1996 votierte der Palästinensische Nationalrat für die Löschung oder Berichtigung aller dieser Abschnitte und bestimmte, dass ein neuer Text verfasst werden sollte. Ein Brief von Arafat an den damaligen US-Präsidenten Clinton im Jahre 1998 enthielt alle betroffenen Abschnitte und der Palästinensische Nationalrats billigte diese Auflistung. Ein öffentliches Treffen der Mitglieder der PLO, das Nationalrats (PNC) und des PLO-Zentralrats (PCC) bestätigten in Anwesenheit von Clinton diesen Brief ebenfalls. Die Palästinenser warfen Arafat vor, die ursprünglichen Ziele verraten zu haben.

Im Jänner 1996 wählten die Palästinenser einen Präsidenten und ein Parlament. Diese Wahlen hatten unter schwierigen Bedingungen stattgefunden: in den Besetzten Gebieten gab es unzählige Checkpoints, Israel hatte zwar zugesagt, dass diese geöffnet würden, israelische Soldaten keine Wahllokale betreten würden und Wähler nicht eingeschüchtert würden. In Ostjerusalem gab es eine Reihe von Plakaten, die die arabischen Wähler wissen ließ, dass Wählen zum Verlust ihrer Identitätskarten, ihrer Wohnberechtigung und der Berechtigung zur Inanspruchnahme von sozialen Diensten führen würde. Die israelischen Behörden beteuerten, dass eine religiöse rechte Gruppe für diese Plakate verantwortlich wäre. Die Schlüsselfrage war, ob die Palästinenser; die in Ostjerusalem wohnten als „Bewohner" oder „Fremde"/Briefwähler gezählt würden, deren Stimmen „auswärts" mitgerechnet würden. Von den 200.000 Arabern hatten dann nur 4000 die Wahlberechtigung erhalten, und das in nur fünf Postämtern. Die anderen mussten Transportmöglichkeiten außerhalb Jerusalems suchen, um ihre Stimme abgeben zu können. Alle palästinensischen Wähler wurden beim Betreten des Wahllokals gefilmt.

Arafat erhielt bei den ersten Wahlen in den Autonomiegebieten im Jänner 1996 einen hohen Stimmenanteil und wurde zum Präsidenten der Autonomiebehörde gewählt. Nach den Oslo-Bestimmungen wurden anfänglich nur 3 % der Westbank (städtisches Gebiet) unter vollständige palästinensische Kontrolle gestellt. Der Anteil sollte stufenweise vergrößert werden. Das Ziel von Oslo war ein unabhängiger Staat. Eine Regierung wurde ernannt, und somit bestanden Exekutive und Legislative, der Legislativrat. Von dieser Regierung wurden Aufgaben wie z.B. Übernahme von Polizeiagenden übernommen. Verständlicherweise hatte Israel Ruhe und Sicherheit für seinen Staat und seine Bürger gesucht. Es kommt daher zu keinen weiteren Zugeständnissen, da die Mehrzahl der israelischen Wähler meinte, dass dadurch die Sicherheit Israels beeinträchtigt würde. Israelische Staatsbürger durften die „autonomen Gebiete" innerhalb der Besetzten Gebiete ohne Besuchsgenehmigung nicht betreten. Schikanen betreffen nicht nur Palästinenser, sondern auch Israelis. Der Beginn der al-Aqsa-Intifada im September 2000 hebt viele dieser Zugeständnisse wieder auf, als israelische Panzer in das Gebiet der PA eindringen, um sich gegen Selbstmordattentate zu wehren.

Der jüdische Jurastudent Yigal Amir, aus der extremistischen religiösen Siedlerpartei, ermordete direkt im Anschluss an eine Großveranstaltung zur Unterstützung des Friedensprozesses in Tel Aviv am 4. November 1995 Yitzhak Rabin. Der Oslo-Prozess wurde durch diesen Mord entscheidend beeinflusst. Rabin hatte eine berühmte Landwirtschaftsschule besucht, war im Kibbuz ausgebildet worden, hatte seinen Dienst in der Palmach, der Elitetruppe des entstehenden jüdischen Staatswesens versehen, dort den legendären ersten Offizierskurs belegt, 1948 beim israelischen Unabhängigkeitskriegen bei der Verteidigung des Versorgungskonvois nach dem belagerten Jerusalem mitgewirkt, bei der Befreiung des Negev aus ägyptischer Hand gekämpft. Er war Armeechef im Sechstagekrieg und hatte bei der Entebbe-Aktion aktiv teilgenommen. Mit diesem biografischen Hintergrund hatte Rabin Mut und Selbstüberwindung besessen, um Friedensverhandlungen mit den Palästinensern zu führen.

Nach dem Tod Rabins, während der kurzen Amtszeit von Shimon Peres 1995/96, erlebte Israel eine grauenvolle Terrorwelle. Es war die Tötung kostümierter Kinder, die in Tel Aviv das jüdische Purimfest feierten. Hamas hatte erklärt, dass die Anschläge eine Vergeltung für die Liquidierung ihres wichtigsten Bombenbauers gewesen wären.

1996 hatte der israelische Geheimdienst den Hauptbombenbauer der Hamas getötet. Das waren die ersten Selbstmordattentate, die in den folgenden Jahren zum Archetypus von Terroranschlägen werden sollten. Binnen zwei Wochen fanden fünf Selbstmordattentate statt, bei denen 50 Israelis ermordet und Hunderte verletzt wurden – Zivilisten! Nach einer kurzen Peres-Periode wurde der Likud-Führer Benjamin Netanjahu zum neuen israelischen Premierminister gewählt, es war zu einer starken Zunahme der Rechtsparteien gekommen. Eine der Ursachen für die Wahl des „Falken" Netanjahu war ein Selbstmordanschlag auf einen israelischen Bus gewesen, bei dem 32 Israelis getötet worden waren. Der neue Premier verfolgte eine Politik der Verzögerung und Behinderung bei der Umsetzung der Oslo-Verträge. Er hatte versprochen, niemals Land für Frieden zu tauschen. Sein Außenminister Ariel Sharon bezeichnete das Abkommen als einen „nationalen Selbstmord". Er erbitterte damit die Palästinenser, die mit Terroranschlägen antworteten. Es war für Israelis undenkbar, Friedensgespräche mit Menschen zu führen, unter denen sich Anführer befanden, die mit großer Begeisterung Menschen in den Tod schicken, um Israelis zu töten. Ebenso deprimierend war es für sie, dass es kaum palästinensische Stimmen gab, die diese Massenmorde verurteilten.

Zu dieser Krise trug auch ein Tunnelbau entlang dem Tempelberges, der unter von Muslimen bewohnten Häusern entlang der „westlichen Mauer des Tempelberges" lief, bei. Premier Netanjahu hatte den Hasmonäischen Tunnel unter dem Tempelberg, bisher nur Archäologen zugänglich, 1996 für das Publikum geöffnet. Kirchenführer und muslimische Würdenträger protestierten gegen diese einseitige Maßnahme in Jerusalem. Der lateinische Patriarch führte eine Kerzenparade aller Christen durch die Altstadt, im Rahmen derer für Frieden gebetet wurde. Der Direktor für christliche Gemeinschaften im israelischen Ministerium für Religion erhob gegen Sabbah den Vorwurf der Einmischung in die Politik. Bei Ausschreitungen danach waren auf beiden Seiten Menschen zu Tode gekommen.

Eine neue Siedlung im Süden von Jerusalem auf enteignetem palästinensischen Land, Dschabal Abu Ghnaim (hebräisch Har Homa), wurde begonnen, die Bethlehem und das benachbarte Beit Sahur endgültig vom arabischen Ostjerusalem abtrennten. Weitere blutige Attentate der Hamas folgten. Am 1. Oktober 1997 ließ Israel – auf jordanischen Druck – den geistigen Führer der Hamas, Scheich Ahmed Yasin, frei. Israel konnte eine Situation, die die Palästinenser frustriert und ihren Zorn beschwört, nicht aufrechterhalten. Es blieb die Hoffnung der Israelis, dass die Palästinenser das Land verlassen werden. Nicht nur in den Besetzten Gebieten brodelte es. Auch die Hisbollah wurde aktiv, deren Raketenangriffe auf Nordisrael waren vorausgegangen, besonders auf die Stadt Kiryat Shmona. Truppen der Hisbollah hatten zahlreiche Kämpfe mit Einheiten der IDF und der Südlibanesischen Armee (SLA) ausgetragen. 16 Tage dauerte dieser Krieg gegen den Libanon, von den Israelis „Grapes of Wrath" benannt (Früchte des Zorns). Israel führte primär Luftangriffe durch, hier starben über Hundert libanesische Zivilisten. Auch eine UNO-Einrichtung wurde von den Israelis getroffen, der Konflikt wurde am 27. April 1996 durch eine Waffenstillstandsvereinbarung beendet.

Wye-Abkommen 1998

Am 23. Oktober 1998 unterzeichneten Netanjahu und Arafat das Wye-Abkommen zum weiteren Truppenabzug der israelischen Streitkräfte aus dem Westjordanland; Bill Clinton diente als Zeuge. Am 17. November 1998 stimmten 75 der 120 Knessetabgeordneten für das Abkommen, 19 dagegen. Die Palästinenser, die noch immer die „rostigen Schlüssel" zu ihren Häusern bewahrt hatten, warfen Arafat vor, dass er den Israelis zu viel überlassen hätte, da die Israelis das Rückkehrrecht der Flüchtlinge nicht anerkannt hatten. Parallel zu diesen Friedensbemühungen oder Äußerungen des Wunsches nach Frieden, kam es wieder zu Problemen in Hebron. Im Dezember 1999 hat die israelische Armee 750 palästinensische Dorfbewohner, deren Familien seit 1830 in Berghöhlen in der Nähe von Hebron leben, „evakuiert". Der israelische Gerichtshof verfügte im März 2000, dass die Bewohner in ihre Unterkünfte zurückkehren könnten, vertagte aber eine endgültige Entscheidung. Der Ausbruch der Zweiten Intifada im September 2000 verhinderte ein Umsetzen des Wye-Abkommens. Im Jänner, gegen Ende der Clinton Präsidentschaft, fanden noch einmal Gespräche zwischen Arafat und dem israelischen Außenminister in Taba statt.

Der arabische Knesset-Abgeordnete Taleb as-Sanaa hatte Scheich Ahmed Yasin in seiner Gefängniszelle besucht und dieser hatte den Vorschlag eines lang andauernden Waffenstillstandes vorgebracht. Seitens der Hamas wurde ein Prozess der Anerkennung der normativen Kraft des Faktischen begonnen. Bis 2000 hätte die palästinensische Unabhängigkeit erreicht werden sollen. Die Wirklichkeit sah anders aus. Es gab im Rahmen des Oslo-Prozesses seitens Israels (und den USA) Bestrebungen, die 32 Resolutionen, die meisten davon israelkritischen Inhalts, zu eliminieren.

Camp David II (2000)

Im Mai 1999 hatte Ehud Barak von der Arbeiterpartei einen erdrutschartigen Sieg über Netanjahu erzielt. Barak war bereit, die Verhandlungen über Land für Frieden aufzunehmen. Barak und Arafat trafen sich im September 1999 in Scharm al Scheich und verhandelten über eine fristgerechte Umsetzung der ausstehenden Verpflichtungen. Clinton bemühte sich, die Israelis und Palästinenser zu einem Abkommen zu bringen. In Camp David fanden im Jahre 2000 Gespräche zwischen Clinton, Arafat und Barak über den Nahostkonflikt statt. Camp David II sollte auf der Basis des Oslo-Abkommens von 1993 zu einer weit reichenden Entschärfung des Nahostkonfliktes führen. Israel wollte sich nicht auf die Schlüsselresolutionen 242 bzw. 338 verpflichten, während die Palästinenser zögerten, sie als permanente Basis für einen Frieden aufzugeben. Der Gipfel endete ergebnislos. Barak erklärte, dass es keinen Gesprächspartner auf palästinensischer Seite gäbe, Arafat wurde für seine Zurückweisung des angeblich großzügigen Angebots, die Palästinenser an der Kontrolle der Westbank teilhaben zu lassen und geteilte Verantwortung für Schlüsselgebiete in Ostjerusalem einzuführen, kritisiert. Er hatte sich geweigert, unter dieses „großzügige Angebot" seine Unterschrift zu setzen. Später wurde Camp David als der zerborstene Grundstein bezeichnet, auf dessen Basis alles in den folgenden Jahren in sich zusammenfiel. Es war auf Wunsch von Barak nichts dokumentiert worden, er wollte nicht, dass sich Arafat hinterher brüsten könne, zu welchen Zugeständnissen sich Israel bereit erklärt hätte. Oder: Barak bot den Palästinensern die Souveränität über ihre Moscheen, aber nicht über den Boden, auf dem sie stünden. Sowohl Clinton als auch Barak, der kurz darauf in allgemeinen Wahlen von seinem politischen Gegner Sharon abgelöst wurde, gaben Arafat die alleinige Schuld am Scheitern dieser Verhandlungen. Dr. Hanan Ashrawi meinte, dass den von den Israelis unterdrückten Palästinensern als Vorbedingung gefordert worden war, der Gewalt abzuschwören. Wer fordert dies von den Israelis? Zwei Monate später kam Sharon an die Macht und damit fanden diese Friedensbemühungen ein Ende. Parallel dazu wurde das Konzept des „Clash of Civilisations" entwickelt, damit „wird die westliche Kultur – jüdisch-christlich, liberal, demokratisch, tolerant (zu der sich Israel zählt) – vom fanatischen, terroristischen Islam angegriffen und das Israel-Palästinenser-Problem konnte in einem viel größeren Kontext gesehen werden. Ein weiterer Vorwand für Israel bei Verhandlungen nicht nachzugeben? Zumindest hatte Israel am 22. Mai 2000 in einer 48 Stunden dauernden Blitzoperation seine Truppen hinter die internationale libanesische Grenze zurückgezogen.

Der Friedensprozess – ein Misserfolg?

Rabin war 1995 ermordet worden und damit neue Gewalt ausgebrochen. Arafat igelte sich auf der Westbank in Ramallah ein – und neue Lagen von gegenseitigem Hass und Argwohn wurden weiter aufgebaut. Selbst während der Verhandlungen behielt jeder einige Karten zurück, Rabin gestattete weitere Siedlungen und Arafat stellte sich gegenüber den Terroristen, die ihre Attacken planten, blind. Sie „konnten nicht miteinander", weil sie einander nicht als „gleichberechtigt" betrachteten. Die Palästinenser meinten, dass sie die Bedingungen ihrer „endgültige Auslieferung" verhandelten; und was sie als „lang verweigerte Gerechtigkeit" ansahen, nämlich die Rückgabe des Landes und die Aussicht auf einen zukünftigen, wenn auch stark beschnittenen Staat, wurde seitens der Israelis als wesentliches „Zugeständnis" betrachtet. Beide hatten Recht. Palästinenser fanden, dass sich die Israelis wie ein Dieb verhielten, der für die Rückgabe der gestohlenen Güter belobigt werden möchte. Auch nicht während des Friedensprozesses haben beide Seiten Anstrengungen unternommen, die Denkweisen der anderen zu begreifen. Z.B. nach der formalen Annexion Ostjerusalems in 1967 wurden die prä-1948-jüdischen Rechte an Boden nicht nur in Ostjerusalem anerkannt, sondern in der gesamten Westbank, es gab aber keine palästinensischen Rechte, die in Israel anerkannt worden wären. Wenn israelische Siedler die Araber „Esel" nennen, und die Palästinenser jene, die Israelis brutal ermordet haben, als Märtyrer bezeichnen, werden Ansichten übereinander tradiert, die bereits seit Generationen bestehen. Manche Israelis meinen, dass die Palästinenser immer mehr Zugeständnisse erpressen, während ihr endgültiges Ziel kein Kompromiss, sondern die Vernichtung Israels ist. Die Ereignisse der weiteren Jahre haben diese Meinungen versteinert.

Israel und die USA sahen ihre Friedensangebote zurückgewiesen und beschuldigen Arafat der Unfähigkeit zum Frieden. Es kam zu der Ansicht, dass die Israelis keine Verhandlungspartner bei den Palästinensern hätten. Das führte zu einer De-Legitimierung Arafats, und auch der Palästinenser. Die palästinensische Ansicht dazu: Israel ist seit 1967 – entgegen verschiedenen UN-Sicherheitsresolutionen – Besatzungsregime über die palästinensische Gesellschaft, das sich auf militärische Gewalt stützt. Die Palästinenser sehen sich nach Internationalem Recht berechtigt, gegen die fortdauernde Besatzung Widerstand zu leisten, besonders da ein hohes Maß an Gewalt von der israelische Armee gegen Palästinenser eingesetzt wird. Diese aber führt zu den Demonstrationen und letztlich zu einer neuerlichen Intifada.

Offen bleibt: Der Status von Jerusalem, die Flüchtlingsfrage, ein weiterer Abzug der Israelis, Sicherheitsvorkehrungen und die umstrittenen Grenzen. Eine konservative israelische Regierung, seit 1996 an der Macht, widersetzte sich dem Oslo-Abkommen. Israel hatte zwar die Osloer-Verträge unterschrieben, intensivierte jedoch während der Verhandlungsjahre die Siedlungen. Damit haben die Terrorattacken der Palästinenser und die Gegenmaßnahmen der Israelis nicht aufgehört. Die Palästinenser und Israelis fühlen sich betrogen.

Die Entwicklungen seit Oslo

Ehud Barak war am 9. Dezember 2000 nach langem Kampf um eine Regierungskoalition von seinem Amt zurückgetreten. Ariel Sharon, Führer der Likudpartei, versprach den Wählern einen „sicheren Frieden". Nach Monaten des Terrors und Dutzenden von israelischen Opfern entsprach er dem Wunsch der Bevölkerung. Es gab auch Stimmen in Israel, die darauf hinwiesen, dass Sharon von einem Untersuchungsausschuss für untauglich erklärt worden war, das (damalige) Amt des Verteidigungsministers zu bekleiden. Sharon errang 2000 einen erdrutschartigen Sieg.

Quellen bestätigten die Korruption von Arafat, Teile der Hilfsgelder aus Europa und den arabischen Ländern finden sich auf Schweizer Bankkonten. Da dies in Palästina nicht geheim blieb, verzweifelten auch gemäßigte Palästinenser und wandten sich der Hamas und dem Islamischen Dschihad zu. Scheich Ahmad Yasin meinte, dass Israel endlich eine international anerkannte und beidseitig vereinbarte Grenze ziehen müsse, zwischen der jüdischen und der palästinensischen nationalen Heimat. Die Palästinensische Nationalbehörde führt einen massiven Schlag gegen das institutionelle Gefüge der Hamas. Die Hamas-Fernsehstation wird geschlossen, ebenso wie viele von ihr kontrollierte Einrichtungen in Gaza. Dieses „soziale Infrastruktur" hatte zu einer stabilen Verankerung der Hamas in der Bevölkerung geführt. Nicht alle islamischen Organisationen waren Hamas-Einrichtungen, aber ihr Einfluss war sichtbar: gute professionelle Arbeit ohne Korruption. Das Niveau der Leistungen war hoch. Islamische Nichtregierungs-Organisationen sind nur ein Teil der palästinensischen Zivilgesellschaft, sie werden als deren dynamische Kräfte wahrgenommen. Zu den bekanntesten Institutionen zählen das „Islamische Zentrum in Khan Yunis" und die „Islamische Universität von Gaza". Die Empfänger von Leistungen werden nicht zur Durchführung von Angriffen gegen die Besatzungsmacht angehalten.

Es gab außerdem andere Faktoren für die Unzufriedenheit der Palästinenser: der nach Oslo erwartete ökonomische Aufschwung war ausgeblieben, 2000 waren die Palästinenser ärmer als je zuvor. Die Arbeitslosenquote war auf ein hohes Ausmaß angestiegen, die Anzahl der Tage, an denen es keine Bewegungsfreiheit gab, weil die Armee alle Verbindungsstraßen zwischen palästinensischen Ortschaften abgeriegelt hatte, war angestiegen. Die negative Erwartungshaltung wurde durch das Gefühl verstärkt, dass die USA Israel voll unterstützten, gleichgültig welche Politik diese verfolge. Das lieferte neue Chancen für Extremisten, die meinten, dass den Palästinensern niemals Gerechtigkeit widerfahren würde, so lange Israel existiere. Sie verbündeten sich mit einer der beiden Untergrundorganisationen, die sich dem Untergang Israels verschworen haben: der Hamas oder dem Islamischen Dschihad. Diese werden von Israel als terroristische Organisationen gesehen, aber für Araber sind sie Freiheitskämpferorganisationen und werden von sympathisierenden Gruppen aus arabischen Ländern unterstützt. Die Führer beider Gruppen wurden im Ausland ausgebildet, einige in Afghanistan von der al-Qaida. Die palästinensische Gewalt gegen Juden kann in drei Phasen eingeteilt werden: 1919–1948 Terror durch lokale palästinensische Gruppen, die den wachsenden Anstieg der jüdischen Einwanderung in das Mandatsgebiet Palästina verhindern wollten; 1949–1956 terroristische Aktivitäten entlang der Waffenstillstandsgrenzen durch Gruppen von Fedayeens, die aus der Westbank (unter jordanischer Kontrolle), und aus dem Gazastreifen (unter ägyptischer Kontrolle) eindrangen. Ab 1956 wurde Terrorismus von jenen Palästinensern eingesetzt, deren „bewaffneter Kampf" zum Ziel hatte, Palästina zu befreien und einen Palästinensischen Staat aufzubauen, der Israel ersetzen und das ehemalige Mandatsgebiet umfassen solle.

Für die Hamas und den Islamischen Dschihad ist der Kampf gegen Israel ein Dschihad, ein „heiliger Krieg", der im Namen ihrer Religion ausgetragen wird. Sie glauben, im Namen ihres Glaubens zu kämpfen, und dass der Koran befiehlt, Ungläubige zu bekämpfen, besonders Juden. Sie betrachten Israel als Krebsgeschwür zwischen muslimischen Staaten und setzen Terror ein, um Israel zu destabilisieren und sie untergraben jeglichen Versuch von Verhandlungen zwischen der PA und Israel. Aber beide Organisation stellen der Bevölkerung soziale Dienste zur Verfügung; besonders in jenen Gebieten, die von der PA nicht oder nur schwer erreicht werden können. Mindestens 10% bis maximal 40% aller sozialen Institutionen im Gazastreifen und im Westjordanland waren islamisch, d.h. zumeist von der Hamas kontrolliert. Gegenüber jenen, die „mit Israel kollaborieren", verhalten sich beide Gruppen extrem brutal. Sollte Palästina unabhängig werden, wollen sie die Führung übernehmen und die politische Richtung vorgeben. Auf diese Art stellen sie für die Fatah, die PLO und die PA eine echte Gefahr dar. Als Gegenmaßnahme und um gegen diese Gruppen vorgehen zu können, schuf Arafat im Jahre 2001 zu Beginn der al-Aqsa-Intifada die al-Aqsa-Märtyrerbrigaden aus seinen eigenen Anhängern. Auch sie verübten zahlreiche Selbstmordattentate gegen israelische Zivilisten. Terroranschläge gegen Israel können ebenso von den al-Aqsa-Märtyrern verübt worden sein, die hundertprozentig loyal zu Arafat standen. Damit hatte Arafat weiter Glaubwürdigkeit gegenüber Israel verloren. Viele Israelis meinten, dass Arafat, zwar ein gewählter Führer und „Gegenüber von Sharon", noch immer ein Terrorist wäre, und daher nicht zum Verhandlungspartner tauge. Das andauernde Misstrauen zwischen Sharon und Arafat war tief. Fatah unterschied sich von anderen Gruppierungen, die für die Freiheit von Palästina standen dadurch, dass sie die größte Gruppe war, weil sie das meiste Geld erhielt und internationale Anerkennung gefunden hatte. Die Palästinenser haben die „Selbstmordwaffe" nicht erfunden, aber seit den frühen 1990ern wurde sie zur „Lieblingswaffe". Ein Mujahid (Kämpfer) zögert oder entkommt nicht, sondern er führt eine erfolgreiche Explosion für die Religion und den Dschihad durch, wodurch die Moral des Feindes zerstört würde. Ein Antiterrorismus-Gipfel hatte in Scharm al-Scheich im März 1996 stattgefunden. Das Ziel war eine De-Legitimierung von Selbstmordattentaten in der Internationalen Politik. Das wurde durch einige islamische Rechtsgutachten bestärkt, nach denen Bombenattentate nicht als Märtyreroperationen, sondern als Selbstmordattentate zu werten seien und so, laut islamischer Rechtsprechung, die den Selbstmord verbietet, illegitim. Al-Azhar-Gelehrte geben Unklarheit über Selbstmord und Märtyrertum in Verteidigung von Religion und Vaterland zu, aber klar wäre, dass die Scharia Selbstmord verbiete und Selbstmörder in der Hölle enden würden. Seitens Israels, aber auch des gesamten Westens, werden Selbstmordattentäter und deren Massaker in von ethnischen Gegensätzen gekennzeichneten Kriegen als eine Bedrohung des Barbarischen wahrgenommen. Gegen beide, den (ethnischen) Massakerkrieger in zumeist ärmeren Gebieten am Rande bzw. umgeben von Wohlstandszonen und in die eindringenden Terroristen richtet sich eine auch als zivilisierend verstandene Gewalt. Wenn diesen „Barbaren" das Eindringen in den zivilisierten Raum gelingt, werden sie als eine Gefahr für Frieden und Wohlstand gesehen. Das führte zu Druck gegen die Hamas, zu Verhaftungswellen und zu Kooperation der PLO mit dem israelischen Geheimdienst. Da gab es aber Abdallah Azzam, einen palästinensischer Theologen, der das Märtyrertum durch seine Schriften und Vorträge rühmte. Dieses Gedankengut wurde von einer Jugend, die arbeitslos und daher gelangweilt war, gutgeheißen. Diese Jugendlichen glaubten, dass der Tod als Selbstmordattentäter direkt ins Paradies führe, und 70 Mitglieder des eigenen Clans würden dadurch dem Höllenfeuer entkommen. Azzam hatte geholfen, die Hamas ins Leben zu rufen, als Gegengewicht zu der säkularen Politik von Arafat. Auch für Bin Laden stand die Lösung des Palästinaproblems nicht auf seiner Prioritätenliste, er hasste Arafat. Aber für seine Zielsetzung des Kampfes gegen den Westen war Israel und seine „Unterstützer", die USA, ausschlaggebend. Diese Entwicklungen ermutigten die Israelis, an ihrer militärischen Präsenz in den Besetzten Gebieten festzuhalten und Gewalt überall dort auszuüben, wo sie es für ihre Sicherheit notwendig empfanden. 2003 hatte Scheich Yasin gemeint, dass die Hauptgegner der Palästinenser immer die Soldaten und die Siedler seien, aber die „Märtyrer" wären die Antwort auf israelische Verbrechen gegen das palästinensische Volk. Die Selbstmordattentäter machten endgültig klar, dass die Unterscheidung zwischen Israel und den Besetzten Gebieten seitens der Terroristen aufgehoben wurde, und ihr Anspruch das gesamte Land betrifft. Sie griffen militärische Ziele an, aber in der Mehrzahl waren die Opfer Zivilisten. Wenn der angegebene Grund der Attentäter die Religion ist, sind auch nationale palästinensische Ziele und vor allem Rachedurst auslösend. Von Hamas-Aktivisten wird das Selbstmordattentat mit folgenden Argumenten gerechtfertigt: Attentate seien als Märtyreroperationen eine legitime Verteidigung gegen eine gewaltsame, gnadenlose und tödliche Besatzung, die trotz aller UN-Resolutionen von der Internationalen Gemeinschaft seit 1967 nicht beendet worden sei, und sie seien das einzig effektive und legitime Mittel in der Hand der Palästinenser gegen die weit überlegene militärische Macht der israelischen Armee. Schwachstellen der israelischen Gesellschaft seien lediglich durch Angriffe auf die Zivilbevölkerung zu nutzen. Es gibt inzwischen weibliche Selbstmordattentäterinnen, die meist mit Zustimmung ihrer Familie ausgesendet werden. Im September 1997 hatte der israelische Geheimdienst Mossad versucht, Khalid Maschal, den Chef des Hamas-Politbüros, in Amman zu ermorden. Der Anschlag schlug fehl. Es kam zu einem Deal: Israel entließ Scheich Ahmad Yasin aus dem Gefängnis; er kam nach Amman, König Hussein erlaubte die Rückkehr der acht Mossad-Agenten, eine Reihe weiterer palästinischer und jordanischer Gefangenen wurde ebenfalls freigelassen. Zwei Tage vor dem Attentat hatte König Hussein Netanjahu schriftlich informiert, dass die Hamas zu einem Dialog mit Israel und einem Stopp der Selbstmordattentate bereit wäre. Jedenfalls rechtfertigen die Geschichte und die israelische Besatzung den Terrorismus nicht, aber der Terrorismus rechtfertigt die Besatzung und manches israelisches Verhalten nicht.

Die arabischen Christen haben ihre eigene Meinung über die zionistischen Aktivitäten und tun keinesfalls nur das, was die muslimische Mehrheit vorgibt. Sie haben eine unabhängige theologische Tradition im Nahen Osten, und damit ihre eigenen Gründe für ihre Opposition gegen Israel. Sie setzen sich für das säkulare Modell der arabischen Gesellschaft ein. Jerusalem war ständig eine Quelle von Auseinandersetzungen zwischen der israelischen Regierung und den christlichen Kirchen, wiederholt hatten die lokalen und internationalen Kirchen gegen die israelische Aneignung und Beschlagnahmung von Land in der Umgebung von Jerusalem protestiert. Christen sahen darin den Bruch Internationalen Rechts und die Nichterfüllung der Osloer-Abkommen: demgemäß sollten alle Jerusalem betreffende Angelegenheiten in einem endgültigen Status-Abkommen festgelegt werden. Eine andauernde Verärgerung ergaben sich durch die Schließung der Stadt für palästinensische Pilger, und die Behinderung der freien Bewegung des Klerus und geistlicher Würdenträgern von der Westbank nach Jerusalem. Außerdem versuchten die Stadt Jerusalem und die israelische Finanzbehörde ständig Steuern einzuheben und Konventionalstrafen für angebliches früheres Nicht-Bezahlen seitens katholischer Einrichtungen und christlicher NGOs zu verhängen. Somit ist der Hauptgrund für alle diese Auseinandersetzungen und diplomatischen Aktivitäten die Weigerung Israels, Jerusalem mit den Palästinensern zu „teilen". Das Gebäude der Knesset steht auf griechisch-orthodoxen Kirchenboden – dieser ist nur für hundert Jahre gewidmet. Israel hat entschieden, dass der Ostteil mit seinen über 100.000 Palästinensern unter israelischer Herrschaft bleiben solle. Christen befürchten, dass es zu „Groß-Jerusalem" kommen wird, zu einer Metropole mit weiter gezogenen Grenzen als nach der Annexion von 1967. An der Peripherie werden Siedlungen gebaut. Schnellstraßen, Abwassersysteme und Wasserleitungen sind so angelegt, dass sie eine bis nach Ramallah und Bethlehem reichende Region, die auch eine Reihe von arabischen Orten umfasst, durchziehen. Die palästinensischen Gemeinden mit hohem Christenanteil werden eingekreist, durch die Mauer vom Umland abgeschnitten. Damit scheint jegliche Möglichkeit, Ostjerusalem zur Hauptstadt eines palästinensischen Staates zu machen, ausgeschlossen zu werden. Zudem gäbe es angeblich Pläne für eine Siedlung nordöstlich von Jerusalem, die den Namen „al-Quds" – so nennen Araber Jerusalem – erhalten solle. Das könnte die Hauptstadt für die Palästinenser sein, meinen manche Israelis. Im November 1994 hatten die Patriarchen und Kirchenführer ein Memorandum „über die Bedeutung Jerusalem für die Christen" herausgegeben: Der Vorschlag, dass Jerusalem nur einem Volk oder einer Religion „gehöre", wird verworfen und ein Statut mit internationalen Garantien vorgeschlagen, um die Bindung von Juden, Christen und Muslimen an die Heilige Stadt zu sichern. Ein international garantierter Status für Jerusalem sollte folgendes umfassen: Anerkennung der universellen Bedeutung und Einzigartigkeit, Gleichheit der Rechte für alle Bürger unabhängig von ihrem Glauben, Freiheit für alle religiösen Gemeinschaften ihre Institutionen zu führen, Freiheit der Zugänge für lokale (palästinensische) und internationale Pilger zu den Heiligen Stätten.

Zu Beginn der Nah-Ost-Friedensprozesses hatte sich der Vatikan von den Verhandlungen ausgeschlossen gefunden. Soweit dies der Heilige Stuhl sah, hatten die Osloer-Abkommen die gegenseitige Nicht-Anerkennung von Israel und den Palästinensern überwunden. Damit war eine verbesserte Grundlage für weitere Diskussionen gegeben, sobald die Israelis und Palästinenser ihre „endgültigen" Gespräche beginnen würden. Um sich eine Mitsprachemöglichkeit bei den Verhandlungen über die Zukunft Jerusalems zu sichern, wurden diplomatische Beziehungen zu Israel aufgenommen. Kurz nach dem Abschluss der Oslo-Übereinkommen unterschrieben am 30. Dezember 1993 der Heilige Stuhl und der Staat Israel ein Abkommen für eine Regelung der Beziehungen der römisch-katholischen Kirche mit dem Jüdischen Staat. Innerhalb von sechs Monaten wurden diplomatische Beziehungen hergestellt und Botschafter ausgetauscht. Das Übereinkommen bekräftigte die gegenseitige Verpflichtung betreffend Religionsfreiheit, Gewissensfreiheit und Kampf gegen Vorurteil und Antisemitismus. Es bestätigte die Rechte der Kirche, ihre eigenen Aktivitäten durchzuführen in Bezug auf Kult, Informationswesen, Erziehung, Sozialeinrichtungen und Gesundheitswesen. Es kam zum Abschluss zweier Zusatzkonkordate über Rechtspersönlichkeit der Kircheneinrichtungen und steuerlichen Rechte und Pflichten. Die Palästinenser fanden, dass durch die Anerkennung Israels diesem Staat zu viel zu früh gegeben worden war. Orthodoxe Kritiker befürchteten, dass diese Abkommen die „Status quo"-Vereinbarungen betreffend die Heiligen Stätten bedrohen würden. Israelische und palästinensische Christen wandten ein, dass dieses Papier über die Köpfe der lokalen Christen auf internationaler Ebene getroffen worden war. Es verbesserte die rechtliche Situation der Kirche in Israel. Kurz nach der Anerkennung Israels durch den Heiligen Stuhl stockte der Friedensprozess. Auf Drängen des Vatikans wurde 1997 ein konkordatartiger Vertrag zwischen dem Nuntius und dem israelischen Vizeaußenminister ratifiziert, der den 140 katholischen Institutionen in Israel den Status von Rechtspersönlichkeit zustand. Dass in dieses Register auch in Ostjerusalem oder in den palästinensischen Gebieten liegende Institutionen aufgenommen waren, erboste die Palästinenser. Nach der Regierungsübernahme durch Benjamin Netanjahu (1996) war die neue israelische Regierung trotz der Verpflichtungen des Grundlagenabkommens wenig bereit, die juristische Stellung der Kirche in Israel zu regeln. Hierauf zog sich der Vatikan wiederum auf die ursprünglichen Maximalforderungen eines Corpus separatum zurück. Im Oktober 1998 hatte der lateinische Patriarch ein Symposium der Bischofskonferenzen über die Zukunft Jerusalems einberufen. Kardinal Tauran unterstrich, dass der Vatikan auch an den politischen Aspekten Jerusalems interessiert wäre. Nicht nur Interesse, sondern ein Recht und eine Verpflichtung hätte, sich um jene ungelösten Fragen des derzeitigen Konflikts zu kümmern wie Ungerechtigkeit, Übertretungen der Menschenrechte, Beschränkungen der religiösen Freiheit und des Gewissens, Angst und persönliche Unsicherheit. Knapp vor der Pilgerfahrt Johannes Paul II. nach Israel im Jahr 2000 gaben die PLO und der Vatikan bekannt, dass ein Grundsatzabkommen mit den Palästinensern getroffen worden war, das über weite Strecken jenem ähnelte, das mit Israel geschlossen worden war. Das Abkommen bestätigte die Freiheit der Religion und des Gewissens. Das hatte zu Vorbehalten der PA geführt haben, da Muslime „Gewissensfreiheit" als eine Möglichkeit der individuellen Bekehrung sahen, die vom Islam gesetzesmäßig (Scharia) abgelehnt wird. Auch im Hinblick auf Reaktionen auf das israelische Abkommen, wurde das Festhalten an dem Status quo in den Heiligen Stätten neuerlich festgeschrieben. Man einigte sich im Text auf: „das unveräußerliche nationale Bestreben des palästinensischen Volkes". Das erboste wiederum die israelische Regierung, da das Dokument Sorge um die gleichberechtigte Lösung für Jerusalem ausdrückte und die einseitigen israelischen Maßnahmen die Heilige Stadt betreffend verurteilte. Der Vatikan hatte aber über dreißig Jahre einen „international garantierten Spezialstatus für Jerusalem" gefordert und beharrte darauf, dass Ostjerusalem unrechtmäßigerweise besetzt wäre. Kardinal Tauran hatte 1998 klargestellt, dass die damalige Situation der heiligen Stadt eine internationale Ungerechtigkeit wäre, die durch Gewalt erzielt und aufrecht erhalten worden wäre. Das Übereinkommen brachte für die Palästinenser eine verbesserte Verhandlungsbasis betreffend Jerusalem.

Der Vatikan bedeutete für die Palästinenser die wichtigste moralische Unterstützung des Westens: er organisierte durch die Päpstliche Mission für Palästina humanitäre Hilfe für die Flüchtlinge und Vertriebenen noch vor dem Aufbau der entsprechenden UN-Organisation und forderte immer wieder die Rückkehr der Flüchtlinge und die Schaffung eines eigenen Staates. Unter dem Eindruck einer erstarkenden palästinensischen Identität betrachtete der Vatikan die Palästinenser nicht mehr als hilfsbedürftige Flüchtlinge, sondern als ein entrechtetes Volk. Man beschränkte sich auf eine Kompromissformel: „permanente offizieller Beziehungen zwischen dem Heiligen Stuhl und der PLO als Vertreterin des palästinensischen Volkes". Die grundsätzliche Unterstützung des palästinensischen Anliegens kollidierte mit der pragmatisch bestimmten Annäherung an Israel. Die PA verhält sich positiv gegenüber ihrer christlichen Minderheit, anti-christliches Verhalten wird nicht geduldet. Gewisse Spannungen blieben. Z.B. Die Teilnahme von Jassir Arafat und seiner Frau an der Weihnachtsmesse in Bethlehem im Jahr 1996. Seit ottomanischer Zeit war es seitens der Regierung üblich gewesen, nicht besonders hochrangige Vertreter zu dieser Messe zu senden. Nun hatte Arafat, ein Muslim, diesen alten Brauch gebrochen. In der Weihnachtsmette 1999 wies der Lateinische Patriarch in seiner Predigt auf die palästinensischen Verstöße gegen die Menschenrechte und den willkürlichen Regierungsstil hin. Damit wurden die israelischen Vorwürfe, dass Kritik des Patriarchen einseitig Israel beträfe, entkräftet.

Die katholische Kirche hat aufgrund ihrer ausgleichenden Rolle innerhalb der Kirchen des Heiligen Landes erheblich an internationalen Status gewonnen: durch die Integration der verschiedenen katholischen Kirchen des Landes, durch den Aufbau der Versammlung der katholischen Bischöfe des Heiligen Landes (Verstärkung der Einheit zwischen lateinischen und ost-katholischen Kirchen auf sozialem aber auch pastoralem Gebiet), durch Schaffung eines mehrstufigen Instanzenzuges, durch die Ernennung des Palästinensers Michel Sabbah, durch den Besuch von Johannes Paul II. (2000), durch die Grundsatzabkommen mit Israel (1993), mit der PLO (2000), durch Initiativen des Vatikans bezüglich der Zukunft Jerusalems und durch Befassung mit der Identität der arabischen Kirche in einer muslimischen Kultur, aber auch durch Initiativen zu einem „lokalen" Dialog mit dem Judaismus.

Das Eintreten aller Kirchen für die Gerechtigkeit für Palästinenser führte zu gemeinsamen Aktionen: zum gemeinsamen Schließens aller christlichen Kirchen aus Protest gegen israelische Regierungspolitik: einmal im April 1999 blieben in Nazareth, die Kirchen zwei Tage geschlossen. Dann im November 1999, als Protest gegen die Legung des Grundsteines einer Moschee in Nazareth, versperrten die Patriarchen und die Franziskaner alle Schreine im Heiligen Land für die Pilger.

Der Besuch von Johannes Paul II. im Heiligen Jahr hatte bereits im Vorfeld zu einigen ökumenischen Differenzen geführt: die israelischen Behörden drängten im Hinblick auf die große Anzahl von Pilgern auf eine Öffnung eines Notausganges der Grabeskirche. Über Jahrhunderte hatte es immer nur eine Tür in diese Kirche gegeben und während der Zeremonie des heiligen Feuers in der Osternacht wird dieses Tor fest verriegelt. Bereits während der Osterzeremonie im Jahr 1998 hatte die israelische Polizei einschreiten müssen, als es zu Zusammenstößen zwischen Griechen und Syrern über die Frage des Vortrittes in die Heiligen Stätten gekommen war. Bei der Planung der Eröffnung des Jubeljahres am Krippenplatz in Bethlehem konnte man sich nicht einigen, das Vaterunser gemeinsam zu sprechen. Auch der Besuch in Nazareth hatte im Vorfeld zu Spannungen zwischen Israel und dem Vatikan geführt, es ging um die israelische Genehmigung für den Bau einer Moschee in unmittelbarer Nachbarschaft der Verkündigungskirche. Und bei der Begrüßung von Johannes Paul II. konnte der griechisch-orthodoxe Patriarch Diodoros I. nicht umhin, die Katholiken davor zu warnen, durch ihre Erziehungs- und Sozialarbeit zu missionieren. Der Papst ermahnte alle, dass man in einem Land, wo Christen mit Juden und Muslimen eng zusammenleben, doch den Eindruck von Meinungsverschiedenheiten tunlichst vermeiden möge. Für die christlichen Kirchen bedeutet das Jahr 2000 das große Jubiläum der Geburt Jesu Christi. Papst Johannes Paul II. leitete einen Vergebungsgottesdienst, der eine „Beichte der Sünden gegen das Volk von Israel" enthielt sowie religiöse Intoleranz verurteilte. Es war eine Entschuldigung für die früheren Sünden der Verfolgung und Intoleranz der römisch-katholischen Kirche gegenüber den Juden. In Israel betete der Papst an der Klagemauer und besuchte Yad Vashem. Der Oberrabiner warf dem Papst vor, sich nicht ausdrücklich zum Fehlverhalten der katholischen Kirche bezüglich der Judenverfolgung geäußert zu haben. Ministerpräsident Barak hinwieder dankte dem Papst für einen historischen Wandel im Verhalten der Kirche zum jüdischen

Volk. Aber er forderte die Anerkennung Jerusalems als der Hauptstadt Israels. Ab dem Papstbesuch war das jüdisch-katholische Verhältnis von einem höheren Maße gegenseitigen Vertrauens gekennzeichnet.

Auch in Palästina wurde dem Papst eine Schale mit Erde gereicht, die er küsste. Es war das erste Mal, dass der Papst ein nur zum Teil souveränes Gebiet mit dieser Segensgeste begrüßte, aber es wurde sofort kommentiert, dass dies nicht eine Anerkennung des Staates Palästina darstelle, der Papst küsse nur den Platz, an dem Jesus geboren wurde. Bei einem Treffen mit Jassir Arafat erwähnte der Papst die Leiden des palästinensischen Volkes, es fände vor den Augen der Weltöffentlichkeit statt, und sie hätten schon viel zu lange gedauert. Der Heilige Vater bestätigte die Rechte der Palästinenser auf eine nationale Heimstätte und das Recht der palästinensischen Flüchtlinge auf ihr eigenes Heim. Diese Äußerung ging nicht über die Linie der vatikanischen Nahostpolitik hinaus. Arafat dankte dem Papst für die Unterstützung der rechtmäßigen Existenz der Palästinenser als souveränes und unabhängiges Volk, er nannte den Papst einen Freund Jerusalems, der ewigen Hauptstadt Palästinas. Der Heilige Vater forderte die Christen auf, nicht der Versuchung zur Auswanderung nachzugeben. Die Präsenz der christlichen Gemeinde und das christliche Erbe möge dort bewahrt bleiben, wo der Erlöser geboren wurde, sagte er in Bethlehem.

Der interreligiöse Dialog mit Juden und Muslimen verlief in Jerusalem weniger harmonisch als erhofft. Der Rabbiner dankte dem Papst – unzutreffenderweise – für die Anerkennung Jerusalems als Hauptstadt Israels, der Vertreter der Muslime plädierte mit heftigen Worten für einen palästinensischen Staat mit Jerusalem als Hauptstadt und verließ das Podium. Der Papst meinte dazu, dass Religion nie eine Entschuldigung für Gewalt ist und sein darf. Einen vollen Tag seiner Pilgerreise hatte der Papst in Bethlehem verbracht, mit einer Papstmesse auf dem Krippenplatz, an der Jassir Arafat teilgenommen hatte und einem Besuch im Deheisheh Flüchtlingslager in der Umgebung von Bethlehem. Auf dem Berg der Seligpreisungen feierte der Papst mit etwa 100.000 Menschen (andere Quellen geben 150.000 an), darunter vielen Jugendlichen, es war weniger eine Begegnung mit der Ortskirche, da ein Großteil der Gläubigen aus dem Ausland dazu angereist war. Es kam auch zu einem Besuch des griechisch-orthodoxen Patriarchen in Jerusalem. Damit wurde innerkirchliche Ökumene praktiziert und demonstriert. Zu Abschluss der Pilgerreise feierte Johannes Paul einen Gottesdienst in der Grabeskirche (die mit Unterstützung durch katholische Gelder restauriert worden war), zu dem Gläubige aller Konfessionen eingeladen waren. Die einheimischen Christen forderte der Papst auf, sich um Einheit miteinander zu bemühen und gemeinsam das christliche Erbe im Heiligen Land zu bewahren. Zuvor hatte der Papst die beiden wichtigsten Stätten des Islams und des Judentums in Jerusalem besucht: Auf dem Haram al-Sharif hatte ihn der Mufti empfangen, der ihn aufforderte, sich für ein Ende der israelischen Besatzung von Jerusalem einzusetzen. An der Westmauer steckte der Papst einen Gebetszettel in die Ritzen zwischen die Steinquadern. Auf einem mit Unterschrift und Sigel versehenen Blatt, das anschließend dem Dokumentationszentrum in Yad Vashem übergeben wurde, stand eine Vergebungsbitte für das Unrecht, das Christen den Juden zugefügt hatten: „Wir wollen uns zu echter Brüderlichkeit mit dem Volk des Bundes verpflichten." Während dieser Reise war besonders auf die Dringlichkeit der Lösung des Flüchtlingsproblems, die Stellung Jerusalems als Symbol des Friedens zwischen allen, die an den Gott Abrahams glauben, sowie die Verurteilung jeder Art von Antijudaismus verwiesen worden. Der Papst hatte sich bemüht; sich weder von israelischer noch von palästinensischer Seite im Hinblick auf den Status Jerusalem vereinnahmen zu lassen.

Intifada II (al-Aqsa-Intifada)

Die Spirale aus Terror und Vergeltung machte viele bis dahin erzielte Fortschritte wieder zunichte. Es war dann Sharon mit seinem provokanten Ausflug auf den Tempelberg, der die Zweite Intifada lostrat. Am frühen Morgen des 28. September 2000 zog Sharon, damals Oppositionschef in der israelischen Knesset, mit seinen Anhängern auf den Tempelberg. Er erklärte dort, dass die islamischen Heiligen Stätten unter dauernder israelischer Kontrolle bleiben würden. Dieser „Ausflug" hatte innenpolitische Gründe; er wollte das Recht der Juden demonstrieren, auf dem Tempelberg anwesend zu sein. Nach der israelischen Eroberung Jerusalems im Sechstagekrieg 1967 hatte Mosche Dajan, damals Verteidigungsminister, zum Ärger der fundamentalistischen Juden und Christen die Verfügungsgewalt über den Haram al-Sharif an den Waqf übergeben, eine islamische Organisation, die den Grund des Tempelberges verwaltet und die für die Erhaltung verantwortlich ist. Die einzige Forderung der Israelis war, dass in Zukunft alle Personen Zugang zu dem Tempelberg haben sollten, und dem hatte die Waqf zugestimmt. Ein Recht, das die Jordanier den Juden während 1948–1967 verweigert hatten.

Sharon wusste, welchen Eindruck seine Handlung auf orthodoxe Israelis und Palästinenser haben würden. Der Besuch war angekündigt gewesen, sowohl in den Städten der PA als auch in Israel. Anfänglich war die Reaktion der Palästinenser verhalten, es kam zum Werfen von Steinen durch Jugendliche. Andererseits begleitete eine große Anzahl von Polizisten Sharons Ausflug. Einige israelische Polizisten wurden leicht verletzt, aber es gab keine Toten (da nur Gummigeschosse eingesetzt worden waren). Das aber geschah am folgenden Tag, als das Steinewerfen weiterging, die israelische Polizei mit (Plastikmantel-)Geschossen antwortet, die dann vier Jugendliche töten und 200 Personen verletzte. 14 israelische Polizisten waren durch Steinwürfe verletzt worden. Am 30. September 2000 starb Muhammed, ein zwölfjähriger Palästinenserjunge, in den Armen seines verwundeten Vaters – er wurde zum internationalen Symbol des palästinensischen Aufstandes. Weder die PA noch die israelische Armee haben die Verantwortung für den Tod dieses Kindes übernommen. Israelische Panzer drangen in palästinensische Städte vor, planierten Häuser von vermutlichen Terroristen, unter Missachtung der Vereinbarungen, dass die PA die Souveränität über diese Städte ausüben solle. Die arabische Welt sprach von Massaker und die Israelis verlieren an Sympathie in Europa, auch wenn Sharon feststellt, das Israel in Selbstverteidigung handle und man versuche, Zwischenfälle zu verhindern. Im Oktober hatten sich zwei israelische Reservisten in der Nähe von Ramallah verirrt und wurden von der Polizei gestoppt. Eine aufgebrachte Menge überfiel das Polizeirevier, erstach die Israelis und verstümmelte ihre Leichen. Das bestätigte den Israelis, dass es keine Hoffnung auf einen positiven Ausgang der Friedensverhandlungen mit den Palästinensern gäbe. Sharon verlangte sieben terrorfreie Tage als Voraussetzung für Verhandlungen, Hamas und der Islamischen Dschihad waren am Weitergang des Terrors interessiert. Der PA wurde von Israel vorgeworfen, weder willens noch in der Lage zu sein, die Terroristen in ihren Reihen der Justiz zuzuführen. Hätte Arafat dies getan, würde er von der eigenen Bevölkerung als „Israels Lakai" bezeichnet werden. Von Israel wurde Arafat beschuldigt, den Aufstand angezettelt zu haben. Später wird vom israelischen Geheimdienst bestätigt: die Palästinenser hatten die Intifada II nicht auf Geheiß Arafats begonnen. Es gab auch vernünftige Stimmen bei den Palästinensern, im November 2000 wurde in den wichtigen israelischen Tageszeitungen ein Appell palästinensischer Intellektueller veröffentlicht, der die Beendigung der israelischen Okkupation, die Anerkennung Jerusalems als Hauptstadt beider Staaten, die israelische Übernahme der Verantwortung für das palästinensische Flüchtlingsproblem forderte, um den Friedensprozess wieder in Gang zu bringen. Es kam ein Antwortbrief, der eine Übereinstimmung der Positionen, aber auch den Vorwurf enthielt, dass in dem Appell eine Verurteilung des Terrors und der Hetze fehlten. Man möge nicht vergessen, dass sich die Mehrheit der Menschen in Israel bedroht fühle und fassungslos der massiven Gewalt gegenüberstünde. Präsident Clinton organisierte einen Krisengipfel in Sharm al-Sheik, es wurde zur Beendigung der Gewalt aufgerufen. In Israel fanden Demonstrationen von arabischen Israelis zur Unterstützung der Palästinenser statt, die im November 2002 den Tod von dreizehn Demonstranten – ausschließlich israelisch-arabische Staatsbürger – zur Folge hatte. Ein Untersuchungsausschuss wurde eingerichtet, der den exzessiven Einsatz von Gewalt durch die israelische Polizei untersuchen sollte. Die israelische Öffentlichkeit war entsetzt. Aber all das unterstützte nur den Aufstieg eines starken Führers: Ariel Sharon.

Im Vergleich zur Ersten Intifada handelte es sich nun um einen sehr blutigen Aufstand. 2001 hatte ein Selbstmordattentäter 21 junge Israelis vor einer Diskothek am Strand von Tel Aviv umgebracht und einige weitere lebensgefährlich verletzt. Die Bombe war nicht nur mit Sprengstoff, sondern auch mit Schrauben und Nägeln gefüllt. Die meisten Opfer waren russische Einwanderer, viele von ihnen junge Mädchen. Keines der Opfer war in der Armee, sie trugen keine Waffen. Kaum war der Anschlag bekannt geworden, feierten die Palästinenser das Ereignis mit Schüssen in die Luft. Arafat hatte den Anschlag öffentlich verurteilt und versprochen, seine Milizen unter Kontrolle zu bringen. Aber kurz darauf waren eine Mutter, ein Vater und drei ihrer Kinder unter den 15 Opfern eines Selbstmordattentats im Zentrum von West-Jerusalem. Weitere 130 Menschen waren verletzt worden, darunter viele Kinder. Der für die Planung dieses Anschlages verantwortliche Terrorist stand auf der Liste der meistgesuchten Terroristen, die Israel zuvor der Palästinensischen Autonomiebehörde übergeben hatte. Arafat verurteilte neuerlich den Anschlag, aber unterließ es, konkrete Schritte zur Verhinderung weiteren Mordens zu unternehmen. Im Oktober 2001 dringen israelische Truppen in das palästinensische Ramallah vor, im Kampf werden sechs Palästinenser getötet, darunter ein zehnjähriges Mädchen, und ein hoher PLO-Mann, aus der Fatah, der für die Ermordung mehrerer Israelis verantwortlich war. Ein israelischer Bürger wird ebenfalls erschossen. Als Reaktion auf diese Zweite Intifada hatte Israel große Teile der autonomen Palästinensergebiete neuerlich besetzt, ab November 2001 kommt es dann auch zu „gezielten Tötungen" von Exponenten der radikalen Palästinenserorganisation wie Hamas oder Dschihad. Später starben vier Israelis bei einem Selbstmordattentat auf einen Bus nördlich von Tel Aviv. Dann wurden im Zentrum von Jerusalem bei einem Anschlag von zwei Selbstmordattentätern und einer zwanzig Minuten später detonierenden Autobombe zwölf Menschen getötet und 180 verletzt. Die Explosion der Autobombe war genau auf das Eintreffen der Rettungsmannschaften abgestimmt. Ein Selbstmordattentäter sprengte einen überfüllten Bus in Haifa in die Luft. 15 Menschen wurden getötet und mehr als vierzig verletzt. Ein weiterer sprengte sich an einer Bushaltestelle im Zentrum von Jerusalem in die Luft – mit elf Verletzten. Israelische Polizisten erschossen einen Verdächtigen, der Sprengstoff in seinem Gürtel explodierte und verletzte 31 Menschen. Die Mutter eines Attentäters jubelte vor Freude darüber, dass ihr Sohn ins Paradies gekommen wäre. Ein weiterer Terroranschlag wurde am Pessachabend im Parkhotel von Netanya verübt, nachdem in der letzten Zeit fast täglich verübte Attentate mehr als 80 Menschenleben gefordert hatten. Hierauf besetzte die israelische Armee gegen Ende März 2002 Ramallah und weitere Städte des Westjordanlandes. Umgehend erfolgte ein massiver Angriff auf den Bürokomplex von Arafat in Ramallah. Eigentlich hatte Sharon den Palästinenserpräsidenten gefangennehmen und aus den Palästinensergebieten ausweisen lassen wollen. Es gab internationale Proteste, aber die israelische Bevölkerung unterstützte dieses Vorgehen. Lange Ausgangssperren wurden über die palästinensische Bevölkerung verhängt, die Armee weigerte sich, Journalisten und Helfern die Einreise zu erlauben. In einem Bericht von Amnesty International vom November 2002 wird Israel angeklagt, Kriegsverbrechen gegen Zivilisten begangen zu haben. Auch die USA stimmten für eine UN-Resolution, dass sich die Israelis aus Ramallah zurückziehen sollten, doch Israel kümmerte sich nicht darum. Im Juni 2002 explodierte ein Bus im südlichen Jerusalem. Die von den Israelis so gefürchteten Selbstmordattentate haben den Palästinenser geschadet: die palästinensische Wirtschaft ist durch die Aussperrung der palästinensischen Arbeiter und die Nicht-Zulassung der Güter auf israelische Märkte betroffen. Palästinenser können Jerusalem nicht ohne Genehmigung betreten und als Palästinenser bekommt man eben kaum eine Genehmigung, oft nicht einmal für einen Krankenhausbesuch. Arafat rief das palästinensische Volk auf, derartige Anschläge einzustellen, denn sie dienten der israelischen Regierung als Vorwand für die Wiederbesetzung Palästinas.

Seit 2001 wurde der in Ramallah lebende Arafat von Israel mehrfach unter Hausarrest gestellt, im Jahr 2002 zerstörte die israelische Armee einen Großteil von Arafats Hauptquartier. Damit sank seine Machtposition und jene der PLO, extremistischere Organisationen gewinnen weiter an Bedeutung. Neben den Tazim

Milizen waren auch die in Zellen organisierte al-Aqsa-Märtyrer-Brigaden aktiv. Zu ihren Opfern gehören auch vermeintliche palästinensische Kollaborateure.

Es kommt auch zu „gezielten Tötungen" seitens der Israelis (staatlicher vorsätzlicher Mord?), Terrorverdächtige werden umgebracht und mit ihnen oft unschuldige Menschen, die mit den „Verdächtigen" lediglich unter einem Dach wohnen oder im Auto fahren. Wiederholte 24-Stunden-Ausgangssperren werden auf unbestimmte Zeit ausgedehnt. Dann sind da noch die Checkpoints. Nur Autos mit gelbem Kennzeichen (israelische Autos) dürfen rasch durchfahren. Das Passieren von Checkpoints wird generell als Schikane gehandhabt, dass geht so weit, dass palästinensische Frauen auf dem Weg in die Klinik zur Niederkunft ihrer Kinder beim Warten auf das Durchlassen ihre Kinder an israelischen Kontrollpunkten bar jeglicher Hygiene gebären müssen. Die Todesrate der so zur Welt gekommenen Kinder liegt über 50 %. Aufgrund detaillierter Kontrollmaßnahmen bilden sich lange Schlangen jener, die überqueren wollen (oder müssen, um zur Arbeit zu gelangen). Es handelt sich um engste Drehtüren, die einen Durchlass von z. B. Kinderwagen, Rollstühlen oder schwerem Gepäck unmöglich machen. Von Israelis werden diese Einrichtungen als „Grenzterminals" bezeichnet, sie gleichen aber Käfigen mit Metalldetektoren, Kameras, unsichtbaren Kontrolleuren und Anweisungen in hebräischer Sprache, die nicht alle Palästinenser verstehen.

Im Rahmen dieser Auseinandersetzungen wurde vieles, das in den Palästinensergebieten – oft mit ausländischer Hilfe (wie z. B. der Flughafen Gaza International Airport) an Infrastruktur mühevoll aufgebaut worden war – von den Israelis wieder zerstört. Aber nicht nur ökonomische und soziale Infrastruktur wurde vernichtet, auch vieles, das die Identität der Palästinenser ausmacht, wie Ministerien und Behörden, in denen Unterlagen über Bewohner und Landverteilung gelagert waren, aber auch Unterlagen zu archäologischen Grabungen. Dies führte nachhaltig zu struktureller Armut in den Palästinensergebieten.

Politisch dominierte während der Intifada die palästinensische Einheitsfront, zwischen verschiedenen politischen Strömungen und Organisationen, zwischen links und rechts oder Nationalisten und Islamisten, sondern auch zwischen Christen und Muslimen. Ziel der Intifada war es, gegen die Besatzung und ihre Auswüchse zu kämpfen und einen unabhängigen palästinensischen Staat durchzusetzen. Man hoffte, dass diese politische Linie auch von Vertretern der islamistischen Gruppen, wenn nicht de jure so doch de facto mitgetragen würde. Die Mehrheit der Palästinenser hat die al-Aqsa-Intifada nie als Religionskrieg im Sinne eines Dschihad verstanden. Dennoch kam es zu Meinungsunterschieden unter den Palästinensern, aber die Ursachen schienen nicht religiös, sondern vielmehr sozial zu sein: Konflikte entstanden zwischen der relativ gut situierten Bevölkerung in Städten und benachteiligten Bewohnern von Flüchtlingslagern. Selbst in Siedlungen wie Bait Jala, mehrheitlich christlich, von wo palästinensische Raketen abgeschossen werden, kam es zu keinen Konflikten zwischen Muslimen und Christen. Die muslimischen Tanzim Militanten haben bei ihren Angriffen gegen israelische Stellungen die christlichen Bewohner nicht als „Schutzschild" benutzt. Es gab zwar divergierende Einschätzungen über Sinn (und Unsinn) von Raketenangriffen auf Israel, die von dicht besiedeltem Wohngebiet ausgehen, sie sollten so schnell als möglich eingestellt werden, um Christen und Muslime zu schonen. Aber auch bei brutaler Bombardierung durch israelische Armee flüchtete die christliche Bevölkerung nicht.

Viele Palästinenser empfinden es als Provokation, dass sich im früheren arabischen Viertel Jerusalems viele Israelis ansiedeln, die „im wahrsten Sinn des Wortes Flagge zeigen", d. h. jedes diesbezügliche Gebäude ist beflaggt. Es entstand eine neue jüdische Siedlung „nur für Juden" im muslimischen Viertel der Jerusalemer Altstadt, ganz in der Nähe der al-Aqsa-Moschee, der drittheiligsten Stätte des Islam. Aber ein zukünftiger palästinensischer Staat wäre ohne Ostjerusalem (wirtschaftlich) nicht lebensfähig. Die in Ostjerusalem lebenden Palästinenser werden von Israel – selbst wenn sie dort geboren wurden – nicht als Staatsbürger mit vollen Rechten anerkannt, sondern als „Einwanderer mit Daueraufenthaltgenehmigung" eingestuft – und diese kann leicht und schnell entzogen werden.

Der Grund für diese Maßnahmen ist das Sicherheitsbedürfnis der Israelis, der israelische Vorwurf besteht weiter, dass kein neuer Text für die palästinensische Nationalcharta verfasst worden wäre. Als Begründung für dieses Fehlen wird angegeben, dass die Verfassung des zukünftigen Staates Palästina diese Charta ersetzen werde. Aber der veröffentlichte vorläufige Verfassungsentwurf definiert das Staatsgebiet als eine unteilbare Einheit, basierend auf den Grenzen vom Juni 1967 (womit vorausgesetzt wird, dass alle Siedlungen zu räumen wären.) Die schweren Anschläge und die hohe Zahl an Opfern bei den Israelis haben bei den Palästinensern das Gefühl der Zusammengehörigkeit und die nationale Einheit gestärkt. Einerseits ist Israel vom militärischen und wirtschaftlichen Potenzial und vom Zusammengehörigkeitsgefühl und Selbstverteidigungsmoral seiner jüdischen Bürger her der stärkste Staat im Nahen Osten, auf der anderen Seite ist es fragil und zweifelt an sich selbst, an seiner Überlebensfähigkeit, an der Aussicht, dass es eine irgendwie geartete Zukunft in dieser Region haben könnte. Als Antwort auf mörderische Selbstmordanschläge wird die israelische Bevölkerung gewaltbereiter, aggressiver, und undemokratischer. Israel meinte, einen Kampf gegen die Infrastruktur des Terrorismus zu führen, aber damit wurde auch die Infrastruktur der palästinensischen Gesellschaft zerstört. Die Palästinenser sehen in den täglichen Handlungen der Israelis die Rechtfertigung für ihre eigenen verwerflichen Taten und damit den Wert ihres Lebens nur mehr in ihrer Fähigkeit, andere zu töten. Und viele Israelis weigerten sich anzuerkennen, dass die Selbstmordattentäter aus eingekerkerten Dörfern kommen, in denen umfassende Arbeitslosigkeit, Armut, und endlose Belagerung herrscht, und dass es Gefangene ohne Anklage gibt. Während man in Israel dankbar ist, wenn es über längere Zeit „ruhig blieb", verdrängt man gerne, dass es in der Zeit Palästinenser getötet wurden, ohne dass jemand darüber berichtete. Jede Seite zählt nur ihre eigenen Toten. Die palästinensische Gewalt versuchte dafür zu sorgen, dass die palästinensische Frage auf der Tagesordnung der Welt bleibt. Mit den Arabern kann man keinen Frieden schließen, meinen die Israelis. Jeder Akt der Palästinenser – selbst wenn er als gerechtfertigter Widerstand gegen die Besatzung eingestuft werden könnte – wird vom Westen als Terrorakt angesehen, und auch das lähmt die Sache der Palästinenser.

Auch die Intifada konnte die Beziehungen zwischen palästinensischen Christen und Muslimen, die relativ harmonisch und friedlich verlaufen, nicht stören. Selbst wenn von außen versucht wird, christlich-muslimische Konflikte zum provozieren, scheint dies beide Religionsgemeinschaften noch stärker zusammenzuschließen. Israel hatte bereits seit 2000 Christen bei dem Versuch unterstützt, der Gewalt in den Besetzten Gebieten zu entfliehen, um im Ausland Rettung zu finden. Angeblich (Berichte des israelischen Außenministeriums) habe sich in der Folge von Hetzpredigern im Gazastreifen unter den palästinensischen Christen Angst ausgebreitet, da Muslime aufgerufen worden waren, „Juden und Christen" anzugreifen. Aber die Reaktion der palästinensischen Christen war eindeutig; Sie fühlen sich als Nachkommen der kanaanitischen Stämme, die Palästina seit ewigen Zeiten bewohnen, als Nachkommen und Jünger der ersten Apostel, Nachkommen der Christen Jerusalems, die vom großen Kalifen Umar ibn al-Khattab (634–644) die „Umar-Doktrin" erhalten haben. Das Streben nach Freiheit, Demokratie und Pluralismus wird von christlichen und muslimischen Bürgern gemeinsam getragen. Man ist einer Meinung, wenn es um Unabhängigkeit und der Rückkehr nach Jerusalem ginge. Deshalb wurden alle Versuche abgelehnt, die Christen als eine von den Mitbürgern abgetrennte Gruppe – eine fremde Präsenz inmitten von Palästinensern – zu sehen: Man warf Israel vor „zu teilen und zu herrschen", d. h. sich „kolonialistisch" zu verhalten. Selbst islamistische Gruppen stehen dazu, dass die Palästinenser ein Volk konstituieren, bestehend aus Muslimen und Christen. Die al-Aqsa-Intifada hatte mit Massendemonstrationen begonnen in Städten, Dörfern und Flüchtlingslagern. Die christlichen Gemeinden bildeten keine Ausnahme. Beide religiöse Gemeinschaften in Palästina, die muslimische Mehrheit wie die christliche Minderheit, hatten ihren Anteil am Aufstand gegen die andauernde israelische Besatzung, Landnahme, und Wasserabzweigung. Sowohl Christen als auch Muslime müssen sich mit immer kleiner werdenden Landparzellen begnügen. Bei Demonstrationszügen werden muslimische und christliche Geistliche aufgerufen, daran teilzunehmen. Die politische Führung unter Arafat war darum bemüht zu vermeiden, dass die Intifada einen spezifisch islamischen Inhalt erhielt. Die palästinensische Autorität Arafats gründete sich auf den Osloer-Verträgen als politische Repräsentation aller ihrer Bürger, Christen wie Muslime. Durch die Teilnahme palästinensischer Christen an der Intifada wurde das Bild einer vereinten Nation nach außen projiziert, als Signal an Europa und die USA, dass diese palästinensische Bewegung für Unabhängigkeit unterstützenswert wäre.

Sowohl Christen als auch Muslime sind von Übergriffen des israelischen Militärs betroffen. Die Altstadt von Bethlehem wurde durch die breiten und schweren israelischen Panzer zerstört. Harmlose Zivilisten, die versuchten gegen diese Brutalität anzukämpfen, galten dann plötzlich als „Widerstandskämpfer", denen lange Kerkerstrafen drohten. Christen und Muslime sind unter diesen Umständen stets solidarisch. Seitens des israelischen Militärs ging es auch um die mutwillige Zerstörung besonders identitätsstiftender Objekte (z. B. Geburtskirche!), aber auch um neuerliche Zerstörung von oft auch mit internationalen Spendengeldern wieder aufgebauten Gebäuden. Palästinenser meinen, dass seitens Israels bewiesen werden sollte, dass internationale Hilfe nicht vor israelischer Zerstörung schützen kann.

Dennoch versuchen die Palästinenser immer wieder Zerstörtes aufzubauen. Vernichtet wurde vieles, das „Kommunikation und Information nach außen" (Computer im persönlichen Besitz) ermöglichte, aber auch Annalen und Register, die Landansprüche, Geburtsrechte etc. enthalten könnten. Bei der israelischen Belagerung der Geburtskirche (April 2002), in der sowohl Christen als auch Muslime Schutz gesucht hatten, durfte den Flüchtlingen beispielsweise kein Essen gebracht werden. Weil sich angeblich dort Terroristen aufgehalten haben sollen, wurde die Kirche über den Geburtsort Christi lang anhaltend mit auf Kränen montierten automatischen Maschinengewehren beschossen. Damit konnte die Erstürmung ohne Gefährdung der Israelis erfolgen, denn gegen Palästina wird seitens des israelischen Militärs ein „Hightech Krieg" geführt. Die Belagerung der Geburtskirche hat 40 Tage gedauert – von Ostern bis Pfingsten, und die von Bethlehem mehr als 10 Wochen. Freiheit und Würde wird den Palästinensern nicht zugestanden, und Kinder wachsen schon in der dritten Generation in Furcht und Schrecken auf. Die Christen in Bethlehem entwickeln Missmut über die „westlichen Christen", die zusehen und nicht helfend eingreifen. Auch sind sie manchmal über die Muslime ergrimmt: warum sind gerade sie in eine christliche Kirche geflüchtet? Deren Standpunkt ist nahvollziehbar, denn eine Moschee wäre wahrscheinlich mit den darin Verschanzten niedergebrannt worden. Dazu bemerkte Michel Sabah, dass es immer Pflicht der Kirche sei, als Zufluchtsort für alle Menschen in Not bereit und offen zu stehen. Aber vielleicht ist diese Nutzung ein Symbol für den Zusammenhalt zwischen Christen und Muslimen, da auch Muslime die Geburtskirche eine palästinensische Kirche nennen.

Auch im noch christlichen Nazareth kam es zu Schwierigkeiten zwischen Muslimen und Christen. Obwohl Christen im Heiligen Land immer in der Minderheit waren, hatten sie in einzelnen Städten die Mehrheit innegehabt. In Nazareth sind in der letzten Dekade des zwanzigsten Jahrhunderts viele „Russen" zugewandert. Sie wohnten in der jüdischen Oberstadt. Diese Neuzuwanderer hatten mit den in Nazareth lebenden Juden und Arabern keine Probleme. Diese „Russen" sind meist hervorragend ausgebildet, mussten anfangs zwar alle Jobs annehmen, die sich boten, waren aber rasch in der Lage, die soziale Schicht der vor ihnen eingewanderten nordafrikanischen Juden zu überholen, die die Unterschicht der Juden bilden und lange benachteiligt wurden und werden. Durch diese Zuwanderung „russischer Juden" waren Christen zu einer „großen" Minderheit von 40% geworden. Während die Christen Nazareths auf dem Platz vor der Kirche die Infrastruktur für ein touristisches Zentrum errichten wollten und dafür auch schon die Genehmigung durch die israelische staatliche Bürokratie erhalten hatten, versuchten islamistische Radikale dies im Jahr 1997 zu verhindern und stattdessen auf dem Areal eine große Moschee zu errichten. Die Muslime behaupteten, dass das „Waqf Land" wäre, da sich ein kleines Denkmal von Shehab al-Din, einem islamischen Gelehrten und Neffen Saladins, dort befände. Auch dieses Vorhaben erhielt die Unterstützung durch die israelische politische Führung, besonders im Hinblick auf die Wahlen im Frühling 1999. Im September 1999 entschied ein israelisches Bezirksgericht, dass das Land Staatsbesitz wäre. Barak suchte einen Kompromiss, der den Moscheebau zulassen könnte. Hierauf intervenierten die verschiedensten katholischen Stellen weltweit, während seiner Pilgerfahrt im Jahre 2000 ersucht der Papst, die israelische Regierung ihre Entscheidung rückgängig zu machen. Im März 2002 hat die Regierung unter Sharon im Kontext der Intifada und unter ausländischem Druck neu entschieden: letztlich kam das endgültige Aus für den Bau der Moschee. Das Mausoleum des Shehab al-Din soll nun restauriert und zugänglich gemacht werden, einschließlich Trennwand zum restlichen „christlichen" Platz. In Nazareth gibt es nur 11 Moscheen, aber 30 Kirchen, obwohl die Muslime jetzt die Mehrheit haben. Im März 2003 wurde in einer Nacht-und-Nebel-Aktion eine Moschee errichtet, wobei die Polizei weggesehen hatte, worauf ein Bezirksgericht die Zerstörung forderte. Aus dieser Affäre blieb auf allen Seiten ein bitterer Nachgeschmack. Grundsätzlich sieht die christliche Bevölkerung die israelischen Behörden als Hauptschuldige in diesem Konflikt (wie in Bethlehem, wo ebenfalls Spannungen mit der islamistischen Bewegung auf das Verhalten der israelischen Regierung zurückgeführt werden). Bei den Wahlen 2003 erlitt jene Partei, die den Ausbau der Moschee gefordert und unterstützt hatte, eine herbe Niederlage; damit hatten hier letztendlich die gut-nachbarlichen Beziehungen triumphiert.

WEITERE ERFOLGLOSE FRIEDENSBEMÜHUNGEN (2002–2003)

Es gibt Meinungen, dass keine Nation bereit ist, unter der Herrschaft einer anderen zu leben, und dass ein unterdrückter nationaler Befreiungskrieg letztlich immer gewonnen wird. Trotz Intifada gab es im Jahr 2002 auf beiden Seiten Friedenswillige. Darauf beruhte der Plan der Arabischen Liga, die sich aus arabischen Ländern, angeführt von Saudi-Arabien, zusammensetzt. Anlässlich eines Treffens der Liga in Beirut im März 2002 wurde die Anerkennung Israels vorgeschlagen – im Gegenzug zum Rückzug Israels aus den Besetzten Gebieten, einem Stopp der Angriffe auf Palästinenser, Entschädigungen an die Flüchtlinge und eine geteilte Hoheitsgewalt über Jerusalem, in Übereinstimmung mit den Resolutionen 194 und 242. Sie findet bei den Palästinensern und den arabischen Nachbarn Zustimmung, die darin enthaltenen Forderungen werden damals von Israel abgelehnt. Dann kam es zur sogenannten Roadmap. Um den Oslo-Prozess zu aktivieren, wurden Grundsätze eines Friedensplanes zur Beilegung des Konflikts im Nahen Osten vom so genannten Nahost-Quartett ausgearbeitet und von George Bush in einer Rede im Juni 2002 als „Roadmap to Peace" vorgestellt. Die Roadmap wurde im September 2002 vorgelegt, während die al-Aqsa-Intifada voll im Gange war und Sharon sich kontinuierlich weigerte, mit Arafat zu verhandeln. Dieser wurde auch von den USA als Verhandlungspartner abgelehnt. Als Antwort darauf wurde dann im März 2003 Mahmud Abbas als Premierminister der PA gewählt. Die Roadmap wurde in der Sicherheitsratsresolution 1515 der Vereinten Nationen befürwortet. Es war eine stufenweise Vorgangsweise gewählt worden, die beide Partner in die Pflicht nehmen sollte. Die Palästinenserführung sollte das Existenzrecht Israels anerkennen, die Institutionen reformieren und eine Verfassung erstellen, jede Form der Gewalt ablehnen und aktiv gegen Terrorismus vorgehen. Israel sollte sich zur Zweistaatenlösung bekennen, von palästinensischem Gebiet zurückziehen und illegale, nach März 2001 errichtete Siedlungen abbauen, auf weiteren Siedlungsbau verzichten und die Zwangsmaßnahmen gegen Palästinenser lockern. In einer zweiten Stufe sollte die Gründung eines Palästinenserstaates bzw. die Errichtung des autonomen Staates Palästina innerhalb provisorischer Grenzen realisiert werden, zuletzt sollten Friedensverhandlungen zwischen Israel und den umliegenden Staaten stattfinden, weitere Vereinbarung bezüglich endgültiger Grenzen, Zugehörigkeit Jerusalems, Verbleib der Siedler und die Flüchtlingsrückkehrfragen getroffen werden. Aber da für die Roadmap beide Verhandlungspartner an einem Tisch benötigt wurden, kam es nicht dazu, die dornigen Fragen der jüdischen Siedlungen, Kompensationen für jenes Land, das von den Israelis konfisziert worden war, Wiederansiedlung von vertriebenen Palästinensern in Israel und der Status von Jerusalem zu lösen. Es wäre eine weitere „provisorische Lösung" gewesen, die zur Voraussetzung hatte, dass der Terror gegen Israel gestoppt wird. Erst dann würden die Grenzen und die Hauptstadt endgültig festgelegt werden können. Die Palästinenser hatten die Roadmap als Ganzes angenommen, die Israelis hatten 14 Einsprüche und Vorbehalte vorgebracht, von denen einige eine endgültige Friedensvereinbarungen verunmöglicht hätten: z.B. israelische Kontrolle über Palästina einschließlich der Aus- und Einreise aller Personen und Lasten, des Luftraumes, sowie aller elektromagnetischen Installationen (Radio, Fernsehen, Radar etc.), weiters Verzicht auf jegliches Rückkehrrecht der Flüchtlinge nach Israel und keine Gespräche über jüdische Siedlungen in Judäa, Samaria und Gaza oder den Status der PA und ihrer Institutionen in Jerusalem, kein Hinweis auf die Schlüsselerfordernisse der UN Resolution 242. Somit war nichts erreicht worden. Im Juni 2003 kam es dann zu einem neuerlichen Gipfel über den Nahen Osten, auf Einladung des jordanischen Königs Abdullah, an dem G.W. Bush, Sharon, Abbas teilnahmen. Er fand in Aqaba statt, und man diskutierte eine stufenweise Umsetzung der Roadmap. Die Forderungen und Zeitpläne der Roadmap wurden weitgehend nicht beachtet aber einige Ideen wurden dann vom „Quartett" übernommen.

Parallel zu den Friedensbemühungen lief der Terror weiter. Die Kosten für die Waffen der Intifada werden zuweilen von arabischen Ländern getragen. Im Jänner 2002 stoppte die israelische Marine ein Schiff, das den Hafen von Gaza, der unter der Kontrolle der PA stand, mit einer Ladung von 50 Tonnen Waffen und Munition anlief. Israel hielt endlich einen Beweis für die kriminellen Terrorabsichten der Palästinenser in den Händen. Die Palästinenser erwidern, dass Mitglieder der jüdischen Untergrundorganisationen in der Mandatszeit Waffen, wo sie sie fanden, gesammelt hatten. Waffenverstecke gelten bis heute als Symbol für den jüdischen Überlebenskampf und das Ringen um Freiheit, Israelis bewundern auch heute noch die zionistischen Kämpfer, die in der britischen Mandatszeit wagemutige „Terror"-Operationen zum Organisieren von Waffen durchführten.

Im Juni 2003 hatten sich sämtliche palästinensischen politischen Bewegungen (auch die Hamas) in Kairo auf ein Waffenstillstandsangebot an Israel geeinigt. Seitens Israels wurde daraufhin weniger Gewalt ausgeübt, aber mehr Palästinenser als zuvor wurden verhaftet und die „außergerichtlichen Tötungen" fortgesetzt. Denn die israelische Führung wollte keinen Waffenstillstand mit radikalen islamistischen Organisationen eingehen. Seitens vieler Palästinenser wird das als ungerecht und voreingenommen betrachtet (vor allem, da Israel mit der Hisbollah in Libanon ein Übereinkommen 2002 geschlossen hatte). Dennoch kam es 2003 zum „Genfer Plan" zwischen Israel und Palästina: die Palästinenser wurden aufgefordert, ihren Rückkehrplan (für Flüchtlinge) aufzugeben, als Gegenleistung für Aussiedlung jüdischer Siedler aus der Westbank. Ebenso wurde einen gemeinsame Kontrolle in Ostjerusalem unter internationaler Aufsicht vorgeschlagen. Es blieb bei Initiativen, denn es fehlte an der praktischen Umsetzung aufgrund der Mentalität der Konfliktpartner. Powell, der im Mai 2003 den Nahen Osten besucht hat, schlug einen Siedlungsstopp vor, den Sharon aufgrund des natürlichen Bevölkerungszuwachses der Siedler zurückwies, mit dem Bemerken, ob denn „Siedlerinnen Abtreibungen vornehmen" sollten. Sharon bot den Palästinensern zwar Verhandlungen an, aber „Vorbedingungen" müssten *vor* Gesprächsbeginn erfüllt sein: Völlige Einstellung des Terrors, Entwaffnung aller Organisationen, Verzicht auf das Rückkehrrecht der Flüchtlinge. Durch diese „unverhandelbaren Punkte" wurden sinnvolle Verhandlungen verunmöglicht.

Dann, im August sprengte sich ein Hamas-Aktivist aus Hebron in einem Bus in Jerusalem in die Luft: 23 Menschen wurden getötet, über 100 verletzt. Das war das Ende des Waffenstillstands. Im September 2003 ächtete die EU die Hamas in ihrer Gesamtheit, nicht wie bis dahin nur deren bewaffneten Zweig: die Izz ad-Din al-Qassam-Brigaden. In Palästina vermutet man, dass die steigende Islamophobie aufgrund der Terroratentate in den USA und Europa eine Rolle spielte. Die Situation für Arafat wurde schwieriger, denn seine Polizei wurde in der Bevölkerung immer stärker als im Dienst der Israelis stehend wahrgenommen.

2003 wurde in Israel gewählt. Likud konnte mit Ariel Sharon einen überwältigenden Sieg einfahren, das Friedenslager war zu einer kleinen geschwächten Opposition geworden, die religiösen und nationalistischen Kräfte wurden gestärkt. Das war auch Ausdruck der Wut über das Scheitern des Friedensprozesses, und über die Kapitulation vor den Palästinensern, also dem Terror. Sharon hat wahrscheinlich gesiegt, weil angenommen worden war, dass er am schärfsten gegen die Palästinenser vorgehen würde. Die schlechte Wirtschaftslage, die Arbeitslosigkeit und die polizeilichen Ermittlungen wegen Korruptionsverdacht in der Familie Sharon scheinen bei der Wahlentscheidung weniger berücksichtigt worden zu sein. Im Februar 2003 begann der Irakkrieg, Israel hatte ein wesentliches Interesse daran, dass die irakische Bedrohung beseitigt würde (schon 1981 war durch Israel der irakische Atomreaktor Osirak gesprengt worden). Die Gemäßigten beider Seiten wollten den Frieden. Aber in Israel war die reaktionäre religiöse Rechte durch die Wahlen gestärkt worden und innerhalb der PA gewannen die radikalen Islamisten immer mehr an Gewicht.

Da die Israelis keine Lösung für ihre Sicherheitslage sahen, entscheiden sie sich für den „Mauerbau". Mauern sind – vor der Errichtung – Mauern im Kopf, Angst voreinander, Abgrenzung; dann erst können reale Mauern entstehen. Hier stimmt die

Aussage des Dichters Robert Frost nicht: „good fences make good neighbours". Eine echte Grenze wäre sinnvoll, aber nicht ohne ein Friedensabkommen, ohne Regelung der sonstigen offenen Fragen. Aber es ist nicht nur diese neu errichtete Mauer (begonnen 2003), es sind die vielen „lokalen Zäune" im Westjordanland, die einengen, behindern und Ressentiments verursachen. Ziel der israelischen Regierung war es, mit dieser Mauer Terroristen aus den Besetzten Gebieten den Zugang nach Israel zu verwehren, Terroranschläge in Israel zu verhindern, denen seit Beginn der Intifada Hunderte von Israelis zum Opfer gefallen sind. Kurzfristig hat die Mauer zu einer erheblichen Abnahme der Selbstmordattentate geführt, aber dieser Zaun hält keinen Raketenbeschuss und kein Mörserfeuer aus Palästina auf Israel ab.

Positiv gesehen, zeigt die Mauer den Palästinensern nicht auch, dass Israel auf die Besetzten Gebiete verzichtet? Bis vor gar nicht so langer Zeit hatte der konservative Likud darauf bestanden, dass das gesamte 1967 eroberte Land Israel gehöre und ein voll integrierter Bestandteil Israels bleiben müsse. Nun führte die demographische Realität zu einer Strategieänderung. Arabische Frauen haben durchschnittlich fünf bis sechs Kinder, israelische dagegen zwei bis drei. Jüdisch-orthodoxe Familien bekommen zwar im Schnitt acht bis neun Kinder. Man will den Menschenverlust durch den Holocaust ausgleichen. Die israelische Regierung unterstützt derartige Bemühungen durch eine aktive Bevölkerungspolitik – auch mit Mitteln moderner Medizin. Israel hat die meisten Unfruchtbarkeitskliniken der Welt, und damit die höchste Rate der künstlichen Befruchtungen pro Million Einwohner und Jahr. Israel erlaubt die Leihmutterschaft, Samenbanken stehen Singles (und homosexuellen Frauen) offen. Nach einem Unfalltod eines Mannes darf nach seinem Tod Sperma entnommen werden. Präimplantationsdiagnostik (PID) bei Embryonen vor der Einpflanzung im Reagenzglas ist hier Routine. Der Staat finanziert IVF (in-vitro Fertilisation). Freiwillige Kinderlosigkeit existiert in Israel nicht. Israels Wissenschafter zählen zu Pionieren der Stammzellenforschung. Klonen wäre nur eine weitere Methode der Unfruchtbarkeitsbehandlung. Eine hohe Geburtenanzahl soll das Überleben der Nation gewährleisten. Sollte Israel aber das gesamte 1967 eroberte Land umfassen, würden Juden im eigenen Land in Zukunft die Minderheit im eigenen Land darstellen. Das müsste zur Aufgabe der Idee von Israel als jüdischem Staat führen.

Die cirka 759 km lange Mauer trennt das israelische Kernland vom Westjordanland. Beide Seiten des Zauns, (70 Meter) gelten als militärisches Sperrgebiet. In unregelmäßigen Abständen existieren Toranlagen, die von der palästinensischen Zivilbevölkerung nur mit offizieller Erlaubnis der zuständigen Behörden passiert werden können. Siedlungen wurden durch die Mauer zerschnitten, Wasserleitungen zerstört, Enklaven geschaffen, Gemeinschaften werden auseinander gerissen, Palästinenser werden der Möglichkeit, ihren Lebensunterhalt zu verdienen, beraubt. Der Zugang zu Schulen, Bildungseinrichtungen, Postämtern und Spitälern wird verunmöglicht. Als Ersatz für jene Einrichtungen, die aufgrund der Mauer unerreichbar geworden sind, hat Israel den Neubau von öffentlichen Einrichtungen auf der palästinensischen Seite der Mauer angekündigt, sowie zugesagt, jene „abgeschnittenen" Einwohner Ostjerusalems mit sozialen und wirtschaftlichen Dienstleistungen zu versorgen. Aber die Palästinenser sind misstrauisch: denn die „blauen"

Personalausweise werden eingezogen, aber ohne diese ist es Palästinensern nicht erlaubt, Jerusalem zu betreten und Dienstleistungen in Anspruch zu nehmen. Die Mauer folgt nur teilweise der Grünen Linie, neuerlich gingen dadurch 15 % des Westbank-Gebietes verloren. Die Bush-Administration hatte schon 2003 bei der Planung der Mauer bekannt gegeben, dass sie die Garantien an Israel um $ 290 Mio. verringert hätte, um zu unterstreichen, dass sie mit dem Verlauf des Sicherheitszaunes nicht einverstanden wäre. Aber das stellte nur 3 % der gesamten Summe von $ 9 Milliarden Unterstützung dar.

Der Lauf des Zaunes verwüstete viele den Christen heilige Orte. Die Mauer, die Bethlehem von Jerusalem trennt, umfasst Rahels Grab. Früher hatte kaum Interesse für dieses Grab bestanden, nun wurde der Symbolwert erkannt. Der christliche Bürgermeister von Bethlehem meinte, dass die Maßnahmen um das Rahelgrab kaum Sicherheitszwecken dienen könnten. In Vertretung sowohl der Christen als auch der Muslime äußerte er, dass „Zustände wie in Hebron" zu befürchten wären. Bethlehem ist eingeschlossen, somit ist den Palästinensern die Verbindung zwischen den heiligsten Stätten der Region verwehrt. Die Christen haben nicht nur die Stätten ihrer Gottesdienste, sondern auch spirituellen Zentren verloren. Der südliche Hang des Ölberges – ein Lieblingsplatz Jesu und seiner Jünger – oder ein Klosterbesitz in Betanien, Santa Marta Kloster, geweiht den Freunden Jesu (Martha, Maria und Lazarus), wurden in zwei Teile geschnitten.

Den Bau der Mauer beklagen nicht nur die Palästinenser, da es zu neuerlichem Landverlust kommt, sondern auch Israels Rechte, die darauf bestehen, dass keine Siedlung aufgegeben wird. International wird der Mauerbau verurteilt, Europa schweigt mehrheitlich. Der Internationale Gerichtshof in Den Haag hat 2004 klargestellt, dass die Mauer gegen das Völkerrecht verstößt und abgebaut werden müsse und Israel die Opfer umgehend zu entschädigen habe, denn der Artikel der Vierten Genfer Vereinbarung wären gebrochen worden: es ist einer Besatzungsmacht verboten, irgendwelche Teile seiner eigenen Bevölkerung in Gebiete zu verlagern, die durch militärische Gewalt erobert wurden. Die USA zeigte sich hinsichtlich des Friedensprozesses im Nahen Osten besorgt, legte aber gegen einen diesbezüglichen Antrag einer UN-Resolution des Sicherheitsrates ihr Veto ein. Die Vollversammlung der UN (nicht völkerrechtlich bindend) nahm eine ähnliche Resolution mit 144 gegen vier Stimmen und zwölf Enthaltungen an. Die israelische Führung hatte eine Reihe von einseitigen Beschlüssen gefasst, wobei weder die Palästinenser noch die USA befragt worden waren. Israel war davon ausgegangen, dass eine Einkreisung das Palästinenserproblem endgültig lösen werde und damit das Land den Israelis zur Verfügung stünde. Es ist gelungen, Siedler komplett von Palästinensern zu isolieren. Eine jüdische Familie kann von ihrem subventionierten Haus weit in der Westbank auf Straßen, die den „Anderen" nicht zur Verfügung stehen, nach Jerusalem pendeln, ohne mit Palästinensern konfrontiert zu werden.

Die Palästinenser, mit ihrem raschen Bevölkerungswachstum, leben dagegen in Armut und Hoffnungslosigkeit, durch die Mauer stranguliert. Das Gebiet der PA gehört zu den ärmsten der Welt, die Geburts- und Todesraten sind hoch, das Pro-Kopf-Nationalprodukt ist ein Zehntel von dem in Israel, die Infrastruktur ist kaum entwickelt. Da es keine Steuereinnahmen gibt, bewegen sich die Budgets der PA gegen Null. (Arafat hatte allerdings Gelder von westlichen Ländern und NGOs in seine persönlichen Konten fließen lassen). Die von der PA verwalteten Gebiete sind unterkapitalisiert, es fehlen die wirtschaftlichen Möglichkeiten und damit entstehen Brutstätten für radikale Bewegungen für frustrierte junge Männer. In Gaza sind 80% der Bevölkerung arbeitslos. Es wäre der private Sektor, der die Wirtschaft antreiben sollte, aber die Menschen sind bitterarm. Investitionen für industrielle Anlagen würden benötigt. Aber wer will schon in Palästina investieren, so lange es keinen Frieden und Einhaltung von Gesetzen und Vereinbarungen gibt. Es gab ein Beispiel, das vor 1998 gestartet worden war, das Oasis Casino in Jericho (teilfinanziert aus Österreich). Es wäre das einzige im Heiligen Land und sollte israelische Spieler anziehen. Es ist inzwischen längst wieder zugesperrt. Letztlich bieten nur die NGOs mit ihren religiösen und politischen Bindungen Hilfe. Mit Ausnahme der Siedlungen hat Israel seit 1967 wenig für dieses Land getan. Früher haben viele Palästinenser Arbeit in Israel gefunden, aber die Sicherheitsmaßnahmen machen eine geregelte Arbeit nicht möglich.

Bildung ist für diese Menschen im Palästinenserland wichtig. Es war schon immer üblich gewesen, besonders bei der gebildeten Oberschicht, unabhängig von der eigenen Glaubensrichtung, seine Kinder in katholische Schulen zu schicken. Der islamische Anteil an diesen Schulen nimmt ständig zu. Selbst Ahmed Yasin oder Ismael Haniyeh schicken ihre Kinder in katholische Schulen. Sowohl in Ramallah als auch in Gaza gibt es nur mehr eine verschwindende Anzahl von christlichen Kindern in den Schulen. Probleme aufgrund der Schuluniformen ergaben sich nicht, ebenso wurde auch das im Klassenzimmer aufgehängte Kreuz von den islamischen Schülern oder deren Eltern nicht beansprucht. Nur der Religionsunterricht wurde getrennt durchgeführt. Probleme bei der Darstellung der Geschichte (z.B. Kreuzzüge) wurden gemeinsam aufgearbeitet. In Bethlehem, an der St. Josephsschule, war die Stimmung der Schüler bedrückt, denn das gemeinsame Ziel wäre die Beendigung der Einschnürung durch die Mauer. Viele Kinder sind traumatisiert, sei es durch Angriffe aus der Luft oder durch Verhaftungen naher Angehörigen. Es konnten keine Schülerausflüge unternommen werden. Man hatte aus der Ersten Intifada gelernt – während dieser Periode waren die Universitäten mehr als die Hälfte der Zeit geschlossen gewesen (dennoch waren Vorlesungen und Prüfungen im Untergrund abgehalten worden), aber während der Zweiten Intifada wurden Bildungseinrichtungen ununterbrochen weitergeführt. Auf der Westbank gibt es die Birzeit Universität bei Ramallah, von den einen als islamistisches Wespennest, von den anderen als liberale Forschungsstätte bezeichnet. Viele der jetzt agierenden Politiker haben in Birzeit studiert. Es gibt dort ca. 7000 Studenten, die zwar zum Großteil ihre Studiengebühren nicht bezahlen können (aber die Universität stundet die Gebühren, in der Hoffnung auf Geld aus Saudi-Arabien oder Abu Dhabi). Mehr als die Hälfte der Studenten sind Frauen, und nicht alle mit Kopftuch. Auch sie diskutieren Probleme wie die „Vereinbarkeit von Beruf und Familie", sie wollen Kinder – aber nicht mehr als vier, denn sie wären moderne Frauen. Liberal ist man diesbezüglich. Im Winter 2003 hatte es hier Wahlen zum

Studentenrat gegeben: sie waren zum Erstaunen vieler für die Hamas, die Stipendien gewährt, und kostenlose Bücher verteilt hatte, ausgegangen. Auch an der Universität gibt es einige, die Juden nach Europa, woher sie gekommen wären, zurückschicken möchten. Andere Studenten können sich einen binationalen Staat vorstellen – wenn er von Muslimen kontrolliert wäre, dann hätten auch Juden und Christen ihren Platz darin. An der katholischen Universität in Bethlehem sind 70 % der Studenten islamischen Glaubens. Gelehrt wird Toleranz, die Studenten dürfen nicht fanatisiert werden, so die Zielsetzung der Universität. Der Dialog zwischen Christen und Muslimen findet statt, man respektiert die gegenseitigen Dogmen, es wird versucht, ein gemeinsames Leben in Geschwisterlichkeit zu planen und vor allem für die gemeinsamen Rechte zu kämpfen. Gegenseitige Feste werden respektiert – und soweit als möglich gemeinsam gefeiert. Es gibt auch die Islamische Universität in Gaza; hier wird streng nach Geschlechtern getrennt, es gibt zwei Eingänge – einen für Männer und einen für Frauen. Ähnliches gilt hier für Mensen, Laboratorien und Bibliotheken. Sie ist jedenfalls die größte Universität in den Autonomiegebieten, mit 10.000 Studentinnen und 7000 Studenten, unterrichtet werden Ingenieur-, Natur-, Geistes-, sowie Wirtschaftswissenschaften, Bildung, islamisches Recht und Religion. Die Universität war 1978 unter dem maßgeblichen Einfluss der Muslimbrüder gegründet worden, sie gilt als Kaderschmiede für die Hamas. Religionsunterricht macht fast die Hälfte der Pflichtveranstaltungen aus. Hier ist man weitgehend der Meinung, dass „die Juden" die Palästinenser ausrotten und/oder vertreiben wollen. Dann gibt es noch die säkulare al-Azhar-Universität in Gaza, sie wurde 1992 nach dem Vorbild der berühmte al-Azhar-Universität in Kairo errichtet. Dazu kommen private Initiativen. Elias Chacour, der melkitische, griechisch-katholische „Abuna" (Pater), jetzt Erzbischof, stammt aus Baram in Galiläa, einem palästinensischen Dorf, das die Israelis nach der Staatsgründung 1948 zerstört hatten. Versöhnung ist seine Lebensaufgabe, er predigt nicht Hass, sondern den Frieden und Gerechtigkeit, er unterstellt niemandem böse Absichten. Er hat die einzige arabisch-christlich-israelische Universität zustande gebracht. Elias Chacour steuert den Auswanderungstendenzen entgegen, er will jungen Menschen Berufschancen geben und vor allem Israelis und Palästinenser zusammenführen. Ursprünglich hatte er eine Schule bauen wollen. Doch die Behörden verweigerten die Baugenehmigung. Er ist ein mutiger Mann mit Ziel, daher baute er ohne Baugenehmigung, denn wie er meint: „in Israel ist es immer besser, um Verzeihung zu bitten, statt um Erlaubnis". Polizei und Gerichte wollten das bereits errichtete Schulgebäude wieder niederreißen. Ein Bestechungsgeld half aber. Dann wollte er seinen Traum einer multiethnischen multireligiösen Universität verwirklichen. Er reiste entschlossen nach Washington, denn der kürzeste Weg von Nazareth nach Jerusalem führt über Washington. Ohne Terminvereinbarung („wir Männer aus Galiläa machen keine Termine, wir pflegen zu erscheinen") konnte er den damaligen Außenminister James Baker über dessen Frau für seine Sache zu gewinnen. Seine Überzeugungskraft beruht darauf, dass er, der Mann aus Galiläa, aus dem Lande Jesu käme, dessen Sprache spreche und das Volk Jesu kenne. Baker intervenierte bei der israelischen Regierung und es kam zum „Mar Elias Bildungszentrum". Elias Chacours Motto „wir alle sind Kinder eines irakischen Bürgers, Abraham", Abraham wäre kein politischer Führer gewesen, sondern das Oberhaupt einer Familie. Und „im Heiligen Land gäbe es keine religiösen Konflikte, sondern nur einen politischen". Von den 4500 Studenten in Ibillin sind mehr als die Hälfte Frauen, konfessionell betrachtet, mehr als die Hälfte Muslime. Sie studieren u. a. Informatik, Kommunikation, Ökologie, Chemie und Bibelwissenschaften. Chacours Wunsch: die Heimkehr von Palästinensern aus dem Exil. Das ist ein nachhaltiger Weg „von unten", aus der Bevölkerung selbst, engagiert, selbstkritisch. Sicher, mit Unterstützung von außen, und mit Gottes Hilfe, ohne Vorurteile, aber auch ohne Annahme von Ungerechtigkeit.

Wenn auch der Prozentsatz der Palästinenser mit Universitätsabschlüssen stark steigt, wird die Qualität der Ausbildung dennoch nicht hoch eingestuft. Nach einem Ranking der Jiao Tong Universität, Shanghai, die eine Liste der 500 Top-Universitäten zusammenstellt, rangiert nur eine Universität des gesamten Arabischen Raumes darunter, dagegen enthält diese Analyse sieben israelische Universitäten.

GENERATIONENWECHSEL 2004 / 2005

Der Tod Jassir Arafats und der Schlaganfall Ariel Sharons

Beide Persönlichkeiten hatten großen Einfluss auf den israelisch-palästinensischen Konflikt. Beide wurden nur ca. 300 km voneinander entfernt geboren. Ihre Familien hatten eine starke Beziehung zum Heiligen Land. 1928 – in einer genossenschaftlichen Siedlung (Moshav) nördlich von Tel Aviv wurde im britischen Mandatsgebiet Ariel geboren. Seine Eltern, Shmuel und Dvora Scheinerman, waren erst vor sieben Jahren aus Russland eingewandert. Die Familie nahm den Namen Sharon (nach dem Gebiet, in der ihre Siedlung liegt) an. In der Siedlung, in der Ariel aufwächst, wurden seine Eltern wenig geachtet, und er erfuhr Zurücksetzung. Sie waren reich an Büchern, sonst aber arm. Um Ariel den Besuch eines Gymnasiums zu ermöglichen, wurde gespart. Ariel schloss sich bereits mit 14 Jahren einer paramilitärischen Gruppe an, deren Aufgabe es war, Siedlungen vor arabischen Übergriffen zu schützen. Mit 17 wurde er in die Hagana eingeführt

Muhammed Abdel-Rahman Abdel-Raouf Arafat al-Qudwa wurde 1929 in Kairo – nach eigenen Aussagen jedoch in Jerusalem geboren. Seine Familie nannte ihn Jassir. Väterlicherseits stammte er aus Gaza, mütterlicherseits aus Jerusalem. Schon mit vier Jahren, nach dem Tod seiner Mutter, war Arafat nach Jerusalem zu deren Familie gekommen; damals britisches Mandatsgebiet Palästina. 1938 kehrte Jassir nach Kairo zurück, ging dort zur Schule und studierte Elektrotechnik. Sein Interesse galt in frühen Jahren der jüdischen Kultur, er hatte auch Werke von Herzl gelesen. Mit 17 schmuggelte er bereits Waffen nach Palästina, die gegen Briten und gegen Juden zum Einsatz kommen sollten. Ab 1946 wurde sein Onkel, Mohammed Amin al-Husseini, der in Europa als Kriegsverbrecher gesucht wurde und in Ägypten Asyl gefunden hatte, sein politischer Mentor.

1945, in der Hagana, arbeitete Sharon gegen die Briten und unterstützte die Einwanderung von Holocaust-Flüchtlingen. Er diente als Ausbildner für die Polizei und als Geheimdienstagent. 1948 wurde er als Zugsführer in der Armee eingesetzt. Dann studierte er an der hebräischen Universität Rechtswissenschaften. Sharon nahm an allen israelischen Kriegen teil und wurde Experte im Sammeln geheimer Informationen. Die „Einheit 101", von ihm gegründet, war eine Eliteeinheit der israelischen Streitkräfte („Suchen und Zerstören"), sie führte blutige Vergeltungsschläge gegen palästinensische Guerillakämpfer, die nach Israel eindringen, durch.

Im April 1948 brach Arafat sein Studium ab und nahm an aktiven Kampfeinsätzen in Palästina teil. Er trat der Moslembrüderschaft bei, die damals im Gazastreifen kämpfte. Als sich die ägyptische Armee im Mai 1948 in den Krieg eingeschaltet hatte, wurde ihm und seiner Einheit befohlen, abzuziehen. Später beschuldigte er die arabischen Staaten des Verrats, weil sie den Palästinensern nicht geholfen hätten. Arafat bedauerte die Ergebnisse des Krieges 1948, er war schockiert, dass die Palästinenser sogar jenes Territorium verloren hatten, das ihnen, hätten sie der UN-Teilung zugestimmt, zugestanden wäre. Arafat, diesen Namen hatte er nach Abschluss seiner Studien 1956 zum Elektroingenieur in Kairo angenommen, hatte dort 1952 die Generalunion Palästinensischer Studenten (GUPS) gegründet, deren Ziel ein eigenes Land für die Palästinenser und Verschwinden des Staates Israel war. Arafat glaubte an die militärische Lösung, daher beschaffte er Waffen und ließ sie nach Palästina schmuggeln. Er meldete sich freiwillig zur ägyptischen Armee, wurde Leutnant, und kämpfte als Sprengstoffexperte im Suezkrieg 1956. Danach ging er nach Kuwait, wo er erfolgreicher Bauunternehmer wurde. 1957 gründete er ebendort die erste Zelle der Bewegung zur Befreiung Palästinas (al-Fatah). Die Fatah wird später mit der PFLP – beides vorher Geheimorganisationen – verschmolzen, die später unter dem Namen PLO läuft, deren gewählter Führer Arafat wird. Das Ziel der PLO ist es, Israelis aus Palästina zu verdrängen. Arafats Gruppe, die Fatah, besteht weiterhin innerhalb der PLO, und sie verfügt über einen militärischen Zweig, die Tanzim. Arafat hatte seine Basis in Jordanien, von wo er versuchte, Israel zu destabilisieren, durch nächtliche Überfälle auf israelische Siedlungen, Flugzeugentführungen, und, anlässlich eines Überfalles auf ein Vergnügungsschiffes, durch Mord an einem jüdischen Passagier, der mitsamt seinem Rollstuhl ins Meer geworfen wurde. Im Rahmen des Schwarzen September 1970, nach zweijährigem Bürgerkrieg vertrieb König Hussein von Jordanien Arafat, dessen PLO und viele Palästinenser. Arafat setzte sich nach Beirut ab, die PLO wurde international geächtet, nachdem das israelische olympische Team in München 1972 durch PLO-Agenten getötet worden war. Aus Beirut organisiert Arafat neuerliche Überfälle gegen Israel, dazu bedient er sich der Hilfe der Hisbollah. Israel marschierte hierauf 1982 in den Libanon ein, die Truppen erreichen Beirut. Arafat konnte nach dem Bombardement seines Hauptquartiers entkommen und setzte sich mit seiner PLO nach Tunesien ab.

Nachdem muslimische Terroristen den libanesischen christlichen Präsidentenanwärter ermordet hatten, überfielen christliche Milizen zwei Flüchtlingslager, Sabra und Schatila, Sharon lässt es geschehen. Hunderte Menschen wurden brutal ermordet. Sharon wird in Brüssel von Überlebenden auf Verbrechen gegen die Menschlichkeit geklagt, es wurde entschieden, dass der Gerichtshof nicht zuständig wäre. Seitens der Knesset wurde Sharon vorgeworfen, dass er das Massaker hätte verhindern müssen; somit wurde er als Verteidigungsminister abberufen.

Inzwischen lenkte Arafat aus Tunesien terroristische Anschläge gegen Israel. Er billigte die 1988 beginnende Intifada und leistete ihrer Ausweitung Vorschub. Als die Hamas und der Islamische Dschihad eine größere Rolle als die PLO bei den laufenden Ereignissen spielten, strebte er die Führerschaft wieder an. Aus Tunesien gewann er die Aufmerksamkeit der Vereinten Nationen, zu einer Zeit als eine Arbeiterparteiregierung in Israel ihre Bereitschaft zeigte zu verhandeln.

Sharon war vehement gegen den Oslo-Prozess: „Judäa und Samaria (Besetzte Westbank) gehören zu uns. Sie gehören Jahrtausende uns – für immer". In Israel war Sharon auch aufgrund seiner militärischen Erfolge der Held der Rechten, er strebte zur Spitze, es gelang ihm nicht. Arafat hingegen gewann Prestige und Legitimität, innerhalb und außerhalb des Landes. 1988 sprach er als Repräsentant der PLO vor den Vereinten Nationen, mit dieser Rede änderte er den Kurs: die PLO schwöre dem Terror ab und anerkenne die Rechte sowohl Israels als auch Palästinas als Staaten. Erst nach Oslo 1993 wurde die PLO legitimiert. Arafat wurde inoffizieller Sprecher aller Palästinenser, 1995 gewann er aufgrund des Taba-Abkommens allgemeine Wahlen. Verheiratet war Arafat seit November 1991 mit Suha at-Tawil (christlich-katholisch getauft, von Nonnen erzogen, später zum Islam konvertiert), eine Tochter der beiden wurde 1995 geboren. Seit Beginn der Zweiten Intifada leben Frau und Tochter in Paris. Im Dezember 1994 hatte Arafat gemeinsam mit Shimon Peres und Yitzhak Rabin den Friedensnobelpreis erhalten. Zu Verhandlungsbeginn war er von den Extremisten in den Besetzten Gebieten als Verräter bezeichnet worden. 1994 kehrte Arafat nach Palästina zurück und übernahm mit öffentlicher Zustimmung die Präsidentschaft. Sein Regierungsstil war autoritär, er kümmerte sich kaum um das Parlament. Seine Stützen waren weiterhin die Fatah und ihr militärischer Arm, die Tanzim. Er galt als korrupt. Viel öffentliches Geld wurde in privaten Konten in europäischen Banken veranlagt.

Sharon meinte, dass die linke Regierung mit den Oslo-Vereinbarungen das Land ausverkauft hätte. Sobald eine konservative Regierung zurück zur Macht kam, hatte er verschiedene Funktionen und versuchte, den Friedensprozess zu verzögern. Er wurde Direktor für Siedlungswesen, setzte sich über die Oslo-Vereinbarungen hinweg und brachte weiterhin jüdische Bevölkerung in die Westbank und baute die israelische Infrastruktur dort aus. Im Jahr 2000 wurde er Verteidigungsminister.

2000 erkannte Arafat, dass die Verhandlungen mit Israel nichts fruchten. Innerhalb der Besetzten Gebiete zweifelte man aufgrund fehlender Fortschritte bezüglich Ostjerusalem an ihm. Die fragmentierten Gebiete unter der PA waren fast unregierbar, und das israelische Militär schränkte die Palästinenser erheblich ein. Im September 2000 spazierte Sharon von seinem Haus im arabischen Viertel von Jerusalem, schwer bewacht und mit israelischer Flagge geschmückt, auf den Haram al Sharif. Er wusste, was er tat. Für religiöse israelische Rechte ist das „der Tempelberg, der jüdisch bleiben müsse. Hier werden die Juden einstmals den Tempel wieder aufbauen". Sein symbolträchtiges Handeln löste die Zweite Intifada aus. Arafat sowie Hamas und Islamischer Dschihad reagierten wie vorhergesehen, Selbstmordattentäter wurden ausgesendet. Die israelische Armee setzte Panzer und Hubschrauber ein. 2001 wurde Sharon zum Premierminister gewählt, Arafat organisierte die terroristische al-Aqsa Märtyrer-Brigade – unter seiner persönlichen Befehlsgewalt.

Sowohl Arafat als auch Sharon betonten öffentlich immer wieder, dass sie den Frieden wollten, aber jeder zu seinen eigenen Bedingungen. Sharon klagte Arafat an, die Intifada zu lenken und verweigerte weitere Verhandlungen mit ihm, darauf ernannte Arafat zwei Premierminister, die mit Sharon verhandeln sollten. Sie erreichten nichts, weil Sharon in keiner Frage nachgab und Arafat selbst für die Eindämmung des Terrors verantwortlich blieb. Sharon zerstörte den Sitz Arafats in Ramallah, belagerte ihn mit Panzern. Arafat konnte mit anderen Teilen der PA nur mehr per Telefon, Fax und E-Mail kommunizieren. Selbstmordattentate und militärische Gegenschläge gingen weiter. Die Popularität Arafats bei seinen eigenen Leuten blieb erhalten, er führte weiterhin die Fatah, die Tanzim und die al-Aqsa Märtyrer-Brigaden. Sharon blieb ebenfalls populär, wenngleich Bestechungsverdacht aufkam. Inzwischen Mitte Siebzig repräsentierten beide den mehrheitlichen Willen ihres jeweiligen Volkes, sie hatten erkannt, dass Verhandlungen keine Lösung bringen würden. Arafat wollte den Terror nicht stoppen. Wenn Sharon meinte, dass Arafat noch immer die Zerstörung des Staates Israel anstrebt, mochte er vielleicht nicht Unrecht haben. Und wenn Arafat annahm, dass Sharon weiterhin an der Siedlungspolitik festhielt und Jerusalem als Hauptstadt Israels behalten wolle, hatte er recht. Sharon wusste, dass dieser Palästinenser-Staat nicht lebensfähig wäre, er baute die Mauer, die Palästinenser müssten die Idee eines Staates aufgeben und eine andersdenkende Minorität in einem vergrößerten Israel werden.

Arafats Gesundheitszustand verschlechterte sich gegen Ende Oktober 2004 dramatisch. Er wurde nach Paris geflogen. Die Israelische Regierung hatte das Reiseverbot aufgehoben und ihm ein Rückkehrrecht ins Westjordanland zugesichert. Arafat starb am 11. November 2004 in Paris. Seine sterblichen Überreste wurden für eine Trauerfeier nach Kairo geflogen, der Sarg wurde nach Ramallah gebracht, wo die Beisetzung stattfand. Arafats Wunsch, in Ostjerusalem am Tempelberg auf dem Gelände der al-Aqsa Moschee begraben zu werden, wurde nicht erfüllt. Immerhin wurde sein Sarg mit Tempelbergerde umgeben. Arafat selbst verkörperte in seiner Person die Widersprüche zwischen „Terrorist und Freiheitskämpfer, zwischen Pragmatiker und Dogmatiker, zwischen Überleben und Führungsqualitäten". Er hatte immer versucht, alles für alle zu sein und war gescheitert: er hatte das „Rais-Prinzip" (Führerprinzip) verkörpert, der tapfere unermüdliche Führer einer Freiheitsbewegung, dem Frieden verpflichtet, ein Märtyrer aufgrund der terroristischen Vergangenheit, mit Hang zur Korruption. Man sagte über ihn, dass er das Symbol der Hoffnung der Palästinenser auf einen lebensfähigen, unabhängigen Staat und zugleich das größte Hindernis für dessen Verwirklichung gewesen wäre, dass er der Retter der palästinensischen Identität, aber den Stolperstein zum Frieden verkörperte. Er stellte sich selbst mit Olivenzweig und Gewehr vor, spielte für den Westen den heimatlosen Ausgestoßenen, für die arabische Welt stellte er sich als Saladin dar. Befürchtungen, dass der Tod Arafats einen Rückschlag für den Nahost-Friedensprozess bedeutet, bewahrheiteten sich nicht. Nachfolger als PLO-Chef wurde Mahmud Abbas, der 2005 zum Präsidenten gewählt wurde.

Sharon ordnete den israelischen Rückzug aus Gaza an: im August 2005 zogen sich die Siedler unter heftigem Protest zurück. Ende 2005 kündigt Sharon seinen Austritt aus der Likud-Partei an, die seiner Politik nicht mehr folgen konnte, daher gründete er eine neue Partei namens Kadima. Am 18. Dezember 2005 erlitt Sharon einen Schlaganfall und wurde in ein künstliches Koma versetzt, aus dem er bis heute nicht erwacht ist. Sein Amt übernimmt Ehud Olmert.

Der Tod Scheich Ahmad Yasins

Yasin, geboren 1936 (oder 1938?), war seit 1952 von der Hüfte abwärts querschnittgelähmt, seit 1955 war er Mitglied der illegalen Moslembrüder, nach dem Sechstagekrieg hatte er sich bemüht, die Moslembrüderschaft im Gazastreifen zu stärken. 1973 errichtete er ein „islamisches Zentrum zur Koordinierung von sozialen Programmen" (gefördert von den OPEC Staaten). Anfang der 80er-Jahre hatte Yasin die Madsch al-mudschhadin („Ruhm der Kämpfer des Islam") gegründet, seitens der Fatah wurde ihm „Kooperation mit den Zionisten" vorgeworfen, da er sich am Kampf gegen Israel nicht beteiligt hatte. Die Fatah hatte angenommen, dass Israel die Hamas zum Schaden der Fatah finanziere.

Aufgrund von Waffenbeschaffung wurde er 1984 zu 15 Jahren Gefängnis von einem israelischen Gericht verurteilt, nach elf Monaten wieder freigelassen. 1987 hatte er mit anderen Muslimbrüdern den bewaffneten Zweig der Hamas gegründet und war dessen Chefideologe geworden. Er veröffentlichte 1988 die erste und bisher einzige Verfassung der Hamas. Diese Organisation wurde 1989 von Israel verboten. Der stark sehbehinderte Scheich wurde von den israelischen Behörden neuerlich verhaftet und 1991 wegen Anstiftung zum Mord an „palästinensischen Kollaborateuren" zu lebenslanger Haft verurteilt, 1997 freigelassen. 1998 unternahm er ausgedehnte Reisen in arabische Länder, um Geld zu sammeln. Nach Ausbruch der Zweiten Intifada rief Yasin zu Mordanschlägen gegen israelisches Militär und Zivilisten auf. Israel warnte im Juni 2003, Yasin wäre nicht gegen eine gezielte Tötung immun. Bei einem „gezielten Luftangriff" wurde Yasin 2003 leicht an der Hand verletzt, im März 2004 durch drei Hellfire-Raketen eines israelischen Hubschraubers in Gaza-Stadt aber getötet. Neun weitere Menschen starben, darunter zwei seiner Söhne (er hatte 11 Kinder). Yasins Nachfolger wurde Abd al-Aziz as Rantisi, nach 26 Tagen von den Israelis umgebracht. Im März scheiterte eine im Sicherheitsrat eingebrachte Resolution zur Verurteilung der Tötung Yasins am Veto der USA. Die Hamas wurde von einer neuen Führungsgeneration unter Ismail Haniyeh, einem engen Vertrauten des Scheichs in Gaza, übernommen.

Verhärtung der Standpunkte (ab 2004)

Präsident Bush, erklärter Freund Sharons, verkündete zu Beginn 2004, dass eine gerechte und realistische Lösung des Flüchtlingsproblems in ihrer Ansiedlung im Palästinensergebiet läge. Das erboste die palästinensische Führung: niemand könne auf das Rückkehrrecht verzichten, sie behauptete sogar, dass die Verweigerung einer Kriegserklärung gegen das palästinensische Volk gleichkäme. Sie bezogen sich auf die UN-Resolutionen 194 aus 1948, die besagte, dass den Flüchtlingen die Rückkehr gestattet werden müsste. Dazu käme noch Ersatz für ihren Besitz an jene, die es vorzögen, nicht zurückzukehren. Seitens Israels wurde betont, dass das Bestehen auf das Rückkehrrecht eine endgültige Regelung der politischen Verhältnisse unmöglich mache. Selbst die International Crisis Group meinte 2004, dass es eine Unvereinbarkeit zwischen der ausverhandelten Zweistaatenlösung und einer Flüchtlingsrückkehr bestünde.

Sharon glaubte weiterhin an eine einseitige Vorgangsweise: Weiterbau der Sicherheitsmauer, Totalrückzug der Siedler aus Gaza und Teilabzug aus der Westbank. Der Premier sah das Überleben Israels in seiner Fähigkeit, die Terroristen zu „neutralisieren". Bush unterstützte den Plan des Rückzugs aus Gaza. Doch weder Araber noch Europäer sahen in diesem Schritt die richtige Richtung für einen Frieden, dieser wäre nur möglich, wenn Israel sich hinter die Grüne Linie zurückzieht und einen lebensfähigen Palästinenserstaat zulässt.

Eigentlich hätte sich Israel in einer guten Situation befunden: der Irak stellte keine Bedrohung für Israel mehr dar, Syrien versprach die Terrororganisationen zu zügeln, Arafat hatte keine Macht mehr, Abbas, amtierender palästinensischer Regierungschef, hatte den Terror gegen Israel verurteilt, und Israels wichtigster Verbündeter ist die einzige verbliebene Supermacht, die USA. Israel sah das nicht so: die Ultraorthodoxen lehnten den „Staat" weiterhin ab, für fundamentalistische Siedler zählte Ideologie weiterhin mehr als das Leben von Menschen. Die Kibbuz-Idee änderte sich, vom sozialistischen Ideal zum privaten Unternehmen, denn für seine Bewohner war das Kibbuz ein Anachronismus geworden, ein Vorzeigemodell für Touristen, vielleicht sogar ein Auslaufmodell? Nur 1,7 % der Israelis lebten in Kibbuzim (auch früher waren es nie mehr als drei oder vier Prozent), aber der Einfluss durchdrang israelisches Leben und Kultur. Die Bewohner waren lange die Helden Israels gewesen, viele Politiker sowie Mosche Dajan stammten aus dem Kibbuz. Ihre Siedlungen hatten ursprünglich die Grenzen des zukünftigen Staates bestimmt und waren Ziel der Flüchtlinge aus Europa gewesen. Sie waren eine Elite, die den Knesset, die Regierung und die Armee dominiert hatte. Aber die Jungen haben sich unterdrückt und erstickt gefühlt und ertrugen es nicht mehr, dass ihnen vorgeschrieben wurde, was sie zu denken, lernen bzw. studieren hätten. Die Mitglieder konnten nun Häuser in ihr Eigentum nehmen, Gehalt für ihre jeweilige Arbeit bekommen. Die größte Verehrung war den Pionieren und später den Opfern des Holocaust entgegengebracht worden. Für die jetzt ältere Generation war der Zionismus die maßgebende Ideologie, allein die Anwesenheit in Israel, im Gelobten Land, war Sinn gebend. Wirtschaftliche Probleme und der Konflikt mit den Palästinensern wurden für den Einbruch der jüdischen Einwanderung verantwortlich gemacht. Ehemalige Einwanderer verließen Israel. Die schlimmste denkbare Situation für Israel wäre das „Eintrocknen" der Einwanderung bzw. die Auswanderung von enttäuschten Bürgern. Den Jüngeren ist die Existenz des Staates selbstverständlich, sie sehen sich weniger als Juden, sondern vielmehr als Israelis. Sie sind nicht bereit, ihr eigenes Leben für einen „höheren Zweck" aufs Spiel zu setzen. In den Siedlungen wohnt man nicht aus ideologischen Gründen, sondern weil die Lebensqualität höher ist und die Kosten niedriger sind. Es gibt Gruppen von einflussreichen Israelis und Palästinensern, die gemeinsam den Frieden anstreben, durch den Mauerbau und die Ausschreitungen primär in Gaza sind aber die Friedenshoffnungen gering. 2004 hat Bashar al-Assad, Präsident von Syrien, wissen lassen, dass er Verhandlungen mit Israel über die Zukunft des Golan aufnehmen wolle. Der Golan wird bei israelisch-palästinensischen Problemlösungen nicht berücksichtigt. Jetzt gibt es dort 33 jüdische Siedlungen. Wesentlich für Israel am Golan ist nicht nur das Land, sondern die Wasserversorgung.

Im Jahr 2005 wurde im Gazastreifen die israelische Besatzung einseitig beendet, nachdem das Parlament dem Plan zugestimmt hatte und dieser Schritt auch von Präsident Bush gebilligt worden war. Auf palästinensischer Seite hatte es angeblich keinen adäquaten Verhandlungspartner gegeben. Die 21 jüdischen Siedlungen mit 8475 Siedlern wurden evakuiert. Mögliche Ursachen für den Abzug: die militärische Präsenz wurde zu kostspielig, auch sollen die Grundwasserreserven des Gazastreifens erschöpft sein. Blieb damit Gaza „Besetztes Land"? Nach israelischen Standpunkt war die Militärregelung abgeschafft, daher hätte nach Internationalem Recht Israel keine Verantwortung über irgendwelche Vorkommnisse in Gaza. Die PLO sah das anders: Israel bleibt Besatzungsmacht, weil Israel noch immer die Grenzen von Gaza, die Küsten, den Luftraum kontrolliert, Wasser und Strom zur Verfügung stellt und sich das Recht von militärischen Maßnahmen gegen Angriffe aus Gaza vorbehält. Außerdem wären nach dem Oslo-Abkommen von 1993 Gaza und die Westbank eine Einheit, daher könne nur die Gesamtheit oder keines von beiden besetzt sein. Die Vierte Genfer Konvention (1949) legt fest, welche Leistungen seitens eines Besatzers erbracht werden müssen. Der Besatzer darf seine eigenen Bürger nicht dort ansiedeln – und das verletzte Israel am stärksten. Die israelische Regierung hatte argumentiert, dass die Bestimmungen dieser Konvention die Besetzten Gebiete nicht betrifft. Aber diese, hält die PLO dem entgegen, kennt verschiedene Stufen der Besatzung. Wenn Funktionen von Israel an die Palästinenser übergeben werden, bedeutet das nur, dass sich die Konvention nicht auf diese Aufgaben bezieht, aber dass Israel weiterhin die restlichen Leistungen zur Verfügung stellen muss. Wenn der „Hague Standard" (effective military control) nicht weiter gilt, dann ist Israel nicht mehr für die Sicherheit in Gaza verantwortlich. Bei der Schaffung Internationalen Rechts galt es als nicht vorstellbar, dass eine Entität weder vollständig besetzt, noch vollständig souverän ist. Im August 2005 wurde eine Vereinbarung Israels mit Ägypten abgeschlossen, die festlegt, dass die Grenzkontrolle Gaza / Ägypten durch ägyptische Truppen erfolgen solle. Nun war die PA verantwortlich für die Aufrechterhaltung von Frieden und Ordnung, für Verminderung der Armut und

Verhinderung von Unruhen im Gebiet. Vielleicht hätte es funktioniert: mit neuen Investitionen von außen, mit verbesserten Hafenanlangen, mit Erweiterung der Fischereiflotte und Tourismusindustrie. Es gab gut ausgebildete und vor allem billige und arbeitswillige Arbeitskräfte. Doch die Armee konnte den Gazastreifen von außen kontrollieren und blieb nördlich davon stationiert, ein 100 Meter breiter Landstrich entlang der Ostgrenze blieb besetzt, Gazas Luftraum sowie die Küsten wurden kontrolliert, und über Ein- und Ausreise wurde weiterhin von Israel bestimmt. Beim Grenzübergang nach Ägypten kontrollierte Israel den kompletten Waren- und Personenverkehr. Die Gefahr, dass der Gazastreifen vom Westjordanland abgekoppelt und damit die Einheit der Palästinenser gestört würde, bestand weiter.

Seit Ausbruch der Zweiten Intifada hatten sich die Spannungen zwischen Drusen und christlichen sowie muslimischen Arabern verschärft. Während Drusen in der Armee zur Niederschlagung der Intifada beitragen, solidarisieren sich die israelischen Araber eher mit den Palästinensern. Im Februar 2005 kam es in Maghar, im Norden von Galiläa, zu Ausschreitungen. Maghar hat 18.000 Einwohner, 50% sind Drusen, 30% Muslime und 20% Christen. Bei Übergriffen der Drusen auf das Christenviertel waren sieben Christen verletzt und Häuser und Geschäfte von 70 weiteren geplündert und in Brand gesteckt worden. Die melkitisch-katholische St. Georgskirche war beschädigt worden. Anlass war die später entkräftete Behauptung, dass ein junger Christ freizügige Fotos eines Drusenmädchens ins Internet gestellt hätte.

Grundverkäufe in Jerusalem führen zu Konflikten, ausgelöst durch Besitztümer der griechisch-orthodoxen Kirche. Diese Immobilien sind ein Erbe aus dem Byzantinischen Reich, so sollen einst bis zu 40% des Bodens in der Altstadt im Besitz des Patriarchats gewesen sein. Große Teile der Gebäude im Zentrum der Altstadt in der Nähe des Jaffa-Tors, einer überwiegend von Palästinensern bewohnten Gegend, im Besitz der griechisch-orthodoxen Kirche, waren von Patriarch Eirinaios an jüdische Investoren verkauft worden. Er wurde von der Bischofssynode abgesetzt, die jeglichen Verkauf von Gebäuden an Israelis abgelehnt hatte. Im März 2005 forderte der orthodoxe Erzbischof von Athen den Patriarchen von Jerusalem Eirinaios zum Rücktritt auf.

WAHLEN

Palästina (2004–2006)

Nach den Parlaments- und Präsidentenwahlen 1996 hätten die ersten Gemeinderatswahlen 1997 unter palästinensischer Kontrolle erfolgen sollen, aber Arafat hatte sie erneut verschoben. Sie fanden stufenweise 2004/05 statt. Die Hamas besaß starke Unterstützung in der städtischen Bevölkerung und in den Flüchtlingslagern, da sie das Alltagsleben der Menschen, vor allem in Gaza, organisiert hatte – selbst öffentliche Reinigungskampagnen gingen auf ihr Konto. Sie wird von der Bevölkerung als uneigennützig, nicht korrupt und effizient wahrgenommen. Die Hamas führte einen Bruch mit der „Kultur der Abhängigkeit" herbei. Die Gemeinden mussten mit dem verfügbaren Geld auskommen, die Entwicklung von kleinen lokalen Industriebetrieben wurde gefördert. Mit eigenem Geld sollten Fabriken gebaut werden, statt die Arbeitskräfte ins Ausland zu schicken. Das braucht Zeit. In Bethlehem gewann die Hamas, seither wurde die Stadt von einem christlichen Bürgermeister, unterstützt durch die Hamas, verwaltet. Auch in Ramallah wurde eine politisch unabhängig christliche Schuldirektorin mit der Unterstützung der Hamas Bürgermeisterin. Hamas-geführte Stadtverwaltungen funktionieren gut, doch es gab Befürchtungen der Christen, der Fatah und des nicht-arabischen Auslandes, dass die Hamas Palästina in einen „Taliban-Staat" umwandeln könnte. Die Europäer hingegen strichen ihre Unterstützungen – auch für Bethlehem.

Bei den Präsidentschaftswahlen im Jänner 2005 erreichte der Kandidat der Fatah, Mahmud Abbas, 60 % der Stimmen, 20 % hatten für den Kandidaten der Zivilgesellschaft, Dr. Mustafa Barghouti, gestimmt. Beide Politiker hatten sich für die Zweistaatenlösung ausgesprochen und Israel anerkannt.

Die Hamas erhielt im Jänner 2006 die absolute Mehrheit. An den Wahlen hatten sich die Fatah, die Hamas und neun weitere Gruppierungen beteiligt, sechs davon schafften den Sprung ins Parlament. Der Wahlkampf und die Wahlen waren von internationalen Beobachtern aus Europa und den USA überwacht worden; selbst Jimmy Carter mit seiner Familie hatte daran teilgenommen. Alle Parteien hatten sich auf einen „Code of Conduct" geeinigt, der Wahlbetrug und Manipulationen verhindern sollte. Man sprach von einem „offenen und fair geführten Wahlprozess, der durch eine professionell arbeitende, unabhängige palästinensische zentrale Wahlkommission effizient organisiert worden war". Vorbereitend waren viele der „alten" Fatah-Führer durch jüngere ersetzt worden. Die Hamas wurde von den Israelis als Stolperstein für weitere Verhandlungen bezeichnet, es wurde in Aussicht gestellt, dass humanitäre Hilfe und Zahlungen, die durch die palästinensische Regierung geschleust worden waren, unter einer Hamas-Regierung eingestellt würden. Abbas war sich dieser Situation bewusst, er hatte Befürchtungen, dass die palästinensische Wirtschaft – ohnehin schwach, durch das Zurückbehalten der Steuern und Zolleinnahmen vollends zerstört würde. Im Wahlkampf waren Straßensperren und Abriegelungspolitik der israelischen Besatzungsmacht hinderlich gewesen. Die Kandidaten der Hamas durften zwischen den beiden Teilen Gaza/Westjordanland nicht hin- und herreisen. Die Fatah genoss mehr Privilegien. Die Wahlbeteiligung war im Gazastreifen am höchsten, in Jerusalem konnten wegen Interventionen der israelischen Polizei weniger als die Hälfte der Wähler ihre Stimme abgeben. Der Sieg der Hamas war darauf zurückzuführen, dass die Hamas zum Widerstand aufgerufen, sich dem Besatzungsregime in den Weg gestellt und sich für den Erhalt der nationalen Rechte der Palästinenser eingesetzt hatte. Der Erfolg war auch das Ergebnis des Einsatzes auf sozialem und wirtschaftlichem Gebiet sowie der Kritik an der Arbeit der Fatah und der PA im Zusammenhang mit Korruption. Die Bevölkerung war mit dem durch die Besatzung hervorgerufenen Elend unzufrieden. Eine positive Anziehungskraft sei von der Hamas ausgegangen, weil sie für Reform, konsequenten Nationalismus und Widerstand gegen die Besatzung gestanden ist. Die Fatah stand für „nationalen Ausverkauf", als Konsequenz für eingegangene Kompromisse.

Das neu gewählte Parlament trat schon im Februar 2006 zu einer konstitutiven Sitzung zusammen. Da die israelische Besatzung den Hamas-Abgeordneten die Reise aus Gaza nach Ramallah nicht erlaubt hatte, mussten zwei räumlich getrennte Sitzungen, verbunden durch Videoschaltungen, abgehalten werden: eine in Gaza, die andere in Ramallah. Die Sitzung wurde mit einer Koranlesung eröffnet, es wurde eine Verbindung zur koranischen Schura hergestellt, die zur Zeit der ersten Kalifen eine Rolle gespielt hatte. Die Namensschilder von 13 gewählten, in israelischer Haft festgehaltenen Abgeordneten standen auf ihren leer gebliebenen Sitzen

Präsident Mahmud Abbas beauftragte den Führer der erfolgreichen Hamas-Liste, Ismail Haniyeh, mit der Regierungsbildung. Anfänglich wollte Haniyeh eine Regierung der nationalen Einheit bilden, es wurden breite Koalitionsverhandlungen aufgenommen. Die anderen Parteien sagten ab. Es kam zu einer reinen Hamas-Regierung mit wenigen unabhängigen Technokraten. Am 27. März stellte Haniyeh im palästinensischen Legislativrat seine Programm und seine Regierung vor und gewann die Vertrauensabstimmung im Parlament. An dem Tag, an dem israelische Wähler ein neues Parlament und eine neue Regierung wählten, trat die Regierung Haniyeh ihr Amt an. Bezüglich einer Einstellung der Gewalt gegenüber Israel weist die Hamas-Regierung darauf hin, dass sie seit August 2004 (Zeitpunkt des Waffenstillstands) keine Gewalttaten verübt hatte, und bereit wäre, diese Hudna zu verlängern, sollte Israel seine Angriffe auf Palästina einstellen. Umfragen in Palästina zeigten, dass 73 % der Befragten Verhandlungen mit Israel über eine Zweistaatenlösung unterstützten, nur 1 % wünschte die Einführung des Islamischen Gesetzes in Palästina. Im März 2006 stimmte eine fast absolute Mehrheit der befragten Israelis für direkte Gespräche mit der Hamas. Das wurde von der Regierung nicht wahrgenommen. 23 % der Befragten, die die Hamas gewählt hatten, bezeichneten sich nicht als Hamas-Anhänger. Religiöse Gründe waren nur bei 19 % der Hamas-Wähler ausschlaggebend.

Nach ihrem Wahlsieg hatte die Hamas die Bedingungen dargelegt, unter welchen sie zur Umsetzung der Zweistaatenlösung bereit wäre. Dazu zählten der Rückzug Israels auf die vor dem Sechstagekrieg von 1967 bestehenden Grenzen, die Freilassung der palästinensischen Gefangenen, ein Ende der militärischen Aggression und geografische Anbindung des Gazastreifens an das Westjordanland. Das waren Forderungen, die Israel nicht ohne Weiteres erfüllen konnte oder wollte, da Grenzen von vor 1967 die Aufgabe eines Teils von Jerusalem bedeuten würden, die Freilassung von Gefangenen möglicherweise zu deren Racheakten führen könnten, und die geografische Anbindung des Gazastreifens an das Westjordanland Israel zweiteilen würde. Inzwischen war von Tony Blair, dem neuen Beauftragten des Quartetts, die Idee eines Tunnels wiederbelebt worden. Hamas kann Israel nicht anerkennen, so lange sich Israel weigert, die von der Internationalen Gemeinschaft anerkannten Grenzen zu akzeptieren. Israel hat indessen seine Grenzen noch nicht definiert und verweigert Verhandlungen. Die Hamas hat trotz Zurückhaltung beim Waffengebrauch gegen die Besatzungsarmee im Ausland einen terroristischen Ruf.

Der Wahlsieg der Hamas hatte erhebliche Auswirkungen: innerhalb des Palästinensergebietes, im Verhältnis zu Israel sowie in den Beziehungen zu den USA und Europa. Das „Quartett" erwartet nun von der neuen Regierung, dass die PA an der Roadmap festhält, geschlossene Abkommen und Verpflichtungen zwischen Partnern einhält und für eine durch Verhandlungen zu erreichende Zweistaatenlösung des israelisch-palästinensischen Konfliktes eintritt. Ferner, dass sich alle Mitglieder einer palästinensischen Regierung zu Gewaltlosigkeit, zur Anerkennung Israels und zur Einhaltung aller bisheriger Abkommen und Verpflichtungen inklusive der Roadmap verpflichten. Israel wird zu einer indirekt formulierten Selbstverpflichtung aufgefordert, zu einer gerechten, umfassenden und langfristigen Lösung des israelisch-arabischen Konfliktes auf Basis der Sicherheitsratsresolutionen 242 und 338 beizutragen. Die Hamas forderte von Israel, das Existenzrecht der Palästinenser anzuerkennen, der Gewalt abzuschwören und die Zweistaatenlösung zu akzeptieren.

Die Hamas hatte anfänglich versprochen, den Waffenstillstand fortzusetzen, die Zweistaatenlösung (ähnlich der PLO-Forderung von 1988, die eine Beendigung der Besatzung und die Errichtung eines palästinensischen Staates im Westjordanland und im Gazastreifen mit [Ost-]Jerusalem als Hauptstadt vorausgesetzt hat, ohne eine zumindest implizite Anerkennung des Staates Israel zu erwähnen) zu akzeptieren, die abgeschlossenen internationalen Verträge zu achten, vorausgesetzt, diese vertreten die entsprechenden Interessen. Da die beiden Positionen nicht vereinbar scheinen, blockierte Israel die für die palästinensische Autonomiebehörde bestimmten Gelder. Das sind monatliche Steuereinnahmen, betrifft z. B. Exporte durch israelische Häfen, die der Autonomiebehörde gemäß der Oslo-Abkommen wie auch dem Pariser-Wirtschaftsprotokoll von 1994 (Anhang zu Gaza-Jericho-Abkommen) zustehen, um die Beamtengehälter begleichen zu können. Von Israel gestellte Wasserrechnungen sind hoch, denn die Palästinenser beziehen das Wasser aus den eigenen Quellen zu hohen Preisen. Ebenso wurden Direktzahlungen seitens der EU und der USA eingestellt, weil die Hamas das Existenzrecht Israels nicht explizit anerkennt, der Gewalt nicht abschwört und bestehende Verträge nicht einhalten will. Durch Einsatz wirtschaftlicher Sanktionen sollte die Hamas-regierte PA geschwächt, neutralisiert, reformiert oder am besten beseitigt werden. Somit war an normales Regieren in Palästina nicht zu denken, da zudem 64 Hamas-Abgeordnete und der Sprecher des Parlaments, darunter acht Minister, von Israel verhaftet wurden und bis zu einer Entscheidung durch ein Militärtribunal über weitere Strafen inhaftiert blieben.

Innerhalb des Palästinensergebietes kam es zu Machtkämpfen zwischen Fatah und Hamas, und damit besonders in Gaza zu Straßenkämpfen zwischen den jeweiligen Gangs. Es wurde aufeinander geschossen, möglichst die gegnerischen Führer gekidnappt und Geiseln genommen. Ungefähr ein Drittel der Bevölkerung hatte von Zahlungen der PA gelebt und bezog nun kein Gehalt mehr. Fast alle Angestellten der palästinensischen Ministerien waren Fatah-Mitglieder. Sie begannen aufgrund der ausgebliebenen Zahlungen einen passiven Streik. Schulen mussten geschlossen werden, Spitäler konnten nur mehr Notfälle versorgen. Hamas-Kämpfer bedrohten und schlugen die Streikenden, die Fatah-Leute schlugen zurück. *Eine Regierung sollte die Interessen der Bevölkerung vertreten*, so die Meinung der Fatahanhänger, wenn *sie dazu nicht in der Lage ist, sollte sie zurücktreten*. Abbas hatte Neuwahlen vorgeschlagen, die von der Hamas abgelehnt wurden. Andererseits hatte die Hamas keine Chance zu regieren, es fehlte Geld, und sie wird von der gesamten westlichen Welt abgelehnt. Hamas-Politiker mussten ihre Anstrengungen auf die Beschaffung der für das Funktionieren des Regierungs- und Verwaltungsapparates notwendigen Gelder konzentrieren. Der bisher übliche Transaktionsweg war versperrt, da alle Banken, die Gelder an die palästinensische Regierung überweisen oder auszahlen würden, unter die Terrorismus-Paragraphen der USA gestellt werden. Hamas-Verantwortliche wurden zu „Kofferträgern des 21. Jahrhunderts", wobei dann Koffer mit den zumeist von arabischen Ländern gespendeten Geldern an den Grenzen durch israelische Behörden beschlagnahmt wurden.

Israel hat Hamas-Führer verhaftet und die Fatah untergräbt jegliche Autorität. Hamas und Fatah führten immer wieder Gespräche zur Bildung einer Einheitsregierung, die dann wieder abgebrochen wurden. Der Zusammenbruch der Gesellschaftsstruktur von Gaza machte es schwierig, Ordnung wiederherzustellen, egal von welcher Seite. Die Gewalt zwischen Palästinensern – von persönlichen Streitereien bis zur Hinrichtung von Israel-Kollaborateuren – stieg dramatisch an. Ein Teil der Auseinandersetzungen findet zwischen den sich ständig vermehrenden Fraktionen statt. Die kleinsten Zwischenfälle wie z. B. der Zusammenstoß zwischen einem Auto und von einem Esel gezogenen Wagen endete mit acht Toten. Viele arbeitslose, bewaffnete junge Männer stellen eine Rekrutierungsbasis für die verschiedenen Militärgruppen dar – darunter sind auch Terroristen, die sich gegen Israel wenden. Darüber hinaus gibt es Konflikte zwischen den einzelnen Clans. Verschiedene Familienclans beherrschen Gaza, damit wandten sich die Menschen mit der Auflösung der öffentlichen Ordnung stärker an ihre Sippen, um für ihre Sicherheit zu sorgen. Doch auch die Aufrufe der Granden zu Waffenstillstand werden kaum beachtet, rebellierende Jugendliche brechen ihn sofort. Die Palästinenser meinen, dass ein Bürgerkrieg begonnen hätte, noch bevor Palästina ein Staat geworden ist. Der Verlust des Einflusses der PA schadet allen. Hamas hält sich noch an ihr Wort, Selbstmordattentäter zurückzuhalten, aber die Gefahr ist groß, dass unter dem Druck seitens der Israelis und den USA die Radikalen in den Reihen der Hamas nicht länger zurückgehalten werden könnten. Aus Sicht der Israelis ist Gaza zur Raketenabschussbasis geworden. Für sie gibt es eine unmögliche Wahl: Einerseits wieder einmarschieren oder die Raketenbauer und jene, die sie abfeuern, durch gezielte Tötungen bzw. Angriffe aus der Luft unschädlich zu machen. Israel klagt, dass lediglich seine Gegenangriffe den Weg in die Weltpresse fänden. Zivilisten auf beiden Seiten sterben oder werden zumindest traumatisiert – mehr Palästinenser als Israelis (im Grenzstädtchen Sderot). Viele „Neueinwanderer" aus der ehemaligen Sowjetunion wohnen dort. Dieses Wüstenstädtchen offenbart die Hilflosigkeit sukzessiver Regierungen, die den Menschen dort keinen Schutz bieten kann. Die Israelis werfen den Palästinensern vor, zuerst zu schießen und erst dann nachzudenken, was sie angerichtet haben, denn nach „erfolgreichen" Selbstmordattentaten feierten Araber Freudenfeste. Israelis fürchten eine Zerstörung ihres Staates, weil sie annehmen, dass die Gegenseite meint, Juden gehörten nicht in dieses Land.

Die Ergebnisse der demokratisch durchgeführten Wahl 2006 werden weder von Israel noch vom Westen respektiert. Israel erwartet von einer Gaza-Belagerung „ergänzende Vorteile" wie Säen von Unzufriedenheit mit der Hamas-Regierung, Stärkung von Abbas und seiner Fatah, der als einziger überlebensfähiger Verhandlungspartner gilt. Verlässliche Quellen schreiben Condoleezza Rice zu, den Palästinensern versprochen zu haben, die Belagerung aufzuheben und die Gelder zu entblocken, sobald der israelische Gefangene Shalit befreit und die Hamas-Regierung entlassen wäre. Aber viele Palästinenser halten Abbas für schwach und wankelmütig, und islamistische Prediger schwärzen ihn als Strohmann für Israel und die USA an. Die Hamas-Kämpfer sind zahlreicher und disziplinierter als die Fatah-Kämpfer. Die Palästinenser hatten den Eindruck, dass die Palästinafrage zunehmend von Vorurteilen gegen den Islam bestimmt zu sein schien. Das ist mit ein Grund, weshalb die Palästinenser in Israel nicht in einem zukünftigen Palästinenserstaat leben wollen.

Häuserzerstörungen werden von den Israelis als Vergeltungsmaßnahmen eingesetzt, zuweilen kamen kurzfristige Warnungen über eine bevorstehende Bombardierung eines bestimmten Wohnhauses. Die Bewohner wurden zur sofortigen Evakuierung und zur Information ihrer Nachbarn aufgefordert. Meistens fielen diese Bomben präzise auf das angegebene Haus. Immer gelingt dies nicht: manche Palästinenser rufen ihre Nachbarn zu Hilfe, die um das Haus Posten beziehen. Dann muss der Angriff eingestellt werden, um eine Massentötung zu verhindern. Zivilisten werden bei Bombardierungen getötet oder verletzt; einmal war ein 14 Jahre altes Mädchen getötet und 50 Nachbarn verletzt worden. In Palästina gratuliert man den Eltern zu einem „im Kampf" getöteten Kind – es wird zum Märtyrer. Im Jahr 2006 wurden 660 Palästinenser getötet, fast die Hälfte Zivilisten, die nur „daneben" standen, davon 141 Kinder. In derselben Zeit töteten die Palästinenser 17 israelische Zivilisten und sechs Soldaten.

Diese Tötungen betreffen wenige, es blieben die zahllosen Behinderungen, die das Leben so schwer machen und damit den Terroristen Nahrung geben. Da blieb die unmotivierte Gewalt von manchen Siedlern, die zuweilen sogar ihre minderjährigen, strafunmündigen Kinder vorschicken, um Araber zu attackieren oder deren Felder zu zerstören. Dazu die Willkür: Niemand kann vorhersagen, wie eine Reise ablaufen wird. Es gibt nur eine Nord-Süd-Verbindung, Armeefahrzeuge errichten aus dem Nichts Checkpoints. Regeln, wer nun bei einem Checkpoint durchgelassen wird und wer nicht, werden ständig verändert. Eine neue derartige Regelung wurde Anfang 2007 verlautbart: Die Mehrzahl der Westbank-Bevölkerung darf nicht mit Autos fahren, deren Nummerntafeln israelisch sind. Das bedeutet, dass es unmöglich ist, mit arabischen Israelis, oder mit Journalisten oder anderen Ausländern wie z. B. Mitarbeitern von Hilfsorganisationen mitzufahren. Die Militärverwaltung hat die Regelung nach Protesten der Menschenrechtsorganisationen zwar außer Kraft gesetzt, da sie den Soldaten erhebliche Willkür eingeräumt hätte, die Regelung wurde aber nicht zurückgenommen.

Viele Bewohner des nördlichen Teiles, z. B. Städte wie Nablus und Jericho, können ihre nähere Heimat nicht verlassen, wenn sie keine Bewilligung haben. Selbst wenn Bewohner der Besetzten Gebiete reisen können, ist unabsehbar, wie lang eine

Reise dauert: Stunden oder Minuten an den verschiedenen Checkpoints, abhängig von den „Launen" diensthabender Soldaten. Laut UN-Statistik stieg die Anzahl derartiger Checkpoints von 376 im August 2005 auf 534 im Dezember an. Ehud Olmert hatte in Absprache mit Mahmud Abbas zugesagt, einige aufzulassen, aber die Anzahl verringert sich nicht. Wenn welche geschlossen wurden, wurden ganz in der Nähe mobile Kontrollen errichtet, die zu noch mehr Chaos und Schwierigkeiten führten. Niemand – außer der Militärverwaltung selbst – kann diese Kontroll-Logik durchschauen. Auf manchen Wegen, z. B. von Ramallah – der administrativen Hauptstadt der Palästinenser – nach Jerusalem, werden die Papiere akribisch geprüft, an anderen Stellen wird durchgewinkt. Einige sind mit internationalen Grenzkontrollstellen vergleichbar, an anderen werden beide Augen zugedrückt, wenn Pendler den Zaun passieren. Aufgrund von internen Reisebeschränkungen müssen Personen, die von einer palästinensischen Stadt in die andere ziehen müssen, sei es um dort zu studieren oder zu arbeiten, eine Adressänderung registrieren lassen, um überhaupt an dem neuen Standort bleiben zu dürfen. Aber sie können das nicht. Das israelische Bevölkerungsregister, zuständig für palästinensische Identitätskarten, gibt seit der Zweiten Intifada kaum neue palästinensische Karten aus, damit sind keine Adressänderungen zugelassen. Das macht es für Palästinenser – die im Ausland sind – unmöglich, sich in den Palästinensergebieten anzusiedeln, der ihr eigener zukünftiger Staat sein wird. Mehre Tausend Palästinenser, die um Wohngenehmigung auf der Westbank angesucht haben, und die mit verlängerungsfähigen Sechs-Monats-Bewilligungen gelebt haben, wurden zu Illegalen, die jederzeit bei Checkpoints festgehalten und dann ausgewiesen werden können, nicht weil sie Verbotenes getan hätten, sondern weil Israel die Verlängerung der Bewilligungen seit dem Beginn der Hamas-Regierung eingestellt hat. Wie Israelis haben Palästinenser, die Verkehrsdelikte auf Straßen der Westbank begehen, ihre Strafen bei israelischen Behörden zu bezahlen. Aber auf der Westbank sind die einzigen Postämter oder Polizeistationen in Siedlungen, die die meisten Palästinenser nicht betreten dürfen. Wenn sie allerdings diese Strafen nicht bezahlen, verlieren sie ihren Führerschein, sobald sie von einer Polizeistreife angehalten werden. Außerdem werden sie ins Kriminalregister eingetragen, womit sie nicht mehr nach Israel fahren dürfen. Viele der Reglungen erscheinen unverständlich, manche sind absurd. Zu Beginn 2006 wurde beispielsweise seitens der Militärverwaltung die Liste der auf der Westbank geschützten Wildpflanzen um den Ysop erweitert. Ysop wächst in reichem Maße und gehört zur palästinensischen Küche. Eine Zeitlang konfiszierten israelische Soldaten Ysop-Bündel, die irritierte Palästinenser nur nach Hause nehmen wollten, um ihren Salat zu würzen. Diese Praxis wurde eingestellt, die Richtlinie besteht aber weiterhin.

Es gibt überdies das Gerücht, dass ausländische Hilfe aus arabischen Ländern oder den USA, die zu humanitärer Unterstützung (ein Zentrum für geistig behinderte Kinder in Gaza, zur Entwicklung der Geflügelzucht in Palästina) dienen sollte, von den israelischen Militärbehörden abgefangen und zum Bau ihrer Siedlungen verwendet wurde. Israel nimmt dazu keine Stellung, oder es werden „Befürchtungen" vorgebracht, dass derartige Gelder zur Förderung des Terrorismus dienen könnten. Ergänzend heißt es, es gäbe bereits einen Überfluss an Hühnern, Orangen, Weintrauben, Oliven und anderen landwirtschaftlichen Gütern in der Region, so dass Investitionen in derartige Produkte der israelischen Wirtschaft schaden könnten.

Es wird den Palästinensern unterstellt, dass ihre Aktionen aus purem Hass gegen Juden gespeist werden. Trotz allem hängen die Palästinenser mit allen Fasern ihrer Existenz an ihrem Land.

Mit Bethlehem werden in Europa und den USA die Krippe, die Hirten, die Engel, der Stern assoziiert, unabhängig von politischen Wirren grenzen die Gärten der Palästinenser mit ihren Orangenhainen und dem duftenden Jasmin an jenes Feld, an dem die Hirten zusammengelaufen sind, um dem Jesuskind zu huldigen, wo die Engel den Frieden verkündet haben. Die Realität sieht anders aus: 60.000 Menschen umfasst die Gemeinde (Bethlehem mit muslimischer Mehrheit, Beit Jala und Beit Sahour mit vorwiegend christlicher Bevölkerung). Weitere Muslime leben in den Flüchtlingslagern. Christen und Muslime leben dort friedlich nebeneinander. Selbst unter der Hamas-Regierung waren keine wesentlichen Verschlechterungen der Beziehungen eingetreten, man konnte abwenden, dass der christliche Sonntag zu einem Werktag umfunktioniert wurde. Die Gefahr eines Ausbruches von Gewalt bestand jederzeit, wenn zufälligerweise Christen und Muslime darin verwickelt waren, kam es aber zu Solidaritätshandlungen gegen Mitglieder der anderen Gruppe. Die Konflikte sind meist nicht religiös motiviert, sondern entstehen durch soziale Spannungen oder wegen nervlichen Belastungen aufgrund der Besatzung. Es funktioniert ein Konfliktlösungsschema, in das die palästinensische Führung sowie die religiösen Führer involviert sind, die Interesse daran haben, Probleme nicht eskalieren zu lassen. Die dominierende ideologische Kraft blieb dabei der Nationalismus. Die Unterdrückung durch die Israelis wird wahrgenommen, noch sind die Erinnerungen wach, als 2003 israelisches Militär irrtümlich ein Privatauto beschoss und ein zehnjähriges Mädchen tötete. Eine Entschuldigung seitens der Israelis kam. Es folgten friedlichere Zeiten. Jetzt umfängt der „Zaun" die Stadt, selbst die Sicht auf Jerusalem ist verstellt. Bethlehem steht nur eine paar Meilen getrennt vom Wohlstand in Jerusalem, wirtschaftlich ist die Lage katastrophal, da die traditionellen Einkommensquellen, Arbeit in Jerusalem und Tourismus, nicht mehr verfügbar sind. Touristen kommen spärlich und bleiben nur wenige Stunden, selbst für die wunderbaren Schnitzereien aus Olivenholz gibt es keinen Markt mehr. Die Arbeitslosigkeit beträgt weit über 50 %, die Finanzen der Stadtverwaltung liegen im Argen. Denn von jenen, die selbst nichts haben, kann man keine Steuer eintreiben. Die PA kann auch nicht helfen, daher gerät die Stadt immer mehr in Schulden.

Der Zaun, die Konfiszierungen des Landes, Kontrollpunkte, und israelische Siedlungen, die sich ausdehnen, führen bei jedem Einwohner von Bethlehem zu derselben Klage: Wir werden stranguliert. Das Rachel-Grab, das den Eingang nach Bethlehem für aus Jerusalem kommende Reisende kennzeichnet, wurde abgeschlossen und mit Stacheldraht umgeben. Die Israelis argumentieren, dass die Hälfte der terroristischen Anschläge gegen israelische Zivilisten im Jahr 2004 aus Bethlehem kam, die Mauer hindere Selbstmordattentäter am Eindringen nach Israel. Selbst Juden dürfen Bethlehem nur mit einer Spezialerlaubnis betreten. Israel muss die neuen Siedlungen von Gilo und Har Homa schützen, die auf bethlehemitischem Land gebaut wurden. Die

Bewohner meinen, dass die Mauer die neue Grenzziehung festschriebe, nachdem sich Israelis nach und nach ihre Weingärten und Obsthaine angeeignet hatten. Beit Jala hat sein halbes Land, Bethlehem ein Viertel und Beit Sahour ein Drittel seines Landes verloren. Es ist ein Rätsel, wie Bethlehem überhaupt überleben kann. Weiterhin halten Familienbande, sowohl bei Christen als auch bei Muslimen, die Gesellschaft zusammen, aber es bröckelt. Die gute Zusammenarbeit innerhalb der Stadtverwaltung geht noch auf die alte ottomanisches Regelung der Machtteilung zwischen Christen und Muslimen im Stadtparlament zurück, acht Sitze hat dieses Parlament, die zwei Spitzenpositionen werden von Christen, die anderen sieben von Muslimen eingenommen (derzeit zusammengesetzt aus fünf Hamas- und einem Islamischen Dschihad-Vertreter). Die Bande bestehen auch in der Anbetung einiger Heiliger Orte: so wie das Kloster des Propheten Elias, eigentlich eine griechisch-orthodoxe Institution, früher wurden dort gemeinsame Picknicks zum Fest des Elias veranstaltet, jetzt liegt dieses Kloster außerhalb der neuen Stadtgrenzen und kann nur schwer erreicht werden. Nicht nur Jesus war in Bethlehem geboren worden, auch Jakob hatte sich in Beit Sahour niedergelassen, nachdem er seine Frau Rachel bestattet hatte. Hier wurden die Lämmer für das jüdische Paschafest geweidet. Es war die biblische Ruth, wenngleich mit einem wohlhabenden lokalen Bauern verheiratet, die nach ihrem Heimatland drängte. Sie war dann die Stammmutter von König David, aus dessen Haus auch Jesus stammt. Und da ist die Geburtskirche, eigentlich ein Komplex mehrerer Kirchen, eine der ältesten Basiliken der Welt: griechisch-orthodox, daneben eine katholische Kirche. In der Krypta der griechisch-orthodoxen Kirche deutet ein silberner Stern, in Marmor eingelegt, auf die Geburtstätte von Jesus Christus hin. Denn nicht in einem Stall, angeblich in einer Höhle, in der Herden gehalten wurden, fand die Geburt Christi statt. Dann gibt es noch die Höhle der „Heiligen Unschuldigen", jener Kinder, die auf Befehl von König Herodes geschlachtet worden waren, um den neuen König der Juden zu vernichten. Bethlehem hat vieles überlebt: die Perser, die es im frühen 7. Jahrhundert geplündert hatten, nur die Geburtskirche war unversehrt geblieben, weil die dort abgebildeten Heiligen Drei Könige, persische Gewänder trugen. Die Muslime zerstörten diese Kirche nicht, da sie selbst Maria und Jesus als Propheten verehren. Muslime und Christen besuchen die Milchgrotte, wo angeblich Maria auf ihrer Flucht nach Ägypten Jesus gestillt hat. Heute steht Bethlehem für Obdachlosigkeit und Zwangsauswanderung. Wenn Bethlehem Hilfe erhält, dann von europäischen NGOs, Kirchen und Stadtverwaltungen. Viele Bethlehemiter haben die Stadt seit der Intifada verlassen, aber das Wunder besteht darin, dass noch so viele geblieben sind. Man sieht sich als Hauptstadt der christlichen Welt.

Gaza war zusammen mit Jericho jener Teil des Palästinenserlandes, das aufgrund des Prinzipienabkommens die erste Stufe der Realisierung des Abkommens darstellen sollte. Der Gazastreifen ist 360 Quadratkilometer groß, hat ca. 1,5 Millionen Einwohner und ist einer der am dichtesten besiedelten Gebiete der Erde. Die Bevölkerung wächst überproportional. Über 60 % der Einwohner sind Flüchtlinge. Gaza stellt ungefähr 1,3 % des gesamten Gebiets des historischen Palästina dar. Es gibt acht Flüchtlingslager. Seit 1968 herrscht dort Elend, das sich erheblich verstärkt hat, Gaza erscheint verwahrlost, oft leben die Menschen, wie im Flüchtlingslager Rafa, nahe der ägyptischen Grenze, noch immer teilweise in Zelten, in Hütten, die aus allerlei verfügbaren Materialien wie Holz, Stein, Beton und Asphalt bestehen, Abwasserkanäle sind offen, es stinkt, es gibt keine geregelte Müllabfuhr und die Kinder spielen zwischen Misthaufen. Die Situation dort entspricht in etwa dem Drama der Libanon-Flüchtlinge. Es hatte hier immer wenig Regen gegeben, aber durch sich ständig erhöhende Nutzung sinkt der Grundwasserspiegel und es kommt zu verstärkter Wüstenbildung und Versalzung des Grundwassers. Nach Häuserzerstörungen durch Israelis dürfen an Begräbnissen maximal fünf Personen teilnehmen und selbst Verwandte müssen auf verschiedenen Friedhöfen bestattet werden. Aufgrund der israelischen Blockade durften nur israelische Lebensmittel und humanitäre Unterstützung nach Gaza gebracht werden. Den Palästinensern wurde der Export ihrer landwirtschaftlichen Produkte fast gänzlich verboten oder verunmöglicht. Israelische Bomben hatten mehr als 40 Glashäuser zerstört, die mit Hilfe von CARE International gebaut worden waren. Dazu kam noch eine Seeblockade, nachdem sowohl Waffenschmuggler als auch zwei Selbstmordattentäter den Seeweg gewählt hatten. Fischer durften nicht mehr als 1,6 km ins Meer fahren; ansonsten wurden sie von israelischen Kanonenbooten beschossen. Dennoch riskierten viele ihr Leben, um ihre Familie zu ernähren. Der Grenzübergang Karni wurde für den Warenverkehr teilweise gesperrt, wodurch nicht nur die Nahrungsmittelversorgung massiv gestört wurde, sondern auch zehntausende Palästinenser kein Material für ihre Kleinbetriebe mehr beziehen konnten und damit ihres Einkommens beraubt wurden. Ein hoher UN-Beamter meint, dass ihn Gaza an ein Gefängnis erinnere, zu dem Israel zwar die Schlüssel besessen, aber weggeworfen hätte. Der Beschuss der israelischen Siedlungen durch die palästinensische Qassam-Raketen ging weiter. Als Reaktion lag ab 21. März 2006 der Gazastreifen unter völliger Blockade, die Vorräte der Hilfsorganisationen drohten zu Ende zu gehen. Menschenrechtsorganisationen wandten sich an die Weltöffentlichkeit, um vor einer humanitären Katastrophe im Gazastreifen zu warnen. Aus der Situation in Gaza hatte sich eine inoffizielle Allianz aus Fatah, Israel und den USA ergeben. Unter dem Titel einer „Sicherheitsreform" finanzierten die USA ein Ausbildungslager außerhalb von Jericho für die „Palestinian Force 17", ein Rekrutierungspool für die Präsidentengarde der Fatah. Die USA hatten Israel (zur Weitergabe an Abbas) 26 Millionen Dollar zur Unterstützung der Sicherheitskräfte versprochen, dabei wurde empfohlen, die Hamas-Regierung unter Führung von Haniye zu entlassen. Israel hatte sogar die Verlegung von schwereren Waffen gestattet, um damit der Fatah-Tanzim-Militia eine Wiederbewaffnung zu ermöglichen. Abbas erwartete die Ankunft von 2000 Mann der Badr-Brigade, einem der Teil der Palästinensischen Befreiungsarmee, seit 35 Jahren unerprobt, die in Jordanien stationiert und weitgehend unter haschemitischem Kommando steht. Während auf dem Papier die Fatah über mehr Kämpfer verfügte, sind die Loyalitäten nach Clan oder Geldgebern unterschiedlich. Damit kann eine „Treuepflicht" gegenüber Abbas nicht unbedingt angenommen werden. Die Hamas ist kampfgewohnt, diszipliniert und mit Panzer-Abwehrraketen ausgestattet. So wie Israel die Fatah unterstützen, erhält die Hamas Unterstützung aus einigen arabischen Ländern. Es scheint, dass im Machtkampf in Gaza die Hamas die stärkere Position einnimmt.

Sie war in der Lage, gegen die Fatah zu kämpfen und gleichzeitig Raketen auf Israel zu schießen. Anscheinend hat die Hamas Israel in einen De-facto-Bund mit der Fatah getrieben: Israel hat nur Hamas-Stellungen bombardiert und der Fatah „Feuerschutz" gewährt. Damit erscheint dies Fatah gegenüber der Bevölkerung „zionistenfreundlich".

Israel 2006

Parallel zu den Wahlen in Palästina haben in Israel im März 2006 Parlamentswahlen stattgefunden. Sharon hatte den Likud-Block verlassen und die Kadima gegründet, Shimon Peres von der Arbeiterpartei trat der Kadima bei. Es schien, als ob es zu einem neuerlichen Erdrutschsieg Sharons kommen würde, aber er wurde schwer krank. Die Kadima-Partei, seit Sharons Krankheit von Ehud Olmert geleitet, gewann. Der Wahlkampf war „langweilig" gewesen, Frieden wurde nicht thematisiert, die Wahlbeteiligung war gering – ein Zeichen von Politikverdrossenheit der Menschen?

Olmert plante vorerst den Rückzug aus dem Westjordanland. Basis dafür war der „Konvergenzplan" (Annäherungsplan), in dem die Akzeptanz eines palästinensischen Staates angeboten wurde, wenn dafür der Verlauf jenseits der Grünen Linie im Gebiet des gebauten Grenzzauns beiderseitig festgeschrieben würde, was inakzeptabel für Palästina war, da dies einen neuerlichen Landverlust bedeutet hätte. Es wurde erwogen, die östliche Seite der von Palästinensern bevölkerten Regionen abzuriegeln, um das Jordantal entsprechend dem Allon-Plan von 1970 weiter besetzt halten zu können, als „Sicherheitspuffer" gegenüber Jordanien (mit dem Friedensvertrag besteht!), und – so wird unterstellt – die unterirdischen Wasservorräte der Region nutzen zu können. 7000 Juden leben dort in befestigten Siedlungen, 50.000 Palästinensern ist es noch gestattet, dort zu verweilen. Für sie ist das Jordantal das fruchtbarste landwirtschaftliche Gebiet überhaupt. Die meisten Palästinenser sind 1967 vertrieben worden, und die israelischen Behörden haben ihnen das Rückkehrrecht verweigert. Olmert ließ den Konvergenzplan fallen und entschied gegen einen „israelischen Rückzug wie im Gazastreifen", sondern sah nur die Auflösung einzelner verstreut liegender Siedlungen vor. Bestehende große Siedlungen machen eine palästinensische Autonomie unmöglich. Der PA blieben Müllentsorgung, Standesregister, eingeschränkte Polizeigewalt und eingeschränkte Rechte. Da diese „palästinensischen Kantone" nicht zusammenhängen, kann es keine sinnvolle Entwicklung der Transportmöglichkeiten, der Elektrizitätsversorgung oder der Kommunikationsnetze geben, keine Märkte, keine Mobilität der Arbeitskräfte, damit keine export-orientierte Produktion. Israel würde weiterhin die Kontrolle sämtlicher Grenzen ausüben, über den Verkehr zwischen den Kantonen verfügen und über die Wasserreserven und das Ackerland bestimmen. Die Landesverteidigung würde nur auf israelischer Unterstützung beruhen – dem eigentlichen „Feind" –, da Israel die Lufthoheit und Kontrolle über das Kommunikationswesen behielte, selbst jeglicher Geldtransfer hätte über israelische Banken zu erfolgen. Den Palästinensern blieben

15 % des gesamten historischen Palästinas, zerstückelt, nicht lebensfähig und teilsouverän. Diese Enklaven führten zu einer Auflösung des noch nicht bestehenden Staates, zu Armut und Aussichtslosigkeit, zur Auswanderung jener, die besser ausgebildet sind. Eine erfahrene wirtschaftliche und politische Führungsschicht würde fehlen. Und das alles bei einem erheblichen Bevölkerungswachstum. Palästina wird zum „failed state", noch bevor es zu einem Staat geworden ist.

Ist Israel durch seine Siedlungspolitik sicherer geworden? Im Gegenteil. Die Siedlungen haben nur den Boden für Enttäuschung, Bitterkeit und Wut aufbereitet, die jetzt dem Extremismus und der Gewalt nutzen. Aus Furcht vor dieser Empörung baut Israel weitere Siedlungen. Es bedarf einer aufwändigen militärischen Präsenz in diesen Besetzten Gebieten und die tragische Ironie dieser Spirale ist, dass mit der Ausweitung der Siedlungen auch der Grund für die Angst Israels steigt. Jerusalem ist komplett durch einen Ring von Niederlassungen umgeben. Sind die Einwohner von Jerusalem jetzt sicherer? Es gibt Nichtregierungsorganisationen, die sich z. B. der Stärkung der Menschenrechte annehmen, dazu zählen die 1996 gegründete Adalah (arabisch für „Gerechtigkeit") und al-Haq (arabisch für „Recht" mit dem Sitz in Ramallah, die sich der benachteiligten arabischen Minderheiten in Israel annehmen. Dann gibt es noch die Frauen von Machsom Watch, einer Menschenrechtsorganisation israelischer Frauen, die speziell das Vorgehen der israelischen Armee an den Kontrollpunkten in den Besetzten Gebieten im Auge haben, und viele andere.

Bewaffnete Auseinandersetzungen

Gaza (ab Mitte 2006)

Die Palästinenser wehren sich auf ihre Art. Am 25. Juni 2006 drangen Bewaffnete durch einen unterirdischen Tunnel unter der Sicherheitsbarriere, die Gaza umgibt, auf israelisches Gebiet vor und griffen einen Stützpunkt der Armee an. Zwei Soldaten wurden getötet, vier verletzt, einen Soldaten nahmen die Palästinenser als Geisel: Gilad Shalit. Er besitzt die israelische und die französische Staatsbürgerschaft. Die Entführer verlangten die Freilassung aller palästinensischen Frauen (ca. 100) und aller palästinensischen Kinder und Jugendlichen unter 18 Jahren (etwas mehr als 300), sowie 1000 weiterer Gefangenen. Israel lehnte die Forderung ab. Um die Geisel zu befreien und das Abfeuern selbstgebastelter Raketen aus Gaza zu unterbinden, hat Israel drei Tage nach der Entführung eine Bodenoffensive in Gaza gestartet, die „Operation Sommerregen", eine Invasion. Regierungs- und öffentliche Gebäude (Innenministerium, Universität Gaza, eine Schule), die Infrastruktur wurden zerstört. Auch das größte Kraftwerk wurde bombardiert. Seither stehen den Menschen in Gaza nur sechs bis acht Stunden (importierten) Strom und ca drei Stunden Fließwasser pro Tag zur Verfügung, da Wasserpumpen meist elektrisch betrieben werden, und Notgeneratoren von nicht eintreffenden Benzinlieferungen abhängig sind. Gazas Spitäler sind in einem beklagenswerten Zustand, 400 Patienten mit lebensbedrohenden Krankheiten und Verletzungen mussten drei Wochen warten, bis ihnen Israel die Einreise nach Ägypten für eine bessere Behandlung ermöglichte. Essen gab es in Gaza; aber kaum Geld, da die Behörden weiterhin nicht in der Lage waren, die Gehälter zu bezahlen. Ein großer Bevölkerungsteil war von internationaler Lebensmittelhilfe abhängig. Möbel und Schmuck wurden versetzt. Müll lag überall in den Straßen, viele Läden waren zu, Lebensmittelpreise stiegen ständig, Krankheiten nahmen dramatisch zu, der psychologische Druck wurde unerträglich. „Sommerregen" sollte den Soldaten Shalit befreien und die Raketenabschussbasen zerstören: gelungen war „nur" die Vernichtung der zivilen Infrastruktur. Das Land blieb wirtschaftlich boykottiert, da das Regime unbeugsam die ausdrückliche Anerkennung Israels verweigerte und den gekidnappten Shalit nicht freigab. Qassam-Raketen wurden weiterhin auf israelisches Gebiet geschossen, über eine lange Periode wurde niemand mehr getötet. Die israelische Gegenoffensive hat den Tod von 230 Gazabewohner gefordert, davon 60 Kinder – mit keiner sichtbaren Auswirkung auf die Aktivitäten der militanten Gruppen.

Die Sanktionen des „Nahost-Quartetts" sollten die Hamas bestrafen, aber das palästinensische Volk litt. So wirkten sich die Maßnahmen Israels, der USA und der EU im täglichen Leben auf die Menschen im Gazastreifen aus: Jedes Produkt, das ausgeführt wurde, musste über das Karni Crossing gehen. Die Exporteure verloren oft wegen der unberechenbaren Öffnungszeiten des Grenzüberganges und der Willkür der Beamten ihre gesamte Ware (Shrimps, Fische, Obst, Gemüse). Der Übergang durfte ohne Anwesenheit von palästinensischen Sicherheitsbeamten nicht geöffnet werden, diese streikten oder hatten kein Geld, um mit dem Bus zur Arbeit zu kommen. Durch Karni kam die Mehrzahl aller Güter, Hilfsgüter, und jener Exportgüter, die nach Israel, manchmal in die Westbank und selten in den Rest der Welt gehen. Als Teil einer Vereinbarung vom November 2005 hatte sich Israel mit der PA geeinigt, die Exportquote zu erhöhen, aber zur Winterenrtezeit kam ein Bruchteil der zugesagten 70 Laster pro Tag durch, und seit der Übernahme der Regierungsgeschäfte durch die Hamas ist die Anzahl der Laster auf ein Zehntel geschrumpft. An ca. 120 Tagen pro Jahr wurde Karni ohne Angabe von Gründen für Exporte aus Gaza gesperrt. Manche „Sperrtage" waren auf die Suche nach Sabotagetunnels unter dem Karni zurückzuführen gewesen: (nach acht Monaten wurde ein Tunnel gefunden). Güter aus der Westbank hatten früher bis zu 20 % der Importe durch Karni nach Gaza betragen, als sie auf 5 % schrumpften, wurde angenommen, dass israelische Güter Vorrang bekämen.

Der 34-Tage-Krieg im Südlibanon (12. Juli– 4. August 2006)

Immer wieder hatte es nach dem Abzug der israelischen Truppen aus dem Libanon im Jahre 2000 im israelisch-libanesischen Grenzgebiet bewaffnete Auseinandersetzungen zwischen der Hisbollah und der israelischen Armee gegeben. Die Hisbollah setzte ihre Raketen gegen Israel ein, und Israel antwortete mit Luftangriffen und Artilleriebeschuss, besonders gegen Flüchtlingslager. Um libanesische Gefangene auszutauschen und die belagerten Palästinenser in Gaza zu entlasten, griffen Hisbollah-Kämpfer im Südlibanon israelische Streifenwagen an. Unklar ist, ob die Entführung von zwei (bzw. Tötung von drei weiteren israelischen Soldaten) auf israelischem oder libanesischem Territorium stattgefunden hat. Israel sollte sich aus Sicht der Hisbollah aus den Schebaa-Farmen zurückziehen. Israel und die UN ordnen dieses Gebiet als Teil der Golanhöhen den Syrern zu, der Libanon und Syrien behaupten, es wäre ihr Gebiet und die Hisbollah meinte, dass sie die Waffen gegen Israel ohne Rückgabe der Schebaa-Farmen nicht niederlegen würde. Die Bewohner sind Muslime, Schiiten und Sunniten. Diese unterstützen die schiitische Hisbollah in ihren Anliegen. Israel forderte die Entwaffnung der Hisbollah, bevor Verhandlungen über die Farmen beginnen können. Da die Zugehörigkeitsfragen nach wie vor kompliziert sind, und sich die UN eine Einigung zwischen Syrien und dem Libanon wünscht, sieht Israel keine Veranlassung, das Gebiet aufzugeben.

Seitens der Hisbollah wurde ihr Angriff al-Wa'ad al-Adeq (Erfüllung des Versprechens) genannt, Israel erklärte, dass dies eine Kriegserklärung bedeute und startete im Juli 2006 die Operation „Just reward" (Gerechter Lohn). Von Israel wurde die libanesische Regierung für das Schicksal der entführten Soldaten verantwortlich gemacht. Es wurde betont, dass die libanesischen Behörden nichts von der Planung der Angriffe der Hisbollah und der Entführung gewusst hätten (Vertreter des zivilen Arms der Hisbollah sind Teil der libanesischen Regierung). Olmert forderte, die Soldaten freizulassen, die Raketenangriffe zu beenden und die Resolution 1559 (Auflösung sämtlicher paramilitärischer Milizen und Stationierung der regulären libanesischen Armee im Südlibanon) zu erfüllen. Die Raketenangriffe der Hisbollah haben Haifa sowie auch ein israelisches Kriegsschiff getroffen. Bei diesen Angriffen gab es Tote und Verletzte, darunter, fast die Hälfte, in Israel lebende Araber. In arabisch dominierten Ortschaften gab es zu Kriegsbeginn kaum die sonst in Israel üblichen Unterstände oder Frühwarnsysteme; letztere wurden dann auch für arabische Orte installiert. Die israelische Luftwaffe bombardierte Straßen, Brücken und den Beiruter Flughafen, es kam zu dessen Schließung. Nachdem die Raketenangriffe auf Nordisrael weitergingen, verhängte Israel eine Luft- und Seeblockade (schwere Behinderung der Wirtschaft des Libanon) und weitete seine Angriffe auf das gesamte Gebiet des Libanon (Autobahn Beirut–Damaskus, stark von Flüchtlingen benutzt, da die Häfen gesperrt waren) aus. Bei Luftangriffen wurde das Hauptwohngebiet der christlichen Maroniten nicht geschont. Bei Kana, das schon bei früheren Auseinandersetzungen der Hisbollah mit Israel schwere Verluste erlitten hatte, kamen durch einen Luftangriff 28 Zivilisten, darunter 16 Kinder, ums Leben. Es wurde auch ein Stützpunkt der UNO-Beobachter in Chiyam getroffen, wobei vier UNO-Mitarbeiter, darunter ein Österreicher, getötet wurden. Das führte zu einer Intensivierung der diplomatischen Aktionen. Auf Basis der am 11. August beschlossenen Resolution des Sicherheitsrates kam es zu einem Waffenstillstand am 14. August 2006. Gefordert wurden ein sofortiger Waffenstillstand, die Stationierung regulärer libanesischer Truppen im südlichen Libanon (seit 1978 erstmalig), sowie eine auf 15.000 Mann aufgestockte und um Kompetenzen erweiterte „robuste" UNIFIL-Mission (genannt UNIFIL II), um die Waffenruhe zu überwachen.

Es war ein asymmetrischer Konflikt. Israel verfügte über modernste Waffentechnologie für Heer, Luftwaffe und Marine und militärische Aufklärungssatelliten. Die Hisbollah hingegen setzte zumeist Guerilla-Taktiken ein, verfügte ebenfalls über eine reguläre Armee. Der Hisbollah war es sogar gelungen, eine israelische Korvette vor der libanesischen Küste mit einer Anti-Schiffsrakete schwer zu beschädigen. Die Waffen, besonders Raketen, stammten angeblich aus dem Iran und waren möglicherweise über Syrien transportiert worden. Sogar war-rooms der Hisbollah waren entdeckt worden. Diese Guerillakämpfer verfügten über keine Kampfflugzeuge, Hubschrauber oder Kampf- oder Transportpanzer bzw. Radaranlagen. In diesem Krieg wurden von beiden Seiten „international geächtete Waffen" – darunter auch Splitter-, Streu- und Phosphorbomben gegen Zivilisten eingesetzt, das verstößt gegen das Völkerrecht. Nach dem Krieg standen viele der UNIFIL-Soldaten zur Beseitigung der nicht explodierten Bomblets im Einsatz.

Die israelische Regierung war nach dem 34-Tage-Krieg mit Krisenmanagement beschäftigt, die wacklige Koalition hingegen mit einer Welle von Korruptionsskandalen befasst. Israel hatte sowohl innen- wie auch außenpolitisch an Ansehen verloren, wenngleich beteuert wurde, dass die libanesische Hisbollah Israel mit Übergriffen auf israelisches Territorium grundlos provoziert hätte. Sayyid Hassan Nasrallah, Generalsekretär der Hisbollah, vermarktete den Waffenstillstand als Niederlage der großen Militärmacht Israels. Vor allem hatte es Nasrallah verstanden, die „Karte der Ehre" hervorragend zu spielen, Ehre, so wichtig für viele Araber, konnte bei dieser Auseinandersetzung gewonnen werden durch die Bereitschaft, sich zu opfern und zu leiden.

Das Ergebnis der Auseinandersetzung: ca. 800 getötete oder vermisste Libanesen und eine Million Flüchtlinge. 27 getötete Israelis, zerstörte Wohnungen in Nordisrael, deren Bewohner in Bunkern gelebt hatten. Selbst wenn dieser Konflikt beendet wurde, setzte er nur eine Reihe ähnlicher Auseinandersetzungen fort, und es ist offen, wann er wieder aufflammen könnte. Es ist zu einem zwar brüchigen, aber dennoch aufrechten Waffenstillstand zwischen Hisbollah und Israel gekommen, doch in Gaza geht die Belagerung weiter. Der gekidnappte Soldat Gilad Shalit ist noch immer in palästinensischer Gewalt. Durch derartige Konfrontationen werden die Guerilla-Bewegungen gestärkt, die Gefahr wächst, dass sie trotz unterschiedlicher Ideologien zusammenarbeiten und breitere Unterstützung erhalten. 2007 kam es in Israel zum Winograd-Bericht: die israelische Armee wäre auf diesen Krieg nicht vorbereitet gewesen, man hätte zu sehr auf die Luftwaffe vertraut, die Erfahrungen der Offiziere beschränkten sich auf Scharmützel in den Besetzten Gebieten. Kritisiert wurde der israelische Abzug aus dem Libanon (2000), und dass ein ziviles Trio das Land regiert hatte. Der Verteidigungsminister hätte ein Militär sein müssen, und es wäre falsch gewesen, einen Luftwaffengeneral als Armeeführer einzusetzen. Der Bericht empfiehlt eine intensive Bemühung um stabile und langfristige Abkommen mit den Nachbarn; beispielsweise Verhandlungen mit Syrien. Der Glaube an die Allmacht der Luftwaffe, kombiniert mit der Angst vor eigenen Opfern sind typische Kennzeichen einer postheroischen Gesellschaft.

Unruhen und Friedensbemühungen 2007

Israel feierte an der Klagemauer: 40 Jahre sind es her, dass Israel den phänomenalen Sieg im Sechstagekrieg errungen hat. Die Teilnehmer an den Feiern waren nun andere. Es dominierten Männer mit der Kippa und Frauen in langen Röcken, Vertreter der religiösen Zionisten, ein Fünftel der Bevölkerung, die glauben, dass das Festhalten an Territorien von „Groß-Israel" eine religiöse Pflicht wäre. Viele der „Anderen" sahen die Landnahme und die darauf folgende Besetzung als eine Tragödie für Israel. Damals war der Sieg total gewesen, das hatte den Israelis den Glauben an einen guten Gott zurückgebracht, den sie während des Holocausts verloren hatten. Das hatte aufgrund der Eroberung der historischen Stätten wie Jerusalem, der Patriarchengräber in Hebron, des Grabes der Rachel in Bethlehem zum religiösen Zionismus geführt. Junge Idealisten errichteten improvisierte Siedlungen, die anfangs von der Armee abgebaut wurden.

Der Vizechef der Kadima-Regierung, Shimon Peres, später Präsident Israels, meinte anlässlich der 40-Jahr-Feiern, die Situation 1967 nicht zum Frieden genutzt zu haben, wäre falsch gewesen. Er bezeichnet nun die israelische Besiedlung der Besetzten Gebiete, die er 1967 selbst unterstützt hatte, als Fehler. Aber viele Israelis teilten seine Meinung nicht (Umfrage 2007: 32 %).

„Jede Schaufel Erde in Jerusalem kann die Welt erschüttern". 2007 war es der Wiederaufbau einer Rampe, die auf den Tempelberg führt. 2004 war das Maghrabi-Tor eingestürzt, es wurde durch einen Holzsteg ersetzt. Nun kam es zu Vereinbarungen zwischen den israelischen Behörden und muslimischen religiösen Institutionen, um einen sicheren Zugang zum Tempelberg zu ermöglichen. Muslime protestierten. Sie unterstellen, dass Israel die beiden Moscheen zerstören will, die Arbeiten an den Rampen bereits die Fundamente für diesen neuen Tempelbau vorwegnehmen würden, und dass israelisches Militär und Polizei mit dieser verbreiterten und verlängerten Rampe einen erheblich erleichterten Zugang zum Tempelberg hätten. Andererseits würde es eine sicherere Rückkehr einer Kanzel aus der Zeit Saladins ermöglichen, die 1969 bei einem Feuer in der al-Aqsa Moschee zerstört und in Jordanien restauriert worden war. Einige Politiker aus muslimischen Ländern fürchteten ebenfalls einen Anschlag auf muslimische Heilige Stätten, man forderte Israel auf, die Bauarbeiten einzustellen. Die Rampe geht über „Restaurieren" im Sinne des Status quo hinaus. Weiters gab es Gerüchte, dass zwei israelische Organisationen arabische Häuser „im Geheimen" aufkauften. Die bisherigen arabischen Bewohner wanderten aus, denn sie fürchteten Rache für ihre Tat. Eine israelische „Übernahme" wird durch weißblaue Fahnen und bewaffnete Posten auf den Dächern gekennzeichnet.

Im März 2007 wurde von Saudi-Arabien auf Vorschlag von König Abdullah eine Konferenz einberufen, um Fatah und Hamas zu einem gemeinsamen Vorgehen zu bringen. Die Fatah akzeptiert die Teilung des alten Palästina, sie hat Abkommen mit Israel getroffen, die sowohl von Arafat als auch Abbas unterschrieben wurden. Die Hamas weigert sich, das Existenzrecht Israels direkt anzuerkennen und fordert das gesamte Palästina als heiliges islamisches Land. Auch die Stellung der Schiiten und Sunniten zueinander beeinflussten diese „Versöhnungsmaßnahme". Die zumeist gemäßigteren sunnitisch geprägten Regierungen versuchen ein Anwachsen des schiitischen Einflusses durch den Iran auf die Konfliktpartner in Palästina zu verhindern. Eine Einheitsregierung Hamas/Fatah kam durch Druck der Arabischen Liga zustande. Israel weigerte sich dennoch Verhandlungen mit den Palästinensern aufzunehmen, da die Hamas in der Regierung vertreten war. Der internationale Boykott wurde nicht aufgehoben, auch wenn die Einheitsregierung die bisherigen Abkommen mit Israel und damit die Zweistaatenlösung akzeptiert. Das Programm der Einheitsregierung unterschied sich von jenem der Hamas. Weiterhin fehlte den Palästinensern eine starke Zentralgewalt, die PLO verweigerte der Hamas ihren Anteil innerhalb ihrer Organisation. Die „Einigung von Mekka" konnte nicht nachhaltig wirken, da die Fatah substantielle Hilfe aus den USA und Europa erhielt, sowie durch großzügige Waffenlieferungen aus den Vereinigten Staaten und den arabischen Ländern unterstützt wurde.

Israelis und Palästinenser meinen, dass es zwei Staaten geben muss, aber mit Einschränkungen: die Palästinenser wären ohne Vorleistung für die israelische Sicherheit nicht dazu berechtigt. Dagegen steht die Ansicht der Palästinenser, dass ihr Kampf durch die Besetzung ihres Landes gerechtfertigt ist. Inzwischen wachsen israelische Siedlungen auf der Westbank. Die Extremisten in beiden Lagern, ohne die keine demokratische Regierung zustande kommen kann, beharren auf ihren Standpunkten. Es sind nicht „die Menschen", die diesen Krieg suchen, es sind die Extremisten auf beiden Seiten und deren Führer, die meinen ihr Gesicht nicht verlieren zu können. Das führt zu einer Spaltung der palästinensischen Gesellschaft: Die „Eliten" der Westbank verachten den Pöbel aus Gaza, die israelischen Palästinenser sehen wieder auf jene der Westbank herunter, und die palästinensischen Kosmopoliten aus dem nördlichen Israel schätzen die Jerusalemer Palästinenser nicht. Alle anderen halten die israelischen Palästinenser für Kollaborateure, weil ihre Großeltern 1948 nicht geflohen sind. Die Hamas ist stärker in Gaza, und Hamas-Mitglieder auf den Westbank zeigen mehr Kompromissbereitschaft. Die Flüchtlinge in der Diaspora sind mehr am Rückkehrrecht interessiert, als in Palästina lebende Einwohner. Die palästinensische Nation definiert sich unerschütterlich über ein Ethos der Vertreibung. Seit dem Tod Arafats ist die Führung gespalten. Der Hamas-Führer Khaled Meshal hat andere Ansichten als die Leitung der Hamas in Gaza. Vielleicht hätte eine Lösung des Konflikts darin bestanden, dass die Internationale Gemeinschaft im Austausch gegen einen auf Leistung basierenden Stabilitätsplan das Recht der Hamas auf die Regierung anerkannt hätte?

Weitere radikal-islamische Gruppen, die glauben, im Namen Allahs zu kämpfen, ziehen auf Basis ihrer Definition gegen Prostitution, Drogen und Alkohol ins Feld. Sie wollen der Korruption aber auch dem Polytheismus, gemeint ist das Christentum, ein Ende machen. Sie nennen sich z. B. „Schwerter der Wahrheit" oder „Armee des Dschihad", stehen dem Salafismus nahe und sind angeblich von der al-Qaida finanziert. Die Einführung der Scharia ist ein Ziel. Sie stellen sich sogar gegen die UNWRA, weil sie Schulen unterhält, die Jungen und Mädchen gemeinsam unterrichten. Eine mit ausländischem Geld finanzierte Schule in Rafah wurde mit Waffengewalt angegriffen. Diese Gruppierungen wenden sich auch gegen die Hamas, die sich von der al-Qaida distanziert hat.

In dieser Situation wiederholte die Arabische Liga den 2002 vorgebrachten, damals von Israel abgelehnten „Friedensplan". Darin wurde angeboten, dass Israel von 22 Mitgliedstaaten der Arabischen Liga voll anerkannt würde, sollte es das 1967 eroberte Land zurückgeben. Diesmal wurde der Plan von der Regierung Olmert begrüßt. Israel ist in Bezug auf das eroberte Land gespalten: ein Teil meint, dass es für Frieden aufgegeben werden sollte, die anderen halten dagegen, dass es das in der Bibel „gelobte" Land ist, geheiligt durch das Vertrauen Gottes in sein auserwähltes Volk. Der Friedensplan brachte keine konkreten Vereinbarungen, die großen Fragen wie der Status Jerusalems oder die Flüchtlingsrückkehr wurden nicht andiskutiert. Einen diplomatischen Sieg konnte die israelische Regierung erringen: Mitglieder der Arabischen Liga aus Ägypten und Jordanien sollten erstmals Israel besuchen. Dort ist die Regierung instabil und die Koalition zwischen Fatah und Hamas bei den Palästinensern ist nicht in der Lage, die militanten Gruppen zu kontrollieren. Abbas meinte, dass sein Volk am Rande eines Bürgerkrieges stehe, und dass die innerpalästinensischen Kämpfe bereits schlimmer als die Besatzung wären. Abbas und Olmert trafen einander zwar, aber Olmert betonte, dass er nicht an direkten Friedensgesprächen mit einem „schwachen" Präsidenten interessiert wäre, dessen Fatah eine Koalition mit der radikal-islamischen Hamas gebildet hat. Die Aussage, keinen kompetenten Ansprechpartner zu haben und damit keine Friedensgespräche führen zu können, scheint eine schon lange währende Taktik zu sein.

Durch die fehlenden Perspektiven für eine Lösung des Flüchtlingsproblems verschlechterten sich die Lebensbedingungen der Diaspora-Palästinenser, besonders jener in Libanon. Die Armut nahm zu: UNWRA benötigte mehr Mittel in Gaza und damit ließ die Hilfe im Libanon nach. Spender gaben ihre Mittel verstärkt für den Wiederaufbau der Schäden aus dem Jahr 2006. Die nun gesetzlosen Flüchtlingslager wurden zu Magneten für extreme Gruppierungen verschiedener Kriegsschauplätze, die eine bessere Zukunft – im nächsten Leben – versprechen. Der palästinensische Nationalismus hat sich dort in pan-islamischen Eifer gewandelt. Wenige Aufständische im „Fatah al-Islam" sind Palästinenser, die PLO hatte klargemacht, dass sie nichts mit der Gruppierung zu tun hat. Wieder waren Menschen auf der Flucht, deren Versorgung zunehmend schwieriger wurde, sie saßen zwischen den Fronten, wurden beschossen, hatten keine Lebensmittel, kein Wasser und keinen Strom. Der Libanon hat das Lager geschlossen.

Israel fürchtet jetzt nicht mehr nur, zwei Millionen Arabern gegenüberzustehen, sondern 1,2 Milliarden Muslimen, bewaffnet mit Bomben und einer Ideologie, der nicht widersprochen werden kann. Palästinenser halten einen lebensfähigen Staat für nicht mehr möglich. Die Gewalt im übervölkerten Gazastreifen eskalierte im Mai/Juni 2007. Die Hamas hatte dort in einer blutigen Aktion die Macht übernommen, im etwas wohlhabenderen Westjordanland herrschte die säkulare Fatah. Israel, Amerika und die EU unterstützten die neu gebildete Notstandsregierung des Palästinenserpräsidenten Abbas. Der bisherige Ministerpräsident Haniyeh wurde von Abbas entlassen, aber er beharrte auf seinem Posten und auf der Einheit von Gaza und dem Westjordanland. Selbst Khaled Meshal versprach, dass die Hamas nicht die

Macht in der Autonomiebehörde ergreifen wolle und er Abbas als deren Vorsitzenden anerkenne. Abbas lehnte eine Zusammenarbeit mit der Hamas strikt ab. Es gelang der Hamas, die vielen Sicherheitsapparate unter einem Kommando zu vereinen. Seither ist es etwas ruhiger geworden in Gaza. Die Menschen hatten das Gefühl, dass es Konsequenzen gibt, wenn etwas gegen das Gesetz getan wird. Nach anfänglichen Vorwürfen gegenüber Präsident Abbas, der die gewählte, von der Hamas geführte Regierung entlassen und eine neue institutionalisiert hatte, kamen später konziliantere Töne aus Gaza. Die Menschen dort hofften, dass ihnen nun ein besseres Leben geboten würde, Jobs entstehen würden, dass Israel seine Land- und Seeblockade aufhebt, dass Strom, Wasser und Gas ganztätig verfügbar gemacht werden. Doch aufgrund der Weigerung der Hamas Israels Existenzrecht explizit anzuerkennen, beharrte Israel weiterhin auf einem Boykott und setzt auf die „good guys" im Westjordanland. Die USA und Europa schlossen sich dieser Haltung an. Ob dies wirklich zur Stärkung der Fatah bzw. Schwächung der Hamas führen wird, bleibt abzuwarten, denn die Fatah gilt weiterhin als korrupt und machtbesessen. Eine ähnliche Situation hat es bereits 1994 gegeben, als Arafat im Triumphzug aus Tunesien zurückgekehrt war. Damals war das Geld auf „klassisch orientalische Art" an einige Sicherheitschefs, Clanführer und Getreue verteilt worden. Damit war ein Gebilde entstanden – denn Staat konnte man das nicht nennen –, in dem der Sicherheitsapparat das Sagen hatte. Nach dem Motto „wer die Gewehre hat, kann sich Gold verschaffen" wurde regiert, und gerade diese Sicherheitschefs waren später im Visier der Hamas. Die Menschen könnten durch die „Umarmung der Fatah durch Israel" in ihren Vertretern Verräter der palästinensischen Sache zu sehen. Abbas konnte mit dem von Israel freigegebenen Geld die Angestellten der Ministerien wieder bezahlen bzw. die Fatah-Sicherheitskräfte wieder aufrüsten, er profitierte davon, dass Israel Personen von einer terroristischen Liste streichen ließ, sobald sie sich verpflichten, keine terroristischen Akte mehr zu verüben und Israel entließ (Fatah-)Gefangene. Die Einreise von Geschäftsleuten in das Westjordanland wurde erleichtert. Abbas wurde „Gesprächspartner". Die Fatah-Truppe bekam Panzerwagen; bisher durfte sie nur leichte Waffen verwenden. Noch immer fehlte der Abbau der Straßensperren zwischen den Städten im Westjordanland. Der neuen Regierung der Westbank unter Salam Fayyad fehlte die Legitimität, nach dreißig Tagen müsste sie durch das Parlament bestätigt werden, aber das Parlament ist Hamas-dominiert. Als sicher konnte die Westbank nicht eingestuft werden, außer den noch immer präsenten Hamas-Anhängern gab es noch bewaffnete Milizen aus anderen Lagern (einschließlich der Fatah selbst) sowie bewaffnete Banden, die politisch nicht eingeordnet werden können. Nun wird bereits von Hamastan und Fatahstan gesprochen.

Israel benötigte besonders ab Herbst 2007 Lebensmittel aus Palästina, denn in Israel werden alle sieben Jahre die Felder brach liegengelassen. Gesetzestreue Juden essen keine Lebensmittel von israelischen Bauern, die dieses Gesetz nicht beachten, traditionell haben die Ernten in Gaza diese Lücke wettgemacht. Aber die Übergänge sind weiterhin gesperrt, weil Israel Kontakte mit Hamas-Beamten verweigert, es wird nur teilweise humanitäre Hilfe zugelassen. Denn, so äußerten die Israelis, aber auch die Staaten des Quartetts, es gelte, die Hamas zu bestrafen, nicht aber die Bevölkerung.

Ein weiterer wirtschaftlicher Einfluss auf das Verhältnis Israel-Fatah-Hamas haben möglicherweise die erheblichen Erdgasvorkommen vor der Küste Gazas. Die British Gas Group hält 90% der Förderkonzessionen, die palästinensische Consolidated Constructors Company über 10%. Nun legt Israel großen Wert auf die Lieferung von Erdgas aus diesem Gebiet, die Fatah-Regierung wäre damit einverstanden gewesen, aber die Hamas blockierte dies und plante das Gas nach Ägypten zu liefern.

In Gaza gibt es (angeblich) nur noch 3500 Christen und in ca. 150 bis 200 Familien Katholiken. Monsignore Manuel Musallam, der einzige katholische Pfarrer von Gaza, versuchte in seiner Funktion zwischen Hamas und Fatah zu vermitteln. Er arbeitete im Auftrag des lateinischen Patriarchen Michel Sabbah. Musallam wusste, dass ein Umschwenken einer der beiden Gruppierungen auf die Position der anderen unmöglich erscheint, er versuchte die Gemeinsamkeiten herauszuarbeiten und den Dialog aufrechtzuerhalten. Er weiß um das Vertrauen beider Partner, denn bei besonderen Anlässen waren in seiner Kirche oft mehr Muslime als Christen gewesen. Die Christen in Gaza sind angesichts der Machtübernahme der Hamas verunsichert. Es gibt christliche Erziehungseinrichtungen, die auch von Muslimen besucht werden. Aber es kam schon zu Beschwerden von wahrscheinlich islamistischen Gruppen, weil Buben und Mädchen im Unterricht nebeneinander saßen. Die Schule und Kapelle der Ordensfrauen der palästinensischen „Rosenkranz-Kongregation" wurden während der Kämpfe beschädigt. Monsignore Musallam betreibt eine psychotherapeutische Station mit angeschlossenem heilpädagogischem Kindergarten in Beit Hanoun, weil viele Kinder im Gazastreifen schon im Kleinkindalter an den Folgen von Gewalt, Zerstörung und Krieg leiden. Es wird befürchtet, dass Christen nur sicher in Gaza leben könnten, wenn sie das islamische Gesetz akzeptieren, z.B. Alkoholverbot und Kopftuchpflicht für Frauen. Es gab sogar Gerüchte, dass Aktivitäten von Internetcafés, Billardhallen und Bars gestoppt würden. Die meisten Christen sehen langfristig kaum Hoffnung für eine Zukunft im Gazastreifen. Wenn sie die Möglichkeit haben, gehen sie weg, auch wenn die Lage nach der Hamas-Machtübernahme ruhiger ist.

Israelis in den Grenzgebieten zu Gaza litten ebenso. In ihr Gebiet schlugen weiterhin sporadisch Qassam-Raketen ein. Die Raketen fielen zumeist ins Leere, die Schäden hielten sich in Grenzen. Man befürchtete auch das nächtliche Eindringen von Terroristen, die von den wehrhaften israelischen Männern des jeweiligen Grenzortes gesucht werden. Hinter den Dörfern ziehen sich der Grenzzaun und hohe Mauern vom Meer her, es gibt grob aufgeworfene Wälle und dahinter israelische Panzer, die immer in Bewegung bleiben müssen, um palästinensischen Kämpfern kein Ziel für ihre Panzerabwehrwaffen zu geben. So lange Israel den Gazastreifen besetzt gehalten hatte, konnte der Waffenschmuggel unterbunden werden, auch die Fatah hatte Schmuggler behindert. Durch die Übernahme des Gazastreifens durch die Hamas können Tunnels für Waffennachschub verwendet werden. Der jüdische Staat sah sich an drei Fronten existentiell bedroht: im Norden durch die Hisbollah, im Osten durch Syrien und im Süden durch die Islamisten. Aber die israelischen Grenzbewohner bleiben, sie wollen die Wüste weiterhin ergrünen lassen, bauen Gewächshäuser, groß wie Flugzeughangars für Jumbojets und erzeugen biologischdynamisch angebautes Gemüse für den Export nach Europa. Selbst wenn die Gewächshäuser zuweilen von Raketen getroffen werden, man baut sie wieder auf. Wenn die Männer in den Krieg ziehen müssten, könnten Frauen diese Arbeit allein nicht aufrechterhalten und die Ernten gingen verloren. Man hofft auf Frieden, aber man fürchtet, dass Araber den Friedenswillen für Schwäche hielten, und Israel zurückschlagen müsse. Bewohner im Norden Israels fühlten sich von der Hisbollah bedroht, hierher flogen Katjuscha-Raketen. Während des 34-Tage-Krieges waren viele Häuser und Arbeitsstätten zerstört, aber wieder aufgebaut worden, wenn auch die Kosten dafür die Wiedergutmachungen überstiegen. Viele Menschen sind ausgebrannt, lethargisch, der Immobilienmarkt ist zusammengebrochen, die Kinder haben Angstzustände und bleiben im Luftschutzkeller oder brechen unbegründet in Tränen aus. Die Bewohner halten eine „Auge um Auge, Zahn um Zahn"-Politik für erforderlich, man beschuldigt die Regierung zu „weich" zu reagieren. Die Menschen haben während dieses Krieges gesehen, dass die Regierung sie nicht beschützen kann, daher fühlen sie sich existentiell bedroht, selbst Kinder befürchten einen neuerlichen „Holocaust": der Gazastreifen werde explodieren, dann würde Syrien der Hisbollah freie Hand geben, der Krieg würde auf die Golanhöhen übergreifen – und letztlich käme es noch zu einem Nuklearkrieg mit dem Iran. Daher beantragt man ein Auswanderungsvisum in die USA. Es gibt aber Wehrdörfer auf dem Golan; zumeist von orthodoxen Siedlern bewohnt. Sie verachten ihre Regierung seit deren Rückzug aus dem Gazastreifen. Räumung von Siedlungen wäre Verrat an jüdischen Interessen, jedes Nachgeben ermutige die Araber zu noch aggressiverem Verhalten. Man bezieht sich auf die Bibel, Drittes Buch Mose, Levitikus 25,23: „Darum sollt ihr das Land nicht verkaufen für immer …" Für die Mehrzahl der Israelis ist die Hauptwirkung des Terrors psychologischer Natur. Jene, die fest im Glauben verankert sind, können leichter damit umgehen als ihre säkularisierten Mitbewohner. Doch auch hier haben einige Leute bereits Flugtickets besorgt.

Das Quartett hat nun trotz Einspruches von Putin einen neuen Beauftragten: Tony Blair, der James Wolfensohn, den früheren Weltbankchef, als Vertreter des Quartetts ablöst. Kann Blair, wenn man die Geschichte bedenkt, ein fairer Vermittler sein: es war England, das den Juden eine Heimstätte versprochen hat; er hat einen Großteil der muslimischen Welt mit dem Einsatz für den Irakkrieg gegen sich aufgebracht. Wird er zu sehr auf Präsident Bush hören und daher Israel bevorzugen? Andererseits kann das Quartett nur mit Zustimmung der USA erfolgreich sein, und Blair hat bessere Chancen, die Supermacht zu involvieren. Durch seine Zähigkeit und Geduld hat Blair Frieden in Nordirland vermittelt. Es sind nicht nur Israelis und Palästinenser an den Verhandlungstisch zu bringen, sondern auch die zerstrittenen Partner Hamas und Fatah soweit zu versöhnen, dass sie bereit sind, gemeinsam vorzugehen. Anfänglich sollte man sich darauf beschränken, die palästinensischen Institutionen wieder aufzubauen und die Wirtschaft in Gang zu bringen, bevor die verfeindeten Partner in den Friedensprozess eingebunden werden können.

Die USA haben sich wieder selbst eingeschaltet, Condoleezza Rice bereitet eine Friedenskonferenz für November / Dezember 2007 vor, in emsiger Pendeldiplomatie versucht sie, Olmert und Abbas einander näherzubringen. Es gibt tiefe Meinungsunterschiede über die Ziele dieser Konferenz: Israel geht es um einen Verhandlungsrahmen. Palästina findet, dass es Zeit wäre, einen unabhängigen Staat zu schaffen. Andererseits hat Israel am 19. September 2007 Gaza zu einer „feindlichen Einheit" (hostile entitiy) erklärt. Damit verbunden sind weitere Absperrungsmaßnahmen auf dem Infrastruktursektor wie Wasser, Elektrizitätszufuhr bzw. Schließung der Übergänge, in der Hoffnung, die Abschüsse der Qassam-Raketen so eindämmen zu können; wohl wieder eine Kollektivbestrafung, die schon bisher keinen Erfolg gebracht hat. Anfangs waren Erwartungen in die geplante Konferenz in Annapolis gesetzt worden. Es war Condoleezza Rice auch gelungen, eine persönliche Annäherung zwischen Abbas und Olmert herbeizuführen, eine große Anzahl arabischer Staaten dazu zu bewegen, an der Konferenz teilzunehmen, allen voran Saudi-Arabien. Zuletzt war sogar Syrien eingeladen worden. Mehr als 40 Organisationen und Länder erhielten eine Einladung – die Hamas und der Iran waren nicht darunter. Aber es gab keine Agenda und kein klares Ziel, außer vielleicht den israelisch-palästinensischen Friedensprozess wieder in Gang zu bringen.

Bush und Rice wollten zeigen, dass sich die USA um Frieden und Demokratie bemühen; für den israelischen Premier wäre ein politischer Erfolg dringend nötig, da ein weiterer Bericht über das Scheitern des 34-Tage-Krieges im Libanon erwartet wurde. Abbas hingegen wollte seine Fatah gegenüber der Hamas als erfolgreich darstellen. Welche Probleme stehen weiterhin an: Errichtung eines lebensfähigen palästinensischen Staates, Teilung von Jerusalem, Wiederherstellung der Grünen Grenze mit möglichem geringen Landtausch, Einverständnis in der Flüchtlingsfrage.

Die Regierungskoalitionspartner Ehud Olmerts würden Zugeständnissen an die Palästinenser kaum zustimmen, z. B. nahm die Knesset eine Regierungsvorlage an, die eine Zweidrittelmehrheit zur Änderung der Grenzen von Groß-Jerusalem forderte. Abbas hatte schon den Gazastreifen verloren und seine Position in der Westbank war kaum gefestigt. Jedes Zugeständnis an einen Verhandlungspartner würde weitere Gewalt hervorrufen. Wenn die Gewalt steigt, kann Israel nicht nachgeben. Beide Völker sind kriegsmüde und würden Frieden und eine Lösung der Probleme begrüßen. Aber seitens Israels werden selbst jetzt die umstrittenen Siedlungen weiter ausgebaut, die Straßensperren nicht verringert und die Mauer weiter verlängert. Weiterhin erfolgen Raketenangriffe aus Gaza auf Israel. Zudem verlangte Olmert kurz vor Beginn der Verhandlungen in Annapolis, dass die Palästinenser davor nicht nur Israel als Staat (bereits 1993 erfolgt), sondern „Israel als jüdischen Staat anerkennen" müssten. Der ultrarechte Regierungspartner Olmerts, Avigdor Liebermann, hatte sogar vorgeschlagen, dass Israel nicht nach Annapolis gehen solle ohne palästinensische Anerkennung dieser Forderung. Was ein „jüdischer Staat" ist, wurde nie definiert und bleibt selbst in Israel umstritten. Klar ist, dass damit Palästinenser in einem so definierten Staat Bürger zweiter Klasse bleiben müssten. Es scheint, dass manchmal Forderungen gestellt werden, damit sie nicht erfüllbar sind.

Verschiedene Gruppen haben unterschiedliche Meinungen zum Verhandlungsergebnis von Annapolis. Die einen meinen, dass Israel weiterhin ein Apartheidstaat bleiben will: Anfang November 2007 hatte noch eine Konferenz in Boston, getragen von Saabel, einer christlich-palästinensischen Organisation unter Leitung von

Naim Ateek, stattgefunden. Es ging um Fragen der Gerechtigkeit und Gleichberechtigung. Andere wie z. B. die „Christian Embassy" fürchteten erhebliche Risiken für Israel, wie bspw. ein noch näheres Heranrücken der Hamas an Israel und die Verwandlung eines temporären Palästinenserstaates, der dann zum Terrorstaat würde, wie es bereits in Gaza geschehen ist. Außerdem wird den USA vorgeworfen, sich als Richter über die Umsetzung der Phasen des zukünftigen Prozesses zu positionieren, was einerseits eine Beschränkung der souveränen Rechte Israels darstelle, andererseits zu weiteren Befürchtungen Anlass gäbe, da die USA im Zweifelsfall die Palästinenser begünstigten. Auch der „künstliche Zeitplan zum Erreichen eines Palästinenserstaates" wurde abgelehnt, da es dadurch zu Zwängen und Konzessionen kommen könnte, die nicht die Zustimmung des Volkes und der Knesset hätten. Damit könnte es zu Neuwahlen kommen, die den Friedensprozess verzögern könnten – und Israel würde als der „Schuldige" dastehen. Wenn irgendein Zugeständnis in der Jerusalemfrage erfolgte, bestünde die Gefahr, dass die rechten Parteien wie Israel Beiteinu und Schas die Koalition Olmerts verlassen würden. Jene evangelikalen Christen, die in der Christian Embassy vertreten sind, lehnen eine Teilung Jerusalems ab, denn für sie ist dies die heiligste Stadt der Juden und als Hauptstadt des jüdischen Staates historisch und religiös unantastbar. Die Gruppe „Christian Friends of Israel" bezeichnete es als einen furchtbaren Fehler, dieses Thema auch nur anzusprechen. Die Auswirkungen könnten für in Israel lebende Christen als auch für die Juden katastrophal sein.

Man kann es anders sehen: es gab eine Erklärung und die Partner sind zu gemeinsamen Verhandlungen bereit, um „über alle offenen Fragen" zu sprechen. Bis Ende 2008 soll eine Übereinkunft erreicht werden. Die Vereinigten Staaten werden den Prozess auf Basis der Roadmap von 2003 überwachen (Einstellung des Siedlungsausbaus seitens der Israelis und Stopp der terroristischen Aktivitäten gegen Israel durch die PA). Im Vorfeld sind palästinensische Gefangene (Fatah-Leute) freigelassen worden, und es gab eine spürbare Verbesserung der Lage im Westjordanland. Die Europäer wollen helfen, die Sicherheitskräfte besser auszustatten und auszubilden und sie prüfen Wirtschaftshilfsmaßnahmen für die betroffenen Gebiete. Als ein wesentlicher Fortschritt wird es gewertet, dass Syrien – vor nicht allzu langer Zeit noch ein „Schurkenstaat" – wieder eingebunden wurde. Die Israelis erwarten von den Syrern weiterhin, ihr Wasser beziehen zu können und nicht angegriffen zu werden, und Syrien will die Souveränität über die Golanhöhen zurück. Die Amerikaner wollen die Achse Syrien–Iran zerbrechen, um damit Hamas und Hisbollah „auszutrocknen". Syrien geht es aber um den Libanon. Viele arabische Staaten erhoffen sich eine Stärkung der „sunnitischen Front" gegen die Schiiten im Iran.

Dabei ist z. B. die Jerusalem-Frage ohne politische Querelen schwierig genug, denn es gibt keine klare Teilungsmöglichkeit dieser Stadt. Es bestehen zwar unsichtbare Grenzen, die der jeweils „andere" sicherlich nicht freiwillig überquert, wenn es aber erforderlich ist, „verkleidet man sich" und spricht dann die Sprache des Anderen. Fremde können diese „unsichtbaren" Grenzen daran leicht erkennen, dass arabische Busse ältere Modelle und total überfüllt, israelische dagegen neu sind und eine Klimaanlage haben. Auf der israelischen Seite gibt es Parks und eine funktionierende Straßenbeleuchtung, und der Müll wird eingesammelt, von Palästinsern bewohnte Straßen sind holprig und stinken, denn der Mist wird nur abgeführt, wenn einer aus der Nachbarschaft für einen Lastwagen bezahlt. Ostjerusalem scheint in den israelischen Telefonbüchern nicht auf, es gibt keine Straßennamen – mit Ausnahme jener, die nach israelischen Helden benannt sind. Daher funktioniert die Postzustellung nicht. Das rührt teilweise daher, dass keine Araber im Stadtparlament vertreten sind, denn Stimmabgabe bei den Wahlen gilt als eine Art der „Zusammenarbeit mit dem Feind". Das führt dazu, dass die Einwohner Ostjerusalems 30 % aller lokalen Steuern zahlen, jedoch nur 5 % davon zurückerhalten. Aber auch Israelis benötigen Araber – nicht nur als Arbeitskräfte, sondern auch z. B. am Sabbat, wenn die Haredi (ultra-orthodoxe Juden) keine Hilfe von anderen Juden annehmen dürfen. Bei einer Teilung müssten ethnische und religiöse Grenzen berücksichtigt werden, doch dergestalt „reine" Gebiete gibt es nicht viele. Palästinensische Bewohner würden es vorziehen, israelische Bürger zu bleiben statt palästinensische zu werden und denen in der Westbank oder gar Gaza gleichgestellt zu werden.

Der Fortschritt wird auch daran zu messen sein, was mit den über Hundert nicht autorisierten Vorposten im Westjordanland geschehen wird, von denen sechzig laut der Roadmap abzubauen sind. Das wird innerisraelisch zu erheblichen Schwierigkeiten führen. Abbas wird ebenfalls Probleme mit der Einstellung des Terrors haben und für die mageren Ergebnisse von Annapolis erheblichen Hetzereien ausgesetzt werden. Ungeklärt ist die Gazafrage, denn der Verhandler Abbas hat keine Kompetenz darüber. Sicher, es war ein Fortschritt, dass Olmert verständnisvolle Worte für die Palästinenser gefunden hat. Ein Signal der Hoffnung?

George W. Bush reiste im Jänner 2008 nach Israel / Palästina. Er wollte die beiden Verhandlungspartner Abbas und Olmert endlich dazu bringen, die „Kernfragen" in Angriff zu nehmen. Extremisten beider Seiten demonstrierten dagegen.

Weiterhin fielen die Qassam-Raketen auf die Gegend um Sderot. Israel antwortete mit Gegenschlägen, als das nichts nützte, wurde eine Blockade über Gaza verhängt. 13 Kirchenführer Jerusalems verurteilten die israelische Politik als „illegale Kollektivstrafe" und „unmoralischen Akt". Die knapp eineinhalb Millionen Einwohner des Gazastreifens seien ohne ausreichende Nahrungsmittel und Medizin; 800.000 hätten aufgrund des Treibstoffmangels keinen Strom mehr. Das einzige Kraftwerk hatte vorübergehend wegen Brennstoffmangels seine Arbeit eingestellt. Der Lateinische Patriarch von Jerusalem, Michel Sabbah, ist für eine Einbeziehung des Gaza-Streifens in den Friedensprozess im Nahen Osten eingetreten.

Dann geschah etwas Unerwartetes. Die Grenzzäune zu Ägypten wurden niedergerissen, die Palästinenser strömten in das Nachbarland und kauften Lebensmittel, Treibstoff, Medikamente und Zigaretten. Manche, die noch nie Gaza verlassen hatten, kamen nur, um „Freiheit" zu genießen. Anfänglich antwortete Ägypten mit Polizeieinsatz, auf Druck anderer arabischer Staaten wurde dies eingestellt. Ägypten versuchte, die Lage anders in den Griff zu bekommen: es kamen keinerlei Lieferungen mehr in die Grenzregion. Auf der anderen Seite versuchte die hamasgeführte Regierung Gazas die Grenze zwar geregelt offen zu lassen aber wieder unter Kontrolle zu halten.

Die versäumten „Windows of Opportunity"

Hätte der jordanische König Hussein den Vorschlag Mosche Dajans angenommen, ihn gleich nach dem Sechstagekrieg 1967 anzurufen, um über einen Frieden zwischen den Staaten zu verhandeln, hätte Israel bei den in den siebziger und achtziger Jahren laufenden Gesprächen mit den Palästinensern die Lösung einer Föderation von Israel, Jordanien und Palästina initiiert; hätte Ariel Sharon 1982 nicht versucht, Arafat nach Tunis zu vertreiben, sondern ihm erlaubt als Palästinenserführer in die Besetzten Gebiete zurückzukehren; hätte Israel die Erste Intifada 1987 als palästinensisches Alarmsignal gewertet und versucht, darauf einzugehen statt den Aufstand niederschlagen zu wollen, wäre Rabin nicht ermordet worden; hätten Selbstmordattentäter nicht über 100 Israelis in Jerusalem und Tel Aviv ermordet und dadurch Benjamin Netanjahu 1996 aus dem Sattel geworfen; hätte Barak die Verhandlungen in Camp David sensibler geführt; hätte Arafat mit besserer Urteilskraft die Größe des israelischen Verzichts erkannt und im September 2000 nicht so rasch den Weg der Gewalt eingeschlagen; hätte Sharon nicht den Tempelberg bestiegen; hätte Arafat wirklich den Terrorismus bekämpft und nicht versucht, die Welt zu narren. Hätte, hätte, hätte ...

Beide Völker scheinen nicht die Kraft zu haben, die tief greifenden schmerzhaften Prozesse zu ertragen, die zu einer Verwirklichung des Friedens notwendig wären. Die Palästinenser haben 1947 die Teilung abgelehnt und insistiert, ganz Palästina gehörte ihnen. Sie haben den Teil verloren, den sie noch besaßen. Die Juden, die gewillt waren, nur einen Teil anzunehmen, haben letzten Endes das Ganze gewonnen. Viele Palästinenser, die einstmals das Land besaßen, wären heute bereit, einen Kompromiss zu schließen und sich mit einem Teil zufrieden zu geben, während viele Juden aus einem religiösen Verständnis von Gottes exklusivem Anspruch auf das Land nicht bereit sind, einen Teil abzugeben und das Land mit den Palästinensern zu teilen.

Der Konflikt und die Religionen

Schon 1670 meinte Blaise Pascal, Menschen handeln niemals so gründlich und begeistert böse, als wenn dahinter ein religiöses Motiv steckt. Der Gott der Juden, der Christen und der Muslime ist jener Gott, der sich Abraham und den Propheten geoffenbart hat, das können mit Einschränkungen Anhänger aller drei Religionen anerkennen. Alle drei Glaubensrichtungen haben sich indessen in viele Denominationen aufgeteilt.

Juden meinen, Gott habe sie schon durch eine entsprechende Zusage an Abraham zum erwählten Volk auserkoren. Eine Geschichte, die alle Juden eint, ist jene von Moses, der sie aus der ägyptischen Gefangenschaft geführt hat und die Zehn Gebote direkt von Gott erhalten hat. Und er trifft die Vorbereitungen, damit die Nachkommen von Abraham das gelobte Land erobern können. Für extreme Zionisten erfüllt Groß-Israel die biblische Verheißung, dass Erez Ysrael „vom Grenzbach

Ägyptens bis zum großen Strom, dem Euphrat reichen wird". Jesus wird auch von den Juden geehrt, als Lehrer und moralischer Führer, der in Palästina als Jude wahrscheinlich 1500–1600 Jahre nach Moses gelebt hat. Er ist nicht ihr versprochener Messias, den sie noch immer erwarten. Juden leben über alle Welt zerstreut, nur zwei Fünftel der Juden in Israel, die meisten leben und bewahren ihren Glauben und ihre Identität. Christen glauben, dass Jesus der in den Heiligen Schriften angekündigte Messias ist, von Gott als sein Sohn gesandt, um die Welt zu retten. Sie übernehmen die jüdische Tradition als Bestandteil ihres Glaubens. Die Erlösung, die Jesus gebracht hat, ist spirituell, nicht politisch. Gott ist für sie die Liebe. Auch Christen halten sich für ein auserwähltes Volk, das alle umfassen könnte, daher besteht die Aufgabe, den Glauben zu verbreiten. Gegenwärtig ist das Christentum zahlenmäßig die am weitesten verbreitete Religion.

Muslime kennen die Propheten des Alten Testaments als Teil ihrer eigenen Tradition an. Für sie ist Jesus Prophet, Lehrer und moralischer Führer. Der Name Allah, der vor Mohammed den Namen einer Stammesgottheit war, bedeutet für sie Gott. Für Muslime sind Juden und Christen Völker des Buches. Muslime glauben an die Heiligen Schriften der Juden und Christen, meinen jedoch, dass das Wort Gottes, wie es an Mohammed ergangen und im Koran festgeschrieben ist, die endgültige Offenbarung ist. Diese sei durch Mohammed an das erwählte Volk der Araber gekommen, die ihre Abstammung auf Abraham zurückführen. Auch für jeden Muslimen ist es Pflicht, den Islam zu verbreiten, die Unterwerfung unter einen Gott.

Alle drei Religionen enthalten moralische Grundsätze und fordern, dass man andere so behandeln möge, wie man selbst behandelt werden möchte. Alle drei wurden und werden von Fanatikern bzw. Machthungrigen missbraucht. 40 Jahre nach der Himmelfahrt Jesu haben messianische und traditionelle Juden noch gemeinsam in den Synagogen in Judäa und Galiläa den Gottesdienst gehalten. Nach der Zerstörung des Tempels im Jahr 70 n. Chr. verlieren die Juden den geografischen Mittelpunkt ihrer Identität. Da die messianischen Juden die Teilnahme an der Rebellion gegen die Römer verweigert hatten, verwehrten die jüdischen Führer den Messianisten die Nutzung der Synagogen. Eine Konsequenz: Im Johannes-Evangelium wird nicht vom „Volk" oder „Menge" gesprochen, sondern stets von „Juden". Das glauben nur mehr wenige Christen, dennoch wurden viele Grausamkeiten verübt, und diese „Annahme" dient als Grundlage für den Antisemitismus. Viele Leser der Hebräischen Bibel sehen die Erzählungen über blutige Schlachten, unnachsichtige Behandlung der Feinde in der früheren Zeit als archaisch und nicht als ein Verhaltensmuster für heute an. Aber manche fundamentalistischen Juden interpretieren ihre Schriften ebenso buchstabengetreu, wenn es z. B. um Sabbat-Regelungen im modernen jüdischen Staat geht oder um die Frage, wer ein Jude und damit berechtigt ist, die israelische Staatsbürgerschaft zu erhalten.

Manche Muslime lesen aus der Hebräischen Bibel, dass Juden wegen Ungläubigkeit von Jahwe bestraft wurden. Christen begehen für Muslime die Sünde der Blasphemie, wenn sie behaupten, dass Jesus Gottes Sohn ist. Im Koran gibt es viele Äußerungen zu Juden und Christen: dass Juden immer ungehorsam gewesen wären, dass sie Feinde Allahs, der Propheten und der Engel wären, und dass Juden nicht als

Freund angenommen werden sollten. Wobei an anderer Stelle die Christen und Juden als Völker der Bücher als schützenswert bezeichnet werden. Für viele Muslime ist der Koran das unabänderliche Wort Gottes. Das Wörtlichnehmen einzelner Suren des Korans stellt ein Problem dar, denn der Text als Ganzes gesehen, fordert Sorgsamkeit, Selbstdisziplin, Frieden, Mitleid, Liebe, Gnade, Toleranz und Gerechtigkeit. „Islam" heißt Unterwerfung unter den Willen Gottes, „Dschihad" ist der persönliche Kampf zur Besserung, sehr selten nur bedeutet Dschihad „Heiliger Krieg gegen Ungläubige". Wenn junge Muslime Frömmigkeit von ihren Eltern lernen, gehen sie oft in Koranschulen, wo die Schrift Wort für Wort, Sure für Sure auswendig gelernt wird. In ärmeren Gesellschaften gibt es häufig keine andere Ausbildung. Für diese fundamentalistischen Muslime ist es dann ein Heiliger Krieg, der gegen Israel und seine christlichen Verbündeten geführt wird, durch den Koran gebilligt, wenn nicht sogar gefordert.

Für fundamentalistische (evangelikale) Christen und Juden ist die Existenz des Staates Israel in den Schriften verankert – als Gottes Versprechen an Abraham und Moses: Gott hat das Gelobte Land für sein auserwähltes Volk, die Juden, bestimmt. Die meisten Christen und Juden können heute die Bibel lesen, ohne jene Teile wörtlich zu nehmen, die sich auf andere Zeiten und Orte beziehen.

In der jüdischen Religion haben zwei prägende Ereignisse eine Umgestaltung des Glaubens bewirkt: Die babylonische Gefangenschaft und die darauf folgende Rückkehr im 6. Jahrhundert v. Chr. sowie die Zerstörung des Tempels im Jahre 70 n. Chr. Im Christentum waren es die umwälzenden Ereignisse der Renaissance, der Reformation und Gegenreformation, die zur Aufklärung geführt haben, damit wurde die Vernunft das entscheidende Mittel zu einer neuen Freiheit. Der Koran hingegen wird heute noch so wie vom 7. bis 9. Jh. n. Chr. interpretiert – Stärke und Schwäche zugleich.

Der israelisch-palästinensische Konflikt ist emotional geladen. Spannungen und Konfrontationen führten immer wieder zu irrationalen und verhängnisvollen Geschehnissen. Ein Beispiel: 1979 wurde der griechisch-orthodoxe Wächter des Jakobsbrunnens bei Sichem tot und verstümmelt in der Krypta gefunden. Man ging davon aus, dass es eine jüdische Gruppe gewesen war, da eine im Alten Testament verbotene, in den Glasfenstern aber gezeigte Darstellung den Zorn einiger Juden um den extremen Rabbi Meir Kahane erregt hatte. Der Rabbi wurde 1990 in New York von einem Terroristen ermordet, seine Bewegung war aus der Knesset ausgeschlossen worden.

Im Zentrum vieler Konflikte steht der Tempelberg, der Haram al-Sharif. Die religiösen Fundamentalisten aller drei Glaubensrichtungen betrachten den israelisch-palästinensischen Konflikt jeweils aus ihrer endzeitlichen Sicht. Für Juden ist dieser Hügel in Jerusalem der Tempelberg, für Muslime ist er der Haram al-Sharif, für viele christliche Gläubige ist dieser Ort ein eschatologisches Zentrum. Jerusalem liegt auf einem Gebiet, das mindestens schon 6000 Jahre lang besiedelt wurde. Aus Quellen geht hervor, dass es immer eine sehr offene, interethnische Stadt gewesen ist. Nur ein wenig mehr als 1 % dieser 6 Jahrtausende war es anerkannte Hauptstadt einer geeinten Nation namens Israel auf dem Territorium zwischen Mittelmeer und

Jordanfluss. Der Teil „salem" in Jerusalem signalisiert Frieden oder Ganzheit – sowohl in Hebräisch als Arabisch. Manche sehen in der religiösen und politischen Geschichte Jerusalems eine „friedlichere Neutralität" als in den stets wechselnden Allianzen der umgebenden Stadt-Staaten. Als es dem biblischen König David gelungen war, verschiedene Gruppen zu einem politischen Staat zusammenzuführen, mag der Ruf Jerusalems als neutraler Ort eine Rolle bei der Hauptstadtwahl gespielt haben. Das hat während seiner und seines Sohnes Salomons Regierungszeit gut funktioniert, aber das Bündnis bestand nur 80 Jahre. Das Reich wurde geteilt, Jerusalem hatte nur mehr religiöse und politische Bedeutung für ein wesentlich kleineres Gebiet. Später, nach den mesopotamischen Einfällen, diente Jerusalem dreieinhalb Jahrhunderte lang als unabhängige Hauptstadt eines kleinen Königreiches. Dreimal stand es für kurze Zeit unter jüdischer Kontrolle: unter den Hasmonäern ungefähr ein Jahrhundert lang, drei Jahre während des Bar-Kochbar-Aufstandes im ersten Jahrhundert n. Chr. und heute seit 1948 bzw. 1967. Unabhängig vom politischen Umfeld war die Wallfahrt zum Tempel ein Bezugspunkt, der jüdische Identität darstellte und rettete. Jerusalem war von vielen Völkern besetzt und umkämpft gewesen. Der Tempelberg galt und gilt dabei als besonders heikles Territorium. Orthodoxe Juden, eine Minorität in Israel, aber das „Zünglein an der Waage" in der Regierung, glauben, dass der Wiederaufbau des Tempels, wie in den Prophezeiungen vorhergesagt, erfolgen muss. Sobald der Tempel steht, werde der Messias erscheinen und die Juden werden die lange erwartete Periode der Gerechtigkeit und der Erfüllung sehen. Diese Ultra-Orthodoxen meinen, dass mit dem Wiederaufbau des Tempels die Einsetzung der Priesterkaste erfolgen würde, mit der Konsequenz einer geistlichen Führung, Tieropfern und sonstigen eisenzeitlichen Bräuchen. Der Tempelaufbau kann aber nicht erfolgen, bevor nicht der Felsendom und die al-Aqsa-Moschee verschwunden sind. Einige militante Ultra-Orthodoxe betreiben die Zerstörung der beiden Gebäude. Manche hoffen, dass Gott selbst für die Zerstörung sorgen wird. Auch die christlichen Zionisten und Fundamentalisten schüren, möglicherweise unbewusst und unbedacht, diesen Konflikt. Manche Evangelikale in USA glauben aus eigenen eschatologischen Motiven an die Wiedererrichtung des Tempels. Christliche Fundamentalisten sehen in den „prophetischen Äußerungen" in der Gründung des Staates Israel die Erfüllung ihrer eschatologischen Zukunftshoffnungen am Ende der Zeit und beim zweiten Kommen Christi. In ihrem Glauben an die Irrtumslosigkeit der Bibel, und die daraus folgende wörtliche Interpretation meinen sie, dass der christliche Zionismus nur ein Aspekt der Nachfolge Jesu, und das Christentum seinem biblischen Wesen nach zionistisch sei. Christus werde am Ende der Zeit zur Erde zurückkehren und Tausend Jahre in Frieden regieren. Das Szenario hierfür: zwei der drei erforderlichen Ereignisse sind eingetreten: Der Staat Israel ist 1948 errichtet worden und Jerusalem wurde 1967 wieder eine jüdische Stadt. Es fehle nur noch der Wiederaufbau des Tempels. Dann würde ein charismatischer Führer, den die Juden für den lange erwarteten Messias halten werden, innerhalb von sieben Jahren den Aufbau leiten, aber nach drei Jahren würde sich dieser Führer als Anti-Christ erweisen und eine Periode der Trübsal einleiten. Der Anti-Christ würde den Tempel entweihen, eine Reihe von Angriffen gegen die Juden führen, mit

Unterstützung von militärischen Kräften aus anderen Teilen der Welt. Die ganze Welt würde sich in Aufruhr befinden, aber wahrhaft gläubige Christen würden diese Qualen nicht kennen, da sie schon in einem Status der Freude in den Himmel erhoben worden wären. Die Endschlacht, die nördlich von Jerusalem auf dem Hügel Armageddon (die archäologische Stätte Meggido) ausgetragen würde, führte zum Tod fast aller Kämpfer. Nachher würde Christus auf die Erde zurückkehren und von Jerusalem aus Tausend Jahre regieren. Das hieße aber, dass am Ende der Geschichte die Vernichtung eines Großteils des jüdischen Volkes (in Israel) und die Christianisierung der anderen erfolgen würde. Viele Muslime, die die christliche Religion nicht kennen, erfahren von derartigen „Plänen", und damit wird das Leben der christlichen Palästinenser noch schwieriger. In Israel gibt es eine durchorganisierte Gruppe dieser (nicht palästinensischen) christlichen Zionisten, genannt die „internationale christliche Botschaft in Jerusalem" (Christian Embassy), die enge Beziehungen zu christlichen Gruppen in den USA hat. Viele Amerikaner glauben, dass Israel die Erfüllung einer biblischen Prophezeiung wäre. Viele dieser Zionisten unterstützen Israel politisch und finanziell. Sie unterstützten jüdische Auswanderung aus Russland in der Annahme, dass Einwanderung der Schlüssel zum Überleben des jüdischen Staates ist. (Man ging nicht davon aus, dass sich darunter auch einige Neonazis befanden.) Die israelische Rechte ermutigt jegliche Unterstützung seitens christlicher Fundamentalisten, auch wenn man theologisch nicht einer Meinung ist. Diesen Fundamentalisten zufolge wirkt Gott, indem er den Juden Gerechtigkeit bringt, daher könne es keine Gerechtigkeit für die Palästinenser geben, sie müssten sich mit Gottes Geschichtsplan abfinden.

Die muslimische Tradition kennt eine ähnliche Endzeitvision: Ein falscher Messias, ein Jude, werde die Welt erobern. Er werde Anführer einer Armee von Juden aus dem Osten sein. Zuletzt würde Jesus wiederkehren und den falschen Propheten in einer Schlacht in der Nähe Jerusalems besiegen. Alle Juden und Christen würden getötet werden. Damit würde Friede einkehren, die Toten würden auferstehen und an den Mauern von Jerusalem ihres Richterspruches harren. Viele Muslime glauben, dass am „Letzten Tag" die Gläubigen direkt vom Felsendom in den Himmel steigen werden. Seit 638 n. Chr. war der Tempelberg in muslimischer Hand. Der Felsendom ist ein nationales palästinensisches Identitätsmerkmal, er erscheint als Logo auf vielen Publikationen, die von der PA kommen. Die Fortsetzung einer permanenten arabischen Belegung des Tempelberges ist selbstverständlich und nicht verhandelbar. Diese Haltung unterstützt die palästinensische Führung in Bezug auf Ostjerusalem, die Altstadt, kein anderer Ort kann die Hauptstadt der Palästinenser sein.

Maßnahme der einen Seite rufen Misstrauen auf der anderen hervor: Grabungen betreffend den Tempel können nicht durchgeführt werden, da darüber der den Muslimen heilige Felsendom steht. Vor Jahren haben die Palästinenser unter dem Dom „Material" entfernt. Die Israelis vermuteten sofort, dass Evidenzmaterial für einen Nachweis eines historischen Anspruches der Juden auf Jerusalem beseitigt werden sollte. Die Israelis haben versucht, einen Tunnel unter den Dom zu graben, das haben die Palästinenser aus Angst um die Fundamente des Felsendoms verhindert.

CHRISTEN, IHRE INTERNEN UND EXTERNEN PROBLEME

Die Muslime stellen einen Großteil des Volkes der Palästinenser, aber Christen und Muslime sind im Kampf um Gerechtigkeit und Frieden sehr solidarisch. Die bestehenden (lokalen) christlichen Theologien stagnierten jahrzehntelang und boten keine Antworen auf Fragen, daher sprechen sie viele Menschen nicht mehr an. Die kirchliche Hierarchie ist mit den pastoralen Aufgaben überlastet, da es nicht genug Kleriker in den bestehenden Kirchen gibt. Der örtliche Klerus versucht vehement gegen politischen Missbrauch der Bibel durch die Israelis vorzugehen.

Die „geteilte Christenheit" in Palästina erweckt nicht nur bei Pilgern Verwirrung. Diese Situation ruft bei den Christen ein Gefühl der Machtlosigkeit hervor und schadet der Glaubwürdigkeit ihres Zeugnisses. Schon seit den Kreuzzügen bestand eine intensive Rivalität zwischen den griechisch-orthodoxen, den orientalischen und den lateinischen Kirchen. Nicht einmal auf ein gemeinsames Datum des Osterfestes konnte man sich einigen. Hier stellt sich die Frage nach der Ökumene. Es gibt sie nur auf protokollarischer Ebene, dennoch entwickelten sich die Beziehungen in mehreren Phasen. Bis zum II. Vatikanischen Konzil (Besuch Paul VI. im Heiligen Land) herrschte feindselige Stimmung: Verkennung, Vorurteile, Rivalitäten. Es waren historische Gründe, z. B. Auseinandersetzungen um die Heiligen Stätten, vorhandener oder unterstellter Bekehrungseifer, Einmischung der ausländischen Mächte; ab Mitte der 1960er-Jahre herrschte etwas mehr Toleranz, verstärkte Achtung, in der Form eines „passiven Beieinander". In einer dritten Phase kam es zu verschiedenen gemeinsamen Plattformen wie der Versammlung der katholischen Bischöfe in Israel, den Besetzten Gebieten und Jordanien, zu den Zusammenkünften der drei Patriarchen (lateinischer, griechisch-orthodoxer und armenischer), dem Rat der Kirchen des Mittleren Osten, der Versammlung der katholischen Patriarchen des Orients, gemeinsamen Hirtenbriefen. Aller Anliegen sind Gerechtigkeit und Frieden, sowie die Klärung des Jerusalem-Status. Dazu hat das Memorandum aller Patriarchen und Kirchenführer vom November 1994 beigetragen – Jerusalem, eine Stadt des Friedens, die nicht nur einem Volk oder einer Religion gehören kann. Man forderte internationale Garantien, denn *Jerusalem wäre zu kostbar, um es in der Abhängigkeit von munizipalen oder nationalen Autoritäten zu belassen.* Christen – auch als Minderheit – haben über Jahrhunderte ihren Glauben bewahren können, sie haben überlebt. Sie waren bemüht gewesen, sich nicht offen zu engagieren, um sich nicht mit ihren Herrschern anzulegen und fürchten zu müssen, dass jegliches Engagement der Kirche zur Friedensstiftung von den herrschenden Kräften missdeutet und sowohl von Juden als auch Muslimen missverstanden werden könnte. Politische, soziale, erzieherische und seelsorgerische Probleme betreffen alle Konfessionen. Daher besteht der neue pragmatische Ökumenismus in einmütigem kirchlichem Eintreten für öffentliche Angelegenheiten. Die Kirchen im Heiligen Land bewegen sich weg von dem ottomanischen Modell religiöser Zersplitterung zu einer ökumenischen Form des selbstbewussten palästinensischen Christentums. Der erste Kongress der Patriarchen und Bischöfe des Ostens, 1999, empfahl den Versuch, die Schwierigkeiten der drei Religionen zu überwinden, bzw. Bedingungen zu schaffen, die sowohl den Bewohnern des Mittleren Ostens als auch der Welt zugute kämen. Die Christen des Mittleren Ostens sähen sich weiterhin als Brücke zwischen dem Islam und der abendländischen Christenheit, zwischen der arabischen Welt und dem Westen. Die Strategie des 19. Jhs. des Suchens von Privilegien für die einzelnen Kirchen und ihre Mitglieder sollte aufgegeben werden. Christen sollten wie Muslime und Juden ihre Verantwortung als Bürger wahrnehmen. Die Kirche wäre keine politische Partei, sondern das Gewissen des Staates, auf Seiten der Armen, Schwachen und Unterdrückten. Die innerchristlichen Konflikte wurden von den Herrschenden ausgenutzt und verwendet, um die Kontrolle über das Volk zu verschärfen. Durch ihre Uneinigkeit haben die Christen lange ihre Glaubwürdigkeit bei Mitgliedern anderer Religionsgemeinschaften eingebüßt.

Als Palästinenser und arabische Israelis fühlen sich die palästinensischen Christen mit den Muslimen verwandt. Sie sind stolz auf die gemeinsame arabische Kultur. Es waren die Christen, die die „arabische Erweckung" gegen Ende des 19. und frühen 20. Jhs. eingeleitet hatten. Sie waren die Gründer der säkularen arabischen politischen Bewegungen. Der Islam ist von christlicher Missionstätigkeit wenig berührt worden, andererseits können Kirchenführer auch bei Anwachsen des islamischen Fundamentalismus kaum größere systematische Diskriminierung oder Verfolgung feststellen. Eine Geste von Hamas-Mitgliedern anlässlich der Regensburger Vorlesung des Papstes Benedikt XVI. im Jahr 2006 hat die Christen in Palästina beeindruckt: Islamische Mitbürger sind in die christlichen Kirchen gegangen und haben dort Rosen verteilt.

Die Geschichte der Christen im Orient nach der Islamischen Eroberung unterscheidet sich wesentlich von jener der Christen im Westen. Jahrhundertelang lebten Juden und Christen als Dhimmi, als Mitglieder einer geschützten Minderheit unter muslimischer Herrschaft. Während der Kreuzzüge waren sie getötet und misshandelt worden wie Muslime und Juden, wie diese litten die Christen unter westlichen Angriffen und Imperialismus. Während der letzten 150 Jahre erduldeten sie die westliche (kolonialistische) Einmischung in Palästina und später die Ungerechtigkeit der Zionisten und Israelis, mit westlicher Duldung und Unterstützung. Diese Ungerechtigkeiten sollten – parallel zum Holocaust – beim jüdisch christlichen Dialog berücksichtigt werden. In Jerusalem, besonders bei den Orientalisch-Orthodoxen und Griechisch-Orthodoxen hatte es lange Zeit führende Geistliche gegeben, die anti-judaistische Gefühle nährten, sich weigerten, eine geänderte Haltung gegenüber den Juden einzunehmen. Andererseits wird von den Juden wenig Kenntnis der christlichen Situation gezeigt. Man hat noch immer zu viele Vorurteile und man weiß zu wenig voneinander. Eine zentrale Aufgabe für alle Religionen wäre eine Aufarbeitung der gegensätzlich aufgefassten Geschichte. Probleme der palästinensischen Flüchtlinge dürfen nicht ausgeklammert werden. Es geht um die Einhaltung von Menschenrechten und den Aufbau demokratischer Strukturen, sowie um eine Festlegung endgültiger Grenzen. Das sind schwierige Themen: Allein die Verwendung des Wortes „Nakba", das in israelischen Schulbüchern 2007 erstmals verwendet wird, wird von vielen Israelis vehement beinsprucht.

Im täglichen Leben findet der Dialog zwischen Muslimen und Christen statt, Muslime besuchen katholische Schulen und sie erhalten oft con christlichen Institutionen mehr Hilfe und Unterstützung als die Christen selbst. Neue Spannungen entstehen durch die Demografie, muslimische Familien haben mehr Kinder, Christen wandern in höherem Maße aus als Muslime. Aber auch die in kirchlichen Schulen herangebildeten arabischen Eliten wandern ab, da sie zu Hause keine ihrem Ausbildungsstand entsprechenden Berufe finden. Es gibt bereits mehr Muslime als Christen in den ehemals christlichen Hochburgen wie Bethlehem und Nazareth. In der Altstadt von Jerusalem haben viele Christen ihre Häuser und Geschäfte verkauft, somit ist die Mehrheit der Bewohner und Geschäftsleute muslimisch. Auch das Klosterleben wandelt sich. Die Bauten, die auf die zweite Hälfte des 19. Jahrhunderts zurückgehen, stehen zwar noch, aber das Kloster-Personal ist gealtert, und viele Gebäude wurden anderen Zwecken zugeführt. Es gibt keinen heimischen Nachwuchs. Z. B. in Ein Karem im Südosten Jerusalems, Schauplatz des Besuches Mariens bei Elisabeth, hatte es ein christliches Araberdorf gegeben; heute wohnt dort keine einzige arabisch-christliche Familie mehr. Die melkitische Gemeinde in Haifa, die vor 1948 15.000 Personen umfasste, ist fast aufgelöst. Aber es kommen Mönche und Nonnen aus westlichen Ländern (die von Foucault gegründeten Gemeinschaften, Marienschwestern aus Darmstadt), die KZ-geschädigten Juden dienen. Andere bauen verfallene Gebäude auf und schaffen Stätten, wo Kontakte zu jungen christlichen Arabern und Judenfamilien möglich werden. Derartige Aktivitäten dienen dem inneren Frieden und sind ein wichtiger Beitrag in der palästinensischen Gesellschaft. Das war nicht immer so: Nachdem im September 1939 England dem Deutschen Reich den Krieg erklärt hatte, wurde alles deutsche Eigentum, auch das der karitativen Einrichtungen, als „Enemy Property", beschlagnahmt. Das National Lutheran Council der USA kümmerte sich nach 1948 um die evangelischen deutschen karitativen Institutionen. Im Krieg 1948 kam es wieder zu Beschädigungen, aber im Rahmen eines Hilfsprogramms für palästinensische Flüchtlinge übernahm ein UN-Hilfsprogramm Wiederherstellungen. Deutsche evangelische Missionsgesellschaften schlossen sich 1951 zum „Deutschen Palästinawerk" zusammen. Nach dem Sechstagekrieg übernahm der lutherische Weltbund Institutionen im Ölberg-Territorium und modernisierte sie. Besonders die Hospitäler waren für die Flüchtlinge essentiell, die Kosten für die Behandlungen waren vom Flüchtlingswerk der Vereinten Nationen übernommen worden; später beteiligte sich die palästinensische Autonomiebehörde daran. Es werden primär Araber mit einer Flüchtlingskarte der UN behandelt. Auch in Bethlehem gibt es das Caritas Babyhospital, betrieben von Franziskanern, finanziert von der Caritas Schweiz und Deutschland, die „Ritter vom Heiligen Grab" tragen ebenso bei. Zusätzlich wird Gemeindeentwicklung von der Caritas unterstützt, werden kleine Kredite gewährt, Drogenkonsum bekämpft und junge Menschen für Altenpflege organisiert. In Not geratene Familien werden unterstützt, den Kindern wird Schulgeld bezahlt. Auch die Orthodoxen beteiligen sich an karitativen Maßnahmen. Aber es gibt nicht nur christliche Hilfe, auch der Zakat, eine der fünf Säulen des Islam, sorgt für Arme. Die Menschen in den Autonomiegebieten werden durch arabische Ärzte, die im Ausland studiert haben, betreut. Das wird aber durch „Rückkehrbehinderungen" von Israel erschwert, da im Ausland befindliche Personen nicht zurückkehren können, wenn sie nicht „registriert" sind.

Das Verhältnis der Christen zum Staat Israel läuft über zwei Schienen: einerseits gibt es die Ebene des Vatikans und der internationalen Kirche, andererseits jene der lokalen, meist palästinensischen Kirche. Es scheint, dass der israelische Staat lieber mit dem Heiligen Stuhl als den lokalen Kirchen verhandelt. Israel steht der „Christian Embassy" positiv gegenüber, dies ist eine Gruppe von amerikanischen Evangelikalen mit zionistischer Gesinnung, die versuchen, jene Maßnahmen der lokalen Kirchen zu behindern, die sich kritisch gegenüber dem Staat Israel verhielten oder die Palästinenser unterstützten. Dazu werden viele Pilger- und Studiengruppen wie auch ökumenische Gruppen von katholischer oder protestantischer Seite, deren Reisen ins Heilige Land entweder von israelischer Seite unterstützt wurden oder auf deren Einladung erfolgt waren, dazu benutzt, deren Zustimmung zu Israel zu vergrößern oder den Einfluss der lokalen Kirchen auf die weltweite Meinung innerhalb der Kirchen zu vermindern. Trotz diverser Abkommen werden palästinensische Christen in ihrer Religionsfreiheit eingeschränkt und zwar mit dem Hinweis auf die Sicherheit Israels. Die wesentlichste Beschränkung betrifft die Bewegungsfreiheit von und nach Jerusalem – und zu den Heiligen Stätten. Die Sperre von Jerusalem hat alle Palästinenser betroffen, besonders aber die Arbeit der Kirchen gestört, da Klerus und Mitarbeiter nicht nach Jerusalem kommen können. Betroffen ist auch der Lehrkörper der Universität Bethlehem, da Personen aus den Gebieten mit Selbstverwaltung nicht zu den Lehrstätten kommen können. Manchmal bezeichnen israelische Behörden die Kirchenführer als „Sprecher der Palästinensischen Autonomiebehörde", z. B. den griechisch-orthodoxen Archimandrit Attala Hanna, der von der Israelischen Behörde für christliche Gemeindeangelegenheiten ermahnt wurde, sollte er seine Aussagen über „politische Themen" nicht einstellen, würde die gesamte Haltung der israelischen Regierung gegenüber der orthodoxen Kirche überdacht werden. Gegen die Ernennung von Boutros Mouallem, eines nach Brasilien ausgewanderten Palästinensers als melkitischer (griechisch-katholischer) Erzbischof von Akko, wurden 1998 Einwände von israelischer Seite vorgebracht, wodurch es unter der Regierung Netanjahu zu einer Krise zwischen melkitischer Kirche und dem Staat Israel gekommen war. Diese Situation eskalierte soweit, dass ein Zuständiger im Vatikan andeutete, dass Israel auf eine „Shortlist" von Ländern gesetzt würde, in denen die Kirchen offen verfolgt wurden. Nach Wochen bitterer öffentlicher Auseinandersetzungen gab die israelische Regierung nach, Erzbischof Mouallem konnte seinen Bischofssitz in Akko einnehmen. In der ersten Periode der Sharon Regierung (2001–2003) verfügte die ultrarechte ShaS-Partei über das Innenministerium. Dort war man bestürzt über die hohe Anzahl vom „Fremdarbeitern" im Land und begann systematisch sowohl Visums- als auch Aufenthaltsgenehmigungen abzulehnen bzw. deren Erneuerung zu verzögern. Das betraf viele, auch Juden, besonders betroffen war die katholische Kirche, da ein Drittel ihres Klerus und viele Seminaristen von Jordanien kommen. Aufgrund einer Intervention des Apostolischen Nuntius über das israelische Ministerium für Äußeres konnte diese Praxis behoben werden.

Das Heilige Land ist nicht nur für dort lebende Christen interessant, sondern für die ganze Welt. Nicht nur Pilger kommen, sondern viele folgen ihren Berufungen, und bleiben. Viele „Fremde" haben versucht, importierte Strukturen zu schaffen, statt das Erbe der einheimischen christlichen Gemeinden zu respektieren. Im Westen werden die christlichen Gemeinden im Orient als Relikte der Vergangenheit angesehen. Es handelt sich dabei jedoch um lebendige Kirchen, mit ihrer langen und reichen Geschichte. Im Westen herrschen oft Unkenntnis, fehlende Sensibilität und Einseitigkeit im Zusammenhang mit dem Palästinakonflikt. Für viele Christen im Westen ist das moderne Israel die direkte Fortsetzung des biblischen Israel, wozu Gott auch heute den Segen gibt. Die Juden hätten bei Gründung des Staates Israel das Handeln Gottes selbst ausgeführt. Viele (besonders Deutsche) stehen auf dem Boden der Post-Auschwitz Theologie. Pilger begnügen sich oft mit dem Besuch der Heiligen Stätten, ohne den Versuch zu machen, mit den heimischen Christen in Kontakt zu treten. Gespräche könnten diese Palästinenser stärken, ihnen Mut geben, denn sie sind die „lebenden Steine" dieser lokalen Kirchen. Ausländische Christen sollten sich mit Fragen des (religiösen) Hasses, Rassismus, Antisemitismus (Antijudaismus, Antizionismus) und Antiislamismus auseinandersetzen. Konflikte zwischen israelischen Palästinensern und israelischen Juden werden medial ausgetragen und Bilder (z. B. von zerstörten Kirchen) werden verwendet, die westlichen Christen in ein Lager zu ziehen. Patriarch Michel Sabbah hatte in seinem Hirtenbrief zur Fastenzeit im Jahre 2001 an militante Palästinenser die eindringliche Bitte gerichtet, zivile Wohnhäuser nicht als Schießstellungen zu missbrauchen, und an Israel appelliert, wenn nicht auf Kollektivstrafen verzichtet werden kann, dann sollten wenigstens keine palästinensischen Wohnhäuser, sondern stattdessen Kirchen bombardiert werden.

Eine neue Generation, die sich ihrer christlichen und kirchlichen Zugehörigkeit sowie ihrer nationalen und kulturellen Identität stärker bewusst wird, wächst heran. Christen werden im Lande Christi präsent und lebendig bleiben. Seit dem Krieg 1967 wird in der christlichen Gemeinde über den Sinn ihrer Präsenz und ihres Zeugnisses nachgedacht, die katholischen Patriarchen des Orients betonen dies in einem Hirtenbrief mit dem Titel „Lebendige Kirchen". Die Gemeinden sind der „Sauerteig", sie sehen sich im Lande ihres „Herrn", der ihre Leiden und Bedürfnisse kennt. Die Kirchen reformieren sich selbst, sie denken über die Erneuerung ihrer Treue zu Gott und den Menschen nach. Es ist für die Christen wichtig, sowohl mit Juden als auch Arabern ein gutes Verhältnis zu entwickeln und die „Heimatkirchen" in Europa und Amerika zu berücksichtigen. Obwohl es schon sehr lange Christen im Heiligen Land gegeben hat, werden alle Christen seitens der Israeli als „foreign" eingestuft. Wenn Israel in eine schwierige Situation gerät, wird „das Schweigen der Kirchen" kritisiert, so geschehen beim Yom-Kippur-Krieg 1973. Die israelischen Autoritäten behandeln christliche Araber etwas vertrauensvoller als muslimische, werden diese doch als eine Art Botschafter der westlichen Kirchen angesehen. Das muss von den Kirchen geleugnet werden, um die Araber nicht zu verbittern. Die Christus-Orientierung wächst im Judentum, und es wächst das Interesse der Christen an jüdischer Theologie. Trotz Auswanderung hat die Christenheit im Heiligen Land eine Zukunft.

Christliche Voraussetzungen

Im Nah-Ost-Konflikt wird Religion oft politisch instrumentalisiert. „Arme" werden auf Gott verwiesen, damit wird für sie Religion zu einer Flucht aus der Realität in eine friedvollere Glaubenswelt. Der christliche Glaube stellt die Ohnmacht und die Leiden Gottes voran, denn mit einem leidenden Gott kann sich der leidende Mensch identifizieren.

Für alle Religionen im Nahen Osten gilt, dass jeder Mensch nach dem Bild Gottes geschaffen ist, daher sind Rassismus und religiöser Fanatismus dem wahrhaftig Religiösen fremd. Nach christlichem Glauben sind Gottes- und Nächstenliebe nicht voneinander zu trennen. Solidarität mit den Armen, Schwachen und Unterdrückten ist Pflicht der Christen (wie auch der Muslime); aus diesen Gründen haben die Kirchen des Nahen Ostens sehr früh Krankenhäuser, Waisenhäuser, Altenheime und andere soziale Einrichtungen gegründet und betrieben. Nach 1967, besonders nach 1987 begann sich die Kirche verstärkt mit den politisch Unterdrückten zu solidarisieren. Es ist eine christliche Aufgabe, für ein gerechtes wirtschaftliches und demokratisches System zu wirken. Eine grundlegende Frage der christlichen Palästinenser ist jene nach Gerechtigkeit: Seit 1948 meinen sie, dass ihnen Unrecht angetan wurde. Denn in der Bergpredigt lesen die Palästinenser: „Selig, die hungern und dürsten nach der Gerechtigkeit, denn sie werden gesättigt werden", aber auch „Selig sind, die um der Gerechtigkeit willen Verfolgung leiden, denn ihrer ist das Himmelreich".

Die zweite Frage ist jene nach der „Rolle der Bibel". Die Schriften sind Quelle der Kraft, es werden Antworten gefunden, die Menschen zum Glauben und zum Heil führen. Doch die Bibel ist von Zionisten „benützt" worden, um Macht auszuüben und Besitzrechte einzufordern. Ziel sollte sein, dem Recht Genüge zu tun, aber Frieden und Versöhnung anzustreben. Denn Recht darf nicht ohne Erbarmen geübt werden; Erbarmen aber, ohne Recht, fordert größeres Unrecht heraus. Ohnmächtige und Unterdrückte hoffen auf den Weltenrichter, „der Recht schafft denen, die Unrecht leiden". Die Klagepsalmen Israels sind ein Beispiel dafür, dass „Richten" Recht schaffen heißt. Die Gerechtigkeit Gottes wird den Opfern Recht „schaffen", denn der biblische Gott des Rechts fordert Ausübung dieses Rechts in der Welt von allen Menschen. Gott lässt es nie zu, dass das Recht mit Füßen getreten wird, Gottes Recht ist nie blind, und immer mit Erbarmen und Gnade gekoppelt. Wer nur Vergeltung übt, wird neues Elend heraufbeschwören. Dennoch hat Rabbi Meir Kahane mehrmals in der Knesset gemeint „unser Gott ist ein Gott der Rache". Gerechtigkeit geht über Recht weit hinaus. Die Gerechtigkeit Gottes bedeutet Gottes Mitleiden und Erbarmen. Unrecht wird in der Bibel nicht deshalb verurteilt, weil das Gesetz gebrochen wird, sondern weil ein barmherziger Gott missachtet wird und Menschen ihre Nächsten verletzen. Menschen verstehen unter Recht etwas, das von den anderen einzufordern ist. Wie alle Gaben Gottes kann die Forderung nach Gerechtigkeit verantwortlich gebraucht oder schändlich missbraucht werden. Macht schafft aber nicht notwendigerweise Recht, sie korrumpiert und täuscht oft. Recht ist nicht selbstverständlich, sondern muss eingefordert werden, und Macht ist nur durch Macht herauszufordern, wahrscheinlich nicht nur durch Moral und rationale Überzeugung.

Israel bedeutete Volk Gottes, aber nur dann, wenn Gottes Gesetzen gehorcht wird und seine Weisungen befolgt werden. Der Name Israel hat für Christen einen Bedeutungswandel erfahren. Dieses Israel meint nicht das alte Königreich Israel, das im Jahre 722 v. Chr. von den Assyrern zerstört worden war. Der Name Israel bedeutet eine religiöse Gemeinschaft frommer Anbeter des Gottes des Alten Israel, des einen wahren Gottes nach dem Glauben der heutigen Juden, Christen und Muslime.

Viele westliche Juden haben in den USA und Europa zur Avantgarde im Kampf um die Menschenrechte gehört und darauf verwiesen, dass ihre Einstellung aus dem Erbe des Judentums stammt und in den ethischen Lehren der Propheten wurzelt. Sie scheinen aber nicht bereit zu sein, Unrechtstaten des Staates Israel anzuerkennen. Es wird auf die Errungenschaften in Bezug auf die Anhebung des Bildungsstandes und des wirtschaftlichen Niveaus unter den arabischen Bürgern im eigenen Land und in den Besetzten Gebieten hingewiesen. Israels Großzügigkeit wird als Ausgleich für alles Unrecht angesehen, das Araber empfinden oder erleiden mögen. Aber Menschen, die unter Unrecht leiden, verlangen nach Recht und nicht (nur) nach höherem Lebensstandard.

Wie kann die Bibel, die zu einem Teil des arabisch-israelischen Konflikts geworden ist, zu einem Teil seiner Lösung werden? Gerechtigkeit würde eine neue Verteilung der Macht, eine Wiederherstellung des Gesetzes und die Aufhebung ungerechter Strukturen erfordern. Gesetz und Macht sollten zum Schutz und Dienst der Gerechtigkeit hergestellt werden. Den Benachteiligten ist wieder zu ihrem Recht zu verhelfen. Der Gott der hebräischen Bibel ist ein Gott der Gerechtigkeit. Für die Propheten waren Ethik und Religion untrennbar verbunden, die Einheit zwischen beiden leitet sich aus dem Wesen des Schöpfergottes ab, der ausdrücklich Recht erwartet. Für repressive Regierungen bleibt der beherrschende Faktor das nationale Interesse und der Unwille, anderen Recht zu tun, wenn dies mit den eigenen bzw. nationalen Interessen kollidiert. Der verständliche Wunsch nach einem Leben in Sicherheit darf nicht zu Unterwerfung und Kontrolle anderer führen. Der Lebenswille des jüdischen Volkes hat nach Jahrhunderten der Zerstreuung in der Schaffung des Staates Israel seinen Ausdruck gefunden. Die Waffen der Verteidigung können rasch zu Waffen der Aggression werden. Dann herrscht zwar Friede, ein ungerechter Friede, der sich aber selbst zerstört und zu neuen Konflikten führt. Ein Paradox besteht darin, dass Macht einerseits ein wesentlicher Bestandteil zur Erlangung und Erhaltung von Recht und Frieden ist, aber andererseits eine ständige Bedrohung darstellt. Für Palästinenser ist es kaum verständlich, wie das jüdische Volk, das Leiden und Erniedrigungen seitens der Nazis erfahren hat, anderen Leiden zufügen kann. Juden erinnern sich und die Welt an die Shoa, aber ihre Ungerechtigkeit gegenüber den Palästinensern sehen sie nicht ein.

Gott, sowohl in der hebräischen Bibel wie im Neuen Testament, zeigt seine Sorge um die Benachteiligten: Witwen und Waisen, Arme und Fremde, Halbbürger und Ausländer. Weil sich niemand um sie kümmert, wird Gott zu ihrem Anwalt. Unterdrückte sind nicht gerechter als ihre Unterdrücker, sie können aber längerfristig auf Gottes Gerechtigkeit und Erbarmen hoffen. Ob das die Palästinenser aufrecht erhalten kann?

DIE BIBEL: STOLPERSTEIN ODER HILFE?

Palästinenser fragen: Wo ist Gott? Für die christlichen Palästinenser steht die Existenz Gottes nicht in Frage, aber dass „Gott den Juden beisteht", war für die Christen in Israel-Palästina anfänglich unverständlich, jenen Juden, die Israel als das ihnen „gelobte, versprochene Land" beanspruchen, das nur Juden zustünde, und in dem (christliche) Palästinenser keinen Platz hätten. Der Gott des Alten / Ersten Testaments wurde somit zu einem Feind der Christen, der enteignet, der gegen sie Krieg führt. Der Westen teilt diese israelische Auffassung. Warum gestattet Gott die Konfiszierung des Landes im „Namen der biblischen Verheißung"? Wie kann Gott ein Volk bevorzugen, es „auserwählen"? Wie kann Gott für die Unterdrückung anderer in Anspruch genommen werden? Wo bleibt der Gott der Gerechtigkeit, Gott, der sich Unterdrückten und Armen zuwendet? „Erwählung" oder „Landverheißung" definieren keinen Anspruch, sondern sind als Geschenk Gottes bzw. Verpflichtung zu sehen. Das Alte Testament rechtfertigt nicht den Anspruch auf Erwählung der Juden bzw. ihren Anspruch auf das Heilige Land. Vor der Gründung Israels war das Alte Testament von den christlichen Palästinensern besonders in Bezug auf Christus gelesen worden. Aber sobald die zionistische Bewegung Anspruch auf Palästina zu erheben begann, wurde die Bibel von den Israelis zu einem „politischen Buch" verfälscht. Durch „rückkehrende" Juden in das Land der Väter wurden Verheißungen des Alten Testaments an die Juden für die Palästinenser zum Problem, das die Existenz christlicher Gemeinden in Palästina bedroht. Denn der Gott der Bibel, bis 1948 als rettender und befreiender Gott empfunden, wird von ihnen nunmehr als parteiisch und diskriminierend angesehen. Früher war das Alte Testament als wesentlicher Bestandteil der Heiligen Schrift betrachtet worden, seit der Errichtung des Staates Israel haben jüdische und manche christlichen Interpreten das Alte / Erste Testament als zionistischen Text verwendet.

In Palästina haben große biblische Gestalten gewirkt, die auch für Palästinenser „ihre eigene Geschichte" bedeuten. Propheten haben das Kommen des Messias verheißungsvoll angekündigt. Dieses Bibelverständnis sollte die palästinensischen Christen mit den Juden einen. Das „Heilige Land" und die Nähe zu Gott verleihen einem Ort oder einem Land Heiligkeit. Manche Theologen meinen, dass das Land bereits durch Heiligkeit gekennzeichnet war, bevor Israel die Thora brachte, schon seit den Tagen der Kanaaniter war es heilig, weil es Jahwe gehört. Denn nicht das Land bringt dem Volk Segen, sondern das Vertrauen auf den Gott des Rechts, der Gerechtigkeit, des Erbarmens. Die Geschichte lehrt, wer sich unrechtmäßig dieses Landes zu bemächtigen sucht, wird weggestoßen, z. B. die Kreuzfahrer. Die Juden hatten sich in Palästina einen Staat erkämpft. Von den verfolgten Juden wurde der erfolgreiche Staat Israel aufgebaut. Unbeachtet vom Rest der Welt begann Israel seine arabische Minderheit zu diskriminieren und als Bürger zweiter Klasse zu behandeln. Unter dem Jubel der Europäer und Amerikaner besiegte Israel die arabischen Armeen, besetzte die Westbank und Gaza. Seitens des Westens werden nun häufig politische Forderungen an die Palästinenser gerichtet, obwohl diese derzeit die „Schwachen" sind. An Israel werden keine Forderungen gestellt, außer der Rückgabe eines Teils des (besetzten) Landes, Kritik gibt es kaum, meist wird das Vorgehen gerechtfertigt.

Für viele westliche Christen ist der Holocaust ein wesentlicher Zugang zum Verständnis des Staates Israel. Mit der „Theologie nach Auschwitz" hatte eine neue Phase des christlich-jüdischen Dialogs begonnen. Viele Christen hatten sich im Dritten Reich mit der Ideologie der Machthaber identifiziert, ohne den Unterdrückten beizustehen. Auf Basis dieses Schuldbewusstseins wurde ein neues Verhältnis zu den jüdischen Opfern und deren Nachkommen geschaffen. Die christlichen Palästinenser wurden kaum wahrgenommen. Diese westliche Haltung führte zu einer verstärkten Wahrnehmung von Jesus als Juden und zu einer unkritischen pro-israelischen Haltung. Da sich die Palästinenser gegen das Unrecht durch die Israelis zu wehren versuchen, wurden sie zunehmend vom Westen „dämonisiert".

Mit der Staatsgründung Israels war für die Christen im Nahen Osten eine neue Bibelauslegung erforderlich. Große Gestalten, vor allem Propheten der Bibel, waren Verfolgte, aber es gab Herrscher und Krieger (Josua und Saul), denen Gott den Befehl gab: Mann und Frau, Kinder und Säuglinge, Rinder, Schafe, Kamele und Esel der Feinde zu töten. Die frühen Christen, an die sich das Neue Testament wandte, waren Verfolgte. Erst nach der konstantinischen Wende wurden sie zu Verfolgern. Die Heilige Schrift ist ein Buch der Minderheit, sei es der jüdischen Minderheit in einer nicht-jüdischen Welt, sei es einer kleinen christlichen Gemeinde in einer heidnisch-römischen Welt. Viele Verfasser der Heiligen Schriften waren Verfolgte, große Teile der Bibel wurden im Exil, im Gefängnis oder unter Todesgefahr geschrieben. Die Bibel wird von Verfolgern anders ausgelegt als von Verfolgten. Gott wird in der Bibel auch als Richter dargestellt. Richten bedeutet nicht, „unparteiisch" strafen oder belohnen, sondern „im Sinne der Allgemeinheit einen Konflikt so zu beseitigen, dass dem Geschädigten wieder zu seinem Recht verholfen, der Friedensstörer gehindert, weiterhin für Unfrieden zu sorgen und der gestörte Friede der Gemeinschaft wieder hergestellt wird". Gott behandelt die Mächtigen anders als die Entrechteten. Von den einen fordert Gott Gerechtigkeit, den anderen spricht Gott Gerechtigkeit zu.

Aus Sicht der palästinensischen Christen ist die zionistische Bewegung eine Regression der jüdischen Gemeinschaft in die Geschichte ihrer fernen Vergangenheit, als noch einfache und fast primitive Formen des Gottesbegriffs herrschten. Dem Zionismus ist es gelungen, die nationalistische Tradition innerhalb des Judentums wiederzubeleben. Man beschränkt sich auf den „exklusiven" Stammesgott. Gottes Liebe gilt aber allen Menschen, übersteigt alle Grenzen, auch die des jüdischen Exklusivismus zwischen Juden und Nichtjuden. Bibeltexte, auch jene, die von ultraorthodoxen Siedlern für ihre Siedlungsstrategie im Judäa und Samaria eingesetzt werden, können nicht gleichzeitig relevant für die Leidtragenden dieser Strategie sein. Es gibt in der Bibel exklusivistische Texte, sie für den eigenen Herrschaftsanspruch bzw. -erhalt oder für die Unterdrückung anderer zu instrumentalisierten, ist unzulässig. Für Christen ist Gott universal, inklusiv. Israel „wird auf den Grundlagen der Freiheit, Gleichheit und des Friedens, im Lichte der Weissagungen der

Propheten Israels bestehen; er wird volle soziale und politische Gleichberechtigung aller Bürger ohne Unterschied der Religion, der Rasse und des Geschlechts gewähren ...", diese Erklärung ist nicht gesetzlich bindend, sie stellt dennoch ein großes Ideal dar. Aus Sicht der Palästinenser ist dieses Ideal noch nicht angemessen verwirklicht worden.

Die Bibel ist Gotteswort von Menschen niedergeschrieben, damit ist sie Glaubenszeugnis. Es sind keine absolut historischen und objektiv dokumentierten Tatsachen enthalten, sondern „erfahrene Wahrheiten". Das Alte Testament ist die Darstellung von Israels Geschichte mit Gott. Das Neue Testament ist das Zeugnis der Jünger von Gott, der ihnen in Jesus Christus erschienen ist. Die Bibel muss gegenwartsbezogen gesehen werden. Auslegungen sind unabhängig vom Glauben nicht möglich. Für die Christen bilden das Alte und das Neue Testament eine Einheit, denn der Gott Israels ist der Vater von Jesus Christus. Es ist immer ein und derselbe Gott. Alle Schriften sind in einem bestimmten Kontext entstanden und auf diese bezogen. Eine hermeneutische Bibelauslegung ist für Christen unabdingbar: wann ist dieser Text geschrieben worden, von wem, für wen, wozu, warum, wieso wurde er gerade dann und dort niedergeschrieben? Wie wurde er gebraucht? Offenbarungen kommen zwar von Gott, werden aber von Menschen mündlich tradiert und oft viel später aufgezeichnet. Diese Schreiber dachten in den Maßstäben und nach dem Wissen ihrer Zeit. Bibelstellen, die irreführend sein könnten, wenn sie wörtlich genommen würden: Da haben z. B. einige militante Juden die palästinensischen Bewohner der Westbank und Gazastreifen mit den Amalekitern gleichgesetzt: König Saul wird auf einem militärischen Feldzug gegen die Amalektiker geschickt, Saul wird auf Befehl Gottes speziell vom Propheten Samuel beauftragt, die Erinnerung an Amalek unter dem Himmel auszutilgen. Kein Einzelfall, es gibt eine Zusammenstellung derartiger Bibelstellen unter dem Titel „The Genocide Ruling of the Thora (Die Entscheidung der Thora zum Genozid). Einige israelische Liberale haben solche Vergleiche kritisiert, denn sie wären eine Anstiftung zum Völkermord. Das Geschehen des Exodus aus Ägypten wird von jüdischen religiösen Zionisten und christlichen Fundamentalisten dem zwanzigsten Jahrhundert „angepasst". Für die Juden, die nach Palästina gekommen sind, war die Reise ein Exodus aus verschiedenen Ländern, in denen sie gelebt hatten und verfolgt wurden, eine Rückkehr ins „Gelobte Land". Diese unkritische Übertragung lässt die Palästinenser als Repräsentanten der alten Kanaaniter erscheinen, die zu jener Zeit in dem Lande lebten und auf Gottes Befehl vertrieben werden mussten. Wer von der „Wiedereroberung des Gelobten Landes" spricht, stimmt der Unterdrückung, Assimilierung, Beherrschung oder Vertreibung der Bevölkerung zu. Andererseits wollen die Palästinenser aus ihrem Exil zurückkehren – auch ein Exodus. Aber die Mehrzahl der Palästinenser plant nicht, die Juden zu vertreiben, sondern friedlich mit ihnen zusammenzuleben und das Land zu teilen. Die Geschichte Nabots und seines Weinberges hat sich seit der Gründung Israels tausendfach wiederholt: Nabot besaß Land in Jesreel, nicht weit von Beisan/Beth Shean. Das Land, das er geerbt hatte, war für ihn sehr wertvoll, sogar heilig. Nabots Besitz grenzte an den Palast des Königs Ahab. Der König wollte seinen Besitz vergrößern und bot Nabot an, dessen Land zu kaufen. Dieser lehnte ab, denn für ihn ging es nicht um Geld. Der König war empört. Ahabs Frau, Königin Isebel, intrigierte gegen Nabot mit Hilfe einer Verschwörung und falschen Zeugen. Nabot wurde vor Gericht gestellt und der Gotteslästerung sowie des Hochverrats angeklagt, weil er angeblich Gott und den König verflucht habe. Ohne jeden Verteidiger wurde Nabot zum Tod durch Steinigung verurteilt; seine Söhne wurden ebenfalls getötet. Nabots Land wurde konfisziert und vom König annektiert. Der Prophet Elija wurde von Gott berufen, dem König sein unrechtmäßiges Verhalten vorzuhalten. Die Begegnung fand in Nabots Weinberg statt, wo Elija dem König und seiner Frau das göttliche Gericht ankündigte. Die Palästinenser identifizieren sich mit der Geschichte Nabots. Der Staat Israel macht sich in ihren Augen derselben Missetat schuldig wie Ahab. Hier wird Vergeltung ohne Gnade dargestellt, im Alten Testament gilt noch: Auge um Auge, Zahn um Zahn, aber christlich gedacht, muss es um Gerechtigkeit mit Gnade gehen. König Ahab plante dann einen Feldzug gegen Aram (Syrien). Man suchte Gottes Orakel. Dazu rief man 400 Propheten zusammen, die einen erfolgreichen Feldzug prophezeiten. Einer war nicht befragt worden: Micha. Eilends wurde er zur Audienz berufen, er prophezeite dem Feldzug Verderben. Worauf ihn der König ins Gefängnis werfen ließ. Der Feldzug wurde zum Fiasko, Ahab starb in der Schlacht. Oftmals wollen die Mächtigen nur das hören, was ihnen gefällt, sie wollen Zustimmung und Legitimation, und immer wird es Jasager geben. Jene aber, die ehrlich sind, werden isoliert und zum Schweigen gebracht. Die Warnung richtet sich an jene, die den „mächtigen Staat" unterstützen, auch wenn er im Unrecht ist.

Die nationalistischen und universalistischen Vorstellungen vom Göttlichen klaffen auseinander: Für Christen gilt: Was Gott für Israel war, mit dem er einen Bund geschlossen hatte, ist er für alle Menschen. Aber die nationale (israelische) Tendenz wird aus der privilegierten Beziehung der Juden zu Gott abgeleitet, auf Basis einer idealisierten Vergangenheit, die ins Heute übertragen wird. Die Christen meinen, dass der Makkabäeraufstand 165 v. Chr. sowie die Aufstände der Zeloten in den Jahren 24, 66 und 132 n. Chr. Vorbild für den „falschen" Weg sind. Die Aufständischen vertrauten darauf, dass Gott ihnen zu Hilfe kommen „müsse". Aber sie führten ihre Nation in den Untergang und ins Vergessen.

Die Thora-orientierte Tradition leitet sich aus den Büchern des Gesetzes und dessen Beachtung her. Das Studium der Thora schien diesen Juden wichtiger als die Erlangung oder Aufrechterhaltung nationaler Unabhängigkeit. Diese Denkweise führte zum rabbinischen Judentum, später in Europa weiterentwickelt. Mit der Emanzipation aus dem Ghetto und unter dem Einfluss der Aufklärung begannen manche Juden – besonders in Deutschland – den universalen Charakter des Judentums zu unterstreichen. Daraus entstand das Reformjudentum, das als Kern des Judentums dessen Kodex der Ethik, der Moral und der Gerechtigkeit begreift. Auch die prophetische Tradition betont das universale Wesen Gottes. Auch der Evangelist Matthäus zeigt in der Genealogie Jesu den universalistischen Charakter Gottes: Zu Jesu Vorfahren zählen „ausländische" Frauen, eine Kanaaniterin, eine Moabiterin und eine Hethiterin. Die ersten Besucher, die an die Krippe kamen, waren nicht-jüdische Weise aus dem Morgenland. Das einzige Land, das Jesu' Familie Schutz bieten konnte, war nicht Israel, sondern Ägypten. Die palästinensischen Christen glauben, dass der Mensch Gott unmittelbar kennen kann, denn Jesus sagte, dass er den Vater kenne, und er war bereit, andere an dieser Kenntnis teilhaben zu lassen.

Erwählung

Die Bibel stellt klar, dass die Juden ein von Gott „auserwähltes" Volk sind, um seinen (Heils-)plan für die Errettung der Menschheit zu offenbaren. Das jüdische Volk ist berufen, mit seiner Geschichte die Geschichte der Menschheit vorzuleben, eine, in der Gott die Menschen rettet. Deshalb sind die Juden kein Volk mit einer zeitlichen oder politischen Bestimmung, sondern sie stellen für alle ein Zeichen ihrer Bestimmung dar. Sie wurden auserwählt zu offenbaren, dass die gesamte Menschheit nicht in der Diesseitigkeit zur Vollendung gelangt, sondern „in der zukünftigen Welt, dem himmlischen Königreich". Aussagen der Bibel, die sich auf Erwählung beziehen, stammen zumeist aus der Zeit des Exils, sie betreffen Niedergeschlagene, Zerstreute und Verbannte. Erwählung ist sowohl im Alten wie im Neuen Testament ein Zuspruch für Schwache, eine Ermutigung, ein Trost für Verzweifelte. Sobald Erwählung zu einem Anspruch wurde, war es an der Zeit, dass Gott seine Propheten schickte, denn aus der Glaubensaussage wurde eine Ideologie. Denn Erwählung ist kein Sonderrecht, sondern es bedeutet Berufung zu einem Dienst an den anderen. Die Erwählung Israels geschah nicht um seiner selbst willen, sondern um den Heiden zu beweisen, dass diese an der Erwählung teilnehmen können. Fast jede monotheistische Religion hat Anhänger, die ihre Beziehung zu Gott als einmalig ansehen und damit glauben, erwählt zu sein. Wird dieser Anspruch verabsolutiert, kann er zu einer gefährlichen Ideologie werden. Es steht Menschen nicht zu, zu bestimmen, wer erwählt ist. Die Erwählung Gottes galt schon im Alten Testament dem Volk, jedoch keinem Staatsgebilde. Falsch verstandene Erwählung führte zu Kreuzzügen, Rassismus, Apartheid etc. Der Gott des Alten Testamentes hat nicht ausschließlich an Israel gehandelt, er ist Schöpfer und Erhalter der gesamten Welt, die Bibel zeigt die Erfahrungen Israels mit Gott, aber auch, dass Jahwes Pläne die gesamte Welt umfassen, dass er auch Feinden Israels (Ninive – Assyrisches Nordreich) geholfen hat, denn „Gott hat auch über den Feinden Israels Gnade walten lassen". Am Anfang der Thora steht die Verheißung Gottes, dass durch die Berufung Abrahams „alle Geschlechter der Erde gesegnet werden sollen", das bezieht sich auf die Nachkommenschaft und auf ein Land. Es gab zwei Söhne, Ismael und Isaak. Die Juden meinen Nachkommen Isaaks zu sein, die Araber Abkommen Ismaels. Vor den verschiedenen Wellen der jüdischen Einwanderung und der Errichtung des Staates Israel lebten die Nachkommen Abrahams bereits im Lande. Die Bewohner Palästinas sind, gleich ob Muslime, Juden oder Christen, Monotheisten und beziehen sich auf Abraham, sie sind alle Kinder Abrahams, ob spirituell oder physisch. Wäre mit der Nachkommenschaft die jüdische Rasse und mit dem Land Palästina gemeint gewesen. so hätte das bedeutet, dass Gott alle anderen Rassen von seiner Verheißung ausgeschlossen hätte.

Stattdessen galt der Segen dieser Verheißung der ganzen Menschheit und aller Schöpfung. Was das Land betrifft, so ist damit das himmlische Reich gemeint, das durch den heiligen Geist vererbt wird. Die Verheißung an Abraham in materieller Sicht zu verstehen, hieße Gottes Plan zu verfälschen. Palästinenser fragen, wie Israel mit seiner „Erwählung" umgeht: zur Beherrschung oder zur Befreiung. Der Glaube Israels an seine Erwählung und die Befreiung der Palästinenser widersprechen einander nicht. Weil Gott andere Völker nicht gleichgültig sind, wäre es die Aufgabe Israels, ihnen Vorbild zu sein, um sie am Segen Abrahams teilhaben zu lassen. Nach christlichem Denken steht die Schaffung eines ausschließlich jüdischen Staates mit Gottes Plan nicht im Einklang. Die Wiedererrichtung des Königreiches Israel war vor der Auferstehung Jesu der Traum der Apostel gewesen. Der auferstandene Herr zeigte ihnen, dass eine Wiedererrichtung die Aufgabe des Heiligen Geistes zum Wohle aller Nationen war.

Die Landverheißung oder wessen Heiliges Land

Im Nahen Osten geht es um Land. Die kontextuelle Theologie betont die Heiligkeit Gottes und auch der Menschen, nicht aber die eines Landes. Land ist eine Gabe Gottes an die Menschen, damit sie davon leben und es unter sich gerecht verteilen. Nur im gerechten Teilen kann die Lösung des israelisch-palästinensischen Konflikts liegen, nur so können alle in Freiheit, Würde und Souveränität leben. Juden wie Palästinenser erheben Anspruch auf Palästina. Mit Land wird meist das Land Kanaan gemeint. Die Bezeichnung „Land Israel" (Erez Ysrael) kommt in der hebräischen Bibel nur sechs Mal vor. Auch das Neue Testament macht es den Palästinensern nicht einfach: „Selig die Sanftmütigen, denn sie werden das Land erben"? Müssen sich die Palästinenser nicht fragen, ob ein „Transfer" aus ihrer Heimat ein unvermeidlicher Auftrag Gottes ist. Wie können sie damit umgehen, wenn Israelis postulieren, dass der arabische Besitz des Landes keine rechtliche, theologische oder moralische Gültigkeit hätte und dass es Auftrag der Thora wäre, keinen Millimeter des Bodens des eroberten Landes aufzugeben? Und dass es kein arabisches Land hier gegeben hätte, sondern nur ein Erbe des Gottes Israel? Damit wäre der Landbesitz der Araber nur „temporär" gewesen? Palästinenser begründen ihren Anspruch historisch. Ihre Vorfahren haben seit undenklichen Zeiten hier gelebt, das Land wurde zu keiner Zeit von einer homogenen Bevölkerung bewohnt. Mit der arabisch-islamischen Eroberung Palästinas im 7. Jh. n. Chr. wurden fast alle im Land Lebenden arabisiert. Es kamen arabische Muslime, die sich im Lande niederließen. Somit haben Palästinenser zumindest 1300 Jahre kontinuierlich im ihrem Heimatland (watan) gelebt. Ihnen scheint es möglich, dass Gott den Juden dieses Land versprochen habe, doch dann wäre der jüdische Gott nicht der Gott der muslimischen Araber.

Juden, Christen und Muslime begründen ihren Anspruch mit den jeweiligen Heiligen Büchern. Viele in Palästina geborene Christen erachten es als ihr Privileg, hier leben zu dürfen. Das Land Palästina war der Ort des großen Geschehens der Inkarnation. Aus dem Neuen Testaments geht hervor, dass ein jüdisch-galiläischer

Mann namens Jesus, hebräisch Joshua, (der Retter), aus der Familie des König David in einer Höhle in Bethlehem geboren wurde. Herodes soll alle Kinder Bethlehems umgebracht haben, um eine eventuelle Konkurrenz für seine Stellung auszuschalten, aber die heilige Familie hat sich bereits auf den Weg ins ägyptische Exil gemacht. In Bethlehem steht heute die Geburtskirche, sie wird von einer orthodoxen Gruppe betreut, daneben steht eine Franziskanerkirche, von wo die Mette jedes Jahr via Radio in alle Welt gesendet wird. Jesus war seiner Mutter Maria von dem Engel Gabriel verkündet worden: heute steht in Nazareth die Verkündigungskirche, von Franziskanern betreut. Jesus ist in Nazareth aufgewachsen, seine Eltern stammen aus Judäa, er hat in Nazareth in einer jüdischen Synagoge gebetet, dort gibt es jetzt eine kleine christliche Kirche. Jesus hat in Galiläa gelehrt, wird von Johannes im Jordan getauft, nahe der Stelle, an der der Jordan in das Tote Meer fließt. Man geht davon aus, dass der Jordan damals viel mehr Wasser führte als heute. Nach seiner Taufe begibt sich Jesus 40 Tage in die Wildnis. War es die judäische Wüste? Wieder in Galiläa, nimmt er an einem Hochzeitsfest in Kana, nördlich von Nazareth teil, dort wird Wasser in Wein verwandelt. Als seinen Hauptsitz wählt Jesus das Fischerdorf Kapernaum, an der Nordküste des Sees Genezareth. Viele Wunder, die Jesus wirkt, sind mit diesem See verbunden; er wandelt auf dem Wasser, unterstützt den Fischfang, heilt Kranke und Besessene. Dort wird erstmals das „Vater Unser" gesprochen. In Kapernaum gibt es eine Reihe von Kirchen, auch noch die Fundamente jenes Hauses, in dem die Apostel Petrus und Andreas gelebt haben sollen. Heute ist die Gegend um den nördlichen See Genezareth grün und sehr ertragreich. Es sind nicht Palästinenser, die hier arbeiten, sondern Gastarbeiter aus anderen Ländern. Hier siedeln auch äthiopische Juden, deren Integration in die israelische Gesellschaft schwierig ist. Ganz in der Nähe ist der Berg der Seligpreisungen. In Bethanien, in der Umgebung von Jerusalem, ist Jesus bei den Schwestern Maria und Martha und deren Bruder Lazarus zu Gast gewesen. Jesus Weg führte durch Magdala (in der Gegend von Tiberias). Jesus und seine Jünger besuchen Caesarea Philippi. Dann geht Jesus nach Jerusalem, er betet auf dem Ölberg, man findet hier eine russisch-orthodoxe Kirche über dem Garten Gethsemane, auch einen uralten jüdischen Friedhof, wo Juden aus aller Welt begraben sind, da Aussicht auf den Tempelberg und Jerusalem geboten werden. Gethsemane bedeutet eigentlich „Ölpresse", die es heute nicht mehr gibt, aber uralte Olivenbäume bleiben. Daneben steht eine schöne franziskanische Kirche. Jesus wird von Pontius Pilatus in der Festung Antonia verhört. Diese ist schon lange zerstört, aber in den Fundamenten finden sich noch Kratzereien römischer Soldaten. Von einem Balkon zeigt Pilatus den Menschen Jesus (Ecce Homo). Durch die heute so benannte Via Dolorosa zieht Christus nach Golgatha. Alle diese Stätten der Kreuzigung, der Auferstehung befinden sich in der Altstadt, heute der Komplex der Grabeskirche, wiederaufgebaut von den Römern und umgeben von der Mauer des Suleiman, im 16. Jh. errichtet. Nach seiner Auferstehung und vor seiner Himmelfahrt erscheint Jesus vielen Menschen auf dem Weg nach Emmaus (heute an der Straße von Jerusalem nach Tel Aviv), seinen Jüngern an den Ufern des Sees Genezareth, oder in einem Haus in Jerusalem. Die Autoren der Evangelien sind Juden, sie schreiben griechisch, einige Zeit nach der Auferstehung, sie dokumentieren nach mündlicher Überlieferung. Die ersten Zeugen der Auferstehung waren Palästinenser, die Kirche entstand in Palästina, die ersten Jünger und Anhänger Jesu waren Palästinenser. In Jerusalem wurde am Pfingsttag der Heilige Geist ausgegossen, das Evangelium Jesu Christi wurde zuerst in Jerusalem verkündet, und von dort gingen die Zeugen in alle Welt.

Als sich das Christentum unter dem Schirm der Pax Romana ausbreitete, gewinnen Jerusalem und Palästina fast einen heiligen Anstrich, es kommen Pilger, um zu sehen, wo Jesus lebte, wirkte, starb und auferstand. Zu diesen Stätten wird bereits in weniger als hundert Jahren nach der Auferstehung Christi gepilgert. Das wird schon in der Apostelgeschichte und in den Briefen des Apostels Paulus vermerkt. Helena, Mutter des Kaisers Konstantin, gibt die Grabeskirche in Auftrag, zwar im 10. Jh. von den fatimidischen Kalifen entweiht und teilweise zerstört, wurde sie von den Kreuzfahrern und später restauriert. Dank Helena gibt es im Heiligen Land mehr christliche Pilgerstätten als jüdische und muslimische zusammen. Heutige palästinensische Christen sind Nachkommen jener frühen Christen, ein Faktum, das ihre Identität bestimmt. Sie gehen, wo Jesus gewandelt ist, seine Gleichnisse erzählt hat, Menschen geheilt hat. Die Orte Palästinas sind, wie schon der Heilige Kyrill von Jerusalem gesagt hat, Träger des wahren Zeugnisses von Christus.

Wie ist die biblische (israelische) Landnahme gegenwärtig für Christen zu verstehen? Es gibt theologisch verschiedene Wege: „Nicht Gott an sich" ist das Thema der Bibel, sondern Gottes Kommen zu den Menschen, und wie dieses erlebt wurde. Mächtige erhalten andere Botschaften als Ohnmächtige. Starke werden zur Gerechtigkeit aufgefordert, Schwachen wird zu ihrem Recht verholfen. Beide Botschaften erhielten die alten Israelis, je nach Situation. Die Bergpredigt ist eine Botschaft an die Armen, die selig gepriesen werden, die Botschaft der Gerechtigkeit, die Feindesliebe, die aber nicht Ungerechtigkeit überdecken darf. Es gehört zum Prinzip der Menschwerdung Gottes, dass Jesus nicht kulturunabhängig Mensch geworden ist, sondern dass sich diese Inkarnation in einer bestimmten geschichtlichen, religiösen und politischen Situation des Volkes Israels ereignet. Der Glaube an den Auferstandenen wird von den Menschen immer auf die gegenwärtigen Lebensinteressen bezogen.

Die Juden erheben den Anspruch, dass ihnen das Land von Gott mit der Verheißung an Abraham gegeben worden ist. Es wird gefolgert: Gott hat den Juden das Land versprochen, es nicht zu besetzen, wäre Frevel an Gott. Denn Land bedeutet, Freiheit von der Knechtschaft, das Land wurde denen und deren Nachfahren gegeben, die aus dem Sklavenhaus Ägyptens entkommen waren. Verzicht bedeutet ein Sakrileg. Das Land war seit der Bronzezeit besiedelt gewesen. Die Juden besetzten das Land im Zuge der Eroberung Kanaans (etwa 1250–1200 v. Chr.). Abraham machte zuerst in Sichem Rast, dem heutigen Nablus auf der Westbank. Nablus ist sowohl für Juden als auch Muslime eine heilige Stätte. Abraham lässt sich in der Nähe von Hebron nieder (Lot und seine Familie ziehen weiter bis zum Südende des Toten Meeres: Sodom und Gomorra). Abraham wird neben seiner Frau Sarah und seinem Sohn Isaak, sowie seinem Enkel Jakob in Hebron bestattet. Damit bekommt Hebron einen hohen religiösen Stellenwert für alle drei Religionen. Heute ist das

Land rum um Hebron dank der Bewässerung landwirtschaftlich intensiv genutzt. Für Abraham war es Weideland – allerdings wird davon ausgegangen, dass es damals mehr Regen gab. Der erste Sohn Abrahams, Ismael, zieht gegen Süden, heiratet eine ägyptische Frau und wird zum Stammvater der Araber. Der zweite Sohn soll von seinem Vater Gott geopfert werden, diese Opferung soll auf dem Berg Moriah stattfinden. Später wird genau dort der Tempel Salomons gebaut, mit seinem innersten Heiligtum direkt über der Opferstätte, über dem Felsen Abrahams. Muslime verehren dieselbe Stelle, weil sie denken, dass nicht Isaak, sondern Ismael geopfert werden sollte. Heute liegt die Stätte unter dem Goldenen Felsendom in Jerusalem. Gott zieht den Enkel Jakob seinem Bruder Esau vor, er nennt ihn später Israel, das bedeutet: sich mit Hilfe Gottes bemühen und sich durchsetzen. Auf dem Berg Horeb bzw. Berg Sinai oder Jebel Musa (Mosesberg) spricht Gott direkt zu Moses, hier erhält er die Gesetzestafeln mit den Zehn Geboten, hier schließt Gott einen Bund mit Moses: Gott wird seinem Volk das Gelobte Land geben, er wird sie in die Kämpfe gegen die Kanaaniter führen. Die Gesetzestafeln wandern mit den Israeliten in der so genannten Bundeslade. Das Problem ist, dass die Kanaaniter ein weiter entwickeltes Volk als die Israeliten waren, sie waren Bauern und wohnten in Städten, während die Israeliten noch Nomaden waren. Moses stirbt, bevor er seinen Fuß in das Gelobte Land setzen kann, aber vom Berg Nebo, einem Hügel in Moab, am östlichen Ende des Toten Meeres, kann er einen Blick auf das Jordantal erhaschen, wo die Zukunft seines Volkes liegen wird. Was Moses sieht, sind die üppigen Gärten am Westufer des Jordan, heiß, fruchtbar und beherrscht von der Stadt Jericho. Kanaan ist das Gelobte Land. Unter Josua wird von den Israeliten vorerst Jericho angegriffen, Jericho fällt und die nächsten 200 Jahre kämpfen die Stämme von Israel, um sich Kanaan untertan zu machen – Gott hat es versprochen: die Israeliten werden über das Land von Dan im Norden (in der Höhe des heutigen Tyrus) bis Beersheba in der Negev Wüste regieren. Die Nabatäer haben in vorchristlicher Zeit Wasserschutz mit einer Methode betrieben, die von den Israelis zweitausend Jahre später mit Erfolg imitiert wird. Drei bzw. vier Stämme bleiben im Osten des Jordan. In blutigen Kämpfen werden die Israeliten von den Philistern besiegt; die Söhne des Königs Saul werden vor seinen Augen getötet, und Saul stürzt sich in sein eigenes Schwert: so geschehen auf dem Berg Gilboa, in der Nähe der alten und neuen Stadt Beit Sha'an. Der Israelit David kämpft gegen den Philister Goliath und besiegt ihn. David wählt die alte Stätte Jerusalem. Er baut seinen Palast, eine Stadt und eine Mauer herum. Hierher bringt er die Bundeslade. Der Davidpalast liegt am Fuß des Berges Zion, im Nordwesten des Tempelberges. Selbst archäologische Beweise für z. B. die Ausdehnung der Königreiche Davids oder Salomons sind heute nicht schlüssig. Salomon, Davids Sohn und Nachfolger, dehnt sein Reich nach Norden bis nach Damaskus und Süden bis zum Golf von Aqaba aus, von der Mittelmeerküste bis hinein nach Mesopotamien. Er baut einen spektakulären Tempel – auf dem Berg Moriah, dem Opferberg. Die Kanaaniter und die Philister werden von den Assyrern verschleppt und verschwinden in der Geschichte. Die Israeliten errichteten zunächst ein vereinigtes Königreich, danach zwei Reiche im Norden und im Süden des Landes. Das Nordreich wurde 722 v. Chr. von den Assyrern zerstört, das Südreich im 587 v. Chr.

durch die Babylonier. Einige der Juden blieben weiterhin. Die verschleppten Juden in der Diaspora beteten: „Nächstes Jahr in Jerusalem!"

Nach 1948 kehrten viele Juden aus dem Iran und fast die gesamte Gemeinde aus dem Irak zurück, und die lebendigen, wohlhabenden jüdischen Gemeinschaften, die noch aus der Zeit der babylonischen Gefangenschaft stammten, sind dort nun verschwunden. Diejenigen, die schon 538 v. Chr. zurückgekehrt sind, siedeln sich in Galiläa an. In Babylon und Persien haben die Israeliten gelernt, aramäisch zu verstehen und zu sprechen, die Handelssprache im Persischen Reich. Damit wird Hebräisch nur mehr zu einer liturgischen Sprache. Während der babylonischen Gefangenschaft entwickelt sich der Begriff „Judäer", der diejenigen bezeichnet, die in Judäa gefangen genommen worden waren. Längerfristig wird dieser Begriff für alle Israeliten verwendet, die in Judäa, Samaria oder Galiläa leben. Die Judäer selbst verzichten auf die Bezeichnungen Hebräer oder Israeliten und nennen sich Judäer oder Galiläer. Auch Alexander der Große und seine Diadochen hinterlassen ihre Spuren. Juden werden unter diesem Einfluss zum Teil hellenisiert und säkularisiert. Griechisch ist nun zusätzlich zu Aramäisch die Umgangssprache. Unter den Makkabäern wandern Juden in das Land Galiläa aus, aber es bot Zuflucht für jene, die aus Jerusalem verbannt worden waren. Sehr wichtige Ereignisse der israelistischen Geschichte fanden außerhalb des Landes statt, wie der Exodus, die Übergabe der Gesetzestafeln, Gottes Bundesschluss. Einer der größten Propheten des Judentums, Mose, hat nie einen Fuß in das Land gesetzt. Als Gott Mose befahl, seine Schuhe auszuziehen, weil er auf heiligem Boden stand, war das am Sinai und nicht in Kanaan. Die heutigen Rückkehrer erinnern sich ihres Erbes, die Thora hat Identität gestiftet. Noch heute gibt es in Tel Aviv einen ultra-orthodoxen Zweig, der sich Haredim nennt, und dessen Geburtsrate wesentlich höher liegt als die israelische. Sie widmen ihr Leben dem Studium der Heiligen Schriften, verweigern den Armeedienst und unterstützen die extreme Rechte in der Knesset.

Muslime schließlich begründen ihren Anspruch durch den Koran: Jerusalem ist die drittheiligste Stadt der muslimischen Welt. Der Tempelberg mit dem Felsendom ist für arabische Muslime und den palästinensischen Nationalismus dadurch bedeutend, dass der Erzengel Gabriel Mohammed von Mekka nach Jerusalem getragen hatte, zu jener Stätte, wo Ismael, nach christlicher und jüdischer Tradition Isaak, als Opfer vorgesehen war. Vom „Felsen des Abraham" stieg Mohammed kurz in den Himmel auf. Diese Tradition macht den Stellenwert von Jerusalem für die Muslime aus.

Es gibt Fundamentalisten in allen Religionen, die die ersehnte Zukunft in der Vergangenheit sehen: für die Christen ist es die Beschreibung des Johannes im Buch der Offenbarungen, für Muslime scheint es die Zeit des Kalifen Omar gewesen zu sein und für die Juden das davidisch-salomonische Reich. Die Eroberungen des heutigen Israel werden von „der Bibel" gerechtfertigt. Die Gleichsetzung des modernen Staates Israel mit dem biblischen Volk Israel förderte die Auffassung, dass sich jetzt die biblische Landverheißung an das Volk Israels erfüllt habe. Fundamentalistische Bibelauslegungen hatten politische Konsequenzen für die Errichtung der Siedlungen. Es gibt aber in der Bibel keine eindeutigen von Gott festgesetzten Grenzen. Die Ausdehnung des Landes wurde nach Verfasser, Zeit und Situation unterschiedlich dargestellt: 40 Jahre dauerte das davidisch-salomonische Reich – das war die Zeit des größten Ausmaßes. Es werden der Sinai, der Libanon und Teile von Syrien und der Irak als Teil Israels genannt. Der Mythos von dem „Land ohne Volk, für das Volk ohne Land" entspricht der Situation im Alten Testament nicht, zu allen Zeiten haben in dem „verheißenen Land" andere Völker gelebt. Selbst Abraham ist im Lande Kanaan als besitzloser Fremdling herumgezogen und musste eine Grabstätte für sich kaufen, denn Hebron war Teil des hethitischen Reiches gewesen. In der hebräischen Bibel wird deutlich, dass das Land Kanaan Gott gehört. „Und ich habe euch ein Land gegeben, daran ihr nicht gearbeitet habt, und Städte, die ihr nicht gebaut habt, dass ihr darin wohnt und esst von Weinbergen und Ölbäumen, die ihr nicht gepflanzt habt." (Josua, Kap 24) Gerade dieser Satz scheint Palästinensern symptomatisch für die heutige Zeit.

In der Bibel gibt es Landverheißung und – Landverlust. Die meisten Landverheißungen stammen aus der Väterzeit oder der Periode des Exils. Landverheißung ist an die Patriarchen Moses und die Wüstengeneration ergangen und wurde mit der Landnahme unter Josua erfüllt. Landnahme und damit Wohnen im Land ist an Gottesgehorsam gebunden. Deshalb durften weder Moses, noch Aaron, noch die erste Wüstengeneration in das Gelobte Land einziehen. Die Erfüllung der Verheißung wurde als Gnade Gottes gedeutet. Sobald Israel über einen Staat, Land und eine Armee verfügte, kam das mahnende Wort Gottes, Gerechtigkeit zu üben. Später sah man in der Zerstörung Jerusalems durch die Babylonier (587 v. Ch.) eine Folge des Ungehorsams sowie die Erfüllung der göttlichen Drohungen. Es war Blutvergießen Unschuldiger, welches zu Landverlust geführt hatte. Entspricht das nicht der heutigen Situation, in der die Menschenrechte der Palästinenser verletzt werden? Landverheißung bedeutet Hoffnung für Menschen, die fern der Heimat, unterdrückt und staatenlos waren. Inbesitznahme des Landes darf nie als Anspruch erhoben werden, auch nicht nach der Heimkehr aus dem Babylonischen Exil, denn hier galt der Grundsatz: „das Land ist mein, und ihr seid Fremdlinge und Beisassen hinter mir". Es war ein von Gott gegebenes Land, eine „Landgabe", und keine „Landnahme". Wenn die vertriebenen und den Holocaust überlebenden Juden in ihrer Einwanderung nach Palästina eine Erfüllung der alttestamentlichen Landverheißung sahen, ist das als Zeugnis und Ausdruck ihres Glaubens zu sehen und zu respektieren. Heute aber erleben die vertriebenen Palästinenser „fundamentalistische" Israelis, die die Bibel benutzen, um die Besetzung der Westbank zu legitimieren. Das Alte Testament spricht von der Landverheißung, doch ein existierender Staat als Träger der Verheißung wird nicht gesehen; der Wunsch der alten Israeliten, einen eigenen König zu haben, „wie ihn alle Heiden haben", wird sogar als Abfall von Gott gedeutet. Der König der Israeliten wird dem Gesetz Gottes unterstellt, von ihm wird Gehorsam verlangt und Gerechtigkeit erwartet, immer wird er davor gewarnt, sich nur auf Macht, Heer und Waffen zu stützen. Das ist der Unterschied zu den Königen der umliegenden Reiche. Deshalb kritisieren heute viele die Besatzungspolitik und treten für einen gerechten Frieden ein. Wenn die biblische Botschaft bedeutet, dass ungerechte Herrschaft über das Land den Verlust desselben nach sich ziehe, würde das die dort wohnenden Gemäßigten, den Frieden suchenden genauso gefährden, wie jene, die die Grenzen mit Waffengewalt festlegen wollen.

Auch die Mehrzahl der palästinensischen Christen kennt die Verantwortung als Friedensstifter: „denn selig, die Frieden stiften, denn sie werden Söhne Gottes genannt werden". Auch die Präsenz der Christen im Gelobten Land ist eine Erfüllung der göttlichen Verheißung. Daher ist es Ziel der palästinensischen Christen, ihren Widerstand gewaltfrei kundzutun. Der Verlust der Heimat führte zu Zweifeln der Christen an „ihrem" Alten Testament. Der Gott der Bibel, bis dahin der rettende und befreiende Gott, wird von den Palästinensern nunmehr als parteiisch und diskriminierend gesehen. Damit kam das Erste Testament sowohl bei Klerus wie bei Laien außer Gebrauch, denn die Texte konnten nicht direkt auf die Ereignisse in Palästina des 20. Jahrhunderts angewendet werden. Wie kann das Erste Testament das Wort Gottes für palästinensische Christen sein, nach den Erfahrungen, die sie mit dem Gebrauch zur Stützung des Zionismus gemacht haben? Seit der Intifada vom Dezember 1987 sind die Palästinenser sowohl der Gewalt des israelischen Staates und auch jener der religiösen Siedler ausgesetzt. Israel interpretiert den gewaltfreien Widerstand gegen diesen „Unrechtsstaat" als Untergrabung seiner Sicherheit. Dadurch wurden die Intifadas zum „Krieg" und rechtfertigten Gewalt. Das führte zu rassistischen Überlegungen bei Palästinensern: Die meisten aus Osteuropa gekommenen Zionisten wären keine Semiten, und hätten keine „Blutsbande" mit den biblischen Israeliten. Sie hätten sich erst in neuerer Zeit zum Judentum bekehrt, daher hätten die schon immer ansässigen Araber mehr Anrecht auf das Land als die Zuwanderer, die „Kolonisatoren" des 20. Jahrhunderts.

Es darf keine Groß-israelischen oder Groß-palästinensischen Bestrebungen geben. Das Land ist die Heimat zweier Völker, von beiden sollte es als Gabe Gottes verstanden werden, die miteinander zu teilen ist. Auch das heutige Israel muss sich an das Völkerrecht halten. Denn „Landverheißung" für Israel hat bisher Landenteignung für Palästinenser bedeutet.

Feindesliebe oder Widerstand?

Die meisten Palästinenser haben einen starken Glauben an Gott. Die grundlegende christliche Haltung gegenüber Konflikt und Krieg ist die gewaltfreie Haltung Jesu. Da dies nicht immer umsetzbar schien, sind die Westchristen nach der Konstantinischen Wende einen anderen Weg gegangen. Der „Gerechte Krieg" sollte das Recht durchsetzen und den Frieden wiederherstellen und konnte unter Beachtung von Regeln durch den Staat rechtmäßig geführt werden. Doch das ist keine Antwort für die heutige Situation. Die arabischen Christen leben in der Minderheit, sie müssen ihren Glauben tagtäglich unter schwierigen Bedingungen leben und bezeugen. Auch sie haben den Auftrag „Salz der Erde" und „Licht der Welt" zu sein. Aber diese Christen haben, um sich zu schützen und zu verteidigen, zur Gewalt Zuflucht genommen. Das Gebot der Feindesliebe gehört zum Wesen des christlichen Glaubens, aber den Feind zu lieben, bedeutet nicht, tatenlos dem Unrecht zuzusehen und alles von ihm zu erdulden, oder den Konflikt mit ihm zu verharmlosen oder zu vertuschen. Christen werden aufgefordert, dem Feind Widerstand zu leisten, wenn dieser versucht, das Blut „des Nächsten" zu vergießen. Unrechtstaten des Feindes braucht man nicht zu lieben, wohl aber den Menschen. Den Feind zu lieben, bedeutet also, ihm trotz des Konfliktes das Recht auf Leben, Vergebung und Liebe zu gewähren, ihm aber nicht das Recht zuzugestehen, Unrecht zu tun. Feindesliebe ohne Widerstand ist nicht zielführend, Widerstand ohne Feindesliebe kann unmenschlich, brutal und gewalttätig sein. Widerstand sollte parallel zu einem Dialog mit dem Feind geführt werden, um letztlich dem Feind verzeihen und ihn achten zu können. Vergebung ist nicht möglich, wenn dadurch ein Unrechtssystem gefestigt wird. Man kann sich nicht darauf einlassen, jenen zu verzeihen, die Freiheit und Gleichheit verweigern, durch „Vertröstung" darf die gegenwärtige Herrschaft der einen und Unterdrückung der anderen nicht verewigt werden. Christlichen Palästinensern wird von extremen Arabern Mangel an Patriotismus vorgeworfen. Einerseits wird Feindesliebe, andererseits militanter Widerstand gefordert. Palästinenser haben nichts gegen Juden, weil sie Juden sind. Sie haben etwas gegen das israelische Verhalten als Besatzer. Wenn dagegen protestiert wird, so geschieht das nicht aus der Position des Antisemitismus, sondern weil darin eine Gefährdung des Glaubens an Gott, dem Schöpfer aller Menschen gesehen wird. Alle Menschen sind nach Gottes Ebenbild geschaffen, in jedem Menschen begegnet man „dem Nächsten" und Gott.

Ein Christ hat den Auftrag, in Frieden zu leben. Frieden stiften, ein dynamischer, komplexer Prozess, soll eine bessere Gesellschaft aufbauen. Wenn Friede effektiv sein soll, müssen die verschiedenen einander überlagernden Probleme des Konflikts begriffen werden. Frieden kommt nicht automatisch, der Weg der Versöhnung sollte von innen gesucht und gefunden, und nicht nur von außen angestoßen werden. Friede ist ein eschatologischer Begriff: Friede und Harmonie können erst in der Vollendung der Geschichte Wirklichkeit werden.

Krieg brütet mehr Krieg aus, die Folgen sind Hass und Feindschaft. Die meisten Bewohner des Heiligen Landes sind in die Kriegsführung verstrickt und davon ausgelaugt. Das betrifft Christen, Muslime und Juden. Muslime betrachten Palästina als integralen Bestandteil der islamischen Welt, dessen Bevölkerung bis 1948 vorherrschend muslimisch war. Ihnen sind auch jüdische und christliche Traditionen heilig. Sie betrachten Israel als eine neue Form des westlichen Imperialismus. Wie Muslime sich am Ende des 19. und 20. Jhs. gegen Kolonisatoren durchgesetzt haben, so – und das glauben viele von ihnen – werden sie sich auf lange Sicht auch gegen den Staat Israel, diesen „westlichen Fremdkörper im Herzen des arabischen Ostens", durchsetzen. Es scheint unwahrscheinlich, dass islamistische Führer die Rolle des Friedensstiftens übernehmen werden. Juden, deren Tradition und Leidensgeschichte sie zu einer friedensstiftenden Rolle qualifizieren würde, haben seit der Schaffung des Staates Israel ein neues Image gewonnnen. Manche von ihnen, vor allem aus der politischen Führungsschicht, sind zu Unterdrückern und Kriegführenden geworden. Viele Rabbiner haben gelehrt: „sei bei den Verfolgten, statt bei den Verfolgern". Dagegen sprach Menachem Begin: „Wir kämpfen und darum sind wir; aus Blut,

Feuer, Tränen und Asche wurde ein neuer Typ Mensch geboren, ein Typ, der der Welt 1800 Jahre unbekannt war – der kämpfende Jude." Christen in Palästina sind eine Minderheit, die lange ein Leben in vorkonstantinischer Gesinnung geführt hatten. Die Macht des Heiligen Geistes befähigt die Kirche, ihre physische und psychische Schwäche als Minderheit zu überwinden und über jede Bitterkeit und Feindschaft herauszukommen und zum Werkzeug des Friedens zu werden. Grundlage eines Friedens kann nicht Ungerechtigkeit und Unterdrückung sein, sondern Gerechtigkeit, die zur Koexistenz zweier freier Völker führt.

Kontextuelle Theologie / Palästinensische Befreiungstheologie

Unter „Kontext" versteht man ein Kollektiv, eine Gruppe, eine Umgebung bzw. eine Umwelt, ein Milieu oder eine soziale Einheit, einen Zusammenhang zwischen Individuum und Umgebung. Der Umfang kann unterschiedlich sein; von der Familie ausgehend, über z. B. Arbeitswelt, nationale Einheiten oder multikulturelle Kombinationen. Theologisch wird diese Beziehung als ein Prozess gesehen, die Zeichen der Zeit zu erkennen. Ehrfurcht ist wesentlich in diesem Prozess: Ehrfurcht vor dem eigenen Leben, vor den Menschen, auch den „Anderen", vor der eigenen und fremden Kultur, vor der eigenen und fremden Religion. Ehrfurcht erfordert Hinhören, Solidarität und Caritas. Jede Theologie, jeder Glaubensvollzug und jede Kirchenbildung existiert in einem bestimmten Umfeld, das von den anderen abgrenzbar ist. Das bedeutet, dass sich Glauben sowohl individuell wie auch kulturell in unterschiedlichen und sogar widersprüchlichen Formen darstellen kann. Die eigenen Einsichten und Ansprüche sollen den anderen in einer Weise nahe gebracht werden, die sie nicht dominiert. Kontextualität bedeutet nicht selbstbezogene Isolation. Aber jedes Land hat Anrecht auf sein ureigenes und unverwechselbares kulturelles und religiöses Leben, auf eine gleichwertige Begegnung mit den Kirchen anderer Länder. Jede Kirche hat Anrecht in ihrem Lebens- und Freiheitsraum geschützt zu werden. Andererseits sollte in einer Partnerschaft der durch dieselbe Kultur verbundenen Gruppen ein konkreter Dialog entwickelt werden. Der politische und religiöse Kontext spielt in diesen Übleglungen eine bestimmende Rolle. Zum Kontext der christlichen Kirchen in Palästina gehören die arabische und die islamische Kultur. Christliche Kirchen werden noch immer als „Exportkirchen von Europa" betrachtet.

Glaubensvollzug sollte sich an Jesus orientieren. Er hat das Leben hoch geschätzt, er hat sich auf die Seite jener gestellt, denen die Lebensqualität entzogen wurde, er hat sich selbst zum Opfer gemacht, er hat aber auch Sündern Verzeihung und Versöhnung geschenkt. Er war heilend, befreiend und teilend. Jesus Christus ist zunächst aus seinem jüdischen Kontext her zu verstehen. Was aber für das Verstehen von Jesus das Volk Israel ist, ist für das Verstehen von Christus in anderen Völkern auch deren jeweilige Kultur und Religion. Kontextualität berücksichtigt, dass zum Leben das Misslingen und die Sünde gehören. Texte der biblischen Botschaft sind oft lange nach den Ereignissen von Menschen geschrieben worden, die manchmal nicht ausreichend theologisch gebildet waren. Traditionen, über die Zeit entwickelt, haben Einfluss auf den Glaubensvollzug. Das begann mit der Heidenmission, mit der der christliche Glaube von der jüdischen in eine andere Kultur überging, ohne die jüdische zu verlassen. Christen haben mit den Juden gemeinsame Wurzeln, der Islam steht theologisch und historisch auf der Basis des jüdisch-christlichen Kontextes. Eine Theologie im palästinensischen Kontext hat die Aufgabe, die Gemeinsamkeiten und die Unterschiede der drei abrahamitischen Religionen zu erarbeiten. Die palästinensische Befreiungstheologie ist ein Weg, einer bestimmten Situation zu entsprechen, besonders wenn Unterdrückung, Leiden und Ungerechtigkeit über längere Zeit geherrscht haben. Es geht um Befreiung im Sinne biblischer Theologie, um das Verhältnis zwischen Gerechtigkeit und wahrem Frieden, um Verteidigung der Menschenrechte, um die palästinensische Bindung an das Land, um das Verhältnis der orientalischen Christen zum Judentum und zum Staat Israel, um das Verhältnis zum Islam und um den Platz des Christentums in der arabischen Kultur. Die palästinensische Theologie ist in der Bibel verankert, aber die Theologie wird „kontextualisiert", d.h., sie wird für die palästinensischen Christen relevant interpretiert. In Konferenzen zu einer eigenen kontextuellen Theologie wurde 1987 ein Grundsatzdokument veröffentlicht. Die Unterschiede der Kirchen werden bleiben, aber gemeinsam soll ein Zeugnis als Christen in ihrem Kontext abgelegt werden. Gläubige in einem Land werden sich ihrer eigenen kulturellen Identität und Kraft bewusst und bringen diese mit ihrer Gottesbeziehung in Verbindung.

Die Initiatoren dieser Bewegung, die einen starken Akzent auf Authentizität und Identität der einheimischen Kirche setzten, hatten selbst oft längere Zeit im Ausland verbracht. Sie gehörten überwiegend den westlichen Kirchen an und veröffentlichten ihre Schriften zur palästinensischen Theologie erst im Ausland, bevor sie ins Arabische übersetzt wurden. Kontextuelle Theologie wird von verschiedenen Konfessionen weiterentwickelt. Das befreiungstheologische Modell wird von der orthodoxen Mehrheit unter den Christen des Nahen Ostens skeptisch betrachtet. Man fürchtet, dass das Erlösungswerk Christi relativiert wird. Bleibt die Frage, ob sich Christen bei zunehmender Perspektivenlosigkeit unter dem Besatzungsdruck durch theologische Aspekte ausreichend gestärkt fühlen, um dem permanenten Emigrationsdruck nicht nachzugeben. Es geht darum, der muslimischen Mehrheitsgesellschaft ein im positiven Sinn verstehbares Bild des Christentums zu vermitteln.

Gibt es eine Lösung des israelisch-palästinensischen Konflikts?

Die Auswirkungen des Konfliktes auf seine Umgebung und die gesamte Welt sind nicht zu leugnen. Seit fast 60 Jahren ist man einer Lösung nicht näher gekommen. Was kann mit den Palästinensern geschehen? Wie kann Israel als Bestandteil einer Region akzeptiert werden und nicht einer „20.-Jahrhundert-Kreuzfahrer-Mentalität" beschuldigt werden. Israel ist klein, ein strategisches Argument im Zusammenhang mit dem Sicherheitsbedürfnis der Israelis, verglichen mit den ausgedehnten arabischen Territorien, die es umgeben. Daher wird ein Rückzug auf die Grenzen von 1967 von manchen als Verrat an der Sicherheit der Bewohner Israels empfunden. Dazu kommen die schmale „Taille" Israels zwischen der Grünen Linie und dem Meer, und die Golanhöhen. Benötigt Israel wirklich die Westbank für seine Sicherheit? Hat nicht die militärische Technologie diesen Puffer überflüssig gemacht? Besteht überhaupt noch eine arabische Armee, die stark genug wäre, gegen Israel zu gewinnen? Mit einem asymmetrischen Krieg – wie jener gegen den Libanon 2006 – ist auch Israels Militärmacht überfordert. Derzeit scheint es, als ob der Streit mit Palästina fast unlösbar geworden wäre. Viele fragen sich heute, ob Initiativen zu einem Frieden führen können? Seit dem Friedensabkommen zwischen Israel und Ägypten ist viel Zeit vergangen und eine Menge Blut geflossen. Es gab 1974 das israelisch-syrische Abzugsabkommen, 1978 das Camp-David-Abkommen, 1993 das Oslo-Abkommen, 1994 den Vertrag zwischen Israel und Jordanien, 2002 den arabischen Friedensvorschlag, 2003 die Genfer Initiative, die Roadmap, die Initiative der Arabischen Liga 2007 etc. Fehlt der gute Wille zum Frieden? Vereinbarungen werden unmöglich, wenn die Israelis auf ihrer Meinung beharren, dass es ihr Recht wäre, palästinensisches Land zu konfiszieren bzw. zu kolonialisieren und Palästinenser darauf durch die Ehrung von Selbstmordattentätern als Märtyrer reagieren, die meinen, dass der Tod von Israelis bereits ein Sieg wäre.

Die Sicherheit Israels muss gewährleistet werden, die inner-israelischen Konflikte bezüglich der endgültigen Grenzen müssen gelöst werden. Die Souveränität aller Staaten im Nahen Osten und deren internationale Grenzen müssen garantiert werden. Es darf zu keiner gewaltsamen Annexion der Besetzten Gebiete und Schaffung von Groß-Israel kommen – genauso wenig wie zu Groß-Palästina. Am schlechtesten wäre eine Fortführung der derzeitigen Situation. Daher scheint die Hoffnung nicht gerechtfertigt, dass nach weiteren Konfrontationen beide Seiten müde werden und zur Durchsetzung ihrer Interessen endlich zu gewaltlosen Mitteln greifen. Denn schon heute verlaufen die Fronten nicht mehr nur zwischen Israelis und Palästinensern, sondern zwischen denen, die nicht bereit sind, sich mit der Situation abzufinden, und denen, die meinen, aus dieser Situation Vorteile ziehen zu können.

Was steht einer Lösung entgegen?

Zu viel Energie, die in den Friedensprozess hätte fließen sollen, wurde in gegenseitige Beschuldigungen gesteckt. Z. B. welches Recht hatten die Briten 1917, den Juden die nationale Heimstätte zu versprechen? Warum haben die Palästinenser die Teilung 1948 abgelehnt? Warum haben die Israelis die Besetzten Gebiete 1967 kolonialisiert? Warum haben der Westen, die Internationale Gemeinschaft, die USA die Israelis nicht daran gehindert? Warum haben die arabischen Staaten die Flüchtlinge in Lagern dahinvegetieren lassen? Mit Schuldzuweisungen kam es zu der Polarisierung: Palästinenser sind Terroristen, Zionismus ist Rassismus, und die Feinde der Israelis sind Antisemiten. Dabei weisen Israelis und Palästinenser Ähnlichkeiten auf, beide sind gewandt, schätzen Erziehung und Ausbildung, lachen über dieselben Witze, und beide leiden unter einem Opfersyndrom. Macht sie das blind für die erlittenen Tragödien des „Anderen"? Was als nationaler Kampf um Land zwischen zwei Völkern begonnen hat, wurde zu einem Krieg der Religionen, Kulturen, Zivilisationen. Die derzeitige Situation ist eine Anklage gegen alle, gegen die kämpfenden Parteien für ihre Unnachgiebigkeit, gegen die Nachbarn für die Ausbeutung der Palästinenser für ihre eigenen Zwecke, und gegen die Großmächte für ihr Wegschauen bzw. ihre Parteilichkeit. Der israelisch-palästinensische Konflikt ist kein regionales Problem mehr, aus Afghanistan wird zum Dschihad gegen Israel und den Westen aufgerufen. Primär sind die USA das Ziel, nicht nur, weil sie Demokratie bringen wollen, sondern weil sie Israel unterstützen. Die anhaltende arabische Verbitterung gegen Europa stammt aus dem 16. Jh., als der Westen seinen Aufstieg durch die Beherrschung der Meere begonnen hatte. Auch die aus dem 19. Jh. stammende Kolonialherrschaft der Briten und Franzosen, die sich dann nach dem Ersten Weltkrieg den Rest des ottomanischen Reiches aufteilte, leistete dazu ihren Beitrag. Die Unterstützung der Briten für die jüdische Einwanderung nach Palästina trug ebenso dazu bei. Dazu kommt der Unterschied der wirtschaftlichen Situation im Westen gegenüber jener in vielen arabischen (nicht ölreichen) Staaten. Der mangelnden Schulbildung wird durch Unterricht in Koranschulen abgeholfen, die meist durch Saudi-Arabien finanziell unterstützt werden, wo aber ein extremer Islamismus gelehrt wird. Schon Kinder lernen ein Vokabular, das Juden verunglimpft, sie erfahren über die Errichtung des jüdischen Staates auf „arabischem Territorium". Sie lernen, dass viele Palästinenser ohne Heimat und Wohnung sind und als Flüchtlinge in arabischen Ländern leben. Die Oberschicht in den arabischen Staaten betrachtet die Palästinenser zwar als Ärgernis, aber sie meinen, dass Israel daran schuld ist. Die Einstellung der Staaten variiert: von maßvoller Akzeptanz (Jordanien, Marokko) bis zu minimalem Kontakt (Ägypten, seit der al-Aqsa-Intifada) bis zur Ablehnung und Verweigerung des Existenzrechtes (z. B. Irak).

Al-Qaida übt eine starke Anziehungskraft auf Palästinenser aus. Sie bietet Terrorausbildung und Waffenlieferungen, die reichen Ölländer unterstützen die Palästinenser, um den Unmut ihrer Völker auf Israel zu lenken und dienen damit den Zwecken von Osama bin Laden. Dennoch lehnen die meisten palästinensischen Muslime die Ansichten der al-Qaida ab, ihre Religion ist eine des Friedens, und Dschihad ist das persönliche Streben nach moralischer Verbesserung – nicht ein Religionskrieg.

Andererseits gibt es die israelische Angst vor arabischer Feindseligkeit, vor der Neigung der arabischen Gesellschaft zu diktatorischen Verhältnissen. Manche Israelis befürchten, dass die Palästinenser die Demokratie auslöschen könnten. Auch darin ist die israelische Forderung begründet, dass Israel jüdisch und demokratisch bleiben muss. Diese Haltung entstand nicht aus einem schon immer innewohnenden Hass gegen Araber, aber Hamas, Hisbollah und die Jahrzehnte arabischer Rhetorik über „die Juden" und den Zionismus haben die israelische Angst geschürt. Diese Sprache verstärkt das jüdische Gefühl, dass Israel eine belagerte

Enklave in einer feindlichen arabisch-muslimischen Welt ist, wo Araber die Zerstörung Israels im Sinn haben. Vielleicht hat diese Befürchtung ihre Wurzeln im erlebten Holocaust – der sich damit jederzeit wiederholen könnte. Daher sind Optionen wie „Land für Frieden" für manche Israelis fragwürdig. Viele Palästinenser haben Demokratieverständnis, sind noch immer mehrheitlich säkular, auch wenn es die autokratische Regierung der Fatah gab und Hamas in Gaza ein eigenes Territorium geschaffen hat.

Es gibt reale Fakten, die Stolpersteine zu einem möglichen Frieden darstellen. Primär das Siedlungsnetzwerk und die ungerechte Verteilung der Wasserreserven. „Siedlung" ist ein irreführendes Wort: es sind Städte mit vollständiger Infrastruktur. Für Sharon gab es keine Westbank, es gibt nur Judäa und Samaria, es gab kein Ostjerusalem, sondern nur ein Jerusalem. Er hatte einen Masterplan für die Besiedlung des Landes, dieser gilt auch noch, nachdem Sharon im Koma liegt. Besiedlung führt zu Souveränität. Die israelischen Regierungen haben jahrzehntelang diese Siedlungen erweitert, finanziert, gebaut und dafür geeignete Siedler gefunden. Bereits mehr als 10 % der israelischen Bevölkerung lebt in derartigen Siedlungen. Nicht nur der Siedlungsring um Jerusalem, sondern weitere strategische Siedlungs- und Straßenbauten beeinträchtigen das palästinensische Gebiet: es sieht so aus, als ob die Westbank an ihrer engsten Stelle durch eine Kette aus Siedlungen, Autobahnen und militärischen Sperrzonen zweigeteilt werden sollte. Selbst George W. Bush meinte 2008, dass ein Palästinenserstaat nicht „wie löchriger Käse" aussehen könne.

Der Oslo-Vertrag enthielt eine Zonenvereinbarung, um einen graduellen Rückzug aus den Siedlungen zu ermöglichen. Aber sie wurden verstärkt ausgebaut. Damit wäre der zukünftige palästinensische Staat auf der Westbank ein „Archipel" von Enklaven. Die Siedler zurückzurufen, wäre nur mit militärischen Mitteln zu erzielen. Die Kompensationskosten wären extrem hoch, andererseits könnte man die hohen Kosten für die Besatzung einsparen. Es geht bei der Westbank nicht nur um Land, um Siedler, es geht auch – und besonders bei nicht-säkularen Israelis/Zionisten – um religiös bestimmte mythische Legenden. Die Siedlungen sind deshalb entstanden, weil man das „verpfändete" Land wieder zurückholen und in die Heimat zurückkehren wollte. Von Gott versprochenes Land aufgeben, heißt für Orthodoxe Gott aufgeben. Aufgrund religiöser, ethischer und nationalistischer Motive könnte die Aufgabe der Siedlungen zu einem offenen Konflikt über israelische Legitimität als jüdischer Staat führen, da es nie eine Übereinstimmung gab, ob das gesamte biblische Land für einen jüdischen Staat unerlässlich wäre. Die Vorstellungen, was ein jüdischer Staat sein müsste, sind nach demokratischer, theokratischer, ethnonationaler oder bürgerlich-nationaler Einstellung der israelischen Bürger unterschiedlich.

Siedlungen wurden nicht allein vom israelischen Staat errichtet, daran sind ausländische und inländische Institutionen beteiligt: Jewish Agency, World Zionist Organisation, Jewish National Fund, Israel Lands Authority. Manche waren schon vor der Errichtung Israels als Staat zur Landbeschaffung gegründet worden, z.B. World Zionist Organisation. Sie alle arbeiten eng mit dem israelischen Wohnbauministerium zusammen, und sind selbst teilweise für Planung, Verwaltung und

Finanzierung zuständig. Manche Organisationen haben langfristige geostrategische Pläne. Sie betreiben „ethnic engineering" auf Basis geografischer und demografischer Fakten. Die Finanzierung der Siedlungen obliegt dem Ministerium für Wohnbau (günstige Kredite für den Kauf der Wohnungen, mit späterer Eigentumsübertragung), der Israelischen Grundverwaltung (erhebliche Unterstützung für das Pachten), dem Erziehungsministerium (Anreize für Lehrer, Erlass von Kosten für Kindergartenplätze, freier Transport in die Schule), dem Ministerium für Industrie und Handel (Unterstützung für Investoren, Schaffung von Infrastruktur für Industrieparks), dem Ministerium für Arbeit und Soziales (Anreize für Sozialarbeiter), dem Finanzministerium (Reduktion der Einkommenssteuer für Einzelpersonen und Gesellschaften), und es obliegt dem Militär (Schutz der Anlagen). Wie sehr könnte Palästinensern mit nur einem Bruchteil dieser Gelder geholfen werden. Auf der Westbank gibt es billige Arbeitskräfte und mehr als 90 % der Westbank-Exporte gehen nach Israel. Aber der Rückzug der Siedler ist für eine faire Zweistaatenlösung erforderlich. Es scheint, dass Israel, um seine Position auf der Westbank zu sichern und auszubauen, „Friedenslösungen" immer wieder verschiebt: Warten auf die nächsten Wahlen, ein weiterer internationaler Gipfel … Ist das Ziel: „für einen Palästinenserstaat ist es nun zu spät!?"

Ein zweites großes Problem eines eventuellen israelischen Rückzugs aus der Westbank ist die israelische Wasserversorgung. Israel hat einen wesentlich höheren pro-Kopf-Wasserverbrauch als seine Umgebung. Einerseits, um einen „westlichen Lebensstil" aufrecht zu erhalten, andererseits, um die Landwirtschaft zu ermöglichen. Damit wird ein Großteil des Wassers für Israelis verwendet. Palästinensern ist es verboten, nach Quellen zu suchen oder bestehende tiefer zu graben. Die unbedingt weiterlaufende Einwanderung nach Israel kann nicht erfolgen, wenn es nicht genug Wasser gibt. Sobald es zu Wasserproblemen käme, droht eine Rückwanderung nach Westeuropa oder in die USA. Es gibt das „Wassernetzwerk", mit Stacheldraht beschützt und von Militärs bewacht. Süßwasser kommt aus dem See Genezareth, jetzt schon auf einem bisher nicht gemessenen Tiefstand, mit seinem Einzugsgebiet im südlichen Libanon und auf den Golanhöhen. Ein Drittel der gesamten Versorgung kommt aus dem Grundwasser – durch Überbeanspruchung erheblich gesenkt –, aus jenen Gebieten der Westbank, die relativ viel Regen erhalten. In Gaza, wo früher die Pumpen die doppelte Wassermenge entnommen haben als zugeflossen ist, wurde das Wasser bereits salzig und damit untrinkbar. Der Jordan wurde auf ein Rinnsal reduziert, wodurch es zum Austrocknen des Toten Meeres kommen könnte. Israel hat viel in Wiederverwendungstechnologien investiert, aber um die Deckung seines eigenen Bedarfs zu gewährleisten, muss die Wassernutzung der Palästinenser beschränkt bleiben. Zu Beginn des 21. Jahrhunderts ist die private Nutzung der Israelis pro Kopf drei mal so hoch als jene der Palästinenser und die landwirtschaftliche Nutzung zehn mal so hoch. Laufend werden von Israel neue Wasserbeschaffungsprojekte in die Wege geleitet: wie die Rettung des Toten Meeres, dessen Pegel jährlich um einen Meter sinkt; das Jordanwasser, das früher für den Ausgleich gesorgt hat, wird jetzt für die Landwirtschaft verwendet und gilt als unverzichtbar. Israel hat einen Plan, der ursprünglich von Shimon Peres entwickelt wurde, zum nationalen

Projekt erklärt: den „Friedenskorridor". Er soll Wasser vom 200 km entfernten Roten Meer ins Tote Meer bringen. Ein Teil des Wassers soll entsalzt werden und als frisches Wasser allen Bewohnern von Jordanien, Palästina und Israel zur Verfügung stehen: Frieden durch wirtschaftliche Entwicklung? Gegner dieser Megaentwicklung meinen, dass Wassersparen billiger und effektiver wäre. Dann gibt es den Litani Fluss im Libanon, ein Gewässer von erheblicher strategischer Bedeutung; 140 km lang. Den Flussabschnitt von der Kreuzritterburg Beaufort bis zum Meer (nördlich von Tyros) hätten schon die Gründer Israels gerne als Nordgrenze gesehen, weil dieser Abschnitt 30 km nördlich des derzeitigen Grenzverlaufes eine leicht zu überwachende, natürliche Grenze zwischen Obergaliläa und Libanongebirge ist. Der Litani wird wirtschaftlich für die Stromerzeugung, zur Wasserversorgung und Bewässerung genutzt. Zu diesem Zwecke wurde in den 1950er-Jahren bei Qarun ein Staudamm gebaut. Das Wasser wird durch Tunnel und Pumpstationen Beirut zugeführt. Das klare Wasser des Flusses ist 10-mal salzärmer als jenes aus dem See Genezareth. Schon 1905 hatten jüdische Ingenieure vorgeschlagen, den Litani mit dem Jordan zu verbinden. Chaim Weizmann hatte 1919 an den britischen Premier Lloyd George geschrieben, dass der Litani für Palästina wichtiger als für den Libanon wäre. Frankreich und England zogen die Grenzen ihrer Mandatsgebiete dennoch weiter südlich. Im Rahmen der „Operation Litani" 1978 und während des Libanonkriegs 1982–1985 war das Gebiet südlich des Flusses von israelischen Truppen besetzt gewesen. Gerüchteweise soll Israel versucht haben, den Fluss heimlich anzuzapfen. Nachweislich hatten israelische Techniker 1982 bei Beaufort seismische Studien durchgeführt.

Rolle der Außenstehenden

Der israelisch-palästinensische Konflikt vergiftet die Beziehungen des Westens zu den arabischen Staaten. Der Terror ist nicht allein darauf zurückzuführen, aber eine Radikalisierung in der arabischen Welt steht damit im Zusammenhang. Warum war die internationale Vermittlung so erfolglos? Seit 1945 war die Sicherheitspolitik Aufgabe der Vereinten Nationen bzw. des Sicherheitsrates. Aber die Politik wird von den Großmächten bestimmt, auch erkennbar an der Zusammensetzung des Sicherheitsrates, der die globale Situation nicht reflektiert. Die UN hat sich jahrzehntelang intensiv mit dem Konflikt auseinandergesetzt: Vor der Gründung des Staates Israel sprach sich die UNO 1947 für die Teilung des Landes aus; die UN-Resolution 3379 / 1975 verurteilt die „unheilige Allianz zwischen dem südafrikanischen Rassismus und dem Zionismus" und brandmarkte „Zionismus als eine Form von Rassismus und rassistischer Diskriminierung"; auf der UN-Weltkonferenz 1978 wurde Israel der Rassendiskriminierung beschuldigt; auf der Weltkonferenz 1983 des Rassismus bezichtigt; auf der UN-Weltkonferenz gegen Rassismus, Diskriminierung, Fremdenfeindlichkeit 2001 in Durban wurde eine Resolution beschlossen. die die israelische Siedlungspolitik mit „Völkermord und Sklaverei" gleichsetzte und sie als „Verbrechen gegen die Menschlichkeit" wertete;

die UN-Kommissarin für Menschenrechte 2006, Louise Arbour, sieht mögliche israelische Kriegsverbrechen durch Tötung und Verletzung von Zivilisten im Libanon, in Israel und in den autonomen Palästinensergebieten; durch das Ausmaß und die Vorhersehbarkeit der israelischen Handlungen gegen Zivilisten sei der Tatbestand des Kriegsverbrechens erfüllt. Arbour drohte den Verantwortlichen mit Konsequenzen; Kofi Annan qualifizierte die Tötung von vier UN-Soldaten durch die israelische Armee als einen offenbar absichtlichen Angriff der israelischen Truppen. Besonders irritierend für die arabische Welt sind die immer wiederkehrenden Vetos der USA zu durchaus sinnvollen UN-Resolutionen. Dadurch haben die Vereinigten Staaten ihre Glaubwürdigkeit als internationaler Vermittler verloren. Zwar wird Israel von der Weltöffentlichkeit sowie von UN-Organen aller möglichen Vergehen bezichtigt, aber die USA stehen zu den Freunden in Israel. Seit 1945 haben die USA die Politik im Nahen Osten bestimmt. Es war die US-Führung im Friedensprozess, und jeder US-Präsident seit Eisenhower hat sich dieses Konflikts angenommen; Israel hat z. B. Hilfe aus dem Marshall-Plan erhalten. Aber nicht immer wurde das Handeln der USA durch eine ungeprüfte, bedingungslose „besondere Beziehung" zu Israel bestimmt. Bis zu den 1950er-Jahren bestand die amerikanische Unterstützung durch Schaffung von Institutionen wie der amerikanischen Universitäten in Kairo oder Beirut. Hauptziel war, zu verhindern, dass Rivalitäten und Interessenkonflikte in dieser Region in offene Feindseligkeiten umschlagen. Die Schaffung des Staates Israel war Trumans Projekt, auf dem er im Mai 1948 gegen den Rat des Außenministeriums bestanden hatte. Trumans Unterstützung für Israel erstreckte sich nicht auf Militärhilfe. Der Fortbestand Israels als unabhängiger Staat wird als grundlegende Verpflichtung der USA wahrgenommen; die Allianz USA-Israel wurde durch Kissinger gefestigt. Unter Präsident Reagan wurde das Verhältnis dann zur strategischen Partnerschaft. Es war bis zur Präsidentschaft von G.W. Bush noch diplomatisch vereinbart, dass Siedlungen ein Hindernis für den Frieden wären. Nach den UN-Resolutionen 242 und 338 sollten die USA eine Schiedsrichterrolle einnehmen. Im April 2004 verzichtete Präsident George W. Bush auf das UN-Rahmenwerk, indem er die größeren Siedlungsblocks sowie das Recht der Rückkehr der Flüchtlinge einseitig aus den Verhandlungen strich. Die Argumente waren, dass sich die Gegebenheiten im Land über die letzten Jahrzehnte erheblich geändert hätten, und dem müsse bei einer endgültigen Regelung Rechnung getragen werden, also Berücksichtigung der „Tatsachen, die auf dem Boden geschaffen worden waren". Damit erreichte die US-Israel-Zusammenarbeit ihren Höhepunkt: es schien, als ob die israelische Außenpolitik Teil der USA-Politik geworden wäre (manche Kommentatoren vermuteten fast den umgekehrten Fall). Die Begründung war jeweils eine moralische, die historische Verpflichtung gegenüber dem jüdischen Volk und Unterstützung der so genannten „einzigen Demokratie im Nahen Osten". Ergänzend zu diesen Aspekten hatte es immer einen pragmatischen Hintergrund gegeben, es ging es auch um die Sicherheit der USA (besonders bei George Shultz, Zbigniew Brzezinski und James Baker). Denn Israel steht als pro-westliches, „Erste-Welt"-Land im Überlebenskampf im „feindlichen muslimischen Orient", es liegt an einer geostrategischen Position. Der israelische

Geheimdienst unterstützt die USA, Israel ist ein dem Kampf gegen den Terrorismus voll verpflichtetes Land und Partner in militärischer Technologie.

Der Kreis der Unterstützer Israels in der Bevölkerung der USA ist groß. Er setzt sich aus der jüdischen Diaspora, aus religiösen Fundamentalisten und „(neo-)konservativen" Befürwortern eines starken, militärisch ausgerichteten, außenpolitisch aggressiven Staates zusammen. Dazu kommt der Glaube der evangelikalischen Christen, dass die Rückkehr der Juden in das Heilige Land ein Vorzeichen der unmittelbar bevorstehenden Wiederkehr Christi sei. Viele von ihnen vertreten die Interessen eines „Großisrael", wobei Palästinensern kaum Rechte zugestanden werden. Jegliche Kritik an Israels Verhalten in den Besetzten Gebieten wird von diesen Gruppen als Antisemitismus diffamiert. Die Doktrin der Unterstützer Israels geht davon aus, das viele Palästinenser und der Großteil der arabischen Staaten an einer Verweigerung des Existenzrechtes Israels festhalten, während die USA und Israel eine friedliche Lösung anstrebten.

Angeblich beeinflusst die „pro-israelische Lobby" die Nahostpolitik der USA. Es scheint, dass die USA Israel funktionalisieren, um den Nahen Osten zu beherrschen und Israel wiederum die USA für eigene Zwecke nutzt. Damit wäre Israel für die USA eine „überseeische Militärbasis". Historisch gesehen stimmt das nicht. Dulles hatte Hilfeleistungen an Israel wiederholt ausgesetzt. Als Israel 1956 den Sinai und den Gazastreifen besetzt hatte, missbilligten die USA dieses Vorgehen und bestanden auf einem Rückzug der Truppen. Am Vorabend des Sechstagekrieges hatten die USA es trotz gegenteiligen Versprechens an Israel unterlassen, bei der UNO die freie Durchfahrt israelischer Schiffe durch die Straße von Tiran durchzusetzen. Später hatten sie die Internationalisierung von Jerusalem befürwortet und die Siedlungspolitik in den seit 1967 Besetzten Gebieten kritisiert. Als es 1973 wieder zu einem arabisch-israelischen Krieg gekommen war, beschworen amerikanische und israelische Politiker weiterhin die „besondere Beziehung und tiefe Freundschaft".

Israel konnte seine militärische Überlegenheit über die arabischen Staaten ausbauen und die Palästinenser zwingen, auf terroristische Mittel statt auf konventionelle Kriege zu setzen. Dieser Terrorismus bedroht letztlich nicht nur Israel, sondern den gesamten Westen, besonders die USA. Die mit dem Irakkrieg geplante Neuordnung des Nahen Ostens hat bei vielen Betroffenen den Eindruck erweckt, dass dies auch zugunsten Israels erfolgen würde. Es wird angenommen, dass Syrien mit Hilfe des Irans sowohl die Hisbollah als auch die HAMAS unterstützt. Das sind zugegeben eingeschworene Feinde Israels, sie stellen aber keine internationale Bedrohung dar, auch wenn durch die unkritische Unterstützung Israels durch die USA der Besitz von ABC-Waffen für Feinde Israels zum erstrebenswerten Ziel wurde. Früher hat Syrien den USA Hilfe gewährt, z. B. durch Weitergabe von Informationen über die al-Qaida. Wahrscheinlich wäre ein „freundliches" Syrien für die USA nützlicher als ein „feindliches". Syrien ist dann auch zur Annapolis-Konferenz eingeladen worden.

Wie kam es zu dieser pro-israelischen Haltung der USA? Es gibt sehr effektive Israel-Lobbies in den Vereinigten Staaten. Diese haben zu einem verbreiteten Bewusstsein einer romantisierten israelischen Geschichte geführt und damit eine pro-israelische Gesinnung bei großen Teilen des amerikanischen Volkes hervorgerufen. Palästinensische „Konkurrenz" gibt es kaum, daher kommen die Informationen über den Nahen Osten im Wesentlichen von den professionellen Unterlagen der Israel-Lobbies in den USA: Tätig ist das AIPAC und seit 1960 das American-Israeli Political Action Committee. Die Wirksamkeit wird eher durch die Koordinierung der gut-organisierten zionistischen gesinnten Wählerschaft erzielt. In der demokratischen Partei ist das die traditionell linksliberale jüdische Wählerschaft, in der Republikanischen Partei ist es die rechts-christlich-(zionistische) Wählergruppe, die sich in den letzten beiden Jahrzehnten gut organisiert hat. Der Einfluss des AIPAC im Kongress ist im Wesentlichen auf Überredungskünste der Mitglieder zurückzuführen. Die meisten Kongressreisen in den Mittleren Osten waren von Israel geführte Touren, deren Kosten vom israelischen Staat getragen wurden. Das führte zu der ungeteilten Meinung, Israel sei ein friedliebendes Land, das vollkommen unverständlichem und antisemitischem Terror durch die Palästinenser ausgesetzt wäre, die von einer terroristischen und doppelzüngigen Führung geleitet werden. AIPAC-Kongresse werden von den höchsten Repräsentanten der jeweiligen US-Regierung besucht. Es gibt allerdings Gegner: das sind (wenige) orthodoxe Juden, die mit Aussagen wie *die Thora verbietet Juden die Außenpolitik zu beeinflussen*, oder *der wahre Judaismus verwirft den Staat Israel* auffallen. Liberale jüdische Gruppen meinen, dass AIPAC nur einen kleinen Teil der jüdischen Bevölkerung vertritt. Dazu gehören Religious Action Center of Reform Judaism, Americans for Peace Now und the Israel Policy Forum. Auch sie üben Druck auf den Kongress aus und waren erfolgreich, z. B. in der Milderung des Palestinian Anti-terrorism Acts. Manche stellen harte Fragen zum Verhältnis Washington–Israel, z. B. verfolgte die USA ihre Interessen im Nahen Osten oder jene Israels. Großen Einfluss haben weitere jüdisch-amerikanische Organisationen wie die Anti-defamation League (ADL), der American Jewish Congress, das American Jewish Committee, B'nai B'rith, the Jewish Institute for National Security Affairs (JINSA). Kontrollierenden Einfluss auf die Medien hat das Committee for Accuracy in Middle East Reporting in America (CAMERA). Erst Ende der 1990er-Jahre entstand eine weitere mächtige Einheit, die neo-konservativ-zionistische Agenden vertritt wie das Washington Institute for Near East Policy (WINEP), das American Enterprise Institute, in dem Richard Perle tätig ist, das Institute for advanced strategical und political studies mit Sitz in Jerusalem, das Center for Security Policy sowie das Project for a New American Century. Mitglieder dieser Organisationen nehmen hohe Posten in der George W. Bush-Regierung ein. Damit haben sie die Außenpolitik beeinflusst. Verdienst all dieser Lobbies (besonders das AIPAC) ist es, dass der US-Kongress mehr jüdische Mitglieder hat als je zuvor; beide Parteien wetteifern, wer wohl Israel-freundlicher wäre.

Die evangelikalischen Christen verstehen ihre Unterstützung für Israel als spirituelle Verpflichtung gegenüber den biblischen Vorhersagen, die sich auf die Endzeit und die Rückkehr von Christus bezieht. Es gibt evangelikale Fernsehimperien, die eine sofortige Flut von Protesten auslösen können, wenn der Verdacht entstünde, lokale Nachrichten könnten israel-unfreundlich sein. Das führt zu „Schwarzen Listen", Sendeverboten – kurzum zu Zensur. Die jüdischen Zionisten sehen ihre Aufgabe darin, möglichst jegliche anti-israelische Neigung in den Medien zu unterdrücken. Damit ist die amerikanische Wählerschaft ebenso wie der Kongress einer Einflussnahme betreffend den zionistischen Mythos „arabischen Terrors und israelische Unschuld" ausgesetzt. Kein amerikanischer Präsidentschaftskandidat hat Aussichten gewählt zu werden, wenn er nicht seine Bereitschaft, Israel weiterhin unterstützen zu wollen, erklärt. Selbst Jimmy Carter, Friedensnobelpreisträger und Autor des Buches „Palestine, Peace not Apartheid" (2006), sieht sich massiver Kritik ausgesetzt. Aufgrund dieser Verhältnisse wird jede israelische Regierung von den USA unkritisch unterstützt. Selbst wenn Nachrichten über die Besatzung durch die israelische Militärregierung durchdringen, werden sie durch die zionistischen Lobby-Organisationen unterdrückt oder verwässert. Der palästinensische Terrorismus hat diese Meinungen verstärkt; die Aktionen einiger weniger haben dazu geführt, dass die Stereotype der „Palästinenser als vehemente Antisemiten und Terroristen" an Glaubwürdigkeit gewinnt. Die palästinensische Führung war (und wird) zu Recht immer wieder angeklagt, den Terror nicht stoppen zu können. Die Tatsache, dass in Palästina demokratische Entwicklungen ablaufen, scheint der amerikanischen Öffentlichkeit nicht zu Ohren gekommen zu sein. Dem gegenüber stehen keine arabischen Lobby-Gruppen oder zusammenhängenden arabisch / palästinensischen Netzwerke. Es kommt zwar zu einem zunehmenden arabischen Einfluss in den USA, die Institutionen Arab American Institute und das Council on American-Relations (CAIR) bemühen sich um Aufmerksamkeit des Publikums – und sie haben guten Zugang zu Geldern aus dem Nahen Osten. Aber das Arab American Institute ist in sich entzweit: 63 % Christen und 24 % Muslime. Sie sind zu spät mit zu wenig Mitteln in die Lobbyarbeit gegangen: zwischen 1990 bis 2004 haben sie ein Prozent der Summe, die von Israel-Lobbies ausgeschüttet wurde an politische Kandidaten fließen lassen. Aber die Einwanderer aus arabischen Staaten nehmen zu, ihr politischer Einfluss, besonders im nördlichen Ohio und in Michigan wächst, wenngleich diese Entwicklung seit 9/11 deutlich zurückgegangen ist.

Es geht um ein Gleichgewicht der Berichterstattung, sie ist häufig nicht kontinuierlich, oft punktuell, selektiv und vermutlich auch inszeniert. Die Genfer Konvention müsste dringend auf eine ausgewogene Medienarbeit drängen, denn die durch Einseitigkeit der Nachrichten hervorgerufene Hoffnungslosigkeit, Angst, Verzweiflung und Wut der Palästinenser kann zu noch größeren Katastrophen führen. Europa dürfte all dem nicht tatenlos zusehen, Europa könnten Einfluss auf die USA nehmen, denn Zentraleuropa ist den USA noch immer für ihre Unterstützung im Kalten Krieg dankbar. Frankreich und Deutschland haben sich gegen die militärische Intervention im Irak gestellt, aber keine von den USA abweichende Politik im Israel-Palästina-Konflikt eingenommen, denn Antisemitismusdrohungen wären nicht unwahrscheinlich.

Es sollte zwischen Antisemitismus, Antijudaismus, Antizionismus und Anti-israelischem Verhalten unterschieden werden. Antisemitismus ist ein ideologisch-starres Anrennen gegen die verzerrt aufgefasste Erwählung, Absonderung, Geschichte und Einzigartigkeit des jüdischen Volkes, samt der angeblichen Begleiterscheinungen: Verstocktheit, Unbelehrbarkeit, Superioritätsbewusstsein, Herrschaftspläne, Völkerfeindschaft etc. Wenn aber von israelischer Seite Superioritätsbewusstsein zur Schau gestellt wird, dann ist diese Kritik weder ideologisch starr, noch Ausdruck von Antisemitismus. Antijudaismus ist durch die Ablehnung, Anfeindung und Verfolgung von Angehörigen des Judentums durch Christen, Kirchen, christliche Staaten und Regierungen gekennzeichnet und war somit eine der entscheidenden Voraussetzungen für den säkularen, rassistischen Antisemitismus bis 1945. Antizionismus gibt es sowohl innerjüdisch als auch in arabischen Kreisen, von denen der Zionismus als das Übel angesehen wird. Der westliche Antisemitismus, der in den 1940er-Jahren in den Gräueln des Holocausts gipfelte, hatte den Prozess der jüdischen Einwanderung nach Palästina beschleunigt und die Dringlichkeit einer Schaffung einer jüdischen Heimstätte erhöht. Die meisten Palästinenser leugnen die Widerlichkeit von Antisemitismus nicht, doch sie meinen, dass das „jüdische Problem", ein westliches Phänomen, das wenig oder gar nichts mit ihrer Heimat zu tun hatte – auf ihre Kosten, durch ihren Verlust Palästinas gelöst wurde.

Die Juden hatten in ihrer geschichtlichen Erfahrung am längsten unter Rassismus zu leiden, weil sie weit mehr als andere Völker über die Welt zerstreut waren. Wenn aber „pro-israelisches" Verhalten z. B. der USA kritisiert wird, kommt es seitens der Zionisten umgehend zum Vorwurf des Antisemitismus. Nicht jeder Jude ist Zionist – und umgekehrt, es ist sogar möglich, ein antisemitischer Zionist zu sein. Aber es ist zu unterscheiden, ob Israel für seine Handlungen kritisiert wird oder wegen der Tatsache, dass es ein jüdischer Staat ist. Angestiegen ist der Umfang der Kritik aufgrund der Behandlung der Palästinensel, die nun die „Opfer der Opfer" sind. Man will Israel vor Kritik schützen, allerdings ist Kritik nicht immer unberechtigt. Heute gibt es weder in Europa noch in den USA viele Antisemiten, auch die Araber sind keine Antisemiten. Es gibt dennoch politische Zielsetzungen, die nichts mit Hass auf Juden, sondern mit Ablehnung von israelischer (Besatzungs-)Politik zu tun haben. Die Araber hatten gut mit den Juden zusammengelebt. 400 Jahre hatte es im nicht demokratischen ottomanischen Reich das Milletsystem gegeben, das nicht-Muslime zwar zu Bürgern zweiter Klasse degradierte, ihnen aber erhebliche Autonomie für ihre religiösen Anforderungen gab. Im Zusammenhang mit dem Antisemitismus tritt eine absurde Situation ein: Theodor Herzl und seine Umgebung haben angenommen, mit der Schaffung des Staates Israel dem Antisemitismus entgegenwirken zu können, und zwar durch die Entfernung von Juden aus der Reichweite ihrer Verfolger. Nach dem Holocaust hat nur ein Teil der Juden Zuflucht in Israel gesucht. Vorteilhaft für Israel ist noch immer, dass der Staat Unterstützung von weltweit lebenden Juden erfährt. Eine Frage in dem Zusammenhang kann allerdings auch sein, inwieweit die zum Teil sehr problematische Politik Israels der letzten Jahrzehnte die Grundlagen für weiteren Antisemitismus schürt …

WELCHE LÖSUNGEN STEHEN KONZEPTIONELL ZUR VERFÜGUNG?

Für Palästinenser, sowie für alle arabischen Staaten gibt es keine Alternative, als den Staat Israel anzuerkennen. Aber ein Friede zwischen Israel und den Palästinensern ist nur möglich, wenn Israel seine Verantwortung für die palästinensische Tragödie eingesteht. Die Palästinenser selbst müssen „ihr Haus in Ordnung bringen", sie müssen ihre internen Konflikte demokratisch zu lösen, die Milizen der verschiedenen Lager zügeln. Ohne israelische Verhaltensänderung wird eine innerpalästinensische Lösung nicht glücken können. Eine Lösung sollte im Rahmen eines demokratischen Prozesses, der alle Betroffenen umfasst, „von innen" gesucht und gefunden werden, weder arabische Mächte noch die USA können Israel zu einer Haltungsänderung bezüglich Ostjerusalem, Besetzte Gebiete, bzw. palästinensische Rechte zwingen.

Bei der Internationalen Gemeinschaft ist die Zweistaatentheorie historisch durch verschiedene UN-Resolutionen und Abkommen tief verankert. Alle diese Papiere enthalten drei Forderungen: Israel soll seine Truppen aus den Besetzten Gebieten zurückziehen (Golan, Westbank, Gazastreifen), es muss eine Lösung für das Flüchtlingsproblem gefunden werden, Verhandlungen aller Beteiligten müssen stattfinden, um einen haltbaren Frieden im Nahen Osten herbeizuführen. Das waren Grundlagen für einen unendlichen Friedensprozess. Die Palästinenser wurden nur als Flüchtlinge wahrgenommen. Die als „betroffen" geltenden Staaten waren Ägypten, Jordanien, Syrien und andere betroffene oder nicht betroffene westliche Staaten, nicht aber die Palästinenser selbst. Das Gebiet, aus dem sich Israel zurückziehen sollte, war nicht exakt festgelegt. Die Jerusalem-Frage blieb offen, die Flüchtlingsfrage ungeklärt. Die Meinungen über eine Lösung des Konflikts sind polarisiert: sie reichen von einem uneingeschränkten jüdischen Staat über das gesamte Land des (alten) Israel, bis zu jenen, die gerne einen einheitlichen Staat sähen, in dem eines Tages die Juden einen Minderheitsstatus einnehmen könnten. Es gab keine rechtlich bindende Formel in dem Nach-1967-Friedensprozess, in der festgelegt wurde, dass ein Gebiet unter palästinensische Souveränität zu kommen habe. Die Oslo-Abkommen hatten die Schaffung einer palästinensischen Interim-Autorität zur Selbstregierung zum Ziel, die nur die Verantwortung für Elektrizität, Wasser, Polizei in der Westbank und Gaza wahrnehmen würde. Die Besetzten Gebiete wurden als eine territoriale Einheit definiert, die zu erhalten wäre. Die meisten Palästinenser hofften, dass dies erste Schritte in Richtung „eigener Staat" wären. Es war jedoch offen geblieben, welche Art der politischen Einheit dieses Gebilde haben werde: einen unabhängigen palästinensischen Staat, ein autonomes Gebiet als ein Teil Israels, und ob diese Einheit nach der Interim-Periode aufrechterhalten würde. Zu ernsthaften Schritten ist es nicht gekommen. Erst die Roadmap zum Frieden brachte mehr Klarheit – Bush Junior 2002 – sprach direkt von einer Zweistaatenlösung. Vereinbart wurde ein palästinensischer Staat, lebensfähig, zusammenhängend, souverän, und unabhängig. Im April 2004 gab die Sharon-Regierung einen Brief heraus, in der offen von der Zweistaatenlösung die Rede war. Dieses Papier enthielt die endgültige „Annexions-Formel": Israel würde fast alle Siedlungen aus dem Gazastreifen zurücknehmen, und nur eine kleine Anzahl von Siedlungen würde aus Samaria (in der nördlichen Hälfte der Westbank) zurückgezogen werden. Bush fügte den verhängnisvollen Satz hinzu: *Es ist unrealistisch, zu erwarten, dass als Ergebnis der endgültigen Status Verhandlungen die Grenze von 1967 gezogen werden könne, jegliche Regelung müsse ein gegenseitiges Einverständnis enthalten, in der sich diese „Gegebenheiten auf dem Boden" widerspiegeln.* Das heißt, dass die Siedlungen weitgehend erhalten bleiben. Auch der Vorschlag der Arabischen Liga von 2007 und die Agenda von Annapolis hatten ein Zweistaatenkonzept zum Inhalt.

Zwei Staaten auf dem Territorium des ehemaligen Palästina

Kann eine Westbank gesprenkelt mit jüdischen Siedlungen einen Palästinenserstaat beheimaten? Die Siedler scheinen entschlossen, dort zu bleiben, viele sehen im Friedensprozess eine reine Phraseologie. Es ist ein Prozess ohne Frieden, von manchen Israelis in der Hoffnung geführt, dass die Palästinenser letzlich kapitulieren und auf ihren Staat und auf eine völkerrechtlichlich korrekte Lösung verzichten werden. Die meisten israelischen Araber wünschen sich einen souveränen palästinensischen Staat mit Ostjerusalem als Hauptstadt, wenn es wirklich zu einem solchen Staat kommt, würden die israelischen Araber versuchen, eine doppelte Staatsbürgerschaft zu bekommen. Das Ziel ist ein Palästinenserstaat mit den „Vor-1967"-Grenzen mit kleinen Anpassungen (wie sie Clinton schon 2000 vorgeschlagen hat), mit einem „gemeinsamen" Jerusalem. Sowohl die Rückkehr aller Flüchtlinge und ihrer Nachkommen in ihre ursprünglicheHeimat, als auch die Siedlungen der Israelis müssten aufgegeben werden. Ein Kompromiss zwischen Fatah und Hamas müsste gefunden werden. Positiv zu bewerten ist, dass viele Israelis den „großisraelischen Traum" aufgegeben haben. Basis für einen Frieden kann wohl die Verweigerung der expliziten Anerkennung des Existenzrechts Israels in der Region durch die Hamas aber nicht sein.

Ein solcher Staat sollte, wie von der PLO seit langem gefordert, im östlichen Teil Palästinas auf der Westbank und im Gazastreifen errichtet werden. Das war der ursprüngliche Plan der jüdischen Siedler vor 1948, der von den Arabern verworfen worden ist. Aber die Westbank ist mit ihren 1,3 Millionen Menschen physisch bereits in den jüdischen Staat integriert. Für eine Lösung, bei der Israel alle seine Siedlungen aufgibt und zu seinen 1967 Grenzen zurückkehrt, anerkannt von allen arabischen Staaten und einem stabilen, terrorfreien, palästinensischen Staat, gibt es zu viele Siedlungen, zu viele jüdische Siedler, zu viele Palästinenser, die in ein und derselben Region, wenngleich durch eine Mauer, viel Stacheldraht und Zutrittsbeschränkungen getrennt, leben bzw. aus ihren Lagern zurückkehren wollen. Das sind die Gegebenheiten. Die Aufgabe der Siedlungen ist Voraussetzung für einen lebensfähigen palästinensischen Staat und ein stabiles Friedensabkommen. Aber wer hat die Macht oder die politische Fähigkeit, einen israelischen Rückzug aus diesen städtischen Gemeinden und ihrer Infrastruktur zu veranlassen. Manche dieser Siedler würden lieber sterben oder töten, als ihre Siedlungen verlassen. 1979 wäre dies eventuell (noch) möglich gewesen: Nach dem Friedensabkommen mit Anwar Sadat wurden jüdische Siedlungen im Sinai geschlossen; damals waren es aber nur 3000 Extremisten, jetzt wären es bereits eine Viertelmillion. Im August 2007 war entschieden worden, zwei Siedlerfamilien, die illegal ein Haus im palästinensischen Hebron besetzt hatten, zu entfernen. Dazu bedurfte es 3000 Mann Truppen und Polizei. Viele Soldaten der IDF weigerten sich, gegen Juden vorzugehen, da sie aus militanten zionistischen Umgebungen kamen. Als Kinder hatten sie den Terror erlebt und jetzt weigerten sie sich, Siedler zu vertreiben. Sie argumentierten, dass der Abzug aus Gaza keinen Erfolg, sondern nur Chaos gebracht hätte. Rabbis unterstützten jene, die fordern, dass Samaria und Judäa nie aufgegeben werden dürfen. Die Zusammensetzung der Armee hat sich geändert. Früher waren die Soldaten aus den Kibbuzim gekommen, nun aus äthiopischen und russischen Einwandererfamilien. 2007 durften 11 % den Dienst an der Waffe verweigern, weil sie ultra-orthodox sind. Eine „befohlene Aussiedelung" der Siedler aus dem Westjordanland erscheint daher undenkbar.

Ist die „Zwei-Staaten-Theorie" schon undurchführbar geworden? Wenn ein Palästinenserstaat errichtet wird, und die bestehenden jüdischen Siedlungen bleiben darin „exterritorial" erhalten, führt das zu einem Archipel oder Flickwerk von Enklaven, die durch die israelische Siedlungs- und eine „exklusive" Infrastruktur getrennt sind. Das würde eine Quelle fortwährender Krisenanfälligkeit bedeuten. Palästina wäre von der israelischen Wirtschaft abgekoppelt, die Städte könnten nicht miteinander in Kontakt treten und das ganze Land könnte seine Wasserressourcen nicht kontrollieren. Es wäre eine Insel der wachsenden Armut und Demoralisierung. Das könnte zu jenem „soft transfer" (Aushungern) führen, der von manchen Israelis angestrebt wird, d. h. zu einer Massenauswanderung der Palästinenser dorthin, wo immer sie einen Jobn finden. Zu welchen Auswirkungen es kommen könnte, zeigt Gaza. Die „Mauer" hat gewirkt, sie hat Israel vor Sicherheitsbedrohungen und billigen Arbeitskräften abgeschirmt, und auf der anderen Seite eine ruinierte Gesellschaft geschaffen; eine Situation, die zu erheblich verstärkter Emigration geführt hat. Juden und Araber haben eine komplementäre Geschichte, die erst ab 1950 „gemeinsam" geworden ist. Ein relativ friedliches Zusammenleben war bereits möglich gewesen – nach der Vertreibung zwischen 1948–1967. Damals gab es Zusammenarbeit und Arbeitsmöglichkeiten, aber sobald Waffen im Einsatz sind, sind Arbeitsplätze nicht mehr verfügbar.

Theoretisch könnte ein „Palästinenser-Staat" geschaffen werden, der beide Ufer des Jordan umfasst – ähnlich Transjordanien 1948–1967. Es wäre eine Rechnung zulasten Dritter; denn wollen Palästinenser und Jordanier überhaupt in einem Staat zusammen leben? Will Jordanien einen solchen Staat, der seine jetzige Demografie zerstören würde: denn bereits jetzt machen Palästinenser 60 % der dortigen Bevölkerung aus. Dazu kommt, dass Palästinenser relativ wenig mit den beduinen-stämmigen Jordaniern gemeinsam haben. Jordanien ist eine eingerichtete Monarchie, während die Palästinenser eine demokratische Struktur aufweisen. Diese „Lösung" ist durch eine israelische „Pufferzone" entlang des westlichen Jordantales bereits verunmöglicht. Unklar dabei wäre auch das Schicksal Gazas. Dieses Stück Land könnte dem Sinai als ägyptisches Territorium einverleibt werden. Kann angenommen werden, dass sich der palästinensische Nationalismus in Luft auflöst und die Familien ihre Wurzeln vergessen würden? Auch diese Option kann in das Reich der Phantasie verwiesen werden.

Ein Land für Palästinenser und Juden

Im Rahmen einer „Ein-Staat-Lösung" bleibt noch ein bi-nationaler Staat auf dem ehemaligen Territorium Palästina. Selbst ohne das ungelöste Problem des Rechts auf Rückkehr der Flüchtlinge würde die palästinensische Bevölkerung (3,5 Millionen Westbank und Gaza 1,2 Millionen) im derzeitigen Israel sehr bald die Mehrheit über die 5,5 Millionen Juden erreichen. Damit könnte Israel nicht länger ein „jüdischer Staat" bleiben und eine Oberherrschaft wäre dauerhaft nicht denkbar. Wenn dieser Staat demokratisch bliebe, so befürchten Juden, wäre die arabische Bevölkerung in der Mehrheit und könnte die Grundgesetze kippen. Israel ist derzeit eine „europäische Enklave" in einer arabischen Umwelt, ein Staat, in dem Juden und die jüdische Religion exklusive Privilegien haben, von denen nichtjüdische Bürger ausgeschlossen sind. In seiner ethno-religiösen Definition diskriminiert Israel seine eigenen – nicht-jüdischen – Staatsbürger, ein anachronistisches und undemokratisches Konzept. Israel als ethnisch neutraler säkularer Staat wäre für viele Israelis undenkbar, weltweit würden Juden vehement protestieren, damit die Idee einer Heimstätte für alle durch Antisemitismus bedrängten Juden verlorenginge. Aber wo befinden sich diese bedrängten Juden heute? Palästinenser würden ihren palästinensischen Staat verlieren, müssten in einem jüdischen Staat leben, von dem sie annehmen, dass er sie unterdrückt. Eine gerechte Verteilung der Macht und der Ressourcen würde Jahre, wenn nicht Jahrzehnte beanspruchen. Ein palästinensischer Premier, Ahmed Qurei, hat 2004 einen „bi-nationalen" Staat: gefordert, sollte Israel seine eigenen Grenzen ohne Verhandlungen festlegen wollen. Das wäre entweder ein durch Transfer ethnisch gesäubertes Großisrael oder ein integrierter bi-nationaler Staat mit Juden, Christen und Muslimen, mit Juden und Arabern, mit Israelis und Palästinensern.

Gibt es noch Platz für einen ethnisch, kulturell und religiös einheitlichen Staat? Derartige Strukturen schaffen Diskriminierung, Missachtung der Menschenrechte und Nährboden für ein Weiterschwelen von Konflikten. Die westliche Welt ist multiethnisch, -kulturell und -religiös geworden, sie umfasst verschiedene „Hautfarben, Religionen und Sprachen", bestehend aus Christen, Juden, Muslimen und Vertretern vieler anderer Religionen. Israel würde einen Anachronismus darstellen und liefe Gefahr, zu den intoleranten, den religiös-aggressiven, in ethnischen Kategorien denkenden Staaten gezählt zu werden.

Um einen jüdisch dominierten Staat erhalten zu können, wäre der Transfer die Voraussetzung: Die für manche Israelis wünschenswerteste Option einer Konfliktlösung wäre das „Verschwinden der Araber" aus Israel und den Besetzten Gebieten. Für manche Zionisten sind frühere Vertreibungen nicht weit genug gegangen, die restlichen Palästinenser im Staate Israel haben für sie eine „Unvollständigkeit der jüdischen Wiederkehr" dargestellt. Die einzige Antwort darauf erschien diesen Extremisten, diese Minderheit loszuwerden, tituliert als „Transfer", um die Bevölkerung diskret über die Grenzen zu „exportieren".

Die erste, alptraumhafte Vorstellung wäre eine gewaltsame Vertreibung („Hard Transfer") der palästinensischen Bevölkerung aus dem Land. Damit würde Israel zur ersten Demokratie weltweit, die ethnische Säuberungen als staatliches Projekt durchführt. Das würde Israel zu einem internationalen Pariastaat machen. Diese Vorgangsweise hatte schon lange ihre Anhänger, beginnend bei Vladimir Jabotinksy aus der Zwischenkriegszeit, dann David Ben Gurion, der Massenvertreibungen 1948 durchaus begrüßt hätte und später Menachem Begin. Auch die jordanische Option, ein „Soft Transfer", der Palästinenser zu Staatsbürgern im Nachbarstaat Jordanien werden ließe (Jordanien wäre der „eigentliche Palästinenserstaat", sind einige Isrealis überzeugt), ist undenkbar, denn dorthin müsste man sie erst bringen, und dafür müsste das Gefühl der Anhänglichkeit der Palästinenser an ihr Land, an „ihren" Boden ignoriert werden. Wären diese vertriebenen Palästinenser in Jordanien willkommen? Aus Sicht der Israelis gäbe es wesentliche ungelöste Probleme: Unter welchen Bedingungen könnte eine Massenvertreibung stattfinden? Subtiler ist eine Ausblutungsstrategie, die darin besteht, dass Palästinenser, die über einen ausländischen Pass verfügen, keine israelischen Identitätskarten erhalten, daher an der Grenze zurückgewiesen, oder wenn sie „illegal" in Palästina leben, deportiert werden. Touristenvisen sind ein Ausweg, damit ist keine Arbeitserlaubnis verbunden. Anträge auf Familienzusammenführung werden seit Beginn der al-Aqsa-Intifada von Israel nicht mehr bearbeitet. Diese Strategie wird als „stiller Transfer" bezeichnet. Besonders betroffen sind Studenten, Geschäftsleute und Ehepartner. Ohne Identitätskarte ist Bewegung innerhalb des Westjordanlandes aufgrund der Straßensperren unmöglich. Verschärft werden diese Maßnahmen auf Bewohner von Jerusalem angewendet, um hier allfällige palästinensische Hauptstadtansprüche zu verunmöglichen.

Die Palästinenser haben guten Grund, jeglichen Transfer zu fürchten, da manche extreme Rechte in Israel nicht nur die Westbank-Palästinenser, sondern auch die arabische Bevölkerung aus Israel vertreiben würden. Eine Umfrage aus 2004 ergab, dass ca. 31 % der israelischen jüdischen Bevölkerung einen Transfer der Araber befürworten würde (der Prozentsatz 1991 war noch bei 24 % gelegen.). Manche rechten Generäle und Politiker Israels behaupten, dass die „Entfernung" der Palästinenser „eine unvermeidbare Bedingungen für das Überleben des jüdischen Staates wäre". Je mehr Palästinenser das Land verlassen, desto mehr Anspruch auf Land kann von Israel erhoben werden. Es mögen nur einige Israelis sein, die den Transfer offen aussprechen, aber auch viele der einflussreichen jüdischen Amerikaner befürworten diesen Bevölkerungsaustausch. Es waren einige „passende Anlassfälle" erwogen worden: z. B. anlässlich eines Krieges zwischen Israel und den umliegenden Ländern; als Vergeltung für ein Ansteigen des Terrorismus; gewaltsamen Widerstandes gegen die Politik Israels; anlässlich von Krisen, die in anderen Weltteilen stattfänden oder durch Schaffung von „Ghetto" Bedingungen für Palästinenser.

Noch immer bestehen zionistische Argumente für einen „jüdischen" Staat. Die Grundwerte des Zionismus wurden im 27. Zionistischer Weltkongress 1968 festgelegt und 2004 durch den Zionistischen Rat angepasst. Die Einheit des Volkes, seine Bande zu seiner historischen Heimat Erez Ysrael und die zentrale Bedeutung des Staates Israel und von Jerusalem als seiner Hauptstadt, für das Leben der Nation; Alija nach Israel aus allen Ländern und die effektive Integration aller Neueinwanderer in die israelische Gesellschaft; Stärkung Israels als einen jüdischen, zionistischen und demokratischen Staat, und das Formen einer beispielhaften Gesellschaft mit einer einzigartigen Moral und einem geistigen Charakter, gekennzeichnet durch gegenseitigen Respekt für jüdische Menschen mit ihren vielen Facetten, gegründet auf der Vision der Propheten, im Streben um Frieden und einen Beitrag leistend zur Verbesserung der Welt; die Sicherstellung der Zukunft und der Verschiedenheit des jüdischen Volkes durch Förderung jüdischer, hebräischer und zionistischer Erziehung, die Pflege der geistigen und kulturellen Werte und das Lehren des Hebräischen als nationale Sprache; Förderung gegenseitiger jüdischer Verantwortlichkeit, die Verteidigung der Rechte von Jüdinnen und Juden als Einzelpersonen und als Nation, die Vertretung der nationalen zionistischen Interessen des jüdischen Volkes und der Kampf gegen alle Manifestationen des Antisemitismus; Niederlassung in Israel als einen Ausdruck des praktischen Zionismus. Das bedeutet, dass Israel sowohl Menschen als auch politische Unterstützung aus der Diaspora benötigt, denn der jüdische Staat hat das jüdische Leben weltweit neu inspiriert und daher ist „Israel" unerlässliche Grundlage für die jüdische Existenz. Es darf nicht zur „kulturellen Auslöschung" kommen. Es ging und geht immer um die Bewahrung der Identität der jüdischen Menschen weltweit, und die Regeneration von Vitalität und Kreativität. Diese Forderung kann nur durch ein hochwertiges System jüdischer Erziehung gewährleistet werden. Der zionistische Grundsatz betreffend die jüdische Eigenstaatlichkeit besteht in dauerhafter jüdisch-nationaler Herrschaft über alle staatlichen Einrichtungen und Regierungsgewalt innerhalb eines Staatsgebietes. Dieser Zionismus erfasst nicht nur staatliche Einrichtungen, sondern alle Arbeits- und Kulturbereiche. Dazu war es erforderlich, das Land von anderen Ethnien zu „säubern, um die jüdische Mehrheit aufrechtzuerhalten". Für diese Zionisten gilt: keine nachhaltige Eingliederung der einheimischen Bevölkerung, wenn sie auch zeitweilig als Arbeitskräfte verwendet worden waren, sondern vielmehr ihr „Transfer" aus diesem Territorium mit möglichst geringen Auswirkungen auf israelische Sicherheit und Selbstverständnis. Das Hauptargument der Zionisten bleibt, dass der jüdische Staat als lebenswichtige Freistätte für Juden, die weltweit von Antisemitismus geplagt werden, unerlässlich ist. Die Shoa führte zu einem Trauma, das in vielen israelisch-jüdischen Familien im Gedächtnis bewahrt wird. Doch diese Situation wird politisch und moralisch instrumentalisiert. Die Idee, Israel soll politisches Obdach, notwendiger Hafen bleiben, indem Menschen, die brutal missbraucht wurden, ihre kollektive Psyche erholen können, basiert auf dem „niemals wieder". Wenn eine dauerhafte jüdische Majorität erforderlich ist, müssen die Araber ausgesiedelt werden. Es gibt keinen Mittelweg. Wenn weiterhin Demokratie erwünscht ist, dann muss die Idee des jüdischen Großisrael aufgeben werden, der Siedlungsgedanke ad acta gelegt werden sowie volle Gleichberechtigung für alle Bewohner gewährleistet werden. Jene, die keinen benachbarten palästinensischen Staat wollten, werden einen innerhalb Israels haben – und zwar durch Demografie und Stimmabgabe. Zugrunde liegt die Frage der Identität des jüdischen Staates, denn kann man gleichzeitig Besatzer, eine Demokratie und ein jüdischer Staat sein? Welche Antworten gibt es auf die Fragen: Aufgabe der Demokratie? Wirksame Rassentrennung mit Gefangenenlagern und „Internierungsdörfern"? Das israelische Misstrauen ist so groß, dass es den Juden unmöglich erscheint, ihre Zukunft in die Hände von Palästinensern zu legen. Dabei ist Israel selbst aufgrund der Einwanderung eine multikulturelle Gesellschaft, ethno-religiöse Kriterien bestimmen den Rang seiner Bürger. Was in Israel noch mehr gefürchtet wird als Hamas und Aqsa-Brigaden, wäre eine arabische Mehrheit in Groß-Israel und damit verbunden die Befürchtung eines Zerfalls der politischen Kultur und zivilen Moral der Gesellschaft. Praktisch gedacht, würde ein Transfer einen aggressiven Gürtel von Flüchtlingslagern an den israelischen Grenzen schaffen. Da es kaum gelingen kann, alle Palästinenser aus israelischem Gebiet zu vertreiben, muss eine Diskussion über die Kerninhalte des Zionismus erfolgen. Selbstverständlich muss es einen israelischen Staat geben, aber nicht einen, in dem eine Gruppe alle anderen „herabsetzt". In der Vergangenheit war es sicher so, dass Israel Juden gebraucht hat, und sicher haben die Juden ein Israel gebraucht. Vor allem nach dem Zweiten Weltkrieg und während der Unterdrückung der Juden in der ehemaligen Sowjetunion bedeutete schon allein der Gedanke, dass ein Israel besteht, Hoffnung. Man konnte als Jude auf die Erfolge Israels stolz sein. Das hat sich geändert. Heute werden nicht-israelische Juden für Vorkommnisse in Israel verantwortlich gemacht, die sie nicht getan oder veranlasst haben. Die Bewahrung Israels als Staat ist nicht nur für die israelischen Juden von großer Bedeutung. Daher ist es unerlässlich, dass die Palästinenser dieses Faktum akzeptieren. Wenn die Juden Israel verlassen, müssten sie das aus eigenem Antrieb tun, was manche bereits getan haben. Es scheint, dass die Erinnerung der Juden an das Land weit stärker ist als ihre Verwurzelung darin. Auch wenn es eine mitzvah, eine religiöse Pflicht für den Juden ist, im Lande zu leben, hat sich die Mehrheit der Juden (weltweit) dazu entschlossen, das nicht zu tun. Ein bi-nationaler Staat ist möglich als ein „vereinigter" demokratischer Staat für Juden und für Palästinenser, der die kulturelle Identität aller dort Lebenden schützen muss, wie er früher von der PLO als ideale Lösung bezeichnet wurde. Ist das utopisch? Hieße das für Palästinenser die Aufgabe der Idee eines demokratischen Palästina, um den jüdischen Charakter Israels zu bewahren – wenn sie Friedensstifter sein wollen? Manche Palästinenser mögen dieser Idee positiv gegenüberstehen, dennoch – die Übergangszeit befürchten viele. Befürchtungen bestehen beiderseits und das hat das Nachdenken über eine derartige Lösung bisher weitgehend verhindert.

Wenn es zu einem säkularen demokratischen Staat kommen sollte, müsste jener diskriminatorische Teil der israelischen Gesetze, die die jüdische Nationalität in Israel begünstigt, abgebaut werden. Jener Abschnitt, der die jüdische Heimstätte betrifft, könnte erhalten werden, wenn Juden und Palästinenser dieselben politischen Rechte hätten. Wenn man die Geschichte betrachtet, wird sich ein ethnisch blindes System nicht umgehend umsetzen lassen, es würde unbedingt gegenseitige Garantien in einer Übergangsphase geben müssen. Ethnische Rechte müssten – unabhängig von dem Wohnort der Menschen – erhalten bleiben, dass betrifft Sprache, den religiösen Kalender, kulturelle Produkte, ethnische Kontrolle über Heilige Stätten und lokale Ausbildungspläne etc. Aus dem bereits extrem abgegrenzten palästinensischen Land könnten Provinzen geschaffen werden, die lokal regiert werden könnten (z. B. Galiläa, Negev). Sie hätten jeweils jüdische oder palästinensische Mehrheiten, aber große ethnische Minderheiten, deren Einfluss für die Politik auf Distrikt oder nationaler Ebene relevant wäre. Und welche Erfordernisse müsste ein derartiger Staat erfüllen: Aufrechterhaltung des „Rechts auf Rückkehr" im Hinblick auf die spezielle Beziehung zwischen Juden und dem Staat Israel; Entfernung aller Privilegien unter dem Recht auf jüdische Rückkehr; Zurückdrängen des Einflusses der World Zionist Organisation und der Jewish Agency im Zusammenhang mit der Alija, aber Aufrechterhaltung der Olim-Regelungen im Zusammenhang mit Aufnahme und Unterstützung des jüdischen Diasporalebens und die Erstellung eines Gleichheitsprinzips für palästinensische Rückkehr. Für jene Zweit- und Dritt-Generation-Palästinenser, die nicht in dem Territorium geboren worden waren, müssten dieselben Einbürgerungsgesetze gelten wie für zukünftige jüdische Bürger; Entfernung und Verbot aller ethnischen Vorkehrungen bezüglich Besitzansprüchen an Land, voller Zugang für alle zum so genannten Staatsland; Abschaffung aller ethnischen Unterschiede beim Militärdienst und den daraus folgenden Begünstigungen bezüglich Ausbildung, Unterkunft, Anstellung etc.; Übergabe der öffentlichen Stellen für Planung und Entwicklung an nicht-jüdische nationale Einheiten; Sicherstellung des Zugangs zu Heiligen Stätten für alle einheimischen Bürger und ausländische Pilger, wobei die Normen der Achtung gegenüber fremden Religionen gewahrt werden müssen; Abschaffung aller nationalen Identitäten. Geschichtsbücher und Unterricht müssen reformiert werden, um die Wertschätzung des neuen Staates bei allen Bürgern zu gewährleisten. Juden, Muslime und Christen hätten weiterhin die Möglichkeit, alle biblischen Stätten zu besuchen bzw. dort zu wohnen. Die Siedlungen könnten bestehen und müssten für alle geöffnet werden. Die Anreize zur Schaffung neuer Siedlungen müssten fallen, der privilegierte Zugang der jüdischen Gemeinden zu Land, Wasser und Transport müsste fallen. Um diesen paritätischen Status zu erreichen, werden Jahre erforderlich sein.

Es erscheint „einfach", dennoch stehen gewaltige emotionale Hindernisse wie das Trauma der Shoa im Vordergrund. Formt die Shoa wirklich noch das jüdische Leben? Obwohl es den Antisemitismus noch gibt, ist er in den westlichen Demokratien rückläufig.

Es gibt Befürchtungen, z.B. jene, dass palästinensische Rückkehrer, die ihre alten Häuser in ihren ursprünglichen Dörfern in Besitz nehmen wollten, Juden aus ihren ehemaligen Wohnungen und Häusern vertreiben würden und sich auch in den bisher rein jüdischen Siedlungen niederlassen könnten. Es gibt auch Ängste, dass eine palästinensische Übermacht verschiedene Verfassungsgesetze z.B. bezüglich des Rückkehrrechtes kippen könnten. Daher wird es sinnvoll sein, gewisse Garantien durch die Internationale Gemeinschaft einzuführen. Eine Utopie?

Ganz einig dazu sind sich Israelis nicht. „Post-Zionisten" diskutieren darüber, wie Israel ohne jüdische Mehrheit weiterexistieren kann. Für sie besteht die Frage der Vereinbarkeit von Aufrechterhaltung eines jüdischen Staates (mit Rückkehrrecht) mit der Notwendigkeit der Aufgabe einer jüdischen Mehrheit. Das Bestehen auf einer jüdischen Mehrheit enthält eine diskriminierende Verhaltensweise, die gegen die jüdisch-liberalen Werte steht. Konservativere Zionisten meinen, dass diese naiven Ansichten der „Post-Zionisten" gefährlich seien, da sie den latenten Antisemitismus unterschätzten. Diese Gegner weisen auf eine Reihe von Anschlägen auf jüdische Ziele hin. Sie befürchten, dass dieser liberale Weg wieder in die Auslöschung der Juden durch arabische Mehrheiten führt, wehren sich gegen diese „freizügigere" Politik. Der arabische Hass gegen Juden und Israel, und die damit verbundene und auch geäußerte Drohung, das Land Israel durch arabische Armeen auszulöschen, rechtfertige die militärisch befestigte rein jüdische Existenz Israels. Diese Vorstellung einer monolithischen, feindlichen arabischen Welt findet ihren Niederschlag in der „Politik der Angst", bestehend aus Abwehrargumenten von Israelis und/oder Diasporajuden, wie „das Recht Israels auf seine Existenz" würde geleugnet oder die Araber hätten einen Genozid gegen die jüdische Gemeinde im Auge. Allerdings werden derartige Drohungen expressis verbis von iranischen Politikern ausgesprochen, die auch die Shoa verleugnen; ein Achse Iran-Syrien-Hisbollah/Hamas wird vermutet. Es wird vorgebracht, dass entweder der jüdische Staat überlebt oder die jüdische Auslöschung erfolgen wird. Angst ist kaum zu entkräften, es muss diskutiert werden, was den Staat ausmacht, die Rolle der Religion im „Jüdisch-Sein" und ob die Westbank benötigt wird, um die Identität als Jüdischer Staat zu erfüllen.

In diesem Zusammenhang spielen auch Rassismus, Eurozentrismus eine Rolle, denen zufolge Araber als unzivilisiert, gewissenlos, verräterisch, mit barbarischem Hass auf Zivilisation und Aufklärung, Neigung zur Gewalt, antidemokratischer Haltung dargestellt werden. Wenn Arabern die Möglichkeit gegeben wäre, gleichberechtigt in einem Staat zu leben, würden sie die Zerstörung der Juden von innen anstreben. Araber stünden den Israelis deshalb feindlich gegenüber, weil sie neidisch auf den „goldenen und dekadenten Lebensstil" wären, der in den Medien abgebildet wird. Diese „Einstellung" beruht auf der Verfassung: Nicht-Juden haben nicht den rechtlichen Status von Juden, sie haben nicht den gleichen Zugang zu den staatlichen Mitteln wie z. B. Land. Während andere Länder für derartiges Verhalten international geächtet wurden, könnte Israel alle Vorwürfe als Antisemitismus abwehren. Der Westen, im Holocaust-Bewusstsein, stellte Israel nicht in eine Reihe z. B. mit dem ehemaligen Südafrika. Für den Westen ist „das Heilige Land" eine biblische Landschaft. Im Bewusstsein dieser Länder ist Palästina kein muslimisches Gebiet, wenn es auch 14 Jahrhunderte unter muslimischer Herrschaft stand. Jahrhunderte geopolitischer Rivalität zwischen dem christlichen Europa und dem muslimischen Osten führten zu Ideen wie „Zusammenprall der Kulturen" und schüren damit die Angst vor dem Terror, die den Westen Israel vorziehen lässt. Das Verhalten Israels gegenüber den Palästinensern wird kritisiert, aber die Grundlagen des Staates, der dieses Verhalten ermöglicht, werden akzeptiert. Israel hätte seine Politik auf Landnahme (anfänglich durch die Kibbuzbewegung, landwirtschaftliche Arbeit der Juden auf ihrem wiedergewonnenen Land), nicht auf Ausbeutung der dort lebenden Menschen ausgerichtet. Diese Verhältnisse laufen unter „Wiedergutmachung". Der Vorwurf des Rassismus wird von Verteidigern Israels abgewiesen, denn Zionismus, eine nationale liberale Bewegung, könne nicht als rassistisch bezeichnet werden, weil Juden aus verschiedenen Gegenden kommen und unterschiedliche Abstammungen aufweisen. Israel hat bereits 1979 die „International Convention" zur Beseitigung aller Formen von ethnischer Diskriminierung unterschrieben. Hass und Angst sind nicht einseitig, sondern gegenseitig. Viele Israelis verstehen, dass Feindseligkeit der Palästinenser auch von ihren eigenen harten Maßnahmen herrühren kann. Auch wenn Selbstmordattentäter eine gefürchtete Gefahr darstellen, sind sie und ihre Opfer zahlenmäßig ein Randphänomen. Sowie viele Israelis die Palästinenser nicht geringschätzen, so gilt dies auch umgekehrt. Der „Feind" ist der aggressive Zionismus, die Landnahme.

Der Pan-Arabismus hatte es den Zionisten leicht gemacht, die Palästinenser in denselben Topf der „Araber" zu werfen. In Israel stellt man sich die Frage, ob sich in dem riesigen arabischen Territorium kein Fleckchen für die Palästinenser fände, damit die Juden Palästina allein zur sicheren Heimstatt haben könnten. Die jüdische Bevölkerung ist weitgehend zufrieden mit den zionistischen Errungenschaften, dennoch meinen einige, dass der Zionismus das jüdische Problem nicht gelöst hat.

Voraussetzungen für jede Lösung

Wenn Israel leben will, muss es stabile Nachbarschaft aufbauen, Araber müssen Israel das Existenzrecht zugestehen, und Araber so wie Juden müssen aufhören, im jeweils „Anderen" nur den Feind zu sehen. Gäbe es ein gerechtes Abkommen? Hat man eingesehen, dass nur ein Dialog und nicht militärische Maßnahmen Frieden bringen können? Sowohl die Israelis als auch die Palästinenser werden im Heiligen Land bleiben. Beide sind tief in dieser Erde verwurzelt. Beide Seiten müssen die eigenen Fanatiker unterdrücken. Keine Seite wird mit einem Kompromiss vollständig zufrieden sein können, dennoch muss es zu einer abnehmenden Spirale der Gewalt kommen. So lange die Politiker davon ausgehen, dass das Recht (nur) auf ihrer Seite steht, wird der Konflikt lediglich verlängert.

Für die Palästinenser gilt es, das Ausmaß des Holocaust-Traumas zu verstehen. Manche haben lange bezweifelt, dass es den Holocaust überhaupt gegeben hat. Sie verstehen nicht, dass jemand, der so viel gelitten hat, so viel Leid über die Palästinenser bringen kann. Viele haben sich geweigert, die Einzigartigkeit des Holocausts anzuerkennen, indem sie auf die Vernichtung z. B. der assyrischen und armenischen Christen im zwanzigsten Jahrhunderts hingewiesen haben. Sie müssen begreifen, dass der Holocaust die Schaffung einer jüdischen Heimat für die Juden erforderlich machte – und akzeptieren, dass die besten Teile Palästinas (Westpalästina) an die Juden gegangen sind, nicht weil sie ein Recht darauf gehabt hätten, nicht aufgrund der Balfour-Deklaration, nicht einmal wegen des Antisemitismus, sondern aufgrund des Holocausts.

Dafür erwarten sie von den Juden in etwa folgende Aussagen: *Wir bedauern, dass wir mit Arroganz und einem Gefühl der Überlegenheit in euer Land gekommen sind. Doch nun sind wir hier, vergebt uns das Böse und Unrecht, das wir euch angetan haben. Wir haben einen Teil des Landes genommen, wir haben euch ignoriert. Wir haben so getan, als ob ihr nicht existieren würdet, ja, als ob ihr nicht zählen würdet. Wir haben euch stereotypisiert, um andere davon zu überzeugen, dass ihr alle Terroristen seid. Wir haben uns geweigert, anzuerkennen, dass ihr Rechte auf das Land habt, während wir darauf bestanden haben, dass ihr unser Recht darauf anerkennt. Viele Regierungen der Welt, auch die der USA, haben uns zugestimmt. Wir haben uns geweigert, mit euch auf gleicher Ebene zu verhandeln. Nunmehr erkennen wir, dass es einen Kompromiss geben muss, denn wir wollen ein Teil des Nahen Ostens bleiben und mit euch Christen und Muslimen leben. Euer eigenes Land Palästina war vor 2000 Jahren unser Land, auch wir haben viele geschichtliche Erinnerungen.*

Araber kennen noch immer die inneren semitischen Werte der Ehrenhaftigkeit, Großherzigkeit und Gastfreundschaft, die ihnen erlauben würden, Lösungen zu finden. In Israel gibt es zwei Ansichten: Den Standpunkt der so genannten „1967er", die Grenzen von 1948 waren gerechtfertigt. Um Frieden zu machen, wäre es *nur* erforderlich, dass Israel das 1967 eroberte Land aufgibt und damit Platz für einen unabhängigen Staat auf der Westbank und in Gaza schafft. Der Standpunkt, der „1948er" dagegen ist, dass es keinen Frieden geben kann, so lange Israel die Untaten, die damals begangen wurden, nicht zugibt und wiedergutmacht. Diese Gruppe meint, dass damals bereits Absichten und Planungen bestanden hätten, die meisten Araber aus Israel zu vertreiben, um eine jüdische Mehrheit in einem jüdischen Staat zu gewährleisten. Von ihnen wird eine Entschuldigung für „vorsätzlich geplante Verbrechen, die rücksichtslos durchgeführt und dann systematisch abgeleugnet wurden", gefordert.

Wenn die Palästinenser das Existenzrecht der Juden innerhalb sicherer Grenzen anzuerkennen haben, und Israel einen Palästinenserstaat auf der Westbank und im Gazastreifen akzeptiert, könnte man an eine Föderation zwischen Israel und Palästina denken, dem sich dann ein eventuell schon friedlicher Libanon und Jordanien anschließen könnten. Es könnte zu einem Gefühl des gegenseitigem Aufeinanderangewiesen-Seins führen, das ein Leben in friedlicher Nachbarschaft ermöglichen könnte. Um diesen Traum zu erfüllen, müssten die in den umliegenden Ländern nicht integrierten Flüchtlinge entweder in ihre Heimat rückgeführt oder in den diversen Ländern integriert werden. Eine endgültige Lösung zwischen Israel und den Palästinensern muss eine Klärung für jene Flüchtlinge enthalten, die zurückkehren wollen oder die keine fremde Staatsbürgerschaft erhalten oder angenommen haben. Bei der derzeitigen Strategie herrscht Einigkeit zwischen Israel und seinen arabischen Nachbarn (mit Ausnahme Jordaniens): keines dieser Länder hat den Palästinensern die jeweilige Staatsbürgerschaft angeboten oder maßgeblich zu ihrem Wohlbefinden beigetragen. (In Syrien allerdings sind palästinensische Flüchtlinge der sozio-ökonomischen Situation der Syrer weitgehend angepasst). Für die Nachbarstaaten war es „nützlich" gewesen, dass 1,5 Millionen Flüchtlinge in der Obhut der UN blieben und weiterhin vertrieben, verzweifelt, wütend sind; womit der Welt gezeigt wird, dass sie ein Recht auf ihre Heimkehr nach Palästina haben. Was im Jahr 1948 eine drei Viertel Million war, umfasst jetzt bereits geschätzte sechs Millionen, und viele haben einen starken, emotional begründeten Anspruch auf ihr Land, das ihre Vorfahren verlassen mussten. Viele haben ihr gesamtes Leben mit nur einer Zielsetzung verbracht: Rückkehr „nach Hause". Israel selbst will sie nicht zurück und hat sich darum bemüht, „Wiederansiedlung" aus jedem Friedensvertrag herauszuhalten. Ein palästinensischer Staat, sollte er sich aus den Besetzten Gebieten ergeben, wird die

Probleme der Flüchtlinge im Libanon, in Syrien oder Jordanien nicht lösen können; im kleinen Palästina wäre schlicht zu wenig Platz. Vorschläge für eine Lösung kommen von allen Seiten: z.B., dass Israel mit seiner landwirtschaftlichen Erfahrung Palästina beim Aufbau des Landes helfe könnte, oder dass Gebiete im nördlichen Galiläa mit dünner israelischer Besiedlung durchaus Platz für einen Teil zurückkehrender Palästinenser bieten könnte. Selbst diese Lösung entspräche nicht dem Wunsch der Flüchtlinge, die davon in den überfüllten Flüchtlingslagern träumen, in ihr Dorf mit seinen Olivenhainen und Weinbergen zurückkehren zu können. Wie sollte dies möglich werden? In den überfüllten Flüchtlingslagern hängt man dem Traum nach, dass irgendwann eine vereinte arabische Armee „Israel ins Meer drängen würde". Diese Menschen beten für die Rückkehr in ihre angestammte Heimat, die Enkel und Urenkel der Vertriebenen spielen Soldaten und sehen sich als Rächer. Die jungen Männer, die aus diesen Kindern werden, verhalten sich entsprechend dieser Phantasie, indem sie sich den extremen palästinensischen Organisationen zuwenden. Eine Lösung, die nicht ganz den Vorstellungen der Flüchtlinge entspräche, wäre eine Integration der Flüchtlinge in die Länder, in denen sie jetzt leben. Viele Israelis meinen, dass eine Rückkehr der Flüchtlinge nicht in Betracht käme. Bei voller Anerkennung des „Rückkehrrechtes der Palästinenser" würden möglicherweise Hunderttausende, wenn nicht gar Millionen Palästinenser in einen Staat übersiedeln, den sie jahrzehntelang vom Erdboden zu tilgen geschworen haben. Sie würden zur Mehrheit in dem Lande werden, dessen Wesen und Symbole sie abgelehnt oder bekämpft hatten. Kann man von Israel verlangen, diese Flüchtlinge bei sich aufzunehmen? Es wird auch befürchtet, dass diese neue Mehrheit alle Juden, bzw. jene, die nicht im Land geboren wurden, vertreiben könnte. Bestünde nicht die Gefahr, dass dieses Land zu rigorosen Apartheidbestimmungen greifen müsste, um seine Staatsidee zu erhalten? Niemand in Israel möchte in einem Staat mit arabischer Mehrheit leben. Israel ist der einzige jüdische Staat der Welt, gegründet auf einem Beschluss der Vereinten Nationen, damit Juden nicht mehr darunter zu leiden hätten, als Minderheit ohne Staat von der Gnade anderer abhängig zu sein.

Ein weiterer Stolperstein zum Friedens ist der Status von Jerusalem. Zwischen 1948–1967 war die „Grüne Linie" (Waffenstillstandslinie) durch die Stadtmitte gegangen, wobei die Altstadt mit ihren Heiligen Stätten auf der östlichen, der jordanischen Seite zu liegen kam; zu dieser Zeit hatten Juden keinen Zugang. Diese Osthälfte wurde 1967 von den Israelis erobert und annektiert, damit war die Klagemauer wieder in jüdische Hand gelangt. Aber Ostjerusalem bleibt in verwaltungstechnischer, politischer, wirtschaftlicher, kultureller und religiöser Sicht das Zentrum für die Palästinenser. Es ist immer noch das größte palästinensische Zentrum mit einer christlichen und muslimischen Bevölkerung von ca. 290.000 Menschen (2004), das entspricht ca. 40 % der Bevölkerung. Der Standpunkt der PA ist, dass Jerusalem eine offene Stadt sei, die zwischen Israel und Palästina auf der Trennlinie von 1967 geteilt werden sollte, Ostjerusalem bliebe die Hauptstadt Palästinas. Israel ist nicht gewillt, die Stadt jemals mehr zu teilen, und es gäbe keinen Verhandlungsspielraum, international ist dieser Anspruch nicht anerkannt, nach internationalem Recht ist Ostjerusalem noch immer Besetztes Gebiet. Aber die israelische

Herrschaft besteht und ist de facto absolut. Aus christlicher Sicht wird respektiert, dass religiöse Juden in ihrer Zerstreuung über die ganze Welt stets von dem Verlangen erfüllt waren, eines Tages zurückzukehren und den Dritten Tempel wiederherzustellen. Doch eine religiöse Sehnsucht ist in einen politischen Anspruch gewandelt worden. Es kann kein Friedensabkommen mit den Palästinensern geschlossen werden, wenn deren Rechte in und auf Ostjerusalem nicht anerkannt werden. Dagegen steht, dass eine Reihe von israelischen Regierungen erklärt hat, dass Jerusalem niemals mehr geteilt werden dürfe und immer israelische Hauptstadt bleiben müsse. Jerusalem wurde und wird von Israel weithin „vergrößert", durch einen Ring von städtischen jüdischen Siedlungen. Großjerusalem, ein Bollwerk, eine strategische Verteidigungs-Barriere, um eine vertragliche Rückkehr der Palästinenser zu verhindern. Dieser Ring ist groß, von breiten Autobahnen durchzogen, bewohnt von ca. 200.000 Israelis. Es wäre tragisch, wenn Jerusalem nur einem Staat zugeordnet würde. Diese Stadt ist heilig – für Juden, Christen und Muslime. Die Zukunft Jerusalems darf nicht militärisch oder nur politisch entschieden werden, Jerusalem gehört der gesamten Welt. Es gibt den Vorschlag, der von der UNO und vom Vatikan gemacht wurde: Jerusalem als Corpus separatum.

Insgesamt gesehen, kann die vatikanische Palästinapolitik im Hinblick auf Jerusalem seit dem Ende des britischen Mandats als nicht erfolgreich bezeichnet werden. Bei wechselnden Forderungen erreichte der Vatikan nur einige Teilabkommen, deren Umsetzung wieder Probleme aufwarf. Zudem hatte er durch die diplomatische Anerkennung Israels – die seinen Einfluss auf die Regelung der Jerusalemfragen nicht, wie erwartet, vergrößert hatte – als möglicher Mittler bei den arabischen Staaten an Glaubwürdigkeit verloren. Eine Lösung, die den Vorstellungen des Vatikans entspräche, liegt ferner als vor fast sechzig Jahren. Sollte Jerusalem für beide Bevölkerungsgruppen gleichwertig verfügbar sein, müssten UN-Soldaten den Zugang den Heiligen Stätten sichern.

Es geht nicht nur um eine Kompromisslösung mit den Palästinensern, der Rückkehr der Flüchtlinge oder den Status Jerusalems, ein Friede mit Syrien würde beiden, Israel und Syrien, Vorteile bringen, der Stolperstein sind die Golanhöhen. Dieses Abkommen könnte unabhängig von den anderen offenen Problemen geschlossen werden. Einmal war es fast gelungen: In Verhandlungen in den 1990er-Jahren hatte Ehud Barak nur einen zehn Meter breiten Streifen des Golans, der an den See Genezareth angrenzt, behalten wollen, um Israels Wasserversorgung (40 % des Trinkwassers kommen von dort) zu gewährleisten. Der damalige syrische Präsident, Hafez Assad, bestand auf seinem Recht, im See schwimmen zu können, wie er es in seiner Jugend getan hatte. 2000 waren die Verhandlungen gescheitert. Assad ist inzwischen gestorben (Juni 2000), sein Sohn Bashir scheint einer Lösung nicht abgeneigt zu sein. Sollte es zum Frieden kommen, wäre das ein enormer wirtschaftlicher Vorteil für alle beteiligten Länder.

Ist es zu spät für Palästina?

Derzeit wollen manche Palästinenser lieber für Allah sterben als verhungern. Einige scheinen von ihrem Freiheitskampf so besessen zu sein, dass Rache eines der höchsten persönlichen Anliegen bleibt. Hamas und Fatah sind unversöhnlich verfeindet, es kam zu Hamastan und Fatahistan (vom Westen unterstützt, während Gaza ausgehungert wird). Wie kann nun die Palästinensische Führung mit diesen Problemen umgehen? Wird sie mit Israel einen Vertrag schließen? Haben sich die Palästinenser so an ihre Opferrolle gewöhnt, dass sie sich fürchten, sie abzulegen? Manche Juden fragen sich, ob es ihr Problem wäre, eine „europäische Enklave" in der arabischen Welt zu sein oder ob sie „zu spät gekommen wären". Dazu kommt die Frage, ob das Regime in Palästina ein säkulares bleiben kann oder ob es zu einer religiösen Radikalisierung käme. In den letzten Jahrzehnten hat Israel versucht, die palästinensische Führung nach seinen Vorstellungen zu gestalten – d. h. einen „verlässlichen Verhandlungspartner" zu haben. Das hat kaum Ergebnisse gebracht, denn nur ein glaubwürdiger interner politischer Prozess kann eine effektive palästinensische Führung bringen, umgekehrt geht es nicht. Sowohl Israel als auch Palästina waren mit „Hardlinern" als Führer zufrieden. 2007 kämpfte die Hamas mit der Fatah um die Führung, ihr gegenüber steht eine schwache, von rechtsextremen Partnern abhängige Kadima.

Wie soll diese Situation zu einem „State Building" führen, zu einer Zivilgesellschaft, die dafür sorgt, dass Müll entsorgt wird, Straßen gebaut und Arbeitsplätze geschaffen werden. Was ist mit den zwar derzeit unterbrochenen wirtschaftlichen Verbindungen zwischen Palästina (Gaza) und Israel, und wie kann es zu einer Einigung über die Wasservorräte kommen? Es wird viel über „capacity building" gesprochen, doch wer soll das verwirklichen? Das könnte Israel sein, in dessen Interesse es wäre, aber dessen Interessen es auch am stärksten zuwiderliefe. Oder die arabische Welt – die ein zumeist latentes Interesse am Köcheln des Palästinakonflikts hat und selbst unter autokratischen Herrschern leidet. Oder die Europäer, die keine gemeinsame Linie dazu finden können. Oder die Amerikaner, die ihre eignen Interessen im Nahen Osten vertreten …

Nach Israels Rückzug aus Gaza hatte eine palästinensische Führung mit Sicherheitskräften dafür sorgen müssen, dass Siedlungen und ihre Einrichtungen sinnvoll weiter verwendet worden waren, und dass die terroristischen Militias und politischen Banden entwaffnet und die Grenzen ordnungsgemäß bewacht werden. Ist das überhaupt noch möglich? Wenn das nicht erreicht werden kann, könnten die Palästinenser über einen Staat verfügen, der von Anfang an ein „failed state" wäre. Ist es zu spät für Normalität – ist es zu spät für Palästina? Eine Katastrophe in Palästina würde zu noch mehr Gewalt gegen die Israelis führen. Die Palästinenser jedenfalls haben das Gefühl, dass die Aktionen der Israelis Zwietracht säen, auf die Zerstörung der Palästinenser als Nation zielen. Die Israelis fürchten, durch Einkreisung vernichtet zu werden. Wer jedoch das zum Teil verständliche Verhalten Israels gegenüber den Besetzten Gebieten kritisiert, gilt als anti-israelisch, als Antisemit, als Terrorsympathisant, der das jüdische Recht auf Selbstverteidigung in Frage stellt.

Es gibt theoretische Modelle, wie es zu einem Palästinenserstaat kommen könnte: einer wäre Landtausch. Teile des Westjordanlandes könnten dem Staat Israel zugeordnet werden. dafür jene Teile Israels, die nur von Arabern besiedelt werden, dem Palästinenserstaat zugeteilt werden. Das hieße, dass aus israelisch-arabischen Staatsbürgern plötzlich ohne Wahlmöglichkeiten palästinensische Bürger würden, dass die bestehende Infrastruktur nicht mehr von Israel bereitgestellt würde, und dass diese umgehend mit dem Verlust der israelischen Staatsbürgerschaft ihre Arbeitserlaubnis in Israel verlieren würden. Derzeit besteht ein „Gefälle" zwischen Arabern, die in Israel leben, die es zu bescheidenem Wohlstand gebracht haben und den Arabern im Westjordanland und im Gazastreifen, die rechtlos sind. Für die Israelis wäre das ein verlockender Gedanke, denn man könnte die jüdische Majorität zementieren, und wäre eventuelle Störenfriede im Land los.

Im Jahr 2002 war es zur Alexandria-Deklaration gekommen: jüdische, muslimische und christliche hochrangige Religionsverantwortliche hatten ein Papier veröffentlicht, in dem die Gemeinsamkeiten der drei Religionen und die Verantwortlichkeit für das Heilige Land in den Mittelpunkt gestellt wurden. Gefordert wurde Waffenstillstand, Aufhebung aller Restriktionen und eine Rückkehr zum Verhandlungstisch. Der Alexandria-Prozess wurde eingeleitet und ein Komitee zur Überwachung der Implementierung der Forderungen der Alexandria-Deklaration eingerichtet. Man versuchte, an der Basis zu helfen und dabei die Wichtigkeit einer Versöhnung zu kommunizieren. Man war bestrebt, sowohl mit dem Quartett als auch den Arabischen Staaten zusammenzuarbeiten. Auch einzelne Menschen setzten Zeichen: z. B. Daniel Barenboim gründete 1999 das West-Eastern-Divan-Orchester, in dem Musiker aus Israel mit Musikern aus arabischen Ländern gemeinsam spielen. Auch für ihn galten Beschränkungen. Barenboim und seinem Orchester wurde die Einreise nach Palästina von israelischen Soldaten verwehrt. Ganz anders die Initiative „Olives of Peace", natives Olivenöl gemeinsam hergestellt von palästinensisch-israelischen Erzeugern, ein Joint Venture, das Kontakte, professionelle Zusammenarbeit und persönlichen Austausch zwischen Olivenproduzenten, Olivenölmühlen und Abfüllbetrieben aus Palästina und Israel fördert.

Recht für Juden, Muslime und Christen

Es gibt eine jüdische Interpretation des biblischen Textes: „Recht, nichts als Recht – ihm sollst Du nachjagen." Das Wort Recht wird zwei Mal verwendet, das erste bezieht sich auf die Juden, das zweite auf andere Völker. Den Juden ist Recht verschafft worden mit der Schaffung des jüdischen Staates. Es wäre an der Zeit, dem zweiten Recht zur Geltung zu verhelfen, dem Recht der Palästinenser. Wenn ihnen nicht Recht geschieht, wird Israel weiterhin ungerecht leben. Der Traum „Großisrael" ist unrealistisch und gefährlich, Wenn er verwirklicht würde, dann nur mit militärischen Mitteln. Israel kann nicht für alle Zeit hinter selbst errichteten Mauern leben und unwidersprochen Unrecht begehen. Es gab eine Zeit in der Geschichte des alten Israel, in der der Bereich der jüdischen Souveränität sehr klein war. Nach dem babylonischen Exil reichten die Grenzen nur von Beth-el bis Hebron. Zu keiner Zeit seiner Geschichte hatte das Land die „verheißenen" Grenzen. Selbst die Bestimmungen der Grenzen sind in der hebräischen Bibel unterschiedlich, z. B. vom Nil bis zum Euphrat, oder das Gebiet Palästinas und Ostjordaniens. Zur Blütezeit von Salomons Herrschaft gehörten Teile der Westküste nicht zu Israel. Expansion brachte und bringt neue Konflikte und Unsicherheit. Man könnte fast sagen, Israels schlimmste Feinde sind nicht Palästinenser, noch Araber, nein, es ist Israel selbst.

Einige Politiker befürworten noch härtere Maßnahmen gegen die Palästinenser, Extremisten empfehlen Massenausweisungen. Israel fasst sowohl gewaltlose als auch andere Proteste als Bedrohung auf. „Niemals wieder" wurde nach dem Holocaust zum ethischen Imperativ der Juden, aber es konnte wegen Israels Unnachgiebigkeit Anderen gegenüber zum „doch wieder" werden. Statt die Realität der Rechte der Palästinenser auf ihr eigenes Land und ihren eigenen Staat anzuerkennen, fährt Israel fort, die Palästinenser militärisch zu unterdrücken.

Selbst Viktor Frankl, der die Nazi-Todeslager überlebt hat, schreibt, dass die aus den Lagern befreiten Insassen sich wie ihre Folterer zu benehmen begannen. Er stellte fest, dass „primitivere Naturen", nunmehr als Befreite, selber diejenigen zu sein vermeinen, die ihre Macht, ihre Freiheit willkürlich, hemmungslos und bedenkenlos nutzen dürften. Israel will, dass sich die Welt an die Gräuel des Holocaust erinnert. Heute ist es undifferenzierte Feindschaft gegen alle Palästinenser, die die Lage destabilisiert. Dennoch gilt noch das Bibelwort: über das Urteil der Wahrheit, und Friede ist an deinen Toren, d. h. dass der Friede zu finden ist, wo immer Gerechtigkeit geschieht.

Die Lage ist nicht komplett aussichtslos, denn Selbstmordattentäter werden den Staat Israel nicht zerstören, und andere Waffen haben die Palästinenser nicht. Was die Israelis mehr zu fürchten haben, wäre der Zerfall ihrer Kultur, ihrer Moral, ihrer Gesellschaft aufgrund des Entstehens einer arabischen Mehrheit in einem GroßIsrael.

Die Zukunft der Christen in Palästina

Es wäre ein Alptraum, wenn die Heiligen Stätten zu einem Museumsquartier ohne Gläubige, ohne Gottesdienst würden, in denen es nur internationale Touristen als Besucher gäbe, die keine Beziehungen zu dem Land oder zu dem (ostkirchlichen) Erbe hätten. Daher sind Maßnahmen vonnöten, um einer weiteren Verringerung der Anzahl der Christen entgegenzuwirken und eine lebensfähige Kirche im Heiligen Land zu garantieren. In Israel, wo die christliche Bevölkerung zwischen 1948– 1990 auf das Vierfache angestiegen war, ist die Unzufriedenheit der Christen am größten. Sie haben es satt, Bürger zweiter Klasse zu sein, daher ist ihre Neigung auszuwandern groß. Christen sollen hier „das Salz der Erde" sein, aber sie gelten als Freunde des Westens und werden von manchen Muslimen als Feinde wahrgenommen. Christen dürfen in vielen arabischen Staaten ihre Religion nicht ausüben, oft sind sie aber willkommene Berater. Nur in einer Atmosphäre des Friedens können Unterschiede nebeneinander bestehen.

Für Katholiken gibt es eine rechtliche Basis: das Grundsatzabkommen. Die Maßnahmen, die seitens der Kirche getroffen wurden (Bischofskonferenzen, ein Palästinenser als Oberhaupt), haben gegriffen, ob diese nicht ausreichend sind, um wirtschaftlichen Nachteile, islamistische Verhetzung und politische Spannungen aufzuwiegen. Die Wahrscheinlichkeit, die christliche Präsenz im Heiligen Land zu bewahren, wäre größer, wenn die orthodoxe Kirche sich intern mehr vereinigte. Es gibt starkes Misstrauen zwischen arabischen Laien und griechischer Hierarchie, diese Situation bedroht alle Christen. Man hatte Hoffnungen auf Ireneios – designierter Nachfolger von Patriarch Diodorus, der 2001 gestorben ist, gesetzt. Ireneios wurde von den Israelis abgelehnt.

Viel hängt auch von der öffentlichen Meinung der israelischen Bevölkerung ab. Wäre das Grundsatzabkommen rascher in die Tat umgesetzt worden, wäre es ein Anreiz für die Israelis gewesen, Druck auf die christlichen Araber zu vermindern. Wenn man aber die Unabhängigkeit israelischer Bürokraten bedenkt, scheint ein Vertrauen in Normalisierung nicht gerechtfertigt. Der jüdisch-christliche Dialog ist auf allen Ebenen zu fördern. Die Möglichkeit die Zukunft der Christen in Palästina zu bewahren, liegt primär auf politischer und sozialer Ebene. Wesentlich ist es, eine säkulare Regierung zu bewahren und für institutionellen sowie religiösen Pluralismus zu sorgen.

Schon vor 20 Jahren hatte man prophezeit, dass bei „*der* Auswanderungsrate" in eben 20 Jahren keine lokale christliche Gemeinschaft in Palästina mehr bestehen würde. Es kam doch anders: die Kirchen fanden verstärkt zueinander, sie entwickelten ihren eigenen Ökumenismus und haben sich in das öffentliche Leben eingeschaltet. Sie haben große Anstrengungen unternommen, um den Menschen Hoffnung zu geben, indem sie sich um wirtschaftliche Entwicklungsprogramme bemühten und versuchten, der Auswanderung durch zur Verfügungsstellung von Wohnraum gegenzusteuern. Damit ist das palästinensische Christentum stärker geworden. Christen bleiben aber durch negativen gesellschaftlichen Druck, religiöse Vorurteile und politische Manipulation verletzbar. Die Auswirkungen der al-Aqsa-Intifada auf das christliche Dreieck Bethlehem–Beit Jala–Beit Sahour waren verheerend. Die wiederkehrenden Scharmützel zwischen muslimischen Kämpfern und dem IDF haben zur Auswanderung vieler Christen geführt, bei vielen zu Verarmung. Die fünf Wochen dauernde Belagerung der Geburtskirche im April 2002 hatte zu erhöhtem Argwohn der Gemeinschaft vor muslimischen Kämpfern und israelischer Regierung geführt. Diese Situation führte zu einer Radikalisierung der Christen, und die Zukunft einer lebendigen christlichen Anwesenheit im Heiligen Land liegt *wahrhaftig* in Gottes Hand. Denn Jesus Christus hat verkündet: „Selig, die keine Gewalt anwenden, denn sie werden das Land erben". Es wird aber auch für Christen Hass gesät, wenn die israelische Militärverwaltung Barrieren baut, wenn „gezielte Tötungen" ohne Rücksicht auf Zivilisten vorgenommen werden. Das führt zu Widerstand, Angst und Hass. Doch für Christen gilt weiter das Wort Jesu: „Liebet eure Feinde und betet für die, die euch verfolgen, damit ihr Söhne unseres Vaters im Himmel werdet". Christen sind aufgerufen, gegen ihren Hass anzukämpfen, daran zu denken, dass oft die, die am meisten unter den anderen zu leiden haben, dazu fähig sein müssen, Versöhnung und Liebe zu stiften. Das bedeutet jedoch nicht, dass damit Rechte preisgegeben oder auf Gerechtigkeit verzichtet werden muss. Es gehört zur Feindesliebe, „den Feind" an Recht und Gerechtigkeit zu erinnern. Es gehört zur Liebe, die Wahrheit zu sagen. Es gehört zur Verantwortung, Unrecht zu entlarven. Christen müssen ihre innere Freiheit behalten, und nie aufhören, auf Gerechtigkeit zu bestehen.

Das christliche Gewissen muss die Berufung des jüdischen Volkes und die Staatsmacht Israel auseinanderhalten. Erst auf dieser Basis kann eine gerechte Lösung gefunden werden. Es ist die Pflicht jedes Christen, die Ereignisse des Palästinakonflikts objektiv zu untersuchen und sich darüber zu informieren, durch all die lügenhafte Propaganda hindurch, unabhängig davon, von welcher Seite sie kommt. Stärke ist keine Grundlage des Rechts. Der Staat Israel ist aus Gewalt geboren, aus Gewalt erweitert und entwickelt sich mit Hilfe von Gewalt. Eine Lösung des Problems kann nur in einem pluralistischen Zusammenleben in ethnischer, religiöser und sozialer Hinsicht liegen, die Christen, Muslime und Juden umfasst. International müssen Christen dafür sorgen, dass Israel die Flüchtlinge entweder aufnimmt oder ihnen Wiedergutmachung zukommen lässt; dass Israel anerkennt, dass alle Bewohner Palästinas als Bürger mit gleichen Rechten an ihrer Heimat gelten; dass ein neuer Staat die aktive Teilnahme aller Bewohner am politischen Leben Palästinas fördert; dass alle Ressourcen zur Entwicklung sämtlicher Bürger wie der benachbarten Länder zu nutzen sind; dass Grenzen der Nachbarländer anerkannt werden; dass internationalen Entscheidungen zu folgen ist.

Diesen Forderungen stehen Hindernisse entgegen. Es könnte die Errichtung eines Zentrums zur Friedensstiftung in Israel-Palästina angestrebt werden. Es sollte von den Kirchen moralisch und finanziell unterstützt werden. Es gibt bereits Bestrebungen und Schritte, aber noch kein einheitliches Vorgehen. Zu Beginn des 21. Jahrhunderts – konfrontiert mit dem Erfolg des Zionismus und dem Ansteigen des „politischen Islam" – haben Christen zusammen mit den Muslimen die Aufgabe, eine Lösung zu finden. Es gab historisch gesehen viele Konflikte zwischen den drei abrahamitischen Religionen, dennoch lebte man zusammen, man sprach miteinander, man arbeitete gemeinsam, half einander. Könnte es nicht wieder so werden?

APOKALYPSE – BALD?

Schon während der britischen Mandatszeit hat ein Gouverneur gefragt: Gibt es irgendwo noch zwei Völker, die so von ihrer eigenen Rechtschaffenheit, von ihrer „Frage" besessen sind, die sich so durch ihre eigenen Mythen verzehren lassen, die so geringschätzig voneinander denken, ihre Nachbarn so dämonisieren und ihre Anliegen der Legalität berauben, und so störrisch ihr gemeinsames Schicksal ablehnen? Eine Lösung hätte sich 1937 mit den Ergebnissen der Peel-Kommission abgezeichnet. Israelis und Palästinenser sind auch Opfer ihrer Geschichte, ihrer gegenseitigen Aggressivität. Sie leben in einer Region, aber die kulturelle und psychologische Distanz zwischen ihnen ist nach wie vor immens.

Anfänglich schuf der Zionismus die Möglichkeit für Juden, sich von Europa zu lösen. Mit der Verfolgung dieses Ziel legten sich die Juden mit einem anderen Volk an. Anfänglich versuchten viele Zionisten, dies nicht so zu sehen. Schließlich besiegten sie dieses „eingeborene Volk". Seither will sich Israel von diesen Menschen trennen – möglichst nicht von ihrem Land. Hier kamen Methoden zum Einsatz, die einem demokratischen Staat nicht angemessen sind. Welchen Rat würde Theodor Herzl heute den Israelis geben? Israel ist atomare Macht im Nahen Osten, erfreut sich der zwar nicht ganz bedingungslosen Unterstützung der einzigen verbliebenen Supermacht der Welt, ist aber nicht in der Lage, die Widersprüche seiner Schaffung zu lösen: nämlich dass Selbstbestimmung von einem Volk nicht durch Unterdrücken der Selbstbestimmung eines anderen Volkes erreicht werden kann.

Wenn es zu spät für Palästina sein könnte, wird es nicht auch langsam zu spät für Israel? Wenn der Holocaust eine so entscheidende Rolle für das Entstehen Israels nach dem Zweiten Weltkrieg gespielt hat, wird der jüdische Staat die internationale Unterstützung auch weiterhin genießen, wenn die Überlebenden des Holocaust nicht mehr leben werden? Denn Israel hat den Holocaust in ein Instrument verwandelt, nicht nur für sein „nation building", sondern um den Palästinensern ihre Rechte zu verweigern. Wird die Bevölkerung der USA weiterhin und langfristig willens sein, diese finanzielle und politische Last „Israel" zu tragen. Wenn Israel nicht überleben könnte, was geschieht dann mit der Bevölkerung? In diesem Staat wurde die hebräische Sprache wiederbelebt, die Wüste zum Blühen gebracht, wesentlich mehr Menschen konnten ernährt werden, als je in der Region gelebt hatten, es gibt ein bemerkenswertes kulturelles Leben. Aber ein Staat, in dem das Recht nicht beachtet wird, kann nur schwer überleben. Viele gehen nicht mehr davon aus, dass es eine Zweistaatenlösung geben kann, andere sehen direkte Parallelen zwischen dem Geschick der Kreuzfahrer und jenem der Israelis. Denn für beide war die Eroberung billig, aber die Kosten der Erhaltung der Macht waren enorm. Manche geben Israel nur mehr ein weiteres Jahrhundert, bis es unter muslimischem Druck verschwindet. Der einzige Gewinner aus den Querelen zwischen Israel und Palästina ist der Konflikt selbst. Und wenn schon historische Auseinandersetzungen als Vergleich herangezogen werden: der Konflikt zwischen Deutschland und Frankreich dauerte drei Jahrhunderte, bevor Friede zwischen beiden als denkbare Option erschien. Aber bei diesem Vergleich besteht ein wesentlicher Unterschied: Denn wie es Arafat so undelikat ausgedrückt hat: „der Schoß der Palästinenserin ist unsere stärkste Waffe".

Soll den Palästinensern geraten werden, sich einzubunkern und zu warten? Am Ende bleibt es bei der Frage: Ist es sicherer, die Besetzten Gebiete seitens Israels weiter zu kontrollieren und Millionen unglücklicher Araber zu bewachen, die sich nicht „transferieren lassen wollen", wenn Israel ein jüdischer Staat bleiben soll? Oder ist es doch sicherer, den Besatzungsstatus, der Israels Energien zu erschöpfen droht, loszuwerden und Sicherheit in einem Kompromiss zu suchen? Risikoreich bleibt jede der Vorgangsweisen. Eine „einseitige Grenzfestlegung seitens Israel" hat bisher nur den Rückzug der Siedler aus Gaza gebracht, aber keinen Fortschritt aus der Sicht der Palästinenser. In Gaza haben einander bekämpfende Fraktionen versucht, sich gegenseitig auszurotten, bis eine Fraktion gewonnen zu haben scheint, aber das hat noch keine Beseitigung des Hungers und der Armut gebracht. Im Gegenteil: In Israel besteht weiterhin Angst vor der „Vertreibung ins Meer", vor der Islamisierung. Wird die israelische Besetzung und Siedlerbewegung weiterhin einen billigen Vorwand für Palästinenser bilden zu töten, statt zu verhandeln? Wird auch in Zukunft Gegenschlag auf Gegenschlag folgen? Kann sich die USA von ihrer Rolle, eine Seite zu begünstigen, lösen? Und wäre nicht ein Ausweg, statt Waffengewalt wirtschaftliche Unterstützung zur Selbsthilfe anzubieten.

Das „Heilige Land" bleibt das „Pulverfass" des Nahen Ostens. Es gibt Menschen und Historiker in Israel, die einsehen, dass ethnische Säuberungen ein Parallelprozess zum Aufbau des jüdischen Staates waren. Derzeit muss der Staat die Konsequenzen dieser ethnischen Säuberung tragen und sieht sich dadurch verpflichtet, die Menschen in einer von einer Mauer umgebenen Enklave zu halten. Aber geht man davon aus, dass sich der Zionismus der Realität anpassen kann, sollte man sich an jenen Passus erinnern, der in der Deklaration der Errichtung des Staates Israel zum Thema „Rechtschaffenheit" zu lesen steht: „Das Land wird zum Wohl aller seiner Einwohner entwickelt werden, es wird auf Freiheit, Gerechtigkeit und Frieden beruhen, so wie es die Propheten vorhergesehen haben. Es wird die komplette Gleichheit in sozialen und politischen Rechten für alle Bewohner sicherstellen, unabhängig von deren Religion, Rasse oder Geschlecht. Es wird Freiheit der Religion, des Gewissens, der Sprache, der Erziehung und der Kultur gewähren. Es wird die Heiligen Stätten aller Religionen schützen und es wird treu zu den Prinzipien der Charta der Vereinten Nationen stehen." Der Zionismus hat erreicht, was er konnte, er hat eine nationale Heimstätte für Juden, aber er hat keinen stabilen Staat geschaffen. Er hat nicht Gerechtigkeit sondern strukturelle Ungerechtigkeit bewirkt. Aber ein Wandel der Ideologie kann möglich sein. Das Land braucht und verdient echte Demokratie, durch Überbrückung der Gegensätze bei den Völkern und ihrer Geschichte. Es kann geschehen, wie es auch anderswo geschehen ist.

Glossar

Das Glossar ist in Begriffe (S. 225), Personen (S. 234) und Orte (S. 241) gegliedert. Abkürzungen sind wiederum in einem gesonderten Verzeichnis aufgeschlüsselt (S. 245). Querverweise innerhalb des Glossars sind durch Kursivschreibung gekennzeichnet.

Begriffe

Abbasiden: Die Dynastie der Abbasiden löste 750 die *Omajjaden* in der Regierung des *Kalifats* ab; sie werden wie die Omajjaden und später die *Osmanen* von fast allen *Sunniten* anerkannt.

Abuna (auch Abune; sinngemäß „unser Vater"): wichtiger geistlicher Titel, Anrede für ehrwürdige orthodoxe Mönche bzw. Geistliche.

Abu-Nidal-Organisation (ANO; auch Fatah-Revolutionsrat / Arabische Revolutionäre Brigaden / Revolutionäre Organisation Sozialistischer Muslime: von *Abu Nidal* 1974 gegründete Abspaltung der *PLO*, kämpft für ein selbstständiges Palästina; u. a. in Tunesien, Algerien, im Jemen und im Irak etabliert; zahlreiche Anschläge, von der EU auf der Liste der Terrororganisationen geführt.

Adalah: NGO in Israel, setzt sich für Menschenrechte (insbesondere Minoritätenrechte) ein.

al-Aqsa-Intifada: Zweite *Intifada*; gewaltsamer Konflikt zwischen arabischen Palästinensern und staatlichen israelischen Sicherheitskräften, ausgehend von Jerusalem und Israel, dann auf den *Gazastreifen* und die *Westbank* übergreifend; beginnend mit Ende September / Anfang Oktober 2000, offizielle Beendigung mit dem Abschluss eines Waffenstillstands zwischen dem Präsidenten der Palästinensischen Autonomiebehörde *Mahmud Abbas* und Israels Ministerpräsidenten *Ariel Sharon* im Februar 2005 (allerdings kein Ende radikal-arabischer Terrorakte gegen Israel).

al-Aqsa-Märtyrer-Brigaden: palästinensische militante Organisation, die der *Fatah* nahesteht. In Nordamerika und Europa gilt sie als Terrororganisation.

al-Azhar-Universität Gaza: laizistische Universität in den *Palästinensischen Autonomiegebieten*, gegründet 1992, geht auf die *al-Azhar-Universität Kairo* zurück.

al-Azhar-Universität Kairo (wörtl. „die Blühende"): eine der angesehensten Bildungsinstitutionen der islamischen Gemeinschaft in Kairo und die älteste noch aktive Universität der Welt.

al-Fatah: siehe Fatah.

al-Haq (arab. „Recht"): palästinensische NGO, 1979 von palästinensischen Juristen in der *Westbank* gegründet, von der UNO unterstützt; Einsatz für Menschenrechte in Israel und den Besetzten Gebieten.

al-Lah: arabisches Wort für den einen Gott im Koran (auch in altorientalischer Umwelt schon ein Gottesname, die frühesten Belege stammen aus dem 6. Jh. v. Chr.).

al-Liqa-Zentrum: interreligiöse, kulturelle und volkskundliche Studien, karitative Aufgaben (Betreuung traumatisierter Kinder) im Stadtzentrum von *Beit Jala*.

al-Qaida: Netzwerk *dschihadistischer* Gruppen, dem u. a. die Terroranschläge vom 11. September 2001 in den USA zur Last gelegt werden.

al-Wa´d al-Adeq (wörtl. „Die Erfüllung des Versprechens"): Operation der *Hisbollah* im 34-Tage-Libanonkrieg.

Aleviten (von Alevi, „Anhänger Alis"): islamische Religionsgemeinschaft; besonderes Merkmal ihrer Glaubensvorstellung ist die ausgeprägte Verehrung für *Ali ibn Abu Talib*; werden dem schiitischen Zweig des Islam zugerechnet.

Alija (wörtl. „Aufstieg, Aufruf"; Mehrz.: Alijot): bezeichnet im Hebräisch der Antike das Hinaufziehen zum Tempel in Jerusalem im Sinne einer Wallfahrt, heute die jüdischen (zionistischen) Immigrationswellen nach Palästina beziehungsweise nach Israel.

Allon-Plan: vom stellvertretenden Ministerpräsidenten Israels, Jigal Allon, vorgestelltes Konzept zur Besiedlung des *Westjordanlandes*.

Amalektiter (von Amalek, in der Bibel ein Enkel Esaus): nomadischer Volksstamm im Südwesten des alten Palästina.

Amal-Miliz (Wortbildung aus den Anfangsbuchstaben: Afwadsch al-muqawama al-lubnaniyya, „Bataillone des libanesischen Widerstandes"): der bewaffnete Arm der noch heute existierenden Amal-Bewegung unter dem Vorsitz von *Nabih Berri* (seit 1981).

Amoriter (auch Amurriter): antikes Volk semitischer Sprache, hauptsächlich im Gebiet des mittleren Euphrat.

Arab-Liberation-Front (ALF): Teilgruppe der *PLO*.

Arabische Liga („Liga der arabischen Staaten"): eine internationale Organisation arabischer Staaten mit Sitz in Kairo, gegründet 1945; bestehend aus 22 Mitgliedstaaten: 21 Nationalstaaten in Afrika und Asien sowie Palästina (letzteres international nicht anerkannt und inoffiziell durch die PLO vertreten).

Aramäer: seit der Bronzezeit nachgewiesene Volksgruppe in Syrien und Mesopotamien; christliche Religionsgemeinschaft.

Archimandrit (wörtl. „Anfang, Ursprung" und „Stall, Unterkunft, Kloster"): in der östlich-orthodoxen Kirche Vorsteher eines Klosters, hierarchisch eine Stufe höher als der *Igumen*; vergleichbar mit dem Abt eines römisch-katholischen Klosters.

Armee des Dschihad: radikale islamistische Organisation in *Gaza*; wird für Entführungen von israelischen Staatsbürgern verantwortlich gemacht.

Armenier: seit über 2700 Jahren im Gebiet zwischen dem Hochland Ostanatoliens und dem Südkaukasus heimisches Volk.

Ashkenasim: Selbstbenennung der West- und Ostjuden, verbunden durch gemeinsame Tradition und Kultur.

Awoda (wörtl. „Arbeit"): israelische zionistische Arbeitspartei der linken Mitte, 1968 gegründet; Mitglied der Sozialistischen Internationale.

Ba´ath-Partei: von dem Syrer und griechisch-orthodoxen Christen *Michel Aflaq* und dem sunnitischen Muslim Salah ad-Din al-Bitar 1940 in Damaskus gegründete säkulare Partei; Doktrin einer einzigen, ungeteilten arabischen Nation; Grundprinzipien: Einheit, Freiheit, Sozialismus; in weiterer Folge Bildung eines syrischen (*alevitischen*) und eines irakischen (*sunnitischen*) Flügels, die sich befehdeten.

Babylonier: Einwohner des antiken Staates Babylonien – in Mesopotamien (dem Zweistromland zwischen Euphrat und Tigris) gelegen, Kernland war das Gebiet des heutigen Iraks.

Badr-Brigaden: 3000 gut ausgerüstete und ausgebildete Soldaten, in Jordanien und später in *Gaza* stationiert; mit Sommer 2007 Zugang zum *Westjordanland* zur Unterstützung des Präsidenten der Palästinensischen Autonomiebehörde *Mahmud Abbas* (Zustimmung Israels auf Vermittlung von König *Abdullah II. von Jordanien*).

Bahai (wörtl. „Anhänger der Herrlichkeit"): weltweit verbreitete Religion; im 19. Jh. von dem gebürtigen Perser Baha´u´llah („Herrlichkeit Gottes") gestiftet; wesentliche Elemente: Glaube an einen transzendenten Gott, mystische Einheit der Religionen, handlungsorientierte Ethik.

Balfour-Deklaration: Einverständnis Großbritanniens mit den zionistischen Bestrebungen, in Palästina eine „nationale Heimstätte" des jüdischen Volkes zu errichten, unter Wahrung der Rechte bestehender nicht-jüdischer Gemeinschaften (1917; Palästina befand sich noch im Machtbereich der Osmanen).

Beta Israel (wörtl. „Haus Israel"): äthiopische Juden, 1975 von der israelischen Regierung als „amtliche" Juden anerkannt. Viele von ihnen wurden per Luftbrücke nach Israel transportiert.

Birzeit: unabhängige Universität 20 km nördlich von Jerusalem; 1924 als Schule gegründet, seit 1972 Universität (Masterprogramme); älteste Universität Palästinas.

Byzantinischer Ritus: im Byzantinischen Reich, in Konstantinopel, entwickelt; den ostkirchlichen Liturgien zuzurechnen; anfangs in der Landessprache, später in eigener Liturgiesprache; byzantinischorthodoxe sowie mit Rom vereinigte Kirchen, nicht jedoch die orientalisch-orthodoxen Kirchen. Die meisten Kirchen des Byzantinischen Ritus folgen dem *Julianischen Kalender*.

Capacity Building: trägt bei internationalen Vereinbarungen zur Unterstützung von nachhaltiger Entwicklung und Armutsbekämpfung bei; integraler Bestandteil der internationalen Zusammenarbeit.

CARE International: große private Hilfsorganisation, finanziell von zahlreichen Regierungen sowie von den Vereinten Nationen, der Weltbank und der EU unterstützt; in 70 Ländern aktiv.

Caritas: römisch-katholische Hilfsorganisation.

Chaldäer: im Altertum ein babylonisches Volk (Semiten) und ein urartäisches (heutiges Armenien).

Chiliasmus: bezeichnet ursprünglich den Glauben an die Wiederkunft Jesu Christi, die Errichtung seines tausendjährigen Reichs, manchmal mit Israel als politisch und religiös dominierender Weltmacht; allgemein der Glaube an das nahe Ende der gegenwärtigen Welt, tw. verbunden mit der Erschaffung eines irdischen Paradieses oder apokalyptischem Fatalismus (z. B. im Zusammenhang mit einer Jahrtausendwende).

Christian Embassy: NGO, gegründet 1974; evangelikale Lobby-Organisation, erklärt sich als nichtpolitisch und interkonfessionell.

Collateral Damage: militärischer Begriff zur (beschönigenden) Bezeichnung unbeabsichtigt zugefügten Schadens (auch an Zivilisten) während einer militärischen Operation.

Corpus separatum (wörtl. „abgesonderter Körper"): geplante Zone (lt. UN-Teilungsplan für Palästina von 1947), die Jerusalem und einige nahe gelegene Städte wie *Bethlehem* und *Ein Kerem* umfassen sollte; sie wäre unter UN-Hoheit als internationales Territorium verwaltet worden.

Custodia (wörtl. „Bewahrung, Bewachung"): Ordensprovinz der Franziskaner im östlichen Mittelmeerraum; Israel, Palästina, Libanon, Syrien, Jordanien, Teile Ägyptens, Zypern und Rhodos umfassend. Nach Vertreibung der Kreuzritter waren Franziskaner die ersten Vertreter der katholischen Kirche, die sich wieder im Heiligen Land niederließen. 1342 erteilte Papst *Clemens VI.* ihnen offiziell den Auftrag, die Interessen der lateinischen Kirche an den Heiligen Stätten zu vertreten.

Custos (lat. „Wächter"): ein auf Zeit gewählter Franziskaner im Rang eines Bischofs, der die Kustodie des Heiligen Landes (lat. „Custodia terrae sanctae") leitet.

Dhimmi: eine Institution des islamischen Rechts, die den juristischen Status nicht-muslimischer Untertanen in islamischen Ländern festlegt; im Islam traditionellerweise Monotheisten, die mit eingeschränktem Rechtsstatus geduldet und staatlicherseits geschützt werden.

Djizia (wörtl. „Kopfsteuer"): Steuer, die den Bewohnern in von Muslimen eroberten Ländern auferlegt wurde. Dafür verpflichtete sich der islamische Staat, ihr Leben und die ihnen zustehenden Rechte zu schützen.

Dschihad (auch Djihad, Jihad; wörtl. „Anstrengung, Kampf auf dem Wege Gottes"): im Islam begründete religiöse Pflicht sowohl der Gemeinschaft als auch des Einzelnen; auch Glaubenskampf, der der Expansion des islamischen Machtbereiches dient und andauert, bis der Islam die beherrschende Religion wird; auch zur Verteidigung des islamischen Staates.

Ecce homo: nach Schilderung des Johannes-Evangeliums Ausspruch des römischen Statthalters Pontius Pilatus, als er den gefangenen Jesus von Nazareth der Bevölkerung von Jerusalem übergab.

Einheit 101: Eliteeinheit der israelischen Streitkräfte, im August 1953 unter *Ariel Sharon* aufgestellt.

Eparchie: Bistum (bzw. Diözese) im Bereich der orthodoxen Kirchen; der „Bischof" wird Eparch genannt.

Eschaton (griech. „Endschicksal"): bezeichnet zumeist den Weltuntergang bzw. die Ausrottung der menschlichen Art.

evangelikal: konservative theologische Richtung, die sich auf die Bibel als einzige Glaubensgrundlage beruft. Evangelikale gehören verschiedenen Konfessionen innerhalb des Protestantismus an, z. B. reformiert, lutherisch, baptistisch oder methodistisch.

Ezrahut: wörtl. „israelischer Bürger".

Failed State (wörtl. „gescheiterter Staat"): ein Staat, der seine grundlegendsten Funktionen (Herrschaft, Gewährleistung von Sicherheit, Wohlfahrt) nicht mehr erfüllen kann.

Fatah (arab. „Sieg"; Anfangsbuchstaben rückwärts gelesen: Harakat at-Tahrir al-watani al-filastini, „Bewegung zur nationalen Befreiung Palästinas"): politische Partei in den *Palästinensischen Autonomiegebieten*, die ursprünglich die Zerstörung Israels und die Errichtung eines palästinensischen Staates verfolgte, auch unter Einsatz terroristischer Mittel; heute bürgerlich-konservative, gegen den Islamismus der *Hamas* und gegen den Sozialismus der *PFLP* gerichtete Partei, beratendes Mitglied in der Sozialistischen Internationale.

Fatah al-Intifada (auch Organisation Abu Musa): militante palästinensische Gruppierung, gegründet 1983 durch *Abu Musa*; nicht Bestandteil der *PLO*.

Fatah al-Islam: *sunnitische* radikal-islamische Untergrundorganisation, die sich 2006 von der *Fatah al-Intifada* abspaltete (diese hatte sich ihrerseits 1983 von der *Fatah* abgetrennt); operiert vom Flüchtlingslager Nahr al-Bared bei Tripoli im Libanon aus, Nähe zu al-Qaida wird ihr nachgesagt.

Fatimiden: *schiitisch*-ismailitische Dynastie, herrschte 909–1171 in Nordafrika (im Maghreb, in Ägypten und in Syrien).

Fedayin (auch fedajjin): arabische Freischärler, bewaffnete Widerstandskämpfer der *Fatah*.

Firman: königlicher Auftrag oder Entscheidung von Sultanen in islamischen Reichen.

Genfer Konvention (auch Genfer Abkommen): zwischenstaatliches Abkommen für den Fall eines Krieges bzw. eines internationalen oder nicht-internationalen bewaffneten Konflikts zum Schutz von Personen, die nicht an den Kampfhandlungen teilnehmen, und als solches eine wichtige Komponente des humanitären Völkerrechts.

Genfer Plan (auch Genfer Initiative): Initiative israelischer und palästinensischer Politiker aus dem Jahr 2003, den Friedensprozess im Nahen Osten neu zu beleben.

Gideon-Quelle: gewährleistete früher die Wasserversorgung von Jerusalem; mündet im Gideon-Teich.

Grüne Linie: Waffenstillstandslinien von 1949, die in der Folge des Palästinakrieges entstanden; trennt das Kernland Israels von Judäa und Samaria (*Westjordanland*) bzw. vom *Gazastreifen*; weder von Israel noch von den arabischen Staaten je als offizielle internationale Grenze anerkannt.

Gusch Emunim (wörtl. „Block der Getreuen"): jüdische außerparlamentarische politisch-religiöse Organisation in Israel; 1974 unter den Siedlern im *Westjordanland* als rechte Abspaltung der Nationalreligiösen Partei entstandene religiös-zionistische Erneuerungsbewegung, sieht die Gründung Israels als Teil eines Erlösungsprozesses, zu dem auch die Inbesitznahme von ganz „Erez Ysrael" gehört. „Heiliges Land", einmal erworben, darf keinesfalls zurückgegeben werden; die israelische Armee kann angegriffen und bekämpft werden, wenn Land an Nichtjuden abgetreten bzw. zurückgegeben wird.

Halacha (wörtl. „Gehen, Wandeln"): gesetzlicher Teil der Überlieferung des Judentums; Auslegungen des schriftlichen Kanons der Tora und Verhaltensregeln, die das gesamte Leben der Gläubigen betreffen.

Hagana (hebr. „Verteidigung"): zionistische Militärorganisation in Palästina während des britischen Mandats (1920–1948); später in die neu gegründete israelische Armee *Zahal* überführt.

Hague Standard: internationales Regelwerk aus dem Jahr 1907, betreffend Aufgaben und Pflichten eines Besatzers.

Hamas (Wortbildung aus den Anfangsbuchstaben: Harakat al-muqāwama al-islāmiyya, „Islamische Widerstandsbewegung", wörtl. „Eifer"): palästinensische *sunnitisch*-islamistische Organisation

Haredim: orthodoxe Juden, sorgen für die Einhaltung des orthodoxen Familienrechts (Heirat, Scheidung Stellung der Frau) sowie auch der Bekleidungsvorschriften.

Hasmonäer: Herrschergeschlecht, das nach dem Aufstand der Makkabäer 165 v. Chr. einen selbstständigen jüdischen Staat in Palästina gründete; streng religiös orientiertes System des Priesterkönigtums.

Hellfire-Raketen (wörtl. „Höllenfeuer"; AGM-114 Hellfire): US-amerikanische Luft-Boden-Rakete zur Bekämpfung von Panzern und anderen Fahrzeugen; benutzt ein Laser-Lenksystem, kann auch mit anderen Systemen wie Radar oder Infrarot ins Ziel gebracht werden.

Hermeneutik: Lehre vom Verstehen, Deuten oder Auslegen.

Hethiter: kleinasiatisches Volk des Altertums mit indoeuropäischer Sprache; bildeten im 2. Jt. v. Chr. ein Großreich.

Hisbollah (wörtl. „Partei Gottes"): islamistische Organisation im Südlibanon, ab 1982 durch den Zusammenschluss verschiedener *schiitischer* Gruppen zum Widerstand gegen die israelische Invasion entstanden, angeblich vom Iran und von Syrien unterstützt; im Libanon (militante, islamistische) politische Partei, seit 1992 auch im Parlament vertreten

Hudna: Feuereinstellung, Waffenstillstand.

Igumen (auch Hegumenos; von altgriech. hēgoúmenos, „Führer, Leiter"): Klostervorsteher in der russisch-orthodoxen Kirche.

Imam: Vorbeter beim islamischen Gebet (ob einmalig oder amtsmäßig), weiters Ehrentitel für einen hervorragenden Muslim und nach *schiitischer* Auffassung der jeweilige legitime Nachfolger des Propheten *Mohammed*.

International Crisis Group: Zusammenschluss staatlicher und nicht-staatlicher Organisationen mit dem Ziel der Friedensförderung in allen Bereichen der Entwicklungszusammenarbeit.

Intifada: wörtl. „den Staub und die Last abschütteln" – das plötzliche Aufstehen einer Person, die etwas abschüttelt, das sie bedrängt; siehe auch al-Aqsa-Intifada.

Irgun (wörtl. „Organisation"; Kurzform für Irgun Tzwai Le'umi, „Nationale Militärorganisation"): rechts-zionistische militärische Untergrundorganisation im Palästina vor der israelischen Staatsgründung, der Revisionistischen Partei von *Wladimir Jabotinsky* nahestehend.

Islamischer Dschihad (arab. Harakat al-dschihād al-islāmī, „Bewegung des Islamischen Dschihad in Palästina"): islamistische Terrorgruppe mit Sitz in Damaskus; früheste *sunnitische* islamistische Terrorgruppen im Nahen Osten, erster Bombenanschlag im April 1983 auf die US-Botschaft in Beirut; ideologisch der *Hamas* nicht unähnlich, aber stärkere Kontakte nach Iran, weniger in der Bevölkerung Palästinas verankert; wirbt Jugendliche für Selbstmordattentate.

Israel Defense Forces (IDF): israelische Verteidigungsstreitkräfte, am 31. Mai 1948 gegründet; aus Untergrundorganisationen in der jüdischen Gemeinschaft in Palästina vor der Gründung des Staates Israel hervorgegangen (*Hagana, Palmach, Irgun, Lechi*).

Israel Lands Authority: verwaltet und verpachtet öffentliches Land (ca. 93 % des Landes in Israel) – derzeit nur an Juden, nicht an Araber.

Jebusiten: Bewohner der Gegend Jerusalems zu Zeiten König Davids.

Jewish Agency: 1929 auf dem 16. Zionistenkongress errichtet, die im Völkerbundmandat für Palästina vorgesehene Vertretung der Juden, Ansprechpartner für den britischen Mandatar, verantwortlich für interne Angelegenheiten der in Palästina lebenden Juden; heute die offizielle Einwanderungsorganisation des Staates Israel.

Jewish National Fund (JNF; „Keren Kayemet LeYisrael"/KKL): gegründet 1901 zum Zwecke des Kaufs und der Entwicklung von Land in Palästina – später Israel – für jüdische Siedlungen; pflanzte 240 Mio. Bäume, baute 180 Dämme und Reservoire; schuf mehr als 1000 Parks.

JHWE (wörtl. „Ich bin der, der immer bei euch ist"): im Alten Testament Name, den Gott sich im Dornbusch gegenüber Moses selbst gegeben hat.

Julianischer Kalender: von Julius Caesar eingeführt, in manchen Teilen der Welt noch weit bis ins 20. Jh. gültig, im kirchlichen Bereich teilweise noch bis heute; seit dem 16. Jh. sukzessive durch den Gregorianischen Kalender abgelöst.

Kach-Partei: israelische Partei, seit 1988 verboten. (Lt. Grundgesetz, Art. 4, kann die *Knesset* eine Kandidatenliste daran hindern, an der Wahl teilzunehmen, wenn deren Ziele oder Aktionen unmittelbar oder mittelbar die Existenz des Staates Israel als Staat des jüdischen Volkes leugnen und/oder den demokratischen Charakter des Staates Israel negieren und/oder rassistische Hetze betreiben.)

Kadima (wörtl. „vorwärts"): Partei in der Mitte des israelischen Parteienspektrums, gegründet durch *Ariel Sharon*.

Kaffiyeh (auch kufiya): palästinensisches Kopftuch (von Arafat populär gemacht).

Kahane Chai: extremistische israelische Partei, 1994 verboten.

Kalifat (arab. chilāfa; khilafah/chalīfat Allāh/chalīfat rasūl Allāh, wörtl. „Stellvertreter Allahs"/„Nachfolger des Propheten Allah"): islamische Regierungsform, bei der säkulare und geistliche Führerschaft in der Person des Kalifen vereint sind.

Kibbuz: kollektive, zionistische, sozialistisch-basisdemokratisch organisierte ländliche Siedlung in Israel; auf wirtschaftliche Selbstständigkeit ausgerichtet.

King-Crane-Commission: 1919 von den USA (Präsident Wilson) entsandt, um Gegebenheiten in den Gebieten des früheren Osmanischen Reiches zu untersuchen; geleitet von *Henry Churchill King* und *Charles Richard Crane*.

Knesset (hebr. „Versammlung"): israelisches Einkammer-Parlament, trat am 14. Februar 1949 erstmals zusammen, tagt in Jerusalem.

Konferenz von Sanremo: 1920 beschlossen Frankreich und Großbritannien im italienischen Sanremo die Neuaufteilung ihrer Einflusssphären im Nahen Osten.

Konstantinische Wende: eingeleitet durch das vom römischen Kaiser Konstantin im Jahr 313 erlassene Mailänder Toleranzedikt; 380 wurde das Christentum (ursprünglich staatlich diskriminiert und tw. blutig verfolgt) Staatsreligion.

Konvergenz-Plan: Plan des Ministerpräsidenten *Ehud Olmert*, die Grenzen Israels zu konsolidieren – einige jüdische Gemeinden im *Westjordanland* in Arealen zusammenzufassen und andere aufzugeben.

Konzil von Chalcedon (auch Chalzedon, Chalkedon): 451 in Chalcedon, Bithynien (Kleinasien); das vierte der ersten sieben Ökumenischen Konzile der Alten Kirche, entschied erbitterten Streit um das Verhältnis der göttlichen und der menschlichen Natur in Jesus Christus: Christus als wahrer Gott (Gott Sohn als zweite Person der Dreifaltigkeit) und wahrer Mensch zugleich.

Kopten: Einwohner Alexandriens und Ägyptens in römischer, byzantinischer und frühislamischer Zeit, beliebiger Religionszugehörigkeit und ägyptisch sprechend; mit zunehmender Arabisierung und Islamisierung Ägyptens nur die Christen der koptischen Kirchen, die heute in der ganzen Welt anzutreffen sind.

Kustodie: siehe Custodia.

Laubhuttenfest („Sukkot"): ein jüdisches Pilgerfest bzw. Wallfahrtsfest; im Herbst sieben oder acht Tage lang gefeiert, das größte Freudenfest des jüdischen Jahres. In Erinnerung an die Wüstenwanderung werden aus Ästen, Blättern und Stoffplanen Laubhütten unter freiem Himmel gebaut.

Lausanne: Mit dem Vertrag von Lausanne, 1923, konnte die Türkei – als Sieger im griechisch-türkischen Krieg von 1922 – die Bestimmungen des nach dem Ersten Weltkrieg abgeschlossenen Friedensvertrages mit dem Osmanischen Reich von Sèvres (1920) nach ihren Vorstellungen revidieren lassen.

Lechi („Lochamei Cherut Ysrael / Kämpfer für die Freiheit Israels"): radikale paramilitärische Terrororganisation in Palästina während des britischen Mandats, während des israelischen Unabhängigkeitskrieges aufgelöst; von den Briten nach ihrem Gründer Avraham Stern als Stern-Bande bezeichnet.

Le´um: wörtl. „Staatsbürger Israels".

Likud (wörtl. „Zusammenschluss"): konservatives Parteienbündnis in Israel.

Machsom Watch: israelische Frauenorganisation, die über Menschenrechtsverletzungen im Nahen Osten berichtet.

Malek (auch Melek): König, Sultan oder Präsident.

Manichäer: Anhänger des Manichäismus, einer antiken offenbarten Religion, die eine Zwei-Naturen-Lehre, Licht und Finsternis, vertrat.

Mekerot: israelische Wasserbehörde.

Melkiten (auch melchitisch; wörtl. „kaiserlich" bzw. „imperial"): verschiedene christliche Kirchen aus dem Nahen Osten und ihre Mitglieder; ursprünglich von den anderen orientalischen Kirchen pejorativ verwendet (451). Ab 1342 kamen römisch-katholische Missionare in den Orient, und einige orthodoxe Priester konvertierten heimlich zum Katholizismus. Die meisten Konvertiten behielten den *Byzantinischen Ritus* und verblieben als pro-römisch-katholische Gruppe in ihrer Kirche. Im Jahr 1724 kam es zur Kommunion mit Rom, ab da war die Melkitische Kirche in einen orthodoxen und einen katholischen Teil gespalten, die jeweils von Konstantinopel und Rom anerkannt wurden. Der katholische Teil behielt die Bezeichnung Melkit.

Midianiter: nach der Bibel Stamm kriegerischer Wüstennomaden um 1200–1000 v. Chr.; wie die Aramäer, Edomiter, Israeliten und Joktaniter zu den Hebräern gehörig.

Millet (wörtl. „Religionsgemeinschaft"): Im Osmanischen Reich waren anerkannte Minderheiten entsprechend ihrer Religionszugehörigkeit in Millets organisiert; sie hatten jeweils das Recht, die eigene Sprache zu benützen, eigene religiöse, kulturelle und erzieherische Institutionen zu unterhalten und nach eigenem Recht autonome Gerichtshöfe zu betreiben.

Mitzvah: wörtl. „religiöse Pflicht", „grundlegende uneigennützige menschliche Güte".

Monophysiten: christologische Position, derzufolge Christus vollkommen göttlich ist und nur eine Natur hat, nämlich eine göttliche – im Gegensatz zur Position von *Chalcedon*.

Moshav: genossenschaflich organisierte landwirtschaftliche Gruppensiedlung in Israel, basierend auf Staatseigentum an Boden; Pflicht zur Eigenarbeit und zur gegenseitigen Hilfeleistung.

Mossad: Institut für Aufklärung und besondere Aufgaben, eigentlich „Allgemeiner Nachrichten- und Sicherheitsdienst", israelischer Auslandsgeheimdienst – gehört zu den effizientesten und erfolgreichsten Geheimdienste der Welt, mit weitreichenden rechtlichen Befugnissen.

Mufti: islamischer Rechtsgelehrter, der islam-rechtliche Gutachten („Fatwa / Fetwa") über Rechtsfragen nach Maßstäben der Rechtswissenschaft („Fiqh") abgibt und diese gemäß der Rechtsschule Scharia begründet.

Mujaheddin (auch Mudschahid, Mujahid): wörtl. „derjenige, der Heiligen Kampf betreibt", von *Dschihad* abgeleitet, also jemand, der sich um die Verbreitung oder Verteidigung des Islam bemüht; auch „der, der sich auf Gottes Weg bemüht", also jemand, der den Islam studiert und nach seinen Regeln lebt. Islamische Widerstandskämpfer und Terrorgruppen bezeichnen sich vielfach selbst als Mujaheddin.

Nabatäer: Verbund antiker nordwestarabischer Nomadenstämme.

Nakba (an-Nakba, wörtl. „Katastrophe, Unglück"): die von den Palästinensern als Unglück empfundene Gründung des Staates Israel.

National Water Carrier: israelisches Kanalsystem, ursprünglich für den Wassertransport aus dem See Genezareth in die *Negev*-Wüste gebaut. 6500 km lang, 1959 in Betrieb genommen.

Nuntius: Der Apostolische Nuntius („Bote") ist der ständige Vertreter des Heiligen Stuhles (und nicht des Staates der Vatikanstadt).

Olim: jüdische Einwanderer in Rahmen einer *Alija*.

Omajjaden (auch Umayyaden, Umajjaden, Omayyaden, Omaijaden, Omajaden): Dynastie von *Kalifen*, 660–750 Oberhäupter des *sunnitischen* Islam. Nach ihrer Vertreibung aus dem Orient gründeten sie 756 das Emirat von Córdoba.

Osmanen (Dynastie der Osmanen / Osmanisches Reich, auch Ottomanisches Reich / Türkisches Reich): ca. 1299–1923; mehrere Jahrhunderte lang die entscheidende Macht in Kleinasien, im Nahen Osten, auf dem Balkan, in Nordafrika und auf der Krim; im Laufe des 18. und vor allem des 19. Jhs. von den europäischen Mächten auf Kleinasien und den Nahen Osten zurückgedrängt. Das Osmanische Reich fand in der Türkei seinen Nachfolgestaat; die Osmanischen Sultane waren *sunnitische* Muslime.

Palestine Liberation Organisation (PLO; Munazzamat at-Tahrīr al-Filastīniyya, Palästinensische Befreiungsorganisation): 1964 gegründet mit dem Ziel eines unabhängigen arabischen Staates Palästina; Vorsitzender 1969–2004 *Jassir Arafat*, Nachfolger *Mahmud Abbas*. Die PLO besteht aus der *Fatah*, der Demokratischen Volksfront (Democratic Front for the Liberation of Palestine – DFLP), der Arab Liberation Front (ALF), der Popular Struggle Front (PSF) sowie anderen, kleineren, Gruppen.

Palestinian Force 17: Elite-Kommando der *Fatah*, später des Vorsitzenden der *PA*, dann Eingliederung in die Presidential Force.

Palmach: 1941 durch die jüdische Untergrundorganisation *Hagana* gegründete Einsatztruppen, paramilitärische Einrichtung für das Training von Jugendlichen; vergleichsweise klein – bis 1947 nur fünf Bataillone (ca. 2000 Mann) –, aber einflussreich, da die Mitglieder grundlegende militärische Fähigkeiten und Führungsfähigkeiten vermittelt bekamen, die sie für Führungsfunktionen in den späteren israelischen Streitkräften qualifizierten.

Pan-Arabismus: arabische nationalistische Bewegung, die die arabische Kulturnation (im Sinne von gemeinsamer Sprache und Kultur), d. h. alle Araber vom Atlantik bis zum Persischen Golf, in einen gemeinsamen Nationalstaat vereinen will, anstatt der bestehenden Vielzahl arabischer Staaten.

Pax Romana (wörtl. „römischer Friede"): Herrschaftsideologie des Römischen Reiches; bezeichnete inneren Frieden und Sicherheit der Grenzen des Imperium Romanum.

Pessach (hebräisch) / **Pascha** (aramäisch): gehört zu den höchsten Festen des Judentums, erinnert an den Auszug der Israeliten aus Ägypten und damit an den Eintritt in die Geschichte als eigenständiges Volk und für Gläubige zugleich an die Erwählung des Judentums zum „Volk Gottes".

Phalange-Miliz: libanesische politische Partei, politische und militärische Macht während des libanesischen Bürgerkrieges; ursprünglich eine nationale Jugendbewegung, gegründet 1936.

Philister: Volk, das um 1175 v. Chr. die Küste des historischen Palästina bewohnte.

Phönizier: semitisches Volk der Antike, hauptsächlich im Bereich des jetzigen Libanons und Syriens an der Mittelmeerküste; in voneinander unabhängigen Stadtstaaten organisiert.

Popular Front for the Liberation of Palestine (PFLP, Volksfront zur Befreiung Palästinas): seit den 1970er-Jahren aktive marxistisch-leninistische politische und militärische Palästinenserorganisation, führt bis heute in Israel und gegen Israelis gerichtete terroristische Attentate durch; 1967 gegründet und anfänglich von dem Kinderarzt George Habash geführt (der sich 2000 aus gesundheitlichen Gründen zurückzog); seit 1999 Abkommen mit der *PLO*.

Purim-Fest: am 14. oder 15. des Monats Adar (Februar/März) des Jüdischen Kalenders gefeiert, erinnert an die Errettung des jüdischen Volkes aus drohender Gefahr in der persischen Diaspora.

Quartett (Nahost-Quartett): 2002 aus Vertretern der USA, Russlands, der EU und der UNO gebildetes internationales Gremium zur Abstimmung der Aktivitäten im Nahostkonflikt; mit dem vorrangigen Ziel, den Friedensprozess im Nahen Osten voranzutreiben.

Qassam-Brigaden („Izz ad-Din al-Qassam-Brigaden", benannt nach Scheich Izz ad-Din al-*Qassam*): 1992 gegründeter militärischer Flügel der palästinensischen militanten *Hamas*-Gruppe; lehnen Israels Existenzrecht kompromisslos ab, für die EU eine Terrororganisation.

Qassam-Rakete: von der palästinensischen *Hamas* entwickelte Boden-Boden-Rakete; einfache, mit Sprengstoff gefüllte Stahlkonstruktionen ohne Leitsystem, Herstellung in Handarbeit.

Rais: arabischer Herrscherbeiname; Titel einer führenden Persönlichkeit, besonders des Präsidenten *Arafat*.

Ramadan (wörtl. „Sommerhitze"): der neunte Monat des islamischen Mondkalenders und islamischer Fastenmonat.

Ritter vom Heiligen Grab (lat. „Ordo Equestris Sancti Sepulcri Hierosolymitani", „Ritterorden vom Heiligen Grab zu Jerusalem"): päpstlich anerkannte Gemeinschaft katholischer Laien und Priester unter dem Schutz des Heiligen Stuhls; Dienst in Kirche und Welt, „mehr als nur die Pflicht zu tun".

Roadmap („Roadmap to Peace/Fahrplan zum Frieden"): Friedensplan aus dem Jahr 2003, der die Bildung eines unabhängigen Palästinenserstaates bis zum Jahr 2005 vorsieht.

Sabeel-Zentrum (arab. „Weg", „Wasserkanal"): palästinensisch-ökumenisches Zentrum, von anglikanischen Pastor Naim Atiq 1990 gestiftetes Zentrum für Befreiungstheologie in Jerusalem.

Sabre (wörtl. „Kaktusfeige"): Bezeichnung für in Israel geborene Israelis.

Salafismus: Behauptung, dass nur der Prophet Mohammed und dessen Gefährten den wahren Islam repräsentierten. Alles, was von dieser Lehre abweicht, jegliche Innovation oder Reform, ist für Salafisten ein Vergehen an der religiösen Wahrheit und muss entfernt werden.

Samaritaner: wie das Judentum eine aus dem Volk Israel hervorgegange Religionsgemeinschaft. Heute leben in Israel und im *Westjordanland* etwa 700 Samaritaner.

Schiiten: Anhänger der Schia („Partei"), zweitgrößte Konfession des Islam; betrachten *Ali ibn Abi Talib*, den Schwiegersohn und Vetter des Propheten *Mohammed*, als dessen designierten Nachfolger (*Kalif*) und als ihren ersten *Imam*. Die Prophetennachfolge kann für sie nur durch einen Nachfahren Alis bzw. einen Imam erfolgen (die als Einzige göttlich legitimiert seien). Heute stellen die Schiiten ca. 15 % der Muslime.

Schura (arab. „Beratung"): formale Einrichtung einer festen beratenden Körperschaft; als traditionelles Grundprinzip guter islamischer Herrschaft im Koran erwähnt. Schura ist nicht mit Demokratie zu verwechseln.

Schwarze Hand: 1930 von Scheich *Qassam* gegründete militante Untergrundorganisation; von der britischen Mandatsmacht als terroristische Gruppierung eingestuft.

Schwarzer September: Aufstand der *PFLP* in Jordanien, September 1970

Schwarzer September (abgeleitet vom Aufstand der *PFLP* in Jordanien 1970): Terrorgruppe, verantwortlich für die Geiselnahme bei den Olympischen Spielen in München 1972; möglicherweise inoffizieller Flügel der *Fatah*.

Schwerter des Islam: islamistische Gruppe in *Gaza*, die ihre Aktivitäten gegen Christen richtet.

Seldschuken: muslimische Fürstendynastie turkmenischer Abstammung in Mittelasien, im Iran, Irak, in Syrien und Anatolien (1038–1194); *sunnitische* Muslime, brachten den Islam nach Anatolien.

Sephardim: Juden in Spanien und Portugal bis zu ihrer Vertreibung 1492 und ihre Nachfahren (im östlichen Mittelmeerraum und in Nordafrika, aber auch in Nordeuropa, in den Seehandelsstädten der Niederlande und Norddeutschlands, in Amerika und in Indien); von der iberischen Kultur geprägt, im Gegensatz zu den von der deutschen Kultur beeinflussten *Aschkenasim*.

ShaS-Partei: religiöse ultraorthodoxe Partei in Israel; begann mit der Aufstellung eigener religiös-ethnischer Listen für die Kommunalwahl 1983, konnte vor allem orientalische Unterschichten mobilisieren.

Shoa (auch Shoah, Schoa, Schoah; wörtl. „Zerstörung, große Katastrophe"): systematischer Völkermord an etwa sechs Millionen europäischer Juden in der Zeit des Nationalsozialismus.

Skythen: iranisches Nomadenvolk, ab dem 7. Jh. v. Chr. in Südrussland und der Ukraine bis zum Dnjepr ansässig; auch alle Reiternomaden, die im 1. Jt. v. Chr. in eurasischen Steppengebieten lebten.

Status-quo-Abkommen: 1757 legte der türkische Sultan und Herrscher des Osmanischen Reiches einen „Status quo" für die Heiligen Stätten von Juden, Christen und Moslems fest.

Stern-Bande: siehe Lechi.

Sunniten (von Sunna, „die Tradition des Propheten des Islam, Mohammed", daher auch als „Volk der Tradition" bezeichnet): die größte Glaubensrichtung im Islam, aus dem von *Abu Bakr* gegründeten *Kalifat* entstammend. Sunniten stellen in allen islamischen Ländern die Mehrheit der Muslime, mit Ausnahme von Iran, Irak, Bahrain, Aserbaidschan, Jemen, Oman und Libanon. Die Unterschiede zur zweitgrößten Glaubensrichtung, den *Schiiten*, sind ursprünglich nicht theologisch begründet, sondern gehen auf die Frage zurück, wer die Gemeinschaft der Muslime leiten soll – bei den Sunniten der Kalif, bei den Schiiten der *Imam*.

Synod (der Heilige Synod): in der russischen wie in anderen orthodoxen Kirchen das Regierungsorgan, das die Entscheidungen zwischen den Bischofssynoden trifft.

Taliban (wörtl. „Student"): eine Gruppe islamistischer Fundamentalisten. Politisch und militärisch formierten sich die Taliban nach dem Ende der sowjetischen Besatzung Afghanistans, um 1993.

Tantur: ökumenisches Zentrum in Jerusalem.

Tanzim: 1995 von *Jassir Arafat* als Miliz der *Fatah* gegründet, unter *Marwan Barghouti* zentrale Rolle in der *al-Aqsa-Intifada*.

Tanzimat (wörtl. „Neuordnung"): Periode tiefgreifender Reformen im Osmanischen Reich, 1838–1876.

Tora (auch Torah, Thora; wörtl. „Lehre, Belehrung, Unterricht, Anweisung, Gesetz"): erster und wichtigster Hauptteil der hebräischen Bibel, enthält insgesamt 613 Tora-Gebote.

Umayyaden: siehe Omajjaden.

Umma (auch Ummah): religiöse Gemeinschaft aller Muslime, im modernen Arabisch auch Nation und andere Gemeinschaften; religiöses Konzept im Gegensatz zu dem in Europa entwickelten Konzept der Nation.

United Nations Special Committee on Palestine: 1947 gegründeter Sonderausschuss der Vereinten Nationen zur Prüfung der Situation in Palästina und zur Erarbeitung von Lösungsvorschlägen für die Probleme zwischen Juden und Arabern.

Vizir (auch Wesir, Vesir, Vizier; „Großwesir"): seit dem Mittelalter bestehendes Regierungsamt; Minister bzw. Beauftragte in den islamischen Staaten des Orients und Vorderindiens.

Vulgata: lateinischer Bibeltext seit der Spätantike.

Wakba (an-Wakba, wörtl. „Katastrophe, Unglück"): die von den Palästinensern als Unglück empfundene Gründung des Staates Israels.

Waqf: religiöse Stiftungen, d. h. landwirtschaftliches Gebiet, städtische Immobilien, Häuser, Unternehmen und Läden, die zum Wohl der muslimischen Gemeinschaft bestimmt waren.

Watan: arab. „Heimatland, Vaterland".

Winograd-Bericht: israelische Analyse des 34-Tage-Krieges gegen den Libanon.

World Zionist Organisation: auf Initiative von *Theodor Herzl* 1897 vom 1. Zionistischen Weltkongress gegründet, um den Juden eine Rückkehr in ihre alte Heimat, das Land Israel, zu ermöglichen.

Wye-Abkommen (auch Wye-Pakt): ein Interimsabkommen, das den weiteren Truppenabzug der *Zahal* aus dem *Westjordanland* regeln sollte. Es setzte das Interimsabkommen über das Westjordanland und den *Gazastreifen* vom 28. September 1995 um.

Yad Vashem (auch Jad waSchem, Yad Washem, „Gedenkstätte der Märtyrer und Helden des Staates Israel im Holocaust"): bedeutendste Gedenkstätte der nationalsozialistischen Judenvernichtung in Jerusalem.

Yom Kippur (auch Jom Kippur): jüdischer Versöhnungstag, gleichzeitig wichtigster jährlicher Festtag im Judentum.

Ysop („Josefskraut", „Eisop"): Blätter und Blüten werden zu Würz- und Heilzwecken genutzt.

Zahal (auch Tzahal, Tsahal): israelische Bezeichnung für *Israel Defense Forces* (IDF), die israelischen Verteidigungsstreitkräfte.

Zakat: Armensteuer, eine der fünf Säulen des Islam.

Zionismus (von *Berg Zion*): während der zweiten Hälfte des 19. Jhs. entstandene jüdische National-Bewegung mit dem Ziel der Wiedererrichtung eines eigenen jüdischen Staates in Palästina. Der moderne Zionismus entstand unter den Juden in der europäischen Diaspora.

Personen

Abbas, Mahmud (gen. Abu Mazen): geb. 1935 in Safed, Galiläa; führender Politiker der palästinensischen *Fatah*-Bewegung, seit 2005 gewählter Vorsitzender der *PLO* und Präsident der *PA*; gilt heute als gemäßigt und tritt für eine Aussöhnung mit Israel und die so genannte Zweistaatenlösung ein.

Abdallah I. (Abdallah ibn Husain): König von Jordanien 1921–1951; angeblich ein Nachkomme *Mohammeds*, geb. 1882 in Mekka als Sohn des Scherifen *Husain*. Abdallah wurde 1920 König des Irak, verzichtete in der Folge zugunsten seines Bruders *Faisal* auf den irakischen Thron und wurde 1921 Emir von Transjordanien (unter britischem Protektorat), 1946 König (mit der Anerkennung des unabhängigen Staates Jordanien). Nach seiner Ermordung durch einen palästinensischen Extremisten in Jerusalem folgte ihm sein Sohn *Talal bin Abdullah* und anschließend sein Enkel *Hussein I.* auf den Thron.

Abdullah II.: geb. 1962; seit 1999 König von Jordanien; Sohn *Husseins* I.

Abdullah bin Abd al-Aziz: seit 2005 König von Saudi-Arabien; Monarch (*Malek*), Staatsoberhaupt, Regierungschef und Kustos der beiden heiligen Moscheen.

Abu Bakr: geb. 573 in Mekka, gest. 634 in Medina; Schwiegervater Mohammeds und erster der vier „rechtgeleiteten" *Kalifen* (d. h. der Nachfolger *Mohammeds*): Nach Mohammeds Tod 632 wurde Abu Bakr nach langwierigen Verhandlungen zwischen den Muslimen von Medina und den ausgewanderten Muslimen von Mekka zum neuen Führer der Muslime gewählt. Er nannte sich Kalif („Nachfolger des Gesandten Gottes").

Abu Musa (Oberst Said al-Muragha): palästinensischer Flüchtling, kämpfte im Libanesischen Bürgerkrieg; Gründer der *Fatah al-Intifada*.

Abu Nidal (eigentl. Hassan Sabri al-Banna): geb. 1937 in Jaffa, gest. 2002 in Bagdad; palästinensischer Terrorist und Gründer der *Abu-Nidal-Organisation*.

Aflaq, Michel: geb. 1910 in Damaskus, gest. 1989 in Bagdad; arabischer Politiker und Mitbegründer der *Ba'ath-Partei*; Vordenker des arabischen Nationalismus; aus einer orthodox-christlichen Familie stammend.

Ahab (wörtl. „Bruder des Vaters"): ca. 875 v. Chr.–852 v. Chr.; König des Nordreiches Israel, kam im Krieg gegen die *Aramäer* ums Leben; mit Isebel, der Tochter des phönizischen Königs, verheiratet; in der Bibel ein gottloser König (Isebel führte den Baal-Kult in Israel ein).

al-Banna, Hassan: 1906–1949; Lehrer und Gründer der Muslimbruderschaft in Ägypten (1928).

al-Assad, Baschar Hafiz: geb. 1965 in Aleppo, Nordsyrien, seit 2000 Präsident (Staatschef) von Syrien; Sohn des ehemaligen Präsidenten *Hafiz al-Assad*.

al-Assad, Hafiz: geb. 1930 in Kardaha, Syrien, gest. 2000 in Damaskus; Präsident von Syrien (1971–2000); putschte 1961 als Offizier gegen die Union mit Ägypten.

al-Din, Shehab: islamischer Gelehrter und Verwandter *Saladins*.

Ali ibn Abi Talib: geb. um 598 in Mekka, gest. 661 in Kufa (heute Irak); vierter Kalif im *sunnitischen* Islam, letzter der vier „rechtgeleiteten" Kalifen (d. h. der Nachfolger *Mohammeds*) und erster *Imam* aller Linien der *schiitischen* und *alevitischen* Imame; Vetter und Schwiegersohn des Propheten Mohammed; heiratete *Fatima*, die Tochter Mohammeds. Über die Frage seiner Nachfolge entzweiten sich der sunnitische und schiitische Islam gegen Mitte des 7. Jhs.

al-Khattab: siehe Khattab.

Allenby, Edmund Henry Hyndman (1. Viscount Allenby): 1861–1936; britischer Feldmarschall im Ersten Weltkrieg, Kommandeur der alliierten Truppen auf dem Sinai und in Palästina (1917/18).

al-Qassam: siehe Qassam.

Annan, Kofi Atta: geb. 1938 in Ghana; siebenter Generalsekretär der UN (1997–2006); 2001 Friedensnobelpreis.

Arafat, Jassir (urspr. Muhammad Abd ar-Rahmān Abd ar-Ra´ūf Arafāt al-Qudwa al-Husaini, genannt Abū Ammār): geb. 1929 in Kairo, gest. 2004 in Frankreich; palästinensischer Politiker und Staatsmann, 1996–2004 Präsident der Palästinensischen Autonomiegebiete; 1994 Friedensnobelpreis (zusammen mit *Shimon Perez* und *Jitzhak Rabin*).

Arafat, Suha: Witwe *Jassir Arafats*; entstammt einer wohlhabenden christlichen Bankiersfamilie, Suha studierte in Paris Literatur und Politik. Arafat nahm im Alter von 60 Jahren die damals 28-Jährige zur Frau. Sie war griechisch-orthodoxe Christin und trat zum *sunnitischen* Islam über. 1995 kam die gemeinsame Tochter Zahwa (wörtl. „Erwachen") zur Welt.

Ashrawi, Hanan Daoud Khalil: geb. 1946 in Ramallah (britisches Mandatsgebiet); palästinensische (anglikanische) Politikerin, Dozentin für englische Literatur an der *Birzeit* Universität.

as-Rantisi, Abd-al-Aziz: geb. 1947 in Yubna nahe Jaffa, gest. 2004; Kinderarzt und „Generalkommandant" der *Hamas*, starb – wie sein Vorgänger *Yasin* – durch eine „gezielte Tötung" der israelischen Armee.

Atiq, Nai´m Cannon: Sekretär des *melkitischen* Bischofs, Befreiungstheologe.

Auden, Wystan Hugh: englischer Schriftsteller, 20. Jh.

Azzam, Scheich Abdallah Yusuf: geb. 1941 im *Westjordanland*, gest. 1989 in Peschawar, Pakistan; palästinensischer islamistischer Theologe, Mentor von *Osama bin Laden*; Vater des Islamischen *Dschihad* in seiner modernen Form.

Baker, James Addison III.: geb. 1930 in Texas; US-amerikanischer Politiker und Diplomat, 1989–1992 unter *George H. W. Bush* Außenminister der USA.

Balfour, Arthur James (seit 1922 1. Earl of Balfour): geb. 1848 in East Lothian, Großbritannien, gest. 1930 in Surrey; britischer Politiker; Premierminister, Marineminister, Außenminister.

Bar Kochbar, Simon (wörtl. „Sohn des Sterns"): jüdischer Rebell und messianischer Prätendent, führte 132–135 n. Chr. einen Aufstand gegen das Römische Reich unter Kaiser Hadrian.

Barak, Ehud: geb. 1942 in einem Kibbuz; israelischer Politiker und ehemaliger General. 1999–2001 Ministerpräsident, 1995–1996 Außenminister unter *Shimon Peres*; seit Juni 2007 Verteidigungsminister und Vorsitzender der Arbeitspartei *Awoda*.

Barghouti, Marwan: Chef der *Fatah-Tanzim* im *Westjordanland*; Anführer der *al-Aqsa-Intifada*, von Israel zu lebenslanger Haft verurteilt.

Barghouti, Mustafa: Arzt, Mitbegründer der palästinensischen Vereinigung der medizinischen Hilfskomitees, Sekretär der Palästinensischen Nationalen Initiative, einer demokratischen Oppositionsbewegung.

Begin, Menachem: geb. 1913 in Brest-Litowsk, gest. 1992; beeinflusst von *Wladimir Jabotinsky*, Führer der *Irgun*, verantwortlich für den Sprengstoffanschlag auf das King-David-Hotel in Jerusalem 1946 und das Massaker von Deir Jasin 1948; israelischer Ministerpräsident (*Likud*) und Außenminister; 1978 Friedensnobelpreis (zusammen mit *Sadat*).

Benedikt XV. (Giacomo della Chiesa): geb. 1854 in Genua, gest. 1922 in Rom; 1914–1922 Papst; aufgrund seines engagierten Auftretens gegen den Ersten Weltkrieg „Friedenspapst" genannt.

Benedikt XVI. (Joseph Alois Ratzinger): geb. 1927 in Bayern; 2005 zum Nachfolger von Papst *Johannes Paul II.* gewählt, vorher Dekan des Kardinalskollegiums und Präfekt der Kongregation für die Glaubenslehre.

Berri, Nabih: geb. 1938/39; libanesischer Rechtsanwalt und Politiker; Vorsitzender der schiitischen Amal-Bewegung, seit 1981 Vorsitzender der *Amal-Miliz*, ab 1984 verschiedene Ministerposten (Wasser und Energie, Justiz, Wiederaufbau des Südens), ab 1992 mehrmals Amt des libanesischen Parlamentspräsidenten.

Bevin, Ernest: geb. 1881 in Somerset, gest. 1951; britischer Gewerkschaftsführer, Arbeitsminister 1940–1945 und Außenminister 1945–1951.

bin Laden, Osama (Usāma ibn Muhammad ibn Awad ibn Lādin): geb. 1957 in Saudi-Arabien; islamischer Fundamentalist, Begründer des Terrornetzwerks *al-Qaida*. Als *Mujaheddin* kämpfte er gegen die Besetzung Afghanistans durch die Sowjetunion.

Blair, Tony (Anthony Charles Lynton „Tony" Blair): geb. 1953 in Edinburgh; britischer Politiker, 1997–2007 Premierminister, ab Juni 2007 Sondergesandter des Nahost-*Quartetts*.

Brzezinski, Zbigniew Kazimierz: geb. 1928 in Warschau; polnisch-amerikanischer Politikwissenschaftler; gilt neben *Henry Kissinger* und Samuel P. Huntington als graue Eminenz unter den US-amerikanischen Globalstrategen; 1977–1981 Sicherheitsberater von US-Präsident *Jimmy Carter*.

Buber, Martin: geb. 1878 in Wien, gest. 1965 in Jerusalem; österreichisch-israelischer jüdischer Religionsphilosoph.

Bush, George Herbert Walker: geb. 1924 in Massachusetts; 41. Präsident der USA (1989–1993); Vater von *George W. Bush*.

Bush, George W. (Walker): geb. 1946 in Connecticut; US-amerikanischer republikanischer Politiker und 43. Präsident der USA (seit 2001).

Camassei, Filippo Kardinal: geb. 1848, gest. 1921 in Rom; Erzbischof von *Naxos* und lateinischer Patriarch von Jerusalem.

Capucci, Hilarion: geb. 1922; *melkitischer* Erzbischof von Jerusalem, aus Aleppo, Syrien.

Carter, Jimmy (James Earl „Jimmy" Carter Jr.): geb. 1924 in Georgia; demokratischer 39. Präsident der USA (1977–1981); nach seiner Präsidentschaft im Bereich der Menschenrechte und der internationalen Vermittlung aktiv, 2002 Friedensnobelpreis.

Chacour, Elias: geb. 1939 in Galiläa; israelisch-arabischer *melkitisch* griechisch-katholischer Erzbischof.

Clemens VI: geb. um 1290, gest. 1352; 1342–1352 Papst.

Clinton, Bill (William Jefferson „Bill" Clinton): geb. 1946 in Arkansas; 42. Präsident der USA (1993–2001).

Crane, Charles Richard: 1858–1939; wohlhabender philantropischer amerikanischer Arabist aus Chicago (*King-Crane-Commission*).

Cyrus (Kyros II. der Große): 601–530 v. Chr.; persischer König; gilt als Begründer des altpersischen Weltreiches, bezeichnete sich selbst als „König des Iran".

Damaskus, Johannes von: ca. 650–749; großer orthodoxer Kirchenvater des Ostens.

Dajan, Mosche: geb. 1915 im Kibbuz Degania, gest. 1981; israelischer General und Politiker; Verhandlungen in *Camp David* als Außenminister Israels.

Diodorus I.: Patriarchalvikar, seit 1980 griechisch-orthodoxer Patriarch von Jerusalem, gest. 2001.

Dreyfus, Alfred: 1859–1935; jüdischer Artilleriehauptmann im französischen Generalstab, in der III. Französischen Republik, Ende des 19. Jhs., wegen angeblichen Landesverrats zu lebenslanger Verbannung und Haft verurteilt („Affäre Dreyfus").

Dulles, John Foster: geb. 1888 in Washington D.C., gest. 1959; US-Politiker, unter Präsident Dwight D. Eisenhower 1953–1959 Außenminister; betrachtete den Kommunismus als „moralisches Übel".

Eban, Abba (urspr. Aubrey Solomon Eban): geb. 1915 in Kapstadt, gest. 2002 in Tel Aviv; israelischer Diplomat, Minister und Abgeordneter der *Knesset*.

Eirinaios I. (auch Irinaios): griechisch-orthodoxer Patriarch von Jerusalem; wegen umstrittener Immobilien-Geschäfte von der Bischofsynode abgesetzt.

Erekat, Saeb: geb. 1955; palästinensischer Chefunterhändler in den palästinensisch-israelischen Verhandlungen (z.B. Osloer Friedensverhandlungen 1955).

Faisal (Faisal I.): geb. 1883 in Taif, als dritter Sohn des Scherifen *Husain*, gest. 1933 in Bern; Emir von Mekka, König von Syrien (1920), König des Irak (1921–1933); Einigung der Beduinenstämme gegen die türkische Besatzung (1916). Leiter der arabischen Gesandtschaft auf der Pariser Friedenskonferenz 1919.

Faruk (Faruq I.): geb. 1920 in Kairo, gest. 1965 in Rom; 1936–1952 König von Ägypten.

Fatima (Fatima bint Muhammad ibn 'Abdallah ibn 'Abd Al-Muttalib ibn Hashim): 606–632, fünfte und jüngste Tochter des Propheten *Mohammed* und Gattin *Ali ibn Abi Talibs*.

Fayyad, Salam: geb. 1952; Wirtschaftswissenschaftler und Politiker der Partei des Dritten Weges; von Präsident *Mahmud Abbas* 2007 zum neuen Ministerpräsidenten der *Palästinensischen Autonomiegebiete* ernannt, gleichzeitig Außenminister.

Frost, Robert Lee: geb. 1874 in San Francisco, gest. 1963 in Boston; US-amerikanischer Dichter und Pulitzer-Preisträger.

George-Picot, François: 1870–1951; französischer Diplomat, während des 1. Weltkrieges Unterzeichnung des *Sykes*-Picot-Abkommens, mit dem das *Osmanische Reich* in westliche Einflusssphären aufgeteilt wurde.

Goldman, Nahum: geb. 1894 in Wischnewo (heute Weißrussland), gest. 1982 in Bad Reichenhall; Gründer und langjähriger Präsident des Jüdischen Weltkongresses (WJC).

Gurion, David Ben (David Grün): geb. 1886 in Polen, gest. 1973 in Israel; israelischer Staatsmann und einer der Gründer der sozialdemokratischen Arbeitspartei Israels (*Awoda*); Parteivorsitzender 1948–1963; Premierminister.

Habash, George: geb. 1926 in Lydda, Palästina; Kinderarzt; 1968–2000 Generalsekretär der Volksfront zur Befreiung Palästinas (*PFLP*).

Haniyeh, Ismael: geb. 1962 in einem Flüchtlingslager im Norden von *Gaza*; verbrachte drei Jahre in israelischen Gefängnissen; 2006–Juni 2007 Premierminister der *PA*.

Hanna, Theodosius Attala: *Archimandrit* im griechisch-orthodoxen Patriarchat in Jerusalem.

Herzl, Theodor: geb. 1860 in Pest (heute Budapest), gest. 1904 in Niederösterreich; Schriftsteller und *zionistischer* Politiker, „Der Judenstaat" (1896).

Hieronymus: 342–420; Kirchenvater der katholischen Kirche, Bibelübersetzer.

Husain (Hussein ibn Ali): geb. 1853 in Mekka, gest. 1931 in Amman, Jordanien; aus der Sippe der Haschemiten; 1908 von den Osmanen als Großscherif in Mekka eingesetzt; erhob sich 1916 gegen die Osmanen („Arabische Revolte") und baute mit britischer Hilfe (in der Person des Lawrence von Arabien) seine Macht im *Hedschas* aus. Vater *Abdallahs I.* und *Faisals*.

Hussein I. (Hussein bin Talal): geb. 1935 in Jordanien, gest. 1999; Enkel von *Abdallah I.* und Sohn von *Talal bin Abdullah*, 1952–1999 König von Jordanien. Nach seinem Tod folgte ihm sein Sohn *Abdullah* auf den Thron.

Husseini (Hadsch Mohammed Amin al-Husseini): 1893–1974; islamischer Geistlicher und palästinensischer arabischer Nationalist aus einflussreicher Jerusalemer Familie, Onkel *Arafats*; bekannt als Großmufti von Jerusalem (inoffizieller Titel), Präsidentschaft des „Obersten Islamischen Rats".

Ireneios: siehe Eirinaios.

Izz ad-Din al-Qassam: siehe Qassam.

Jabotinsky, Wladimir Zeev: geb. 1880 in Russland, gest. 1940 in Israel; führender Zionist sowie Schriftsteller, Redner und Gründer der Jüdischen Legion im Ersten Weltkrieg; Begründer des revisionistischen Zweiges des *Zionismus.*

Jigal, Amir: geb. 1970 in Herzlija, nördlich von Tel Aviv; ehemaliger Student der Bar-Ilan-Universität, Mörder des israelischen Premierministers *Jitzhak Rabin.*

Johannes Paul II. (Karol Józef Wojtyła): geb. 1920 in Polen, gest. 2005; 1978–2005 Papst.

Juvenal: gest. 376; Bischof von Narni (Umbrien, Italien).

Kahane, Rabbi Meir: geb. 1932, 1990 in Manhattan ermordet; ultrarechtes Mitglied der *Knesset* (bis 1987), Leiter der Jewish Defense League in den USA, Gründer der *Kach-Partei*. Seine Anhänger forderten zur Vertreibung aller Araber aus dem „Lande Israel" auf, wozu sie auch die Besetzten Gebiete zählten (Plan eines theokratischen Großisrael).

Khattab: siehe Omar ibn al-Khattab.

Khoury, Rafiq: Priester des lateinischen Patriarchats von Jerusalem; Konzept der kontextuellen Theologie.

King, Henry Churchill: geb. 1858 in Michigan, gest. 1934; amerikanischer Theologe, Mathematiker und Philosoph, Lehrer am Oberlin College, Ohio (*King-Crane-Commission*).

Kissinger, Henry Alfred: geb. 1923 in Fürth (Bayern); US-amerikanischer Politikwissenschaftler und Politiker; 1969–1973 Nationaler Sicherheitsberater der USA, 1973–1977 US-Außenminister; 1973 Friedensnobelpreis für das Friedensabkommen in Vietnam.

Konstantin der Große: ca. 280–337; römischer Kaiser.

Kyrill (auch Cyrill, hl. Kyrill von Jerusalem): geb. um 315 in Jerusalem, gest. 386; Kirchenvater der Orthodoxie und Kirchenlehrer der katholischen Kirche.

Laham, Lutfi (seit 2000 Seine Seligkeit Gregorios III.): geb. 1933 in Daraya, Syrien; Patriarch von Antiochien und dem Ganzen Orient, von Alexandrien und von Jerusalem; Oberhaupt der *melkitischen* griechisch-katholischen Kirche; 1981 zum Bischof geweiht, Patriarchalvikar in Jerusalem.

Lau, Israel Meir: geb. 1937 in Polen; verlor seine Eltern während der *Shoa*, war selbst im KZ Buchenwald; seit 1993 *aschkenasischer* Oberrabiner des Staates Israel.

Lessing, Gotthold Ephraim: geb. 1729 in Sachsen, gest. 1781 in Braunschweig; deutscher Dichter der Aufklärung.

Liebermann, Awigdor (auch Libermann): geb. 1958 in Chişinău, Moldawien; zionistisch-nationalistischer israelischer Politiker; Vorsitzender der Partei Jisra'el Beitenu, seit 2006 Minister für Strategische Planung; mit Jänner 2008 aus der Regierung *Olmert* ausgetreten.

McMahon, Sir Arthur Henry: 1862–1949; britischer Soldat und Diplomat.

Mehmet II. (Sultan Mehmed II. Fatih, „Der Eroberer"): geb. 1430 in Edirne, Türkei, gest. 1481 in Gebze; Sultan des Osmanischen Reiches 1444 und 1451–1481; Eroberer Konstantinopels (1453) – womit das Ende des Byzantinischen Reiches besiegelt war.

Meir, Golda: geb. 1898 in Kiew, gest. 1978 in Jerusalem; israelische Politikerin; langjährige Außenministerin Israels, 1969–1974 erste Premierministerin Israels.

Meshal, Khaled (auch Khaled Mashal / Khaled Mashaal): geb. 1956 in Ramallah (damals von Jordanien regiert), lebte bis 1991 in Kuwait, mit dem Einfall des Irak in Kuwait nach Jordanien übersiedelt; einer der Gründer der *Hamas*, Vorsitzender des Hamas-Politbüros seit 1996; lebt in Damaskus im Exil, verhandelt über die Freilassung des Soldaten *Gilad Shalit.*

Mesullam, Abuna Emanuel (auch Musallam, Pater Manuel): gegenwärtig einziger katholischer Priester lateinischen Ritus' in *Gaza*.

Mohammed (auch Muhammad): geb. um 570 in Mekka, gest. 632 in Medina; gilt als Stifter der Religion des Islam, in der Reihe der Propheten als der historisch letzte, dem mit dem Koran die letzte Offenbarung Gottes (Allahs) herabgesandt wurde („Das Siegel der Propheten", d. h. der Beglaubiger der früheren Propheten, der letzte Prophet in der Menschheitsgeschichte).

Mouallem, Boutros Pierre (auch Boutros El Mualem): geb. 1928 in Brasilien; *Eparch* in Brasilien seit 1990, *melkitischer* Erzbischof von *Akko, Haifa* und Galiläa.

Moyne, Walter Edward Guinness (1. Baron Moyne): geb. 1880 in Dublin; britischer Minister für den Mittleren Osten; Freund Winston Churchills; 1944 in Kairo ermordet.

Musil, Alois: geb. 1868 in Mähren, gest. 1944 in Böhmen; österreichisch-tschechischer Orientalist, Theologe und römisch-katholischer Priester.

Nasrallah, Sayyid Hassan: geb. 1960 in Beirut; *schiitischer* Muslim, seit 1992 Generalsekretär der islamistischen libanesischen Partei und Organisation *Hisbollah*.

Nasser, Gamal Abdel: geb. 1918 in Alexandria, gest. 1970 in Kairo; ägyptischer General, 1954–1970 ägyptischer Staatspräsident, 1958–1961 Staatspräsident der Vereinigten Arabischen Republik (Zusammenschluss von Ägypten und Syrien).

Netanjahu, Benjamin (landläufig Bibi): geb. 1949 in Tel Aviv; 1996–1999 israelischer Ministerpräsident, 1998 und 2002–2003 israelischer Außenminister, ab 2003 Finanzminister (2005 Amtsniederlegung aus Protest gegen die Siedlungspolitik der *Sharon*-Regierung), ab 2005 Vorsitzender des *Likud*, ab 2006 Oppositionsführer.

Nidal: siehe Abu Nidal.

Olmert, Ehud: geb.1945 in Binjamina, nahe Haifa; israelischer Politiker (*Kadima*); seit 2006 Ministerpräsident Israels.

Omar ibn al-Khattab (Umar ibn al-Chattab): 584–644; zweiter der vier „rechtgeleiteten" *Kalifen* (d. h. der Nachfolger *Mohammeds*), 634–644.

Osama bin Laden: siehe bin Laden.

Pascal, Blaise: geb. 1623 in Clermont-Ferrand (Frankreich), gest. 1662 in Paris; französischer Mathematiker, Physiker, Literat und Philosoph.

Peel, Lord Robert: Vorsitzender der Peel-Kommission 1937, die erstmals eine Teilung Palästinas vorschlug.

Peres, Shimon (urspr. Szymon Perske): geb. 1923 in Wiszniew (damals Polen, heute Weißrussland); einer der dienstältesten israelischen Politiker, wiederholt Vorsitzender der israelischen Arbeitspartei (*Awoda*; 2005 Austritt und Hinwendung zur neu gegründeten *Kadima*), 1984–1986 Ministerpräsident Israels, 1995–1996 Premierminister; 2001–2002 stellvertretender Regierungschef und Außenminister, ab 2005 Vize-Ministerpräsident, seit 2007 israelischer Staatspräsident.

Picot: siehe George-Picot, François

Pius X. (Giuseppe Melchiorre Sarto): geb. 1835 in der Provinz Treviso, gest. 1914 in Rom; 1903–1914 Papst, als „konservativer Reformpapst" bezeichnet; von Pius XII. 1954 heiliggesprochen.

Pius XII. (Eugenio Maria Giuseppe Giovanni Pacelli): geb. 1876 in Rom, gest. 1958 in Castel Gandolfo; 1939–1958 Papst.

Qassam (Scheich Izz ad-Din al-Qassam / Isaddin al-Kassam): geb. 1882 in Latakia, Syrien; gest. 1935 in Palästina; radikal-islamischer Geistlicher; 1921 Aufstand gegen die französische Besetzung von Syrien, Kampf gegen die britische Mandatsverwaltung in Palästina, 1930 Gründung der militanten Untergrundorganisation „*Schwarze Hand*"; Namensgeber für die *Qassam-Brigaden*.

Qurai, Ahmed Ali Mohammed (alias Abu Alaa): geb. 1937; früherer Premierminister der *PA*, 2003–2006, Verhandler bei den Friedensgesprächen 2008.

Qutb, Sayyid: 1906–1966; Theoretiker der ägyptischen Muslimbruderschaft, Vordenker des weltweiten Kampfes für die Einführung der Scharia.

Rabin, Jitzhak: geb. 1922 in Jerusalem, 1995 in Tel Aviv ermordet; Kämpfer im Unabhängigkeitskrieg, Generalstabschef und Oberbefehlshaber im Sechstagekrieg, 1974–1977 und 1992–1995 israelischer Ministerpräsident.

Raheb, Mitri: geb. 1962 in Betlehem; Gründer und Direktor des Internationalen Zentrums in Bethlehem (ICB, arab. Dar Annadwa Adduwalia, 1995), Gründer der Dar-al-Kalima-Schule (1998) und des Dar-al-Kalima-Gesundheitszentrums (2003), Pastor der Weihnachtskirche in Bethlehem.

Rice, Condoleeza: geb. 1954 in Alabama; US-amerikanische Politikerin; ab 2001 Nationale Sicherheitsberaterin der Vereinigten Staaten, ab 2004 Außenministerin für die zweite Amtszeit von *George W. Bush*.

Rothschild, Lionel Walter: 1868–1937; britischer Lord.

Saadeh, Autun: 1904–1949; libanesischer nationalistischer Denker und Gründer der Syrischen Sozialnationalistischen Partei.

Sabbah, Michel: geb. 1933 in Nazareth; palästinensischer katholischer Theologe und derzeit Lateinischer Patriarch von Jerusalem.

Sadat, Muhammad Anwar (as-Sadat): geb. 1918 in einem Dorf im Nildelta, 1981 in Kairo ermordet; ägyptischer Staatsmann, als Nachfolger *Nassers* 1970 Staatspräsident; zusammen mit *Menachem Begin* 1978 Friedensnobelpreis.

Saladin (Salah-ad-Din): 1137 / 1138–1193; großer kurdischer Feldherr.

Samuel, Herbert Louis (1. Viscount Samuel): 1870–1963; britischer Politiker und Diplomat, 1920–1925 erster Hoher Kommissar (Gouverneur) des britischen Mandats für Palästina; der erste Jude seit 2000 Jahren, der das historische Land Israel regierte.

Scheinermann, Shmuel und Dvora (Vera): Eltern von *Ariel Sharon*; Shmuel war ein zionistischer Idealist, Dvora verhalf als Hebamme noch *Menachem Begin* zur Geburt.

Shalit, Gilad: geb. 1986 in Mitzpe Hila im westlichen Galiläa; israelischer Soldat, im Juni 2006 von *Hamas*-Kommandos nach *Gaza* verschleppt.

Sharon, Ariel: geb. 1928; Israelischer Politiker und General, Vorsitzender des *Likud*, Gründer der *Kadima*; Verteidigungsminister, Außenminister, 2001–2006 Ministerpräsident Israels (nach einen schweren Schlaganfall am 11. April 2006 formal für regierungsunfähig erklärt).

Shultz, George Pratt: geb. 1920 in New York City; US-amerikanischer Politiker, 1969–1970 Arbeitsminister, 1972–1974 Finanzminister unter Präsident Richard Nixon, 1982–1989 Außenminister unter Präsident Ronald Reagan.

as-Sadat, Muhammad Anwar: siehe Sadat.

Spafford, Horatio Gates: geb. 1828 in New York, gest. 1888 in Jerusalem; Gründer einer christlichen utopischen Gesellschaft in Jerusalem („American Colony"; 1881).

Suleiman (Süleyman der Prächtige; auch Soliman): geb. 1495 in Trabzon, Türkei, gest. 1566 vor Szigetvár, Südungarn; berühmtester Sultan der Osmanen, genannt Kanuni (wörtl. „Gesetzgeber").

Sykes, Sir Mark (6th Baronet): 1879–1919; englischer Reisender, konservativer Politiker; diplomatischer Berater im 1. Weltkrieg, Unterzeichnung des Sykes-*Picot*-Abkommens, mit dem das *Osmanische Reich* in westliche Einflusssphären aufgeteilt wurde.

Sylvestros von Imnia: arabischer Bischof, 1993 geweiht.

Talal bin Abdullah: geb. 1909 in Mekka, gest. 1972; Sohn des jordanischen Königs *Abdallah I.*, folgte ihm 1951 auf den Thron und führte eine liberalisierte Verfassung ein, wurde aber aufgrund gesundheitlicher Probleme bereits 1952 gezwungen abzudanken; König von Jordanien wurde nach ihm sein Sohn *Hussein I.*

Taleb as-Sanaa: Abgeordneter der United Arab List („Ra´am", einer politischen Partei in Israel).

Tauran, Kurienkardinal: geb. 1943 in Bordeaux; Staatssekretär für auswärtige Angelegenheiten im Vatikan.

Toynbee, Arnold Joseph: geb. 1889 in London, gest. 1975; britischer Kulturtheoretiker und Geschichtsphilosoph, gilt als letzter großer Universalhistoriker.

Truman, Harry S.: geb. 1884 in Lamar, Missouri, gest. 1972 in Kansas City; 33. Präsident der USA (1945–1953).

Umar ibn al-Khattab: siehe Khattab.

Urban II. (Odo de Chatillon / Odo de Lagery): um 1042–1099; 1088–1099 Papst, seliggesprochen; 1095 Aufruf zum Kreuzzug zur Befreiung des morgenländischen Christentum von den „Ungläubigen".

Viktor Emmanuel III.: geb. 1869 in Neapel, gest. 1947 in Alexandria, Ägypten; König von Italien aus dem Haus Savoyen, Kaiser von Äthiopien, König von Albanien.

Weizmann, Chaim: geb. 1874 in Pinsk (heute Weißrussland), gest. 1952 in Jerusalem; *zionistischer* israelischer Politiker, Präsident der Zionistischen Weltorganisation, 1949–1952 Staatspräsident Israels.

Wilson, Thomas Woodrow: geb. 1856 in Virginia, USA, gest. 1924 in Washington D. C.; 28. Präsident der USA (1913–1921); Initiator für die Gründung des Völkerbundes.

Wolfensohn, James David: geb. 1933 in Sydney; 1995–2005 Präsident der Weltbank, aktiv im Nahost-*Quartett*.

Yasin, Scheich Ahmad (auch Jassin / Jadin): geb. 1936 bei Askalon, Negev, gest. 2004 in Gaza; führender Begründer, geistiger Führer und Oberhaupt der militanten *Hamas*.

ORTE

Aelia Capitolina: römischer Name für Jerusalem.

Afula: Stadt in der *Jesreelebene* im Nordbezirk Israels; in der Bibel nicht erwähnt; Burg aus der Kreuzfahrerzeit, heutige Stadt (gegr. 1925) an der Bahnlinie *Haifa*–Damaskus; nahe dem Berg Tabor.

Akko: alte Stadt in Galiläa, Nordbezirk Israels. Die Neustadt ist mehrheitlich jüdisch bevölkert, die Altstadt von israelischen Arabern.

al-Quds: arabischer Name für Jerusalem.

Amman: Hauptstadt des Haschemitischen Königreiches Jordanien.

Aqaba (auch Akaba): Stadt in Jordanien; der einzige Seehafen Jordaniens, am Golf von Akaba (auch Golf von Elat), einem Seitenarm des Roten Meeres.

Aram: biblischer Name für Syrien.

Armageddon (Harmagedon, Harmageddon, Har-Magedon): biblischer Ort, in der Apokalypse für den endgültigen Kampf zwischen Gut und Böse stehend.

Baram (Bar'am): Dorf in Obergaliläa, Geburtsort *Elias Chacours*.

Bar-Lev-Linie (benannt nach dem General und Generalstabschef der israelischen Streitkräfte während des ägyptisch-israelischen Krieges 1968–1970 Chaim Bar-Lev): eine Reihe von 35 Befestigungsanlagen an der Ostseite des Suezkanals.

Beersheba („Brunnen der Sieben", „Brunnen des Schwurs"): eine der größten Städte Israels, im südlichen Teil des Landes.

Beit-El: jüdische Siedlung nördlich von Jerusalem im *Westjordanland*, ideologische Hochburg des *Gusch-Emunim*; in biblischer Zeit *Bet-El*, wo Jakob träumte, dass eine Leiter in den Himmel reiche.

Beit Hanoun: Ort eines Massakers in *Gaza*.

Beit Jala: Teil der Gemeinde *Bethlehem*.

Beit Sahur (auch Beit Sahour): Teil der Gemeinde *Bethlehem*.

Beit Sha'an: Ort in Galiläa.

Bet-El: siehe Beit-El.

Bethanien: Dorf in der Nähe von Jerusalem, an der Ostseite des Ölberges; Heimatort der im Neuen Testament erwähnten Geschwister Maria, Martha und Lazarus.

Bethlehem: Stadt im *Westjordanland*, im Norden an Jerusalem grenzend (Abtrennung durch eine israelische Sperranlage).

Caesarea Philippi: am Fuß des Hermongebirges am Fluss Banyas, an der israelischen Küste, gelegen; Hauptstadt des vom Tetrachen Philippus (Sohn des Herodes) errichteten Herrschaftsgebiets.

Camp David, Maryland (USA): Erholungsanlage für den amerikanischen Präsidenten und Ort für formelle und informelle Staatsgespräche.

Chiyam: UNO-Stützpunkt im Südlibanon.

Dan (auch Tel Dan): Grenzstadt Kanaans am Fluss Dan, heute ein Kibbuz.

Dearborn: zweitgrößte arabische Gemeinde der USA, in Michigan, über 29.000 arabischstämmige Amerikaner; Hauptquartier der Ford Motor Company.

Deheisheh: Flüchtlingslager in der Umgebung von *Bethlehem*.

Deir Yasin (auch Yasin): arabisches Dorf westlich von Jerusalem.

Dimone: Stadt im nördlichen Teil der Wüste *Negev*.

Dschabal Abu Ghnaim (hebr. Har Homa): neue Siedlung im Süden von Jerusalem, auf enteignetem palästinensischem Land, trennt *Bethlehem* und das benachbarte *Beit Sahur* vom arabischen Ostjerusalem.

Dschabalia: Flüchtlingslager im Norden des *Gazastreifens*.

Durban: Drittgrößte Stadt in Südafrika, am indischen Ozean gelegen.

Ein Kerem (auch Ain Karem): ein Außenbezirk von Jerusalem, westlich vom Zentrum, auf jüdischem Staatsgebiet.

Emmaus: ein im Lukasevangelium erwähnter Ort in der Nähe von Jerusalem.

Entebbe: ehemalige Hauptstadt Ugandas. 1976 war der Flughafen von Entebbe Schauplatz einer Flugzeugentführung (Air-France-Maschine, Terroristen der *PFLP* und zwei deutsche Terroristen) und Geiselbefreiungsaktion, der sog. Operation Entebbe.

Erez-Kreuzung: Übergang Israel–Gaza.

Erez Ysrael (auch Erez Israel, Erez Jisra'el, Ysrael, Kanaan, Terra Sancta/Heiliges Land, Filastīn): Gebiet des historischen Palästina, heute Staat Israel mit Ostjerusalem, dem *Golan*, dem *Gazastreifen* und dem *Westjordanland* (*Palästinensische Autonomiegebiete*) sowie dem heutigen Königreich Jordanien.

Gaza: Hauptstadt des *Gazastreifens*.

Gazastreifen: Küstenstreifen am Mittelmeer.

Gethsemane (auch Getsemani, Gethsemani; von Gat-Schemen, „Ölpresse"): nach dem Matthäus-, dem Markus- und dem Lukasevangelium Ort, an dem Jesus in der Nacht vor seiner Kreuzigung betete, am Fuß des Ölbergs in Jerusalem.

Gilo: jüdische Siedlung auf bethlehemitischem Land, Stadtviertel von Jerusalem.

Golanhöhen: dünn besiedelter, hügeliger Landstrich; nach dem Völkerrecht zu Syrien gehörend, seit dem Sechstagekrieg 1967 von Israel besetzt; 1981 wurden israelisches Recht und Verwaltung auf die Golanhöhen ausgeweitet.

Haifa: drittgrößte Stadt Israels, am nördlichen Abhang des Karmelgebirges am Mittelmeer; als Stadt der Arbeit bezeichnet, im Unterschied zu Tel Aviv, wo vor allem gefeiert, und Jerusalem, wo vor allem gebetet werde.

Har Homa: siehe Dschabal Abu Ghnaim.

Haram al Scharif: Tempelberg in Jerusalem.

Hasmonäischer Tunnel: Tunnel zur Sicherung der Wasserversorgung Jerusalems, 513 m lang, 701 v. Chr. unter König Hiskia gegraben.

Hattin (auch Huttin, Hittin, Hittim): Schlachtfeld zwischen *Akko* und dem See Genezareth; die Kreuzfahrer erlitten hier ihre größte Niederlage (1187).

Hebron: Stadt im *Westjordanland*, im 3. Jt. v. Chr. gegründet; in der Bibel an zahlreichen Stellen erwähnt. In der Nähe befindet sich die Höhle von *Machpela*.

Hedschas: Landschaft im westlichen Saudi-Arabien, deren Betreten Muslimen vorbehalten ist (Mekka und Medina).

Hermon: 2814 m hoher Berg im Grenzbereich zwischen Libanon, Syrien und Israel.

herodianische Mauer: westliche Mauer des Tempelberges in Jerusalem, heutige Klagemauer.

Horeb: in der Bibel der „Gottesberg", an dem Mose dem Gott *JHWH* erstmals begegnete.

Ibilin: Ort in Galiläa; 2003 gründete *Elias Chacour* hier die erste multikulturelle Hochschule Israels.

Jaffa (griech. / neutestamentl.: Joppe): in Tel Aviv-Jaffa aufgegangen.

Jalazon: Flüchtlingslager bei *Ramallah*.

Jarmuk: Nebenfluss des Jordans; Grenzfluss zwischen Syrien und Jordanien, weiter flussabwärts zwischen Israel und Jordanien.

Jebel Musa: Mosesberg.

Jenin (auch Djenin/Dschenin): Stadt im *Westjordanland* mit vielen Wasserquellen, UN-Flüchtlingslager (2002 tw. durch die *IDF* zerstört).

Jericho: die älteste Stadt der Welt, am Westufer des Jordan in den *Palästinensischen Autonomiegebieten* gelegen; erste Stadt, die Israel 1994 (auf Basis der Verträge von Oslo) an die *PA* übergab.

Jesreelebene (auch Jesreeltal oder nur haEmek, „Das Tal"; in der Bibel Tal Esdrelon): Ebene in Nordisrael zwischen den Bergen Galiläas und Samaria.

Jordan: Grenze Israels zu den „Völkern" (seit der israelitischen Landnahme); für die Trinkwasserversorgung von zentraler Bedeutung; in der Bibel der Schauplatz für die Taufe Jesu, heute Grenze zu Jordanien.

Judäa: Gebiet im *Westjordanland*; historisch Unterscheidung zwischen Judäa diesseits des Jordans (mit Jerusalem) und Judäa jenseits des Jordans.

Kanaan: antiker Name für West-Palästina (siehe Erez Ysrael).

Kapernaum (auch Kafarnaum, Kapharnaum, Kfar Nahum; wörtl. „Nahums Dorf"): Fischerdorf in Galiläa, am Nordufer des Sees Genezareth (Wirkungsort Jesu).

Karame (auch Karama, wörtl. „Ehre"): Ort in Jordanien; 1968 Schlacht der *Fatah* gegen die israelische Armee.

Karmel: Berg auf halbem Weg zwischen der alten Stadt Cäsaräa und dem *Akko* der Kreuzfahrer.

Karni-Übergang (auch Karni Crossing): Güter-Terminal für den Export und Import von Waren durch palästinensische Händler, an der Sperranlage um den *Gazastreifen*, 1993 errichtet.

Khan Yunis (auch Chan Yunis): Stadt und Flüchtlingslager im Süden von *Gaza*.

Khartoum: Hauptstadt des Sudan; 1967 Tagungsort der *Arabischen Liga*.

Kiryat Arba: jüdische Siedlung bei *Hebron*.

Kiryat Shmona (auch Kirjat Schmona, Kiryat Shmona, Kiryat Schmonah, Qiryat Shmona): Stadt im Nordbezirk Israels, an der libanesischen Grenze; Ziel von Angriffen und Raketenbeschuss der *Hisbollah*.

Kuneitra (auch Qunaitra, Qunaitira, Kuneitra): syrische Stadt und Bezirk auf den *Golanhöhen*; größtenteils von Israel besetzt, 1981 Annexion durch Israel, die 1982 von der UNO für nichtig erklärt wurde; Stationierung von UN-Friedenstruppen.

Kyriat Arba: jüdische Siedlung bei *Hebron*.

Litani (bei den Römern: Leontes): Fluss im südlichen Libanon, 140 km lang; für Wasserversorgung und Stromerzeugung genutzt (Staudamm bei Qarun).

Lydda (auch Lod): Stadt in Zentralisrael, etwa 20 km östlich von Tel Aviv, am Fluss Ajalon.

Machpela: nach biblischer Überlieferung die Familiengrabstätte Abrahams; ein Grundstück in *Hebron* mit einer Höhle (Höhle der Patriarchen / Erzvätergrab); jüdisches und muslimisches Heiligtum (heute eine Moschee).

Madaba: Stadt in Jordanien, ca. 35 km südlich von *Amman*. Die griechisch-orthodoxe Kirche enthält das berühmte Mosaik von Madaba, das eine Landkarte Palästinas aus dem 6. Jh. darstellt.

Magdala (heute Migdal): Ort am See Genezareth; Maria von Magdala ist in der Bibel eine Jüngerin von Jesus.

Maghar: Kleinstadt in Galiläa. Die Einwohner sind zu über 50 % Drusen, die andere Hälfte griechisch-katholische Christen sowie Moslems.

Masada: ehemalige Festung in Israel, am Südwestende des Toten Meeres; Belagerung durch die Römer.

Mesopotamien: Zweistromland, bezeichnet geografisch das Gebiet um die Flüsse Euphrat und Tigris im heutigen Südost-Anatolien (Türkei), in Syrien und im Irak.

Moab: in der Bibel Reich östlich des Toten Meeres.

Moriah: Bezeichnung für das Land, in dem der Überlieferung zufolge der von Gott erwählte Berg steht, auf dem Abraham seinen Sohn Isaak als Brandopfer darbringen sollte; später der Berg, auf dem König Salomo den Tempel Gottes zu bauen begonnen habe (Tempelberg in Jerusalem).

Nablus (auch Nāblis, aus Neapolis, „Neustadt"): Stadt in den *Palästinensischen Autonomiegebieten* (heute leben hier noch *Samaritaner*).

Naxos: griechische Insel im Ägäischen Meer, Kykladen; Sitz des römisch-katholischen Erzbischofs des Erzbistums Naxos-Tinos und des griechisch-orthodoxen Bischofs des Bistums Naxos-Paros.

Nazareth: Stadt im Nordbezirk Israels, Galiläa; seit dem Mittelalter vorwiegend von arabischen Christen bewohnt, Wohnort des jungen Jesus.

Nebi Musa: nach islamischer Tradition die Grabstätte des Moses.

Nebo: Berg in Jordanien, 808 m hoch; Aussicht in das Jordantal, auf das Tote Meer und nach Israel; der Überlieferung zufolge der Berg, von dem aus Mose das gelobte Land sehen durfte (aber sterben musste, ohne es selbst zu betreten).

Negev (auch Negeb, wörtl. „die Trockene"): Wüste, etwa 12.000 km², rund 60 % der Fläche des Staates Israel, knapp 10 % der israelischen Bevölkerung.

Netanya: Stadt in Israel, zwischen *Tel Aviv* und Chadera in der Sharonebene an der israelischen Mittelmeerküste.

Ninive: altmesopotamische Stadt am Tigris, im heutigen Irak.

Osirak: Atomreaktor im Irak, von Israel 1981 durch einen Luftangriff zerstört.

Palästinensische Autonomiegebiete: von der PA regierte Territorien (ca. 42 % der *Westbank* und der gesamte, von der *Hamas* regierte, *Gazastreifen*, ohne *Golanhöhen*).

Qualandia: Checkpoint auf der Straße von Jerusalem nach *Ramallah*; um die Sperre herum Niemandsland.

Rafah: palästinensisches Flüchtlingslager am Südrand des *Gazastreifens*.

Ramallah: Stadt im *Westjordanland*; (neben Jerusalem) Teile der palästinensischen Regierung (mehrere Büros des zentralen gesetzgebenden Rates, Teile der Exekutive, die Büros der palästinensischen Westbank Security Forces).

Ramla: Stadt im Zentralbezirk in Israel.

Sabra, Schatila: zwei Flüchtlingslager in Beirut; 1982 Massaker an 2000 Palästinensern.

Samaria: Region in Palästina nordwestlich von *Judäa*, nördlicher Teil des heutigen *Westjordanlands*; Israel unterscheidet die Bezirke Judäa und Samarien.

Schebaa-Farmen: kleines Gebiet an der Grenze zwischen dem Libanon, Israel und Syrien (28 km² Ackerland); 1967 von Israel besetzt, davor von Syrien verwaltet, bis 1941 Teil des französischen Mandatsgebietes des Libanons; heute Teil des von Israel eingerichteten Naturschutzgebietes Hermon.

Sderot (auch Sederot): Stadt in Südisrael im Westteil der *Negev*-Wüste, unweit des nördlichen *Gazastreifens*; seit 2001 Angriffe durch *Qassam-Raketen* aus dem nahen Gazastreifen.

Sharm al-Sheik (auch al-Scheich): ägyptischer Touristenort an der Südspitze des Sinai, auch für internationale Konferenzen genutzt.

Sichem (auch Sechem, Shechem): antike Stadt in Mittelpalästina, Überreste wurden mitten in der modernen palästinensischen Stadt *Nablus* ausgegraben.

Taba: Stadt in Sinai, Ägypten, am Vier-Länder-Eck Israel–Ägypten–Saudi-Arabien–Jordanien; 2004 Selbstmordattentat auf das Taba Hilton Hotel.

Tel Aviv (Tel Aviv-Jafo, wörtl. „Hügel des Frühlings"): Großstadt in Israel, bis 1949 Hauptstadt.

Tiran (Straße von Tiran): Verbindung des Golfs von Akaba mit dem Roten Meer, zwischen der Südspitze des Sinai und Saudi-Arabien gelegen; für Israel Zugang zum Indischen Ozean, für Jordanien die einzige Verbindung zum Weltmeer.

Tyros: viertgrößte Stadt im Libanon, im Süden des Landes an der Küste des Mittelmeers.

Via dolorosa (wörtl. „schmerzhafter Weg, Leidensweg"): Straße in Jerusalem, durch die Altstadt vom Löwentor (oder Stephanstor) zur Grabeskirche; nach der Überlieferung der Weg Jesu vom Amtssitz des Pontius Pilatus zur Hinrichtungsstätte.

Westjordanland (auch *Westbank*): Großteil der *Palästinensischen Autonomiegebiete*, ca. 5800 km².

Yarmuk: siehe Jarmuk.

Zion (Berg Zion): kleiner Hügel im Südwesten der Altstadt von Jerusalem, auf dem der Überlieferung zufolge David seinen Palast baute; heute auch Metapher für Jerusalem

Für die Glossar-Einträge wurden folgende Quellen herangezogen:
Rotter, Gernot / Fathi, Schirin (2001): Nahostlexikon.
Der israelisch-palästinensische Konflikt von A–Z. Heidelberg.
http://www.wikipedia.org/

Abkürzungen

ADL: Anti Defamation League
AIPAC: American Israel Political Action Committee
ALF: Arab Liberation Front;
ANO: Abu-Nidal-Organisation
CAIR: Council on American-Islamic-Relations
CAMERA: Committee for Accuracy in Middle East Reporting in America
CELRA: Conférence des Evêques Latins dans les Régions Arab (Bischofskonferenz der lateinischen Bischöfe der arabischen Länder)
DFLP: Democratic Front for the Liberation of Palestine (Demokratische Volksfront)
DoP: Declaration of Principles, Oslo
GUPS: Generalunion Ägyptischer Studenten
IASPS: Institute for Advanced Strategical and Political Studies
IDF: Israel Defense Forces (Israelische Verteidigungsstreitkräfte)
IVF: In-vitro-Fertilisation
JINSA: Jewish Institute for National Security Affairs
JNF: Jewish National Fund
KKL: Keren Kayemet LeYsrael (Jewish National Fund, ehemals Jüdischer Kolonialfonds)
MECC: Middle East Council of Churches
NEEBII: Near East Ecumenical Bureau for Information and Interpretation
PA: Palestinian Authority
PCC: Palestinian Counselling Center (PLO-Zentralrat)
PFLP: Popular Front for the Liberation of Palestine (Volksfront zur Befreiung Palästinas)
PID: Präimplantationsdiagnostik
PLO: Palestine Liberation Organisation.

PNC: Palestinian National Congress (Palästinensischer Nationalrat)
PPFLP: Palestinian People's Front for the Liberation of Palestine (PLO-Fraktion zur Befreiung Palästinas)
PSF: Popular Struggle Front
SLA: Südlibanesische Armee
UCCI: United Christian Council in Israel
UNIFIL: United Nations Interim Force in Lebanon (Beobachtermission der UNO im Libanon)
UNSCOP: United Nations Special Committee on Palestine
UNWRA: United Nations Relief and Works Agency for Palestine Refugees in the Near East
WINEP: Washington Institute for Near East Policy
WJC: World Jewish Congress
WZO: World Zionist Organisation

Literaturverzeichnis

al-Scheich, Hanan (1989): Sahras Geschichte. Basel.

Anschütz, Helga / **Harb,** Paul (1985): Christen im Vorderen Orient. Kirchen, Ursprünge, Verbreitung. Hamburg.

Ateek, Naim Stifan (1990): Recht, nichts als Recht. Entwurf einer palästinensischen Theologie. Freiburg.

Baumgarten, Helga: Christen und Muslime in der palästinensischen Gesellschaft und Politik. Die Dynamik interkommunaler Beziehungen. In: Hamzawy, Amr / Ferhad, Ibrahim u.a. (Hrsg.) (2003): Religion, Staat und Politik im Vorderen Orient. Festschrift für Friedemann Büttner. Münster, Hamburg, London.

Baumgarten, Helga (2006): Hamas. Der politische Islam in Palästina. München.

Bechmann, Ulrike / **Raheb,** Mitri (1995): Verwurzelt im Heiligen Land. Einführung in das palästinensische Christentum. Frankfurt / Main.

Bertagnolli, Stanislaus B. (2006): Wem Israel urkundlich nachweisbar gehört. Das Drama von Bethlehem. Wien.

Carter, Jimmy (2006): Palestine. Peace not Apartheid. New York.

Bieber, David Florian (1997): Bosnien-Herzegowina und Libanon im Vergleich. Die historische Entwicklung und das politische System vor Ausbruch des Bürgerkrieges. Diplomarbeit. Wien.

Chacour, Elias / **Hazard,** David (1984): Blood Brothers. Michigan.

Chomsky, Noam (2005): Keine Chance für den Frieden. Warum mit Israel und den USA kein Palästinenserstaat zu machen ist. München.

Drummond, Dorothy (2002): Holy Land, Whose Land? Modern Dilemma, Ancient Roots. Terre Haute, Indiana. **El Hassan bin Talal** (1994 / 1998): Christianity in the Arab World. Amman.

Fallaci, Oriana (1992): Inschallah. Köln.

Farhat-Naser, Sumaya (2001): Thymian und Steine. Eine palästinensische Lebensgeschichte. Basel.

Farwati, Badran Bacha (2000): Stämme, Minderheiten und Religionen im Nahen Osten am Beispiel Syriens. Diplomarbeit. Wien.

Fawaz, Leila Tarazi (1994): An Occasion for War. Civil Conflict in Lebanon and Damascus in 1860. London, New York.

Feigl, Erich (1985): Musil von Arabien. Vorkämpfer der islamischen Welt. Wien, München.

Ferguson, Niall (2004): Das verleugnete Imperium. Chancen und Risken amerikanischer Macht. München.

Freisleben, Wolfgang (2005): Das Tor zur Hölle. Gewaltpolitik im Kolonialkrieg um Palästina. Wien.

Ghandour, Zeina B. (2004): Der Honig. München.

Giordano, Ralph (1991): Israel, um Himmels Willen, Israel. Köln.

Gräbe, Uwe (1999): Kontextuelle palästinensische Theologie. Streitbare und umstrittene Beiträge zum ökumenischen und interreligiösen Gespräch. Erlangen (Missionswissenschaftliche Forschungen. Neue Folge Bd. 9).

Grossman, David (1988): Der gelbe Wind. Die israelisch-palästinensische Tragödie. Berlin.

Grossman, David (2006): Diesen Krieg kann keiner gewinnen. Chronik eines angekündigten Friedens. Frankfurt / Main.

Habibi, Emil (1992): Der Peptimist oder Von seltsamen Vorfällen um das Verschwinden Saids des Glücklosen. Roman aus Palästina. Basel.

Halevi, Ilan (1986): Auf der Suche nach dem Gelobten Land. Die Geschichte der Juden und der Palästina-Konflikt. Hamburg.

Herz, Dietmar / **Streets,** Julia (2001): Palästina. Gaza und Westbank. Geschichte, Politik, Kultur. München.

Herzig, Chaim / **Gichon,** Mordechai (1998): Die biblischen Kriege. Schauplätze, Strategien, Taktiken. Erftstadt.

Herzl, Theodor (2004): AltNeuLand. Tel Aviv. Ein utopischer Roman. Norderstedt.

Herzl, Theodor (2006): Der Judenstaat. Versuch einer modernen Lösung der Judenfrage. Zürich.

Heyer Friedrich (2000): 2000 Jahre Kirchengeschichte des Heiligen Landes. Märtyrer, Mönche, Kirchenväter, Kreuzfahrer, Patriarchen, Ausgräber und Pilger. Münster, Hamburg, London (Studien zur orientalischen Kirchengeschichte. Hrsg. v. Tamcke, Martin. Bd. 11).

Kanafani, Ghassan (1983 / 1994): Das Land der traurigen Orangen. Palästinensische Erzählungen. Basel.

Kashua, Sayed (2004 / 2005): Tanzende Araber. Berlin.

Kashua, Sayed (2005): Da ward es Morgen. Berlin.

Kepel, Gilles (2004): Die neuen Kreuzzüge. Die arabische Welt und die Zukunft des Westens. München, Zürich.

Khoury, Elias (1998): Das Tor zur Sonne. Stuttgart.

Khoury, Adel Theodor (Hrsg.) (2003): Krieg und Gewalt in den Weltreligionen. Fakten und Hintergründe. Freiburg.

Konzelmann, Gerhard (2001): „Dies Land will ich deinen Kindern geben". Die Wurzeln der Tragödie im Nahen Osten. München.

Konzelmann, Gerhard (1998): Felsendom und Klagemauer. Arafats Kampf um seinen Staat. München.

Koltermann, Ulrike (2001): Päpste und Palästina. Die Nahostpolitik des Vatikans von 1947 bis 1997. Münster.

Krämer, Gudrun (2002): Geschichte Palästinas. München.

Langer, Felicia (2006): Die Entrechtung der Palästinenser. 40 Jahre israelische Besatzung. Göttingen.

Langer, Felicia (1990): Die Zeit der Steine. Eine israelische Jüdin über den palästinensischen Widerstand. Göttingen.

Laqueur, Walter / **Rubin,** Barry (Hrsg.) (2001): The Israel-Arab Reader. A documentary History of the Middle East Conflict. London.

Lerch, Wolfgang Günter (1992): Halbmond, Kreuz und Davidstern. Nationalitäten und Religionen im Nahen und Mittleren Osten. Berlin.

Löffler, Paul (1976): Arabische Christen im Nahostkonflikt. Christen im politischen Spannungsfeld. Frankfurt / Main.

Maalouf, Amin (2001): Die Reisen des Herrn Baldassare. Frankfurt / Main.

Melisch, Richard (2003): Pulverfaß Nahost im Rückblick und Ausblick. Tübingen.

Nirumand, Bahman (Hrsg.) (1991): Sturm im Golf. Die Irak-Krise und das Pulverfaß Nahost. Lübeck.

O'Ballance, Edgar (1998): Civil War in Lebanon 1975–92. London.

O'Brian, Conor Cruise (1998): Belagerungszustand. Die Geschichte des Zionismus und des Staates Israel . München.

Odeh, Nadja (Hrsg.) (2002): Palästinensisches Tagebuch. Freiburg.

Ponzen, Alexandra / **Stähler,** Axel (Hrsg.) (2003): Das Gelobte Land. Erez Ysrael von der Antike bis zur Gegenwart. Quellen und Darstellungen. Hamburg.

Powers, Richard (2002): Schattenflucht. Berlin.

Raheb, Mitri (2005): Bethlehem hinter Mauern. Geschichte der Hoffnung aus einer belagerten Stadt. Gütersloh.

Raheb, Viola (2004): Geboren zu Bethlehem. Notizen aus einer belagerten Stadt. Berlin (Kleine Schriftenreihe des Kulturvereins Aphorisma. Hrsg. v. Zimmer-Winkel, Rainer. Bd. 16).

Raheb, Mitri (1990): Das reformatorische Erbe unter den Palästinensern. Zur Entstehung der Evangelisch-Lutherischen Kirche in Jordanien. Gütersloh (Die Lutherische Kirche. Geschichte und Gestalten. Bd. 11).

Raheb, Mitri (1994): Ich bin Christ und Palästinenser. Israel, seine Nachbarn und die Bibel. Gütersloh.

Rodgers, Peter (2004): Herzl's Nightmare. One Land, Two People. London.

Rosenthal, Donna (2003): The Israelis. Ordinary People in an Extraordinary Land. New York, London u.a.

Salten, Felix (1986 / 1925): Neue Menschen auf alter Erde. Eine Palästinafahrt. Königstein / Taunus.

Segev, Tom (2005): Es war einmal ein Palästina. Juden und Araber vor der Staatsgründung Israels. München.

Sharansky, Natan / Dermer, Ron (2004): The Case for Democracy. The Power of Freedom to Overcome Tyranny and Terror. New York.

Tilley, Virginia (2005): The One-State Solution. A Breakthrough for Peace in the Israeli-Palestinian Deadlock. Manchester.

Valognes, Jean-Pierre (1994): Vie et mort des chretiens d'Orient. Des origines a nos jours. Paris.

Wasserstein, Bernard (2001): Jerusalem. Der Kampf um die heilige Stadt. München.

Wohnout, Helmut (2000): Das österreichische Hospiz in Jerusalem. Geschichte des Pilgerhauses an der Via Dolorosa. Wien, Köln, Weimar.